U0901638

中国西部民族地区媒介素养培养模式研究

Research on the Model of Media Literacy Cultivation in Ethnic Areas of Western China

李 苓等 著

合著者 陈昌文 袁 桐
李 明 郭瑞佳

四川大学出版社

项目策划：唐　飞　段悟吾
责任编辑：唐　飞
责任校对：段悟吾
封面设计：墨创文化
责任印制：王　炜

图书在版编目（CIP）数据

中国西部民族地区媒介素养培养模式研究 / 李苓等著. — 成都 : 四川大学出版社，2019.4
ISBN 978-7-5690-2842-3

Ⅰ. ①中… Ⅱ. ①李… Ⅲ. ①民族地区－传播媒介－研究－西南地区 Ⅳ. ① G206.2

中国版本图书馆 CIP 数据核字（2019）第 060012 号

书名　中国西部民族地区媒介素养培养模式研究
ZHONGGUO XIBU MINZU DIQU MEIJIE SUYANG PEIYANG MOSHI YANJIU

著　　者　李苓等
出　　版　四川大学出版社
地　　址　成都市一环路南一段 24 号（610065）
发　　行　四川大学出版社
书　　号　ISBN 978-7-5690-2842-3
印前制作　四川胜翔数码印务设计有限公司
印　　刷　四川盛图彩色印刷有限公司
成品尺寸　168mm×235mm
印　　张　18.5
字　　数　329 千字
版　　次　2020 年 1 月第 1 版
印　　次　2020 年 1 月第 1 次印刷
定　　价　78.00 元

扫码加入读者圈

版权所有 ◆ 侵权必究

◆ 读者邮购本书，请与本社发行科联系。
电话：(028)85408408/(028)85401670/
(028)86408023　邮政编码：610065
◆ 本社图书如有印装质量问题，请寄回出版社调换。
◆ 网址：http://press.scu.edu.cn

四川大学出版社
微信公众号

国家社科基金后期资助项目
出版说明

后期资助项目是国家社科基金设立的一类重要项目，旨在鼓励广大社科研究者潜心治学，支持基础研究多出优秀成果。它是经过严格评审，从接近完成的科研成果中遴选立项的。为扩大后期资助项目的影响，更好地推动学术发展，促进成果转化，全国哲学社会科学工作办公室按照“统一设计、统一标识、统一版式、形成系列”的总体要求，组织出版国家社科基金后期资助项目成果。

全国哲学社会科学工作办公室

序

研究中国西部大众传媒的使用及其效果对我而言是一种使命。因为我所供职的四川大学地处中国西部重镇成都市，我从教的36年中有30年的教学科研涉及对现代传媒与中国西部社会发展问题的动态观察。我有从四川省延伸至青海省、西藏自治区、新疆维吾尔自治区、内蒙古自治区、云南省、贵州省、重庆市等省市的社会调研资源，这使我能够从地方行政机构的管理层面、传媒机构的行业视角、通信产业的大数据角度、各少数民族和不同海拔居住民众的信息需求等方面，去较长久地、实证性地观察中国西部大众传媒的现实生态。

一直以来，中国西部安全、稳定以及和谐发展都是国家战略的重要组成部分。而在西部安全、稳定和发展的政策部署上，现代传媒又一直肩负着重要使命。现代传媒不仅是党的宣传阵地，也是维护西部安全、稳定以及推动西部发展的重要力量。因此，如何借助传媒这一角色完成上述社会发展任务，便成为西部多民族聚居区传媒研究的主要内容。正是在这样的现实背景下，我们的研究议程明确指向：关注中国共产党领导下的我国民族地区信息传播的历史及现状；探索促进民族间和谐对话的传播模式、传播机制和人才培养机制；探讨传统主流媒体和新兴媒体，在加强民族团结、提升民族地区群众的民族认同和国家认同、加强民族地区的舆论引导、构建民族地区的信息服务体系和协调民族地区的社会关系中的作用等重大问题。

与一些发展传播学家局限于研究大众传播效果而回避或拒斥对传媒本土化研究中关于民族和宗教的制约因素问题不同，本研究的首要任务就是讨论这一传媒社会学的核心问题，并且把中国西部民族地区的大众传播功能的3种起效模式的构建视为解决传媒本土化问题的前提。事实上，本研究所关注的中国西部民族地区的媒介素养的培养问题，就是经典传播学关于跨文化传播理论中媒介素养教育的核心内容，而且这个问题在20世纪的发展传播学和传媒社会学那里已经取得了鲜明彻底的经典形式，因此被称为传播学的基础性理论。

本研究坚持并维护传播学理论体系中的这些主流见解，认为大众传媒在舆论传播过程中对人们的现实观和社会观的形成具有凸显的潜移默化的作用。针对中国西部民族地区而言，这种潜移默化的作用毋容置疑地包含了保卫国家安全和推进西部现代化发展的战略意图。一直以来，现代传媒与国家发展之间的关系非常紧密。尤其是在西部大开发以及中国西部安全、稳定发展等背景下，现代传媒的国家使命、社会使命以及现实使命十分重大。因此，关于现代传媒对中国西部安全、稳定以及发展等方面影响的研究显得十分必要。为了更加准确地进行理论构建，我们在此项研究中，首先对西藏、青海、四川、云南、贵州、重庆等民族地区的传媒接触、信息接收以及媒介使用情况进行了详细而深入的实地调查和综合研究。通过调查，我们发现由于地理、经济、宗教以及文化等要素的影响，民族地区的居民在传媒信息的接收上既呈现出一些共性也呈现出巨大的差异性。其中，差异性特征以及传媒使用效率偏低等表征促使我们去深度思考，究竟应当通过什么方式来对民族聚居区的人们进行媒介素养的培养，并以此带动该地区的经济发展和推动文化的多元发展，保障民族地区的社会稳定与和谐。

我们试图从前期的经验性实证基础上归纳和推导出符合中国西部传媒现实背景的理论范式。首先，我们对中国西部民族地区的居民在现代传媒的接收和使用中所展现出的困境和差异做了提炼性的总结；然后站在国家领导的传媒西进同时保障民族地区安全、稳定、和谐、发展的战略层面对其媒介素养的培养进行了整体性的展望。而正是在这种展望中，我们结合中国西部民族地区的现实背景以及新闻学、传播学、社会学等学科的经典理论提出了全新的3个理论构想。

其一，梯形模式，是指基于地理及经济要素的差异而提出的有针对性的传媒素养培育理论，主要监测媒介到达情况、地区资源情况和经济水平等变量对媒介使用的影响。我们试图构建一种模式，其既能够准确描述中国西部民族聚居区域的大众传播效果中，哪些是已具有全区普遍性或区域特殊性的正向效果，哪些是潜在的共性需求但在既往决策模式中是被忽略或与预期效果存在偏差；又能客观准确辨识媒介环境中个体不能达成“共识”的要素和冲突有哪些以及其强度有多大等现实问题。该模式建构的理论核心是培养理论中的“教育功能”。

其二，水平模式，是指建构在较为刚性的政治概念之上的，社会效应一致性水平偏高的传播范式，主要测量社会个体是否在任何情境和任何时候对同一刺激物做出相同的反应，进而观察行动者的行为是否稳定持久。例如，我们所考察的行为人如果在其他时间和情境下都表现出对某类信息和信源的高关注度，或者完全相反，那么一贯性就高，否则一贯性就低。我们需要运用这一模式去分析社会个体观念行为的相对稳定性源于什么原因，是传统文化和宗教信仰的约束，还是党和政府的刚性原则影响，抑或是其他制衡因素等。

其三，融合模式，是以社会个体为发生点，试图给出一个社区的文化自信和发展可能的创新模式。我们假设，中国西部民族聚居区域的受众都有使用现代传媒的愿望和习惯，那么这一行为就是一贯性高的共意性。鉴于此，我们需要探究不同民族共同认可的经验知识是什么，有排异的边界吗，怎样才能在一种民族“共识”的语境中去实现中国社会的和谐发展，我们能否在多元文化的共意性节点上构建中国西部民族聚居区媒介素养教育的知识体系等问题。

总之，我们试图创建中国本土的传媒影响力类型化分析理论。因为无论从加强民族文化建设的角度出发，还是站在国家战略高度（拉动中国西部在亚洲腹地的发展高台效应）考量，都十分需要这类尊重现实，尊重西部社区、社群特殊性的实证性科学研究成果。当我们置身一个快速变动中的社会时，政府和传媒业界都更需要来自学术界的反思和研究发现。

本书内容共分为三部分。第一部分，即第 1～3 章，主要包括本课题的研究目的、现实背景、理论依据、研究方法，以及对调查样本点进行总体描述等。第二部分，即第 4～6 章，分别对中国西部多民族聚居区媒介素养培养的梯形模式、水平模式和融合模式进行了一一呈现和阐述。第三部分，即第 7 章，我们就上述 3 种模式起效的趋势进行了推论。这种推论是对上述 3 种模式的延伸与完善。如果说在第二部分的模式构建中，我们完成的是为何要建模、如何建模以及模式的内容是什么，那么在第三部分的起效推论中，我们则回答了模式构建之后的实践效果是什么，亦即它究竟能在何种程度、哪些方面对中国西部民族地区居民的媒介素养有所提升，以及如何通过这种传媒素养的提升保障民族地区的安全、稳定、和谐与发展。

李苓作为本课题的项目负责人，主持课题整体设计，提出 3 个理论模式的假设框架和论证逻辑，确定研究路径和研究方法，主持课题的田野调查和现场督导，撰写并审定调查报告和成果书稿。陈昌文负责研究路径的选择和研究方法的设计，主持课题的田野调查数据统计分析的审核工作，并以中国社会学西部社会研究资深专家身份对本书的学术价值进行鉴定和提升。袁桐作为核心主研人，负责第 6 章、第 7 章的撰稿，并参与全书的统稿以及重庆市的田野调查工作。李明作为主研人，负责西藏自治区的田野调查和课题总数据统计分析报告的初审工作，并完成第 4 章的撰稿和书稿的统校工作。郭瑞佳作为主研人，负责云南省的田野调查及数据统计分析报告的撰写。黄娴主持贵州省的田野调查。李永华主持青海省的田野调查。陈瑶、顾子慧负责青海省、贵州省以及西藏自治区部分调查样本点的数据统计分析报告的初稿撰写工作。袁彬瑶、陈启、易黎楠等对课题样本点的选择以及成果定稿的校对工作均给予了大力支持，王泽华参与了课题组的前期讨论，在此一并表示诚挚的谢意。

最后，要特别感谢西藏自治区组织部调研员倪云鸽教授为课题组在藏区的调研给予的帮助，以及四川大学出版社在本书申请国家社科基金后期资助项目时所给予的大力支持，并对出版社责任编辑在该成果正式出版过程中严谨又充满激情的职业态度表示诚挚的敬意。

李　苓
2019 年 3 月 1 日于成都河滨印象印月巷

目　录

第1章　绪　论

1.1　研究缘起：问题的提出

1.1.1　学术依据

中国传播学研究，从20世纪70年代末80年代初引入中国至今，已有近40个年头。在这近40年的研究历程中，中国传播学学者勤勤恳恳，苦心耕耘，创造了不少成就，比如从史学角度入手，中国传播学界认真梳理了美国传播学自第二次世界大战开启的学科建制史及其相关的理论史，同时国内传播学界也以罗杰斯所著的《传播学史》为参考体系，将研究视野扩展至欧洲的哲学传统、社会学传统以及文化传统，为传播学的发展贡献了丰富的理论基础和广阔的研究视野。例如，从这一视野出发的传播学研究，将韦伯、哈贝马斯、霍克海默、阿多诺、吉登斯以及鲍德里亚等纳入传播学的经典理论支撑当中，大大地加强了传播学研究的理论厚度和思辨基础。同时，美国的实证主义研究、经验主义研究以及传播学的跨学科研究等也成为国内引进传播学历史回顾的重要内容，而且这一理论路径也一度成为中国传播学教学的重点与核心。比如，广为国内传播学专业学生熟悉的传播学四大奠基人皆是这一理论视野下的先驱人物。当然，随着新媒体的崛起，关于媒介学，或者说是媒介环境学的研究则越来越受到国内传播学者的重视。这一理论的延续，以伊尼斯、麦克卢汉、芒福德、梅罗维茨、波兹曼等为代表，构建起了从哲学维度探讨技术决定论到媒介的社会化问题的传播学研究取向，为传播学的发展注入了一股别开生面而又充满生机与智慧的风气。

与此同时，中国的传播学研究又与新闻学交织在一起，构成了一番别样的景观。首先是在20世纪80年代就以显学占据社会及学术地位的新闻学研究由于拥有实践与业务的厚实支撑而成为传播学难以逾越的高峰。彼时的传播学研究受到两方面的压力：一方面是成为新闻显学的理论支撑，另一方面则要遭受来源于意识形态方面的质疑和责难。如此一来，传播学研究当然也就成为新闻研究者或是社会学研究者偶尔为之的边缘性研究项目。而关于这一状况的改变，则要归功于20世纪90年代末的新闻与传播学科的创立。可以说，直到传播学在学科建制上得以确立后，相关研究才真正意义上进入了良性、健康且快速的发展阶段。其中，研究者身份的确立、研究方法的更新与规范以及研究视野的拓宽和跨学科研究的不断成熟等构成了学科创制后的主要动力。这一时期，随着我国传播学学者群体的增大，传播学的研究取得了长足的进步。

然而，尽管中国传播学在近40年的发展过程收获了诸多成绩，但学界不少有识之士却对此感到并不乐观。比如，学者郭庆光认为在中国传播学研究中，应用型研究偏多，而理论性研究尤其是基础理论的研究却十分缺乏。学者胡翼青在《中国传播学30年》一书里同样谈到这个问题，他说："（在中国）对策性研究远比基础性研究更受欢迎。在大众传播研究较为发达的国家本无可厚非，说起来也是理论结合实践的一个方面，但在中国，这种状况就有点令人担忧了。中国的大众传播理论基本都是舶来品，根本就谈不上有什么本国的基础理论，但我们似乎比任何国家都善于应用现成的理论提出对策，而往往对耗时耗力的基础理论研究避之不及。"[①] 关于基础理论的适用范围、理论来源与现实背景间的关系到底如何，尚有待研究。但正如歌德在《浮士德》中所说的，理论是灰色的，唯有生命之树常青。因此，理论与现实之间无论呈现出何种连接样态以及在哪个区间范围内具有"移植"的可靠性，其中有一点必须是确定的，那就是它们的确存在着高度的相关性，而目前国内的传播学研究显然过于强调"移植"而忽略了"相关"。

同样地，与基础理论相关的现实问题其实还关乎着另一个问题，那就是传播学的本土化。在本土化问题中，不再有对策与理论的分野，而主要强调的是"理论自信"。但事实上，一旦涉及理论问题，尤其是本土化的理论问题，现实问题也就不可避免。甚至由于现实与理论的相关性问题，在大部分的理论构建、创新或本土化过程中，都离不开对现实问题的分

① 王怡红，胡翼青．中国传播学30年［M］．北京：中国大百科全书出版社，2010：300.

析。从这一角度上来看，中国传播学的理论突围抑或本土化视角的建立都指向了同一个方向，或者至少是方向之一，那就是基于实证主义或者经验主义研究范式基础上的理论构建和中观（中层）表达。同样地，这也是回应“西方理论，中国经验”二元论本土化实践困境的有效形式。

因此，正是站在这样的学术背景和现实背景之下，本课题的项目负责人李苓教授在完成了此前自己所主持的国家社科基金项目“传媒使用与西部汉藏羌地区和谐社会构建的系统研究”（2008）（其成果专著《现代传媒与中国西部民族》由中华书局2012年12月出版）之后，继续思考一个更严肃抑或更具现实意义的问题：尽管实证性的经验调查作为前期结项成果已经完成，但如果将研究视野再往中观领域进行观照以及在中国传播学本土化研究的学术突围大背景下进行理论与实践（对策性研究和中国西部地区的现代化进程等问题）分析时，关于中国西部民族地区传媒使用及媒介素养培养的研究实际上就已经站在了前文所述的从经验转换为理论、从中国现实激发出中国理论的传播学研究的新的关键节点上。因此，在理论呼吁与现实催促的双重维度下，我们认为这一代学者不能懈怠，有责任开始思考如何在经验性的实证基础上归纳和推导出符合现实背景的新的理论范式。

在《现代传媒与中国西部民族》一书中，我们调查、统计以及梳理了现代传媒在中国西部少数民族聚居区中的使用情况，并以此勾勒出了西部少数民族聚居区的媒介使用图景。这些图景从不同的角度反映了中国西部民族聚居区的人们因其经济、文化以及地理等方面的不同而体现出来的媒介形式与内容选择上的种种差异。然而，徒有现实描述并不能回答传媒在少数民族聚居区的社会效用（实践层面），以及因此而抽象出的可资推广与移用的理论范式（学术层面）。从哲学的角度来说，现实描述展现的是实然层面的事实呈现，而非抽象层面上的理论建构。甚至，实然背后所蕴含的微观理论也并不一定得到了清晰全面的提炼与归纳。因此，一种连接宏观与微观的中观视角下的媒介理论思考呼之欲出。而这恰好成为我们本次研究的主要内容。简而言之，无论是从理论建构还是现实引导出发，我们需要回答的是，媒介是如何影响西部社会的？它能做什么？怎么做才能更加有效？

这种问题意识很快将我们的目光引入媒介社会学的范畴。所谓媒介社会学，学界迄今没有定论。但大体的认识上，人们一致认同媒介社会学是一种传播学与社会学的跨学科产物。也正因为如此，媒介社会学展现出了它庞大的理论关怀和问题视野。例如，丹尼斯·麦奎尔曾在《麦奎尔大众传播理论》一书里分析了7种媒介社会理论，它们分别是大众社会、马克思主义的观点、功能论、批判的政治经济学理论、社会建构论、传播技术决定论与信息社会。[①] 当然，由于媒介社会学本身的丰富内涵，这一划分并不能完全揭示出媒介社会研究的全部领域。比如，学者邵培仁和展宁便在《西方媒介社会学研究的历史、现状与走向》一文中梳理出了10种不同的媒介社会理论以及研究视野，它们分别是：大众社会理论、媒介的社会功能理论、媒介与社会的规范理论、马克思主义的观点、批判的传播政治学理论、英国文化研究、美国和欧陆的媒介文化研究、传播技术决定论和媒介生态学、发展传播学以及新闻社会学与建构主义路径。[②] 通过对比可以发现，后者的10种理论大部分都与前者相同，但又补充了英国文化研究和发展传播学等视角。事实上，从理论上讲，这种研究视野的拓宽是媒介社会学本身的内在诉求所决定的。媒介社会学一旦要回应媒介与社会的关系以及媒介在社会中如何发挥作用、发挥何等程度上的作用等问题，它就不可避免地会随着社会的发展以及媒介本身的发展而调整和扩展自己的研究视野。

因此，在研究媒介与中国西部民族地区的社会发展的关系问题时，我们毫无疑问地也将会把媒介社会学作为自己的研究背景，同时也作为研究旨趣与问题关怀进行创新理论的尝试性开辟。在媒介社会学的范围内，我们将主要采取大众社会理论、功能主义视角、媒介与社会规范理论以及发展传播学等研究视角作为研究路径。同时，由于少数民族聚居区存在的文化差异问题，我们在媒介素养研究时也将采用跨文化传播学的理论进行辅助。我们知道，跨文化研究从爱德华·霍尔所著的《超越文化》开始，随着全球化进程的不断加快迅速成为人类学研究、社会学研究以及传播学研究的重要理论支撑。但在这一理论发展过程中，却存在两个问题：一方面，国内的跨文化传播学主要将研究视野锁定在国际文化交流以及中国的对外传播等“国际”性问题上，而相对缺乏一种微观的、处理个体与个体间文化交流的“个体性”“区域性”研究视野；另一方面，由于“西方理论，中国经验”的二元话语长期占据国内的传播学研究领地，所以一种新

---

① 丹尼斯·麦奎尔．麦奎尔大众传播理论［M］．崔保国，李琨，译．北京：清华大学出版社，2010：75—84.

② 邵培仁，展宁．西方媒介社会学研究的历史、现状与走向［C］//中国认知传播学会第二届学术年会论文集，2015.

的由经验层面自然上升到理论层面的本土化研究一直处于贫乏状态。这种研究取向也同时体现在跨文化传播中。因此，在本课题的研究中，我们试图从中国经验出发，尤其是从既有的实证基础出发，构建起一种区别于宏大的国际跨文化研究以及“西方理论，中国经验”的全新的“个体性”“区域性”跨文化传播理论。

除此之外，因为发展传播学将成为本次研究的重要理论来源，我们也将在梳理发展传播学的理论变迁过程中总结出符合“中国经验”的全新发展范式。事实上，学者胡翼青和柴菊在《发展传播学批判：传播学本土化的再思考》一文中已对勒纳（Daniel Lerner）的发展传播学进行了从方法到意识形态上的整体批判。因此，我们的研究范式首先摈弃了勒纳广受批评的意识形态弊病。[①] 其次，我们还从科林·斯巴克斯（Colin Sparks）的分析路径中突围出一种全新的区别于发展传播学主导范式与参与范式的融合范式，并以此构建起一种全新的发展传播学理论——融合传播学。应该说，融合范式与融合传播学所汲取的经验营养以及所回应的理论问题本身所兼具的“本土化”“理论化”的中国传播学研究的新视角和新方向将成为本研究课题的创新点。我们有理由相信，从“中国经验”出发并试图解决“中国问题”所激发的由实证到理论（尤其是基础理论）的研究路径将从中国西部民族地区这一突破口和观照点开始，经过翔实的田野调查和现状描述，并以理论支撑和想象牵引为背景，最终构建起“本土化”“基础性”“创新性”的可资迁移的传播学新范式、新理论。

1.1.2 现实依据

俯瞰中国，在挺拔威武的青藏高原，缓缓流出了两条世界级的伟大河流，她们在蜿蜒奔腾数千公里后最终注入壮阔的大海。这两条河流，就是中国从古至今的母亲河——长江与黄河。长江与黄河，由高到低，自西向东，用川流不息的江水为我们呈现出了中国地理的独特面貌，也为我们揭示了历史发展与地理构成间的密切关系。当我们仔细回顾人类发展的历史时发现，尽管科技的发展日新月异，但我们仍然无法摆脱地理对于社会发展的重要影响。从这个意义上讲，长江与黄河的源头固然在秀美如画的青藏高原，然而对于她们所流经地域的子民的泽被上，却呈现出了相反的境

① 胡翼青，柴菊．发展传播学批判：传播学本土化的再思考［J］．当代传播，2013（1）：12—15.

况。其原因之一就在于，我们今天的人类文明主要遵循的是海洋文明的路径。因为海洋为我们提供了更加广阔和更具承载力的交通方式。随着人类文明海洋路径的演变，“港口”“沿海”等依靠于海洋贸易而成长的城市与区域便逐渐成为社会的繁华象征。而河流则退居其次，并以逆流的形式展开了社会发展的别样路径。于是，长江与黄河，在她们的发源地与中上游，那里的人们今天依然相对贫穷，而如长江三角洲等东部入海口则早已成为富庶之地。

事实上，早在一千多年前，李白就曾写过，蜀道之难，难于上青天。而当我们放眼今天中国的西部地区，尤其是西南地区，又何止于蜀道之难？渝道，黔道，莫不如此。长期以来，正是由于地理、交通要素的影响，中国西部及西南地区的经济长期发展缓慢。而东西部发展的不平衡也日益成为中国整体发展的巨大阻碍。为此，国家于2000年成立了国务院西部地区开发领导小组，并由时任国务院总理朱镕基担任组长，时任国务院副总理温家宝担任副组长。其目的就是要把东部沿海地区的剩余经济发展能力，用以提高西部地区的经济和社会发展水平，以及巩固国防。发展西部，缩小差距，成为国家发展的重要方向。同时也为我们提出了如何发展西部，以及如何高效、稳定地发展西部等诸多问题。而作为传播学者，笔者所首先考虑的就是，如何通过现代传媒来推动中国西部（西南）的社会发展。这里的社会发展，既包括经济发展，也包括文化、社会以及政治等领域的共同演进。

众所周知，自从人类迈入21世纪以来，传媒对于社会的影响也越来越强烈。尤其是互联网的发展，颠覆了许多传统经济的发展模式和社会构成上的种种要素，甚至还从哲学上对人们的思维方式以及认识论或意识形态产生了重塑性的影响。但是到目前为止，在日常生活的许多方面，人们仅仅感受到了传媒对于社会发展的影响，而对于传媒如何影响发展以及如何有效、正面地影响社会发展却不甚了解。尤其是当我们把目光转移到我国的西部等相对落后地区时，由于受制于地理、经济以及人们的民族、文化、风俗、传统乃至信仰等方面因素，现代传媒在进入这一地区后，出现了非常复杂而困难的局面。比如，我们如何回应数字鸿沟，我们如何解决跨文化传播，我们如何克服媒介与地理上的困境，我们如何实践发展传播学的有效化和本土化，以及从实践层面上我们如何制订好的传媒议程以真正有效地推动现代传媒对于西部民族地区社会发展的正向影响等问题。

因此，正是站在这样一个现实背景下，我们选取了中国西部民族地区作为样本区域，并重点对汉、藏、羌、苗、傣、侗等民族地区进行了全面、深入的实地考察和资料收集，进而呈现出一个准确、客观的研究基础。从总体上来看，中国西部民族聚居区的传媒实践所遭遇的最大问题就在于文化、地理与经济的三重困境。首先是文化，这里所谓的文化不仅包括少数民族地区的风俗、习惯，还包括它们的宗教。由于民族文化上的差异，在传媒使用以及传媒议程和传媒内容的选择上，我们都将面临巨大的考验。除此之外，地理要素与经济要素的影响同样重要。比如，在地理问题上，蜀道之难所体现出的地理劣势对传媒的进入构成了巨大的阻碍。尽管今天的电子媒介已经足够发达，但在两个方面上依然存在问题。其一是作为重要媒介形式的书籍，依然受制于地理环境。通过调查，我们发现高原地区的书刊使用量明显低于城镇和半山农牧地区。其二则是数字媒体的使用仍然依赖于基站的设立和信号普及，然而在某些偏远山区，这两者都未能得到良好保障。当然，这就更不用说，数字媒介的信息流本身也需要得到线下的物质流的支撑，其中一个重要例子就是网购。当一个地区的物质流的抵达相对缓慢与困难时，人们的网购行为也会相应地受到影响。而在经济要素方面，差异则源于不同地区的人们因为生产生活方式的不同而对媒介信息的选择也有所不同。如果作为传媒实践者未能完全地捕捉到人们差异性的信息需求，那么所谓现代传媒对于地区经济的推动问题也将变得十分困难。

民族问题、文化问题、地理及经济问题，构成了传媒研究当中最为重要的回应领域，也构成了整个中国西部民族地区的传媒实践的总体特征。我们知道，在广阔的中国西部，居住着我国极为庞大的少数民族群体。而这种民族性与地域性、地理性的总体构成也以共性特征的方式支撑着我们的样本选择。也就是说，我们所选取的汉、藏、羌、苗、傣、侗等民族地区的现实状况完全符合上述地域里的共性原则。从这一背景出发，为了试图回答前文所抛出的现代传媒与中国西部民族地区的社会发展问题，我们准备通过三种传播模式的建构来对其进行一一剖析。这3种模式就是梯形模式、水平模式和融合模式。

在梯形模式中，我们试图回应的是，在不同地理条件、不同生产方式以及不同的生活方式和消费能力等情况下，人们是如何使用传媒以及接收何种信息并产生了什么样的期盼等问题。在我们的实地考察中，这种梯形模式的差异因为随处可见而激发了我们的理论构想。同时，经验实证的结果只是从现实层面回答了是什么的问题，并没有回答出应该是什么或者应该如何做的问题。而这正是梯形模式所要致力于解决的。同样的，在我们的实地考察中，除了那些差异的媒介使用之外，还存在大量的同一性信息需求，这种信息需求则激发了我们对于第二种模式——水平模式的建构。在水平模式中，我们从娱乐、新闻、政治以及生活信息等方面整理出了民族地区人们的媒介使用习惯，并从理论上认为，这些水平性的信息接收应该得到继续性强化。因为它所呼应的其实就是哈贝马斯所谓的系统世界与生活世界的有机整合。当然，徒有经济与政治维度的媒介思考是不够的。它忽略了个体精神在传媒使用以及社会发展、文化融合当中的重要作用。而个体精神所延伸开来的社会表达则恰恰属于文化层面上的意义诉求。因此，我们引入了第三种模式——融合模式。融合模式回应的是，人们是如何交往的，个体与个体间的文化融合在什么程度以何种形式能在哪些方面进行深度实践，个体的身份认同如何才能有效地进行，跨文化传播的现实基础和理论基础究竟是什么，以及文化自信对于个体、经济与社会发展的功能性意义等问题。一言以蔽之，三种模式分别从经济、政治与文化三个维度入手，面向的却是现实基础上的中国西部民族地区的稳定、快速发展以及理论基础上的传播学的中层创新问题。

1.1.3　研究框架

1.1.3.1　研究视角：民族、宗教、现代传媒

今天，当我们提到传媒一词，首先想到的可能就是报纸、电视、网络抑或是手机新媒体等。这样的常规思维当然没有错。但是，如果从严谨的学术角度来说，这样的联想并不能说完全准确，更不能说是全面的。因为，传媒不是一个孤立的存在。它必定有所依附的外部空间，亦即学术上探讨的“生态环境”，在这个环境系统中，传媒仅仅是作为一个子系统与其他子系统和总系统保持着一种赖以生存与发展的互动关系；同时，它还必定拥有一个可统筹控制的内部系统，包括其组织结构、资本结构、人力结构、市场结构、产品结构等要素。从传统的哲学二分法上看，这个由特定的外部环境和内部组织所构成的系统生态环境，亦即在传播学框架下专题讨论的传媒生态环境，才是本项研究界定“传媒”，特别是在国家“现代化”这一主题背景下界定“现代传媒”，把媒介水平作为衡量一个国家现代化程度的重要指标，讨论现代传媒与现代社会、与个体间的互动关系，进而探究中国现代化进程中已经凸显的不均衡发展问题，剖析发达地

区与落后地区间的传媒差异，以及由前者向后者推进时的困境（新旧文明冲突、地理环境差异、民族与宗教禁忌等）所必需的学术视野。我们只有站在这一较为一致的认知立场，去确认任何事物都有形式与内容、外在与内在的分野和融合的事实，才可能在讨论报纸、电视、网络以及众多新媒体时承认大量研究所存在的偏狭；我们有可能只注重了传媒的外显样式，而忽略了传媒叙事的内在事实；我们也或许忽略了传媒素养问题不仅仅是发达国家、发达地区需要研究的课题，在落后地区，特别是广袤的民族聚居区域更需要我们设置传媒素养的培养议程，并将讨论的边界延伸到各类媒介所塑造的文化、观念和大众心理，以及这些媒介所引发的政治、经济形态和社会结构、功能的变化等重要议题。因此，厘清中国西部民族地区传媒素养的现实状况和存在的问题，从民族与宗教两个重要维度，以差异性、平衡性、互融性 3 个分析层面，对多元文化制约下的民族聚居区的传媒素养现实进行类型化研究，并在此基础上实验性地构建相适应的传媒素养培养模式，显然是在国家现代化发展和传媒西进双重历史使命下亟须完成的紧迫的学术任务。

1.1.3.2 关系视角：传媒、社会、个体

毫无疑问，现代传媒的产生与媒介形式的革新密不可分，甚至是高度相关的。从技术决定论的角度来讲，媒介形式的革新带来的并不只是单纯的内容和精神方面的变革，而是与这形式相关的一系列社会结构、人们的行为模式、处事心理的悄然更新。一如当电灯发明之后，24 小时概念也就随之生成。当报纸、广播被发明之后，世界的距离也因之缩短。当电脑、网络与游戏日益成为人们生活的一部分，真实世界似乎瞬间丰富成为一个由线上与线下、现实与拟态，以及各种角色扮演和身份切换共同构建起的全新存在。更不用说，信息时代给商业、政治、文化和心理所带来的巨大冲击、解构与建构等，这些都在时时刻刻地变换着世界的既有面目。这是一个动荡而突变的社会，它考验着人们的知识勇气、行为观念和相处法则。

很显然，现代传媒与现代社会的关系早已水乳交融，甚至是互为表里。人们创造着现代传媒的种种形式，而这种种形式又同时影响着人们的内在观念和社会结构。人们创造着现代传媒的一切内容，而这一切内容同时又反作用于人们的交往、诠释、理解和想象的尺度和所认同的模式。因此，从传媒最基本的形式与内容出发，便足以形成各种媒介学说，譬如拉

斯韦尔的 5W 理论、施拉姆的循环理论，以及德福勒的社会结构理论等。也就是说，当传媒这一存在形态与社会发生深度关联时，一切的社会现象都可能变得与之相关。

身处如今这个媒介形态瞬息万变的时代，几乎没有一个人不受到这种媒介氛围的影响。从纸质阅读到广电视听，从网络冲浪到自媒体的崛起，从电子商务到大数据，人们仿佛被一股潜在的洪流挟裹向前，谁也不知道明天又会有一种什么样的新型媒介出现，谁也不知道未来的人际交往和衣食住行会以一种什么样的新型样式展开。但是，无论是传媒的研究者，还是生活在传媒世界中的普通大众，他们在承认传媒对人们的日常生活和社会运行起着越来越重要作用的同时，也都在思考着同一个问题：在如今这个信息时代，我们如何才能更好地生活在其中？

为了厘清传媒与社会、个体之间的关系，我们首先可以从媒介发展的历史以及社会运行的机制中分析出那些与传媒相关的各要素之间的内在关联。回顾人类文明的发展历程，从传播学的角度来看，尽管传播事实早已发生在言语交流甚至是肢体交流之中，但这些传播行为都只能归纳为人际传播或是群体传播，而绝不等同于大众传播。事实上，在传播领域，真正使传媒与社会之间产生巨大的相互影响的，却又恰恰是大众传播。因此，尽管印刷术早在中国的隋唐时期就已出现，活字印刷术也早在公元 11 世纪就被发明，但大众传播的开始则被公认是 1450 年，也就是德国人古登堡机械印刷术的诞生之年。大众传播不同于人们此前早已习得的人际传播或群体传播的最显著特征是：大众传播借助新技术的发明和经济杠杆的撬动作用，可以实现信息内容的快速增殖和传播路径的多元开发。古登堡的金属活字机械印刷术的发明，不仅导致了人类早期图书复制业的颠覆式革命，使图书得以大批量生产，进而推动图书行业出现出版、印刷、发行的专业分工，还迎合了 15 世纪欧洲社会倡导“回到古典”和“传播新知”两大思潮的时代呼唤，促进了文艺复兴、宗教改革以及启蒙运动的相继发生，并最终撬动了资本主义革命和工业革命的历史车轮。如果我们仔细、深入地研究这些变化及其内在的联系，那么这一系列的历史进程就足以为我们揭示出相当重要的传播理论。马克思曾深入研究过技术对社会的影响，而这种理论视野也构成了他的唯物史观的核心概念。马克思认为，因为技术的革新，人类社会在短短两百年内创造的财富要远远高于人类之前所有的历史积累。这种唯物的、唯理的哲学思想伴随着近代科学的兴盛而成为整个工业文明和现代文明的核心命题。回到传播史里的技术维度上来，从印刷术到广播、电影、电视以及数字网络，几乎每一次技术革新都带来了前所未有的社会变革。因此，我们可以将传媒视域里的各个要素进行简要归纳：以技术为基点，可以看到随之催生出的媒介、内容、观念和社会结构等。技术的革新直接造成的是媒介的更换，而媒介的更换则有可能导致内容的创新。比如，印刷术确实没有造成文本内容和形式的变化，但是电影和电视绝对创造出了全新的视听文本和符号内容。而由这些媒介形式或者内容符号引发的观念变革对我们而言则并不陌生。麦克卢汉是这一研究领域的佼佼者，他认为传统的印刷术所承载的文字表达激发的是人们的线性和逻辑思维，而由电影、电视所传达的声画符号则更依赖于人们的形象思维。无论是“地球村”还是媒介即信息等理论，麦克卢汉都致力于揭示技术、媒介对人类社会所产生的影响。只是，哲学气质的麦克卢汉并没有将研究的视野投向社会结构以及经济这样具体的领域。

1.1.3.3 现代化视角：困境、使命、媒介素养

今天，当我们将传媒水平与国家的现代化联系起来时，我们所强调的其实就是发达媒介对个体观念的影响，对信息、教育、技术以及经济社会等的影响。媒介水平成为衡量一个国家现代化程度的重要指标。这是一个信息的时代，而传媒正是这个信息社会最重要的载体。通过传媒，我们可以拥有与国际接轨的教育，我们可以处理远距离的商业。通过传媒，我们也可以更清楚地认识这个世界，甚至是影响世界。一言以蔽之，在信息时代，谁掌控了更多的信息，谁就掌控了更大的世界。可以说，在人类的历史上，迄今为止还没有任何一场革命（哪怕是工业革命）能有今天因传媒技术而引发的这般强大、广泛、深刻、席卷全球的信息革命和数字革命。从计算机到互联网的革新足以说明这一切。

因此，如果我们以解除中世纪的神学规制而建立的启蒙理性作为现代性的开端的话，那么现代化的命题则由工业时代转向了信息时代（或者说是传媒时代）。也就是说，如果在 20 世纪，我们还以工业化程度作为衡量一个国家和地区的现代化水平最重要的因素，那么在 21 世纪，则应该将其替换为传媒水平。但是，在全球化的视野下，世界各地发展极不均衡。在发达资本主义国家（如美国）和落后的发展中国家（如非洲各国）之间，如果以现代化为纵坐标，那么发达国家和落后国家之间确实存在着从现代性到现代化，从工业文明到信息（传媒）文明之间的双重差异。也正是这种双重差异的巨大鸿沟，阻碍了落后地区与发达地区之间的交流与对

话。再加之不同地区的文化、地理及历史甚至是宗教等方面的原因，最终造成了现代化这一动态过程在从发达地区向落后地区流动时所产生的种种困境。而这种困境在中国的现代化叙事中尤为突出。

回顾历史，如果要为中国的现代化划上一个起点，很可能是晚清时期。彼时中国打开国门，开始加入以科技理性为现代性标志的西方现代化进程之中。但是，中国独特的文明构成很快在现代化进程中出现了各种各样复杂而棘手的问题。这些问题的核心，其实就是来源于古老文明与现代文明的冲突，或者从一定程度上讲，就是费孝通先生所强调的农耕文明与工业文明的冲突。但是，除此之外，中国的复杂性还远不止新旧文明冲突那么简单。如果说清末民初时期，中国的现代化进程面临的主要是新文明与旧文明的融合问题，那么自 1978 年中国改革开放以来的现代化困境则要加上地理、民族等因素。在地理方面，中国的东部沿海地区因为航海的发达使得其经济发展更为便利，而中国的西南地区则以山区、高原为主，交通极不方便，这就使得国家率先倾力对东部进行发展，也就是邓小平所说的让一部分人先富起来。因此随着改革开放的深入，中国的东西部地区的经济渐渐拉开差距，直到 2000 年，国家提出西部大开发战略，西部问题才真正进入举国视野，成为中国现代化进程中一个重要的发展点。此外，除了地理方面的原因，中国西部地区的民族问题同样对现代化发展提出了考验。原因很简单，因为中国的少数民族主要集中在西部。而现代化问题最为核心的就是文化和观念上的问题，中国的现代化不仅仅是作为一个国家为单位的现代化，而且还需要考虑不同的民族地区之间的文化、经济甚至是宗教差异。如何才能保证在尊重各个民族特有的文化、习俗的前提下推进中国西部民族地区的现代化发展就成为当代中国所面临的严峻问题。由于造成这些困境和问题的原因众多，为了厘清这些原因，我们有必要对现代化本身进行更加细化而全面的分析。

现代化的基本命题是物质、理性、一体化的概念。正是因为这种概念——人类从科学理性中直接发展出来的文明概念的普遍性和一体性，使现代化具有了不可逆转性和全球性的特点。在现代化的历史叙事中，首先应该包含如下几个重要的概念：人的现代化，技术的现代化，经济的现代化，政治的现代化和文化的现代化。而这些概念几乎每一个都能与传媒发生紧密联系。因为正是传媒的力量，使得信息的传播变得更加广泛而深刻，从而激发了个体的认识和观念的改变。不仅如此，也正是随着信息的传播，才使得技术得以普及。在全球化成为事实的今天，经济维度受到传媒影响的趋势也越来越明显。同时，在传媒的推动下，各种文化也开始脱离地理要素这一天然屏障而进入开放的对话与融合之中。对于任何一个地区的人而言，单纯物质方面的改变很容易得到人们的认可，而真正难以接受的往往是精神层面上的文化习惯和思维方式等。比如，对于某些落后地区的人，你给他们配上风扇、电灯、热水器等现代文明的生活设施，他们都乐于接受。可是，如果你要劝说他们过一些不属于本地风俗的节日，他们则不会轻易答应。在这种情况下，那些强调客观的、一体的现代化要素往往难以对信息接收的个体进行差异性的调整和衡量，而以科学理性为观念根基的现代化叙事更是遭遇了文化单一性的困境。文化之思，毋庸我们无视在现代化的推进中，在全球化的发展中，太多的文明正在流失或是濒临灭亡的事实。

似乎有一种共识的、单一的文化正在以世界流行的方式说服人们放弃原有的文明。客观上讲，我们似乎无法将这种伴随着现代化而推进的文明单一归结为某种强势文明对弱势文明的侵犯。而是说，我们自愿把自己融入一个更大、更广泛的文明语境之中，并在其中找到共鸣（大众传播尤其起到了强大的推动作用）。这种近乎自愿却又不自觉的行为，其实就是具有独特性本质的文化向客观、理性的科学屈服的过程。这是人们对现代化的核心忧思，更是一些所谓的落后地区对发达地区进行“抵御”的本质。但从某种意义上讲，这种“抵御”以及落后地区与发达地区之间的“缓冲”恰恰因为捍守了人类文明的多样性、丰富性而变得可贵。

现化代的最终着力点和归属点始终是人，是个体。无论历史世界的观念如何演变，无论是前现代、现代还是后现代，人类社会最终的追求始终是个体的幸福、世界的和谐。因此，当我们考虑现代化的困境时，一个不得不问的问题就是，个体是否在这种现代化中获得了更大的幸福。我们以那些落后地区为例，首先考察那里的人们是否获得了更多的幸福。鉴于人们对幸福的定义各有不同，我们可以取一种相对客观的看法以说明问题，即幸福是人们对自我愿望的满足程度。这样一来即涉及两个概念：一是愿望，二是满足。而愿望又包括两个方面：一是与个体的意志有关，二是与个体的见识有关。至于满足，自然就与自我的能力相关。因此，意志因为太具个性不适合进行客观讨论，所以幸福问题就等同于见识与能力之间的关系。

正如本课题组在已完成的前期研究项目中所陈述的结论性观点：国家的现代化进程包括了工业文明与信息文明两大向度。而信息（传媒）又被认为是推进现代化发展最重要的因素而优先进入落后地区，那么就很容易出现这样的情况：相对落后地区的社会个体在接受了大众传媒的广泛影响之后，对外面陌生而又充满刺激的世界会产生渴望抑或欲望，然而由于客观（如家庭条件、学校教育等）或者主观条件的制约而使得他最终无法满足自己的这些愿望。这时候，他或许会感受到心理落差，甚至与相似群体获得“共鸣”而形成某种“被伤害”的社会心理。因此，个体的幸福感并不是在现代化的潮流中必然获得增长。大众传媒的信息传输对公众消费需求的拉动作用如果不能缩小其可能出现的心理落差，传媒的社会影响力就有可能产生负面的作用。同理，每个地区的地理、资源等要素的不同，也会导致其不同的发展方式和进步程度。而这种发展的差异性必然为大众传播实践和传播学研究提出双重的挑战和创新考验。[①]本课题得益于国家社科基金项目“传媒使用与西部汉藏羌地区和谐社会构建的系统研究”提供的大量可靠的一手资料与学术理论，可以跟进求证更为广阔的中国西部民族地区传媒使用与影响的类型化研究中的新问题。

毋庸置疑，现代化的过程涉及整个国家和地区的全面革新，它所面临的困境在很大程度上其实已经同等于传媒的困境。因为现代化困境的核心在于观念的改变，而传媒正是推动观念改变的最为重要的途径。从这个意义上讲，中国现代化进程里的西部叙事将首先迎来传媒现代化这一命题。但是，我们更需要明白，一个地区的传媒发达程度（或者更准确地说是传媒对当地现代化的影响程度）不仅仅取决于当地的传媒抵达率，同时也取决于传媒的内容（即传者的编码）和受众接收的效果（即受众的译码），乃至受众对传者对外界所进行的信息反馈活动。所谓传媒素养，就是指人们能够有效寻找、使用和判断大众传媒所提供的信息及其价值的能力。如今，这种能力已成为现代公民素养的重要组成部分，是人类在“媒介化世界”中生存不可或缺的一项基本技能。因此，它作为一项面向全体公民的素养教育，理应覆盖各种人群和各个社会阶层的媒体受众。也就是说，当我们在考虑通过传媒推进中国西部民族地区的现代化进程以及民族融合等命题时，我们首先应该思考如何培养这里的人们的传媒素养。因为只有当这些地区的民众真正拥有了较高的传媒素养和对现代传媒较强的选择能力

---

① 李苓主持完成的国家社科基金项目：传媒使用与西部汉藏羌地区和谐社会构建的系统研究（2008），其成果专著《现代传媒与中国西部民族——汉藏羌民族混居区传媒使用与影响的类型化研究》由中华书局 2012 年 12 月出版。

之后，包括现代化和民族融合在内的种种问题才可能得到真正有效的解决。

1.2 研究背景概要

1.2.1 现实背景

1.2.1.1 简况

中国西部地区在今天的政区地理上主要是指西南的四川、重庆、云南、贵州、西藏，西北的陕西、甘肃、青海、新疆、宁夏，再加上内蒙古和广西12个省、市、自治区。中国西部地区地理环境复杂且独特，整个区域内呈现出多样多变的地貌特征和自然景观，且彼此之间存在较大的差异。与其他地形区域比较，其中较为显著的地形单位有：四川中东部的盆地及其周边山地，云贵高原中高部山地丘陵区，青藏高原高山区。西藏地处世界屋脊——青藏高原。此外，四川盆地、云贵高原、川西平原和滇纵向岭谷区等均处于中国地势垂直变化三大阶梯中的第二阶梯。该阶梯内各地形单位之间地貌差异明显，既有高山深谷，又广泛分布着喀斯特地貌、冰川和冰缘地貌、火山地貌、河谷地貌和盆地等。同时，西部各地区海拔相差悬殊，从海拔500米川西平原到海拔高达4000米的横断山脉以及更高的青藏高原，不同的海拔蕴含着不同的经济社会和风土人文。

西部地区在气候特征上也较为丰富，主要表现为：四川盆地属于湿润北亚热带季风气候，气候比较温和，湿度较大，其地势较为平缓，是农业集中发展的区域；云贵高原属于低纬高原中南亚热带季风气候，其山地地形适合发展林牧业等产业；青藏高原高山区属于高山寒带气候，是主要的牧业区；内蒙古也属于高原型地貌，气候以温带大陆季风气候为主，是中国最大的草原牧区。

中国西部地区不仅具有复杂多变的地理特征，而且还拥有多样的民族文化特征。在我国56个民族中，就有40余个民族散布其间，呈现出“五里不同风，十里不同俗”的地理文化特征。同时，在中国社会历史发展进程中，一方面，各朝代逐步加强对西部地区的管理和控制，如军事征讨、土司制度、改土归流等由中央王朝对少数民族的统治策略；另一方面，不同民族文化之间的相互交流、渗透、融合，形成了西部地区复杂多元的文化生态，如北方的游牧文化与中东部的农耕文化、中原的儒文化与巴蜀的道家文化、西藏地区与印度佛教文化等。这些因素都促使西部地区形成了汉族与少数民族之间“大杂居，小聚居”的文化社会格局。总之，西部地区独特的地理地貌，以及少数民族林立的生态环境及其垂直分布的文化景观，使其成为我国地域生态文化最具个性的地区。

中华人民共和国成立以来，国家政权在西部的建立已经有相当长的历史。成都市边境以东，自先秦以来就是中原文化或汉民族文化主导的，长期以来一直在中央政府国家制度治理下的以汉民族为主体的社会，制度上和国家保持高度统一；而成都以西，一过都江堰就进入横断山脉或称藏彝走廊的上游部分，这片地理上辽阔的区域，居住着族群差异更为显著的藏民族，以及居住在岷江河谷两岸的非常古老的羌民族。中国西部，尤其是西南在历史上长期被描述为穷山恶水的地区，在这样一个区域，东西两边的族群说着彼此难以交流的语言，奉行着彼此相异的对生活有着巨大支配和潜移默化作用的宗教信仰。甚至在横断山脉的山谷中，即使居住在相邻山沟北坡与南坡两边的藏民也很难听懂对方的语言。

2008 年 5 月 12 日的汶川地震在电视传媒上向全世界披露了在这样的崇山峻岭中生活的人们。与东临内陆的主要生活方式相比，这里的民众行路难，通信难，继而导致生产生活不方便，以及日常生活细节中难以想象的闭塞。简而言之，现代化进程中所有现代要素的进入，比如公路、铁路的规模效应，人流、物流、财流的流量流向，都受制于巨大的地理屏障。距汶川地震震中映秀沿河公路上方 100 米的聚落、自然村、行政村都保留着与 60 年前，甚至 100 年前相似的生产生活方式。沿着国道 317 线，越往西行，离公路越远，这种传统的实践尺度保持得更为长久。而且，无论是计划经济时期，还是市场经济和制度经济双向拉动的改革开放后 40 年都是如此。同一个国度的现代化进程以及现在的全球化进程在如此封闭的西部点线面上如何同步进行，而不是长期滞后进而拉大东中部社会的发展差距是我们需要关注的问题。而传媒是所有现代要素中最引人关注的焦点。

本研究以汉、藏、羌、傣、苗及其他少数民族地区的既定样本点和统计数据为分析对象。这些少数民族主要分布在中国西部的 12 个省、市、自治区，但需说明的是，由于民族融合和社会流动，纯粹的民族聚居地变得越来越稀缺甚至消亡，绝大部分地区都以民族混居为当地人口的主要居住形态，只不过各少数民族所占比重不同。目前，我国藏族主要分布在西藏、青海、甘肃、四川、云南等地；羌族主要分布在四川、贵州二省；而汉族作为我国主体人口在各省都有分布。因此，我们的主体考察范围汉藏羌区域就选择了最有代表性的四川省内的汉族、藏族和羌族的聚居区域以及包括青海、西藏、云南、贵州在内的其他少数民族地区。而四川省内的汉藏羌民族地区又与 2008 年“5·12”汶川地震的重灾区有着极大的重合。本研究小组将阿坝藏族羌族自治州马尔康市和茂县、绵阳北川羌族自治县、甘孜藏族自治州康定市、青海黄南藏族自治州尖扎县、西藏自治区阿里地区噶尔县昆莎乡噶尔新村、西藏自治区山南市加查县、云南迪庆藏族自治州香格里拉市建塘镇尼史村、云南西双版纳傣族自治州景洪市勐龙镇、贵州黔东南苗族侗族自治州黎平县以及贵州凯里市下司镇清江村作为样点的筛选区域，其中藏、羌等少数民族人口主要分布在农村或牧区。因此，我们的调查点也以上述调查点的农村和牧区为主要研究区域。部分被调查地区基本情况见表 1.1。

表 1.1　部分被调查地区基本情况

地区	GDP（亿）	人均GDP（元）	三产业及比重					
			第一产业（亿）	比重	第二产业（亿）	比重	第三产业（亿）	比重
全国	300670	22640	34000	11.31%	146183.4	48.62%	120486.6	40.07%
西部	58256.6	15951	9065.1	15.56%	28018.6	48.09%	21172.9	36.34%
四川	12506.25	15368	2366.15	18.92%	5790.10	46.29%	4350	34.78%
北川	10.1694		3.1958	31.43%	3.7548	36.92%	3.2188	31.65%
茂县	6.6008	6239	1.5066	22.82%	2.7684	41.94%	2.3258	35.24%
马尔康	8.6726	15135	1.2816	14.78%	1.4476	16.69%	5.9434	68.53%
康定	25.7585	22072	2.3898	9.28%	12.0931	46.95%	11.2756	43.78%

由于羌族分布较为集中，从样点选择和样本覆盖来说，代表性较强。但是，藏民族分布区域，亦即藏传佛教信仰分布区域则占据了我国 1/4 以上的国土，因此，我们的前期调查只在藏区东部地带选择尽可能符合四种社区形态指标的两组分层样点进行 600 户样本检测，而在后期则扩大至青海、西藏与云南等地，因此有效样本数量也增加到 1300 个。在前期的调查点当中，阿坝的样点选择完全满足了高原牧区、干旱性的半山河谷农

区，因修公路和水坝剧烈改变的河谷农区及其城镇这四种社区形态的调查要求；而甘孜地区则对康定周边的河谷农区和半山并不典型的过渡性区域，以及城镇进行了非典型性调查。所谓非典型性，是指这些区域海拔较高，地势较为平缓，又处于横断山脉向青藏高原的过渡带，其高原地貌相对于阿坝陡峭的河谷、大部分由岷江冲刷出来的沟壑而言，牧区的伸展度更大更广阔，藏民族居住人口占比更高，因而具有民族聚居区难以呈现的单一民族大众媒体使用与评价的典型抽样价值。[①] 表 1.2 为东中西部 GDP、人口及人均 GDP。表 1.3 为我国藏族、羌族主要分布地区。表 1.4 为汉藏羌各民族人口基本情况。

表 1.2　东中西部 GDP、人口及人均 GDP[②]

年份	东部地区			中部地区			西部地区		
	GDP合计（亿元）	年末总人口（万人）	人均GDP（元）	GDP合计（亿元）	年末总人口（万人）	人均GDP（元）	GDP合计（亿元）	年末总人口（万人）	人均GDP（元）
1980	2276	40349	564	1369	35183	389	722	22738	318
1985	4551	43032	1058	2675	37461	714	1393	24010	580
1990	9264	47168	1964	5155	40789	1264	2808	26043	1078
1995	33615	49599	6777	15868	42994	3691	8140	27670	2942
2000	60764	55550	10939	19791	35147	5631	16655	35531	4687
2005	127065	57145	22236	37230	35202	10576	33493	35976	9310
2010	232030	50663	46354	86109	35696	24242	81408	36069	22476
2013	295892	51461	57722	116278	35927	32427	113905	36428	31357
2016	410186	52951	83648	160646	36709	43353	156828	37414	43172

① 陈昌文著《圣俗边缘——西部社会的环境、信仰和行为》，四川出版集团，四川人民出版社 2005 年版。其关于四种社区形态的分类见本章后文。

② 根据各年中国统计年鉴整理得出。东中部地区 GDP 和人均 GDP 的相对倍数虽然没有大的变化，如 1985 年，东部 GDP 是西部的 3.27 倍，2005 年这一数字为 3.79，但绝对值的差距越来越大，如 1985 年，东部和西部的 GDP 差距是 3100 亿元，2005 年的差距就达到了 94000 多亿元。

表 1.3 我国藏族、羌族主要分布地区①

民族	藏族	羌族
我国主要分布地区	西藏自治区、四川阿坝藏族羌族自治州、四川甘孜藏族自治州、云南迪庆藏族自治州、甘肃甘南藏族自治州、青海海北藏族自治州、青海黄南藏族自治州、青海海南藏族自治州、青海果洛藏族自治州、青海玉树藏族自治州、青海海西蒙古族藏族自治州、四川木里藏族自治县、甘肃天祝藏族自治县	四川阿坝藏族羌族自治州（茂县、汶川县、理县、黑水县、松潘县），四川绵阳市北川羌族自治县，四川甘孜藏族自治州丹巴县，贵州铜仁市石阡县、江口县

表 1.4 汉藏羌各民族人口基本情况②

民族	总人口	男性人口/占总人口比例	女性人口/占总人口比例	15岁及以上文盲人口/占总人口比例
汉族	1140804980	581418089/51.0%	559386891/49.0%	53726722/4.7%
藏族	5652093	2832661/50.1%	2819432/49.9%	1727358/30.6%
羌族	289490	146242/50.5%	143248/49.5%	20394/7.0%

我们注意到，汉藏羌聚居区域是中国最有代表性的内陆型地区，而“在这些区域里面，藏族和羌族（中华民族族源的重要一支，直到2008年‘5·12’汶川地震之后才为大众所关注）作为该区域的民族代表，有着现在仍然存活着的、独特的、牢固的生活传统与文化传统。同时，经过1949年后70年来的现代化进程，他们也通过大众传媒和现代交通了解到现代化的优点，并产生了对现代利益的需求。而表达这种需求的行为变化主要是通过大众传媒的使用而发生的。这种变化尽管历经几十年，但是对一个有着上千年几乎没有根本性变化的分散的社会生存样态来说，仍然是一个很短的时间。所以说，那里的人群究竟如何接触和使用由现代化国家移植进去的传媒硬件，他们的接受程度如何，以及接收后产生的社会效应

---

① 陈昌文．圣俗边缘——西部社会的环境、信仰和行为［M］．成都：四川出版集团，四川人民出版社，2005.

② 2010年人口普查数据。

和经济效应怎样，是我们试图客观呈现中国西部传媒生态类型，并在此基础上建构媒介素养培养模式的事实基础。”① 从常识出发，任何现场调查，都想努力将实证观察点覆盖到更大的区域上去，以使其研究成果中的归因理论具有更普遍的适应性。前期成果《现代传媒与中国西部民族——汉藏羌民族混居区传媒使用与影响的类型化研究》②（后文简称《现代传媒与中国西部民族》）对具有独特经济地理和自然地理特征的中国西南汉藏羌区域大众传媒使用现状的实证研究结论，是本项研究进行理论建模的原始依据。但随着研究的不断扩大和深入，我们开始将眼光从西南放远至整个西部，同时也紧跟当代数字媒体迅猛发展的步伐，将新的传媒语境与理论模型相结合，试图实现理论模型的创建、修正与完善。

1.2.1.2 传媒话语现实

尽管我们都知道传媒具有超越时空的特点，通过传递信息，影响观念，影响行为，从而影响受体对生产生活环境的改变。但是就西部的社会现实而言，现代化要素中投入产出成本最大的是现代传媒。因为与东部相比，它通过人的精神意识而拉动社会发展的效应要大于人们对传媒技术的物质依赖性。中国共产党十一届三中全会召开前的 30 年中，西部地区就已覆盖了官方的报纸、广播、有线电话，但是这些传统媒体更多地集中在移入西部的现代人群内部或者移入西部的制度范围内使用，对地方土著的影响微乎其微。改革开放后 30 年来，“国家对西部发展的战略性调整包括了对宗教及民族文化的保护政策，寺庙及僧侣人群对现代传媒工具的认可与使用，对当地广大信众和普通民众的媒介意识的提升是有影响力的。这期间，媒体的形式也发生了巨变。平面媒体通过义务制教育和市场化运作进入了西南几乎所有的行政村，电子媒体硬件设施的建设也在政府的强力推进下实现了电视、网络村村通，手机户户有。西南民众对电的需求和对现代传媒的使用同比增长，电子媒体负荷的信息日日夜夜向西南社会倾注现代信息，这已既不再是制度强制也不再是组织安排，而是农牧民们通过按钮自由选择的结果。我们需要发现和准确描述：这样的国家投入和传媒使用究竟对西南藏羌农牧民的生产生活有多大的影响？他们究竟对这种单

---

① 李苓，陈昌文．现代传媒与中国西部民族——汉藏羌民族混居区传媒使用与影响的类型化研究［M］．北京：中华书局，2012：5.

② 李苓，陈昌文．现代传媒与中国西部民族——汉藏羌民族混居区传媒使用与影响的类型化研究［M］．北京：中华书局，2012.

向输入的信息有何主要的偏好和选择？喇嘛、信众、农民、牧民、商人、个体户、城镇居民、干部等人群组成的集现代和传统于一体的社会究竟有多大的传媒影响差异？这是一项需要实地调查才能进行描述的深度社会事实和心理事实。”① 解决这样的问题，与其说是提供一个现代化的投入产出评估样本，不如说是一种西南以及整个西部社会改造与变迁过程中，强势文化群与弱势文化群冲撞下探索平等交流的对话和机会。

显而易见，汉藏羌民族聚居区民众的媒介素养状况同我们在前期研究中发现的关于该区域民众的传媒使用与效果测评指数一样具有明显的梯级差异。从表1.2中可以看出，中国西部农村地区经济、社会发展水平远远滞后于中东部地区，而其特有的险山峻岭、沼泽沙漠更给现代要素的进入设置了交通障碍和地理限制。目前拉动西部进行现代化建设的国家投入主要包括制度转移支付、公路现代化和传媒现代化。而传媒的现代化又跟随着公路的现代化而逐渐深入西部社会各种形态的社区。公路和传媒的这种特有的地缘关系也同时构成了西部不同地形、不同海拔上的社区现存的点、线、面的信息流通关系。我们发现，在该类社会现实中，传媒的拉动效益更具有优先性，可以提前于公路建设而起到对当地居民的观念改变的作用。这种改变可以来源于国家相关政策的传播，亦可以来源于传媒所提供的“拟态环境”对人类欲望的丰富呈现与各种消费方式的诱导。值得关注的问题是，传媒的这种拉动功能在广袤的西部国土上是否呈现出较东部地区更明显的针对性，以及长期被学界忽略的西部域内的传播效果差异性？西部社区的传媒使用，如何做到从制度建设到盈利模式的现代化？这些问题的求解过程是中国发展传播学不能回避的研究现实。

1.2.1.3 社区类型的确定

对西部这样一个民族众多、地形复杂的庞大的研究对象，没有一个好的切入点，可谓无从下手。自亚里士多德所创立的科学分析主义以来，对复杂对象进行分类分析便成为研究的一种基本方法。而在社会学范式内，对研究对象进行社会分层一向是一个学科传统也是科学方法的基础。因此，要使我们的传媒研究科学化，就必须有一个比较适用和有效的社会分层理论。社会学界对社会结构的划分通常采用马克斯·韦伯的三重标准，

① 李苓，陈昌文．现代传媒与中国西部民族——汉藏羌民族混居区传媒使用与影响的类型化研究［M］．北京：中华书局，2012：2.

即财富—经济标准、权力—政治标准和声望—社会标准。将这种代表西方社会的社会分层标准和学科范式直接用于本课题研究可能导致一个基本问题：社会学失去了本土的空间定位，同时来自西方工业社会的社会分层标准过分强调经济、社会指标的阶级分层，即使是用国内的诸如十大阶层等社会分层标准来审视中国西部传统的农牧业区域，都会凸显其不适性。

目前，国内的社会学界对中国西部有持续性关注和有影响性研究并逐渐形成学派的，主要是四川大学社会学系博士生导师陈昌文教授主持的，从 2000 年开始的“中国西部 50 年 50 户追踪”这样一个着眼中国西部的社会跟踪调查及其系列成果。代表中国宗教社会学发端的《圣俗边缘》是该学派重要的前期理论著述，它描述了中国西部民族地区的社会特征，并且提出了一种以地理特征和日常生活方式为依据的西部社会分层方式，也就是能基本覆盖西南社会巨大差异的社区分类法。陈昌文将中国西部社区的生活形态分为高原（高山）牧区、半山农牧区（半农半牧区）、河谷农区，以及现代性社区（这里包括城市、城镇、县镇等复杂类型），并对这一新的社区分类法下四种类型的社区形态做出了历时性描述，如图 1.1 所示。

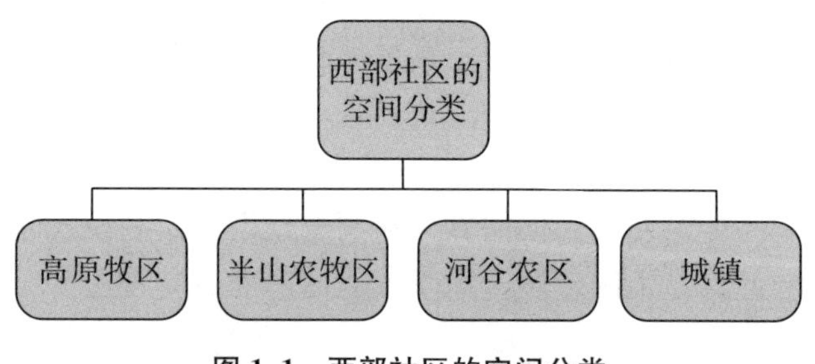

图 1.1　西部社区的空间分类

1. 高原牧区：松散与流动

中国数百万平方公里的草地可分为高原牧区、高山牧区。其自然地貌特征大多在海拔 3000 米至 5000 米之间，处于中国地势地貌的第三阶梯上，面积有 200 多万平方公里。从地理覆盖而言，该区域可以从青藏高原、横断山脉到长城以北，一直延伸到内蒙古高原，主要是草地牧区。这里高寒缺氧，不适于农作物的生长，对人类生存和发展有着极大的制约。大自然的力量和变幻莫测的气候对于这里的生物而言，更多地表现为自然灾害如雪崩、冰雹、风尘、沙化、干旱等。这样的自然环境使这里的人类生存具有择水草而居的特征，而且几乎找不到常年性人居社区。“春场”“夏场”“冬场”这类对分季节迁移的牧场的称谓，是这里的流行语汇。

高原牧区的生产单位千百年来就维系于一个个家庭，把家庭联系起来的是以寺庙为核心的附带着商贸及微弱的国家功能制度的聚集点，如村、乡镇等。在这些地区，牲畜是主要的家庭财富指标，流动择居于商贸受限区域的大多数牧民家庭对牲畜这类财富的态度通常是听凭自然的选择。牲畜难以商品化、货币化，一般由自然环境的选择维持一个均衡繁衍的数量。然而，最近几十年来西部现代化建设正在全面地改变这一自然生态习俗。公路和商贸使牲畜商品化、货币化成为可能。同时，过度的放牧、消费欲望的释放所导致的生态破坏、草场退化，也成为牧区现代化发展必须重视的一个社会问题。

此外，另一个社会矛盾也日益突出。因商贸和交通的不便，牧民们陷入一种发展的困境：当国家为保护生态要求退牧还草时，在现代化进程下蹒跚举步的西部高原牧区也在为发展经济而扩大牧群、修筑牧道、提高深加工水平。这一发展悖论无疑给这类地区带来新的生态压力。更为难的是，这些地方多在公路（包括国道、省道、乡道）甚至国家乡镇管理事业范围之外，一旦该地区流动的人群与家庭渐变成追逐经济目标的个体单位，这些经济的源头或许会成为社会发展的一个根本隐患。

因此，高原牧区的基本存在方式是家庭和牧场，特殊的自然地理环境，让这类社区被阻隔在现代交通与通信之外，国家制度管理在这些区域往往也显得鞭长莫及。家庭的流动是由季节和气候的变化而决定的，人们与常态社会的接触频率普遍较低，现代化对其生存环境的改变尚不显著，民族文化和宗教信仰才是联系这些松散的社区与家庭的纽结。

最近30年来，先是国营牧场以人民公社的方式使其产出商品化，但是生产力与生产方式是公有的且不具规模。后是国营牧场解体，牧业进入包牧到户，并且现代化的进入引发了牧业的规模化和商品化，涉及广大国土的牧民成了以家庭为单位的牧业商品零售单位并受制于基层商贩的规模效应销售。在现代市场竞争下，原来的经济主体高山草地成长的牛羊遇到了成本和价格的冲击，导致牧民货币化收入锐减，被迫转靠海拔4000米以上的虫草经济支撑。但后者是稀缺产品，历年滥挖已导致草场被严重破坏，而且高原生态恢复极难。

2. 半山农牧区：边缘的稳定性

中国国土多为山地，如何合理地利用山林资源来造福繁衍生息于此的民众，这一问题已经探索了千百年。半山农牧区既可享受定居的农业优势，又能兼顾草场放牧的经济优势，更保留着远离社会权势中心的自由。

在生产落后的中古时期，甚至包括近代，农耕文明的主要特征之一就是选择半山居住。在藏区和西部少数民族地区，现在能看到的著名官寨和民俗建筑多半都是居高临下，同时还伴有村寨防御性的家庭和公共建筑，如碉楼、城墙、城堡等。事实上，西南大量的远古人类居住痕迹多半是半山山洞、崖窝，连古代悬棺的葬法也是选择半山。这种居住选择，首先是出于心理和现实的安全需要，其次是制度考虑。在如马铃薯一般的小块社会中，由于经常发生盗匪抢劫和族群战争，人祸频繁；又山高皇帝远，治理困难，所以土司与寨主通常可自主天下。同时，水患、塌方、泥石流等是对河谷地带影响极大的自然因素，以及“富人住半山，穷人住河谷”的传统观念，也使人们选择半山众多的古道两侧定居。在一些关于丝绸之路和茶马古道的研究成果中，我们不难发现可以佐证公路时代以前的该地区生态概貌的文字：抬头可吻天，扬手可揽云，马帮铃声响，茶盐白银滚滚来。

维系该社区和家庭的主要因素是农牧副混合家庭经济。农业主要以极其脆弱的小块状坡地和宁静的河谷耕地为其主要产业支持。牧业更多的是羊、骡、马、牛等牲畜，多利用半山的散居、人居稀薄的特点就近放牧，可以获得肉牛、奶牛、羊、猪、鸡等货币化供养。在最近二三十年中，农业的货币化收入在每个家庭中几乎可以忽略不计。而家庭的主要货币来源还是靠副业、蔬菜、瓜果、菌类，以及1998年禁伐以前的自留木材销售。1998年以后，半山农牧区居民原有的耕地在退耕还林中所占比重最大，其半山经济受到巨大冲击，当地老人最担心的是下一代怎么办，他们的住宅地、祖坟、田地都难以为继了。可以说，就国家生态而言，西南农牧民继木头财政之后又一次付出了巨大的生态和生存代价。

值得特别关注的是，在西部大开发进程中，桥梁、交通、防洪设施、公共照明等现代基础建设在这些地区大多不具有足够的人口共享成本，政府也不可能为了散居数座山梁的几户人家去修个水坝或防洪堤。于是，半山农牧区正在进行大移民、小集中，将散户尽量集约后修建公路、自来水系统和电网。但集约以后出现了新问题：居住地离耕地远了，副业也不能维持了，因为鸡、牛、羊不可能养殖在集约的规模化楼房之中。农牧民曾经的住宅地是集生产和生活于一体的，晒坝、沼气池和房屋是融为一体的小生态系统。集约居住以后这样的状态显然荡然无存。

3. 河谷农区：繁荣与危机

河谷农区在这里是一个相对概念。在西南的两个高原（川西高原、青藏高原）和横断山脉地区，它特指河谷农区；在云贵高原，它指沿河两岸大大小小相对平坦的农作物耕地和平地农区。河流文明在现代化到来之前的主体呈现原本在半山农牧区，但随着公路的修建、通信工具的普及、现代国家机构的设置等，沿河而发展的道路文明刺激着河谷农区的迅速发展。

"如今，河谷农区是山区最为富裕、最为发达、享受现代化最多的农区，这主要得益于公路时代造就的道路文明替代了传统的河流文明。"① 河谷冲积地土壤肥沃，运输成本和交易成本低，看起来河谷土地少，但是农作物相对于坡地产量高。现代交通、防洪设施的改造和国家制度的安全保障，已使1980年以来的山区居民更多地选择沿河谷居住，而导致了如今河谷农区历史上最大的居住密度和人脉。近20多年来，西南山区的小移民趋势主要表现为从半山下迁和从牧区下迁。"要想富先修路"的口号在西南处处可见。公路使农户的商品化得到了极大的提升。蔬菜、水果、副业产品可以通过几个小时或一天的路程去到大都市销售。河谷农区也是发展小工业，吸引国家资本、外资、民间资本进行资源开发的地带。这种地带使基础建设性的项目就业具有绝对的现代参与优势。商贸工业参与、城镇参与、城镇公共事业的参与，都让河谷居住日趋成为所有现代性取向的农业流动和农村流动的最高阶梯。家庭成员的职业复合性使得该类社区家庭也高度的复合化了。由于中国现代性政治、文化、商贸逐渐集中在县镇，而西南的县镇又主要分布在河谷农区，所以现代化的吸纳聚合作用把牧区和半山的资源都吸附下来，河谷农区事实上也成了前两种社区形态的组织中心。

道路的网络在某种程度上正在扩大，甚至模糊了河谷和城镇的边界。国道、省道、县道、乡道、村道、户道这六级道路代表着六个不同层次逐步递减的公路经济社群分层状况。因此从某种意义上说，山区的集约化靠公路网和输电网来实现，而信息管道、高速网络又是沿着公路网络在行进和普及。但是，山区人居量和地理限制为公路向西部的挺进和普及引出了一个门槛效应。即公路的运营成本需要足够的人口和经济量，低于这个

① 李苓，陈昌文．现代传媒与中国西部民族——汉藏羌民族混居区传媒使用与影响的类型化研究［M］．北京：中华书局，2012：17.

量，其修建和抚养成本就无法靠本地经济维持。目前，西部的公路收益低于市场化门槛，而国防、生态、政治、人居、民族宗教、旅游这些层面的价值又高于其纯粹的公路贸易价值。因此，如果说西部是中国乃至全世界的生态后花园，那么仅仅以公路作为一种交换原则、靠传统农牧业提升区域经济发展是完全无济于事的。

4. 城镇社区：聚合与辐射

“城镇，我们专指县辖镇，即县镇，多为县政府所在地。中国西南县级社会有几大特点：一是大多是老（革命老根据地）、少（少数民族地区）、边（边疆地区）、穷（贫困地区）；二是大多县镇是靠现代国家制度支撑，在县城居民中国家供养的人口占了一半以上，地方特色工业很少，居民大多从事各种各样的工商业；三是基本为单位组织和熟人社会。”[①]县城居民居住地大多是单位建筑，房地产很少且不成规模。这种社区构成非常符合费孝通的“差序格局”[②]，呈现出家庭→单位→社区人际→外地人的复合结构模型。在处事的行为原则上，县镇熟人社会的潜规则不仅比大都市高，也比农牧社会高，其内部人际关系特征和等级差距都很直观。县镇的影响力下可辐射农牧区，上可达市、省、国家。在一个拥挤的街道上，我们能够看到各阶层甚至看到全世界的人，社会差距直观化，官民分别也很直观化。同时县镇就业机会有限，要进入现代就业会受到很大的限制。这些社会特征决定了这里是产生社会比较并表达不满情绪最突出的社会区域。

拥挤和就业难是西部城镇宏观层面的大矛盾，因为谁也不愿意孩子读了书又回去放羊种地。因此，现代教育一方面拉近了西部边陲的政治认同、身份认同和生活方式；但另一方面，现代教育让大多数人在初、高中毕业后找不到现代就业的出路，滋生大量的青少年失业问题。教育的回报率问题让很多家庭放弃了读书而宁愿选择就近打工的方式，或以个体商贸或跨区域流动工的身份进行个人发展。

---

① 李苓，陈昌文．现代传媒与中国西部民族——汉藏羌民族混居区传媒使用与影响的类型化研究［M］．北京：中华书局，2012：18.

② 费孝通认为，中国传统的乡土社会以宗法群体为本位，人与人之间的关系，是以亲属关系为主轴（亦即每个人都以自己为中心结成）的网络关系，是一种差序格局。这就像把一块石头扔到湖水里，以这个石头（个人）为中心点，在四周形成一圈一圈的波纹，波纹的远近可以标示社会关系的亲疏。这一理论对于本课题正在进行的中国现代乡土社会结构分析仍然具有科学价值。

本课题组认为，按照地理空间定位对西部社会依生态类型划分的方法能够反映西南社会生存状况的空间差异性，也适用于我们对西部民族聚居区域的社会分析和在此基础上进行的传媒素养培养模式的建构。因此，此种分类方法最终被我们采用，成为我们推论西部社会的媒介素养按照差异模式、水平模式、融合模式分类构建可能性的现实依据和思想基础。

更为重要的是，要实现中国西部民族地区媒介素养的正向提升，并证明我们所构建的三种媒介素养培养模式的有效性，我们必须首先完成以下三个基础研究任务：其一，把传媒使用与影响同西部社区形态的差异性结合起来，重点考察中国西部社会在民族、经济、文化、地理等方面呈现的多样性和差异性与受众传媒使用的对应关系；其二，在理论上，以发展社会学与发展传播学的交叉视角，构建地理空间视域下的中国西部民族地区四种社区形态的分析坐标，提出不同形态社区的受众使用传媒后实现最大满足度的对应模式，拓展发展传播学的中国视野；其三，在社区和家庭的微观考察层面上，关注传统交流方式与现代传媒之间的共存、互动关系。

1.2.2 学术背景

我们需要理论工具，需要梳理与本研究相关的学术发现或可以对话的学科立场，需要在我们已经完成的相关研究成果的强大数据支持下，去完成对中国西部民族地区的媒介素养现实进行类型化研究和理论建模的新任务。

1.2.2.1 学科视野

今天，既有的媒介环境以及社会环境正在发生日新月异的变化，由新媒体所引发的社会观念、经济形式甚至是社会结构的变化正在迫使人们必须更快、更好地熟悉媒介的性质、意义以及现代社会运行的各种法则，因为只有这样，人们才能更好地融入社会、适应社会，才能谈得上在现代社会中进行不断的创新和发展。简言之，就是要求现代人必须学会理解媒介和使用媒介。

那么，怎么做到这一点呢？我们或许可以通过文献梳理，选择出那些被我们认为能有效解决问题的行动方案或在特定条件下可推行的传播模式。但这仅仅是第一个层面的问题。怎样证明和预测这些传播模式一旦被移植并推行之后的效果呢？需要创新的理论去替代或修正这些“经典模式”吗？这是第二个层面的问题，也是本课题需要完成的实际工作：一方面，测量被我们直接作为分析中国传媒现实的那些西方经典理论是否还具有其工具性，效果多大？另一方面，提供构建具有中国特色的传播模式的进路。比如，借助前期成果的科学论据和结论，在准确把握中国西南民族聚居区域大众传播的已然效果基础上，辨识哪些是已具有全区普遍性或区域特殊性的正向效果？哪些是潜在的共性需求但在既往决策模式中被忽略或与预期效果存在偏差？哪些是媒介环境中个体不能达成“共识”的要素和冲突及其强度？怎样的传播模式是与西南同样重要的，我们需要清晰交代本项研究的分析工具和逻辑推论是什么？

1. 经典理论范式

1）公众舆论、拟态环境、刻板印象

严格意义上讲，媒介素养是一个非常现代的概念。它是人类在传媒实践和学术活动都进入成熟期时所必须考虑的宏观课题。但人们在开始关注大众传媒的社会影响力时，则只是对传媒机构扮演的“故事讲解员”“熔炉”“文化武器”等传播功能的命题感兴趣。新闻与传播学研究视界的转向，应该以李普曼的“公众舆论”“拟态环境”“刻板印象”等关注传播效果的新命题的提出为拐点，逐渐深入到学科发展的核心论域。

1922年，美国《纽约时报》的政治专栏作家沃尔特·李普曼（Walter Lippmann，1889—1974）在其著作《公众舆论》（*Public Opinion*）中，第一次对舆论和公众舆论的性质、特征、形成过程及社会影响力做了全景式的描述。他认为，舆论是在特定的时间和空间里，公众对自己感兴趣的公共事务，公开表达的基本一致的意见或态度。它的形成有两个来源。一是来源于公众自发，其形成过程是：当社会出现某一新问题时，社会群体中的个人，基于自己的物质利益和文化素养，自发、分散地表示出对这一问题的态度。随后持有类似态度的人逐渐增多，并相互传播，相互影响，凝聚成引人注目的社会舆论。二是来源于有目的的引导，主要形成于政治集团或权威人物的施控行为中。他们往往按照民众的意愿，提出某种主张或号召，再引发广泛的社会共鸣，最终转化为社会舆论。这两类舆论的形成过程实际上始终表现为一种相互转化的样态。它们或先来源于社会群体，然后经权威话语平台传播到公众中去；或经过权威方面的组织和动员，然后再传播到公众中去。其间，传媒工具在放大和强化公众舆论的过程中主观能动性作用巨大。①

---

① 《求是》理论网，www.qstheory.cn，2014－11－23。

李普曼进一步推论，大众传媒在舆论传播过程中对人们的现实观和社会观的形成具有潜移默化的作用。具体而言，受众的社会行为最终只可能与三种意义上的“现实”有密切联系。第一种是客观现实，即实际存在的客观环境。李普曼提醒人们，随着现代社会越来越巨大化和复杂化，由于人们实际活动的范围、精力和注意力有限，事实上已经不可能对这个客观存在的外部环境和众多的事情都保持经验性接触。于是，人们只好通过各种大众传播机构去了解、认知被职业化选择、加工和重构的第二种象征性现实。由于第二种现实的重构过程是在一般人看不见的地方（媒介内部）进行的，所以，受众通常会把这个由大众传媒营造的“拟态环境”（pseudo-environment）作为客观环境本身来看待。第三种现实是一种主观现实，即人们在头脑中描绘的“关于外部世界的图像”。这一现实观导致人们对特定的事物往往持有固定化、简单化的印象，亦即“刻板印象”（stereotype）。李普曼认为，大众传媒在形成、维护和改变一个社会的刻板印象方面拥有强大的影响力。

“公众舆论”命题及其讨论为我们厘清了舆论与人际传播和大众传播之间的互动关系，揭示出公众舆论与大众传播的导向功能之间的必然联系。“拟态环境”命题提醒人们，日益发达的传媒业及其技术有可能改变现代人认知世界的方式，甚至使人们养成对信息传播媒介的依赖性。“刻板印象”命题更是为现代传媒提供了如何通过议程设置来强化国家或官方所需要的主流意识。当然，这些理论的贡献，还在于李普曼更深层次的忧思：大众传媒如何避免上述命题中那些“稍有不慎，就会自食其果”的负面效果。这些讨论都为以后学界关于传播效果的研究和培养分析框架的建构起到了理论奠基的作用。

2）议程设置理论

李普曼在《公众舆论》中已开启了议程设置的早期研究，其思想一直影响着传播学界最活跃的论域。但将议程设置作为一种理论假说，使其进入传播学经典理论体系，则是50年后由美国传播学家麦克斯维尔·麦库姆斯（Maxwell McCombs）和唐纳德·肖（Donald Shaw）合作完成的一项实证研究。这项研究试图证明，在1968年的美国总统选举期间，传播媒介所设置的选举报道对选民究竟产生了多大的影响。调查结果显示，大众传媒的确可以通过提供信息和安排相关的议题来有效地左右人们关注哪些事实和意见，包括他们谈论这些议题的先后顺序。麦克斯维尔·麦库姆斯和唐纳德·肖将这一项调查研究的总结撰写成题为《大众传播的议程设置功能》的论文，并发表于1972的《舆论季刊》上。在文中，两人提出了著名的议程设置理论，其核心观点是：①大众传播可能无法影响人们怎么想，却可以影响人们去想什么。②大众传媒对事物和意见的强调程度与受众的重视程度成正比，而且受众会因媒介提供的议题而改变对事物重要性的认识，对媒介认为重要的事件首先采取行动。③ 媒介议程与公众议程对问题重要性的认识不是简单的吻合，这与其接触传媒的多少有关，常接触大众传媒的人的个人议程和大众媒介的议程具有更多的一致性。④不仅关注媒介强调哪些议题，而且关注这些议题是如何表达的。对受众的影响因素除了媒介所强调的议题外，还包括其他因素；同时这些影响包括态度和行为两种。

议程设置理论的应用价值在于：①建立共识，实现对话：通过议程设置，媒介可以使意见相左的团体就某些议题达成某种一致，从而实现不同团体的对话。②提高责任，引导舆论：记者对新闻事件的评判在很大的程度上影响着公众关注与该事件相关的议题，故记者的责任心就很重要。③构造事件，吸引眼球：公关人员要想捕捉公众的注意力，就应该以恰当的方式来构造相应的媒介事件。

该理论为人们认识传播与社会提供了一个新的角度。它强调大众传播在影响人们对环境的认知过程中的重要作用，甚至将大众传媒视为“从事环境再造的机构”，并明确指出传媒对社会和个体的控制与导向功能。这一新的媒介观使传播效果研究开始拐入更深层次的专题研究。传统的传播效果研究分为认知、态度和行动三个层面，这些层面同时也是一个完整意义上的效果形成过程的不同阶段。“议程设置功能”假说的着眼点是这个过程的最初阶段，即认知层面上的效果，而且关注作为整体的大众传播具有较长时间跨度的一系列报道活动所产生的中长期的、综合的、宏观的社会效果。越来越多的学者开始关注传媒对社会个体的认知培养问题。

3）培养理论

培养理论也称培养分析或教化分析、涵化分析，是由格伯纳等提出的。格伯纳认为，在现代社会传播媒介提示的“象征性现实”对人们认识和理解现实世界发挥着巨大的影响。由于传播媒介的某些倾向性，人们在心目中描绘的“主观现实”与实际存在的客观现实之间发生着很大的偏离。同时，这种影响不是短期的，而是一个长期的、潜移默化的、培养的过程，它在不知不觉中制约着人们的现实观。在这个意义上，格伯纳等将这一研究称为培养分析。该理论有价值的外围研究有三方面：①制度分析；②信息系统分析；③培养分析。

培养理论的核心观点是：大众传播媒介在潜移默化中培养受众的世界观。例如，接触大量电视暴力节目的受众，对遭受暴力攻击可能性的估计远高于实际，也高于少接触或不接触同类节目者。同时，媒介对受众世界观、价值观的影响不仅具有一种长期效果，还具有正反两方面的效果：一方面，如果媒介对客观世界进行客观的、真实的、全面的反映，为受众提供正确的信息，就可以对培养受众健康全面的世界观和价值观具有积极作用；另一方面，如果媒介对客观世界进行了偏颇的描述，就会歪曲人们对客观世界的认识，从而形成不正确的世界观和价值观。比如，美国一百多年前的揭丑运动时期，媒介大量地对公众人物进行揭丑报道，给受众留下“天下乌鸦一般黑”的印象。这一现象在我国现今新闻界也大量存在。比如媒体在一段时间内对农民工犯罪问题和心理问题进行集中报道，使受众对农民工产生负面的刻板印象，从而对这一社会群体产生负面认识。这一偏见妨碍了农民工群体与社会其他群体的交流与理解，使他们无法融入主流社会，不断被边缘化。因此，我们应当合理借鉴培养理论的这一观点，重视新闻媒介在建构人们世界观和价值观以及具体见解中的作用。

“培养理论”提出后，格伯纳等又对其做了理论上的补充与修正，并提出了“主流说”（mainstreaming）和“共鸣说”（resonance）以及“第一级信念”（first-order beliefs）和“第二级信念”（second-order beliefs）。“主流说”是指不同背景下不同社会群体的长时间看电视者，其对社会现实的看法，即“主观现实”均倾向于“媒介现实”，具有趋向“主流”的趋势。“共鸣说”是指电视的“培养”效果在某些特定群体中具有更加明显的效果。例如女性更加容易受到暴力伤害，因此大量收看电视的女性受众更加倾向于认为暴力犯罪是严重的社会问题，也就是与电视中呈现的高犯罪世界的描绘产生了“共鸣”。“第一级信念”则是指人们对社会现实的表面认识，如暴力犯罪的发生率等。“第二级信念”是指对社会现实态度层面的认识，如社会是安全的还是危险的等。应当指出的是，“第一级信念”与“第二级信念”虽然在程度上是递进的关系，但它们并不具有天然的因果关系。在培养理论中，“第一级信念”更多地受电视影响，而“第二级信念”则受电视以及其他各种因素的综合制约。

经过不断的补充与修正，培养理论日渐完善。但是，一些问题仍时常困扰着研究者。首先，电视培养效果的因果关系难以确定。到底是长时间的收视使人不敢在夜晚独自上街，还是由于这种恐惧使人不得不待在家里看更长时间的电视？从现有的研究来看，这一问题似乎并不能得到满意的解答。其次，从总体来看，长时间的收视确实是产生培养效果的主因。当控制某一变量如性别、年龄、受教育程度时，受众的“收视时长”在“培养”效果中所起的作用出现一定程度的弱化。当同时控制多个变量时，“培养”效果中可以归于电视的效果就非常小了。这一点也是其他研究者对“培养理论”提出质疑的依据。实证研究的技术手段对研究结果也有比较显著的影响，如问题设计的精当与否在研究中至关重要。有的研究者认为，以某一特定节目类型为研究对象（如暴力节目），会看到更加清晰的培养结果。但这种观点似乎与格伯纳的基本假设存在一定程度的背离。

自培养理论提出至今，新的研究结论层出不穷。其中，既包括支持“培养”假说的研究结果，也不乏部分甚至全部否定“培养”假说的研究结论。米歇尔·摩根（Michael Morgan）与詹姆斯·沙楠（James Shanahan）在1997年《传播学年鉴》（*Communication Yearbook*）上发表文章，梳理总结了“培养理论”提出后20多年中的5600多项“培养研究”，并肯定了“培养效果”的存在。作者认为，尽管很多问题没有得到解决，但从总体来看，“培养理论”的价值已经得到了证明。①

然而，这仅仅是承认现代传媒所提供的信息内容是主流化的，传播行为是在一种认知层面上对个体进行社会化影响，从而形成社会成员的“共识”，其传播效果是巨大且以正向为前提的。从这一层面理解培养理论，可能导致大众传媒在职业行为中“对国家的刚性制度实行顺向强化，按既定决策模式推进即可”的思维模式，是一种偏重传媒宣传功能的行动逻辑。很显然，这不能支持我们针对民族地区媒介素养培养模式建构的研究任务。我们需要准确把握中国西部民族地区的大众传播效果中，哪些是已具有全区普遍性或区域特殊性的正向效果？哪些是潜在的共性需求但在既往决策模式中是被忽略或与预期效果存在偏差？客观、准确地辨识媒介环境中个体不能达成“共识”的要素和冲突有哪些以及其强度？这些问题的提出、分析和给出研究结论，都需要我们侧重于培养理论中的“教育功能”去设计本课题的分析框架，并借助跨学科视野去拓展传媒素养教育的研究。

① Michael Morgan, James Shanahan. Two Decades of Cultivation Research: An Appraisal and Meta-Analysis [J]. Annals of the International Comunication Association, 1997, 20 (1): 1-45.

2. 传媒社会学视野

大众传媒与社会大系统之间的关系以及传媒内部的组织关系可以从很多方面来探讨，而传媒社会学（即媒介社会学，Media Sociology）则被视为统筹这些探讨的一种重要的学术视野。它主要运用社会学的基本理论与方法，从社会学的研究视角来分析大众媒介的传播过程、传播内容和传播现象。传媒社会学的研究对象是媒介与外界进行信息传输过程中产生的各种社会关系，以及在社会系统中媒介内部运行的规律。传媒社会学主张把媒介组织和媒介活动放在广泛的社会文化、政治制度和经济发展的背景中来研究，重视各种社会因素对媒介内容和媒介传播活动的牵制和影响，重点分析和评价大众媒介与各种社会因素的相互作用，强调在社会学理论指导下，用量化或非量化的研究方法从事实地调查并进行严密分析，考察大众传媒在当代社会生活中扮演的角色。

传媒社会学可以调查的具体问题多种多样，但对这些具体问题进行细致研究的目的在于回答更为关键的问题，即传媒在当代社会和文化生活中正扮演着一个什么样的角色，应该扮演一个什么样的角色。传媒社会学的视野，正是恰当地把握了个体与全局、辩证与结构的这种关系。方法上的兼容并蓄和灵活多样更是使得传媒社会学成为集质化方法与量化方法于一体的研究视野。而本课题关于中国西南民族聚居区传媒素养培养的研究正是基于这样一种视野，将传媒的使用纳入和谐社会构建这个大社会背景体系下进行考量。这一立足“大众传播与社会发展”理念的研究工作，同时涉及发展传播学研究的核心问题。

1）发展传播学

在传播学界，一般都把美国麻省理工学院教授丹尼尔·勒纳（Daniel Lerner）在1958年出版的《传统社会的消逝：中东的现代化》（*The Passing of Traditional Society: Modernizing the Middle East*）视为发展传播学兴起的标志。勒纳在书中提出了关于大众传播学与国家发展的基本理论模式，认为传播体系的变动，既是整个社会体系变动的结果，又是其变动的原因。他把发展传播理论放在发展社会学的理论框架内进行宏观分析，并借助大众传媒发展的具体实践经验去构建关于传播与社会发展的理论。其中，“现代化理论”和“发展理论”不但是发展社会学的理论支点，也是发展传播学的理论基础。同时，这两种理论还直接影响了发展传播学的建模走向，为发展传播学后来的研究产生了重要影响。

第二次世界大战以后，特别是“冷战”开始以后，为了争夺对世界格局的控制力和影响力，美国将反共、反社会主义定位为主要的对外政策。为了拉拢和控制新兴独立的民族国家和地区，使其远离社会主义意识形态的影响，美国决定帮助这些国家和地区的发展，以免这些国家倒向社会主义阵营。在这一过程中，一些研究国家宣传问题的学者开始思考和讨论媒体与地区发展的关系问题。这是发展传播学“主导范式”兴起的社会背景。早期的现代化理论认为，通过引进新思维和新做法，可以加速现代化社会的进程，特别是对于发展中国家而言，要实现从传统到现代的转化，必须通过传播渠道引进西方文化价值观念。勒纳便是这一理论的突出代表。在《传统社会的消逝：中东现代化》一书中，勒纳把国家现代化过程的基本要素概括为城镇化、教育、大众传播普及和参与，把大众传播称之为社会发展过程中的“奇妙的放大器”。他认为，大众传媒在社会变革的过程中能够将现代观念广泛地扩散开去，形成一种媒介环境；同时，大众传媒有利于培养人的现代人格，对于国家现代化起着重要的推动作用。在此理论基础上，传媒研究集大成者威尔伯·施拉姆（Wilbur Schramm）进一步试图将欧美的发展经验推广到发展中国家。虽然当时传播学学科正处于建立发展阶段，但施拉姆还是意识到了此议题对于传播学发展的重要作用。施拉姆在1964年出版的《大众传播媒介与社会发展》一书中对大众媒介的作用进行了细致的阐述。他认为，大众传媒在国家发展过程中是“移动者”，尤其强调了传播媒介能够在发展中国家传播现代科技知识，使其能够跟上发达国家现代化的潮流。施拉姆的“六点行动计划”可以被认为是“主导范式”的典型表述之一。在施拉姆看来，第一，大众传媒应当被用来“塑造一种国家情感”；第二，大众传媒应当扮演国家计划的喉舌；第三，大众媒体应当担负教育责任，让人们学会“必要的技能”；第四，大众传媒在扩展市场方面也可以有积极的作用；第五，大众传媒应当帮助民众适应计划成功后所带来的各种社会变化；第六，大众传媒还应当承担教育民众具备主权意识的职责，也就是每个公民都应当具备国家主权意识。勒纳和施拉姆所践行的“主导范式”为发展中国家勾画了一幅令人鼓舞的用大众传媒促进国家发展的蓝图，并在实践中被一些国家奉为圭臬。

但是这种将视角聚焦于精英和上层的“自上而下的方法论”很快就遭到了众多学者的质疑和批判。有代表性的观点认为，某种特征可能在西方世界造成变化，但是在其他的地区却不一定会有效。而且从根本来说，该范式忽视了不同国家、不同社会结构和文化的特殊性。“主导范式”很可能因为忽略了不同社会人文环境的重要性而无法深刻把握发展中国家变革和发展道路上的真正障碍，甚至还在很大程度上破坏了它们通向发展的其他可能的途径，在现代与传统之间造成了激烈的对立。此后，在对“主导范式”进行深入反思的过程中，发展传播学研究逐渐向3种不同的范式演变：一是仍然坚持现代优于传统的观念，但是寄希望于寻求个人层面，而不是社会结构层面的改变，这就是所谓的“主导范式”的“延续性变体”；二是转而诉求“参与范式”，将研究视角转向底层人群，强调大众在传播与社会发展关系中所具有的决定性作用；三是激进地转向对发展中国家外部结构的分析，将制约其发展的原因归结于帝国主义在经济、政治、文化、外交等领域的新殖民主义，认为限制新兴独立国家发展的症结在于帝国主义的压迫，于是出现了“文化帝国主义”或“媒介帝国主义范式”。到1989年东欧剧变，“冷战”结束，国际形势发生了巨大变化，“全球化范式”应运而生，成为当时发展传播学的主流范式。进入21世纪后，又出现了结合主导范式和参与范式的新范式。但是，由于理论所处的时代局限以及视角的多元和社会现实及实践的复杂性，发展传播学在不同阶段提出的观点和理论框架的探索，并没有形成一个可以被视为一般工具的研究范式。

发展传播学理论建构的基础性难题在本项研究中显现其求证的价值：在社会发展相对滞后以及圣俗边缘区域，由于所面对的研究对象具有地理环境和人文环境的独特性，发展传播学应当对其发展中的特殊性和差异性给予足够的关注和考量。一般而言，传媒与社会发展的良性互动维系时间越长，越有利于和谐社会的建构及其可持续发展；反之，则阻碍社会变革和发展。因此，“现代传媒与社会发展”这一发展传播理论所关注的中心问题，需要从“去欧美中心”的视角，并从空间和时间两个维度有实证依据地提供目前最为活跃的亚太地区的国家样本。中国西南汉藏羌民族聚居区域的传媒使用与社会发展关系的研究，是在中国“建设和谐社会”和“建设新农村”的时代背景下进行的。因此，中国社会与传媒的现代化进程自然是发展传播学不可或缺的研究重心，对中国的传播学发展而言，也是重要的理论创新内容。从这个意义上讲，发展传播学的研究视角理应成为本项研究的重要思想来源。

2）功能主义理论（functionalism）

功能主义理论是社会学中非常重要的基础理论，最早可以溯源到社会学家斯宾塞关于“社会组织满足不同社会需求正如不同的人体器官满足于不同的生理机能”的论述。此后，法国社会学家迪尔凯姆、美国社会学家帕森斯和莫顿对于功能主义的发展有着巨大贡献。功能主义因内涵复杂且带有特定的时代烙印，而使得学说较为庞杂和观点不一。鉴于本课题的研究方法和研究目的，我们最终采用了传播学家丹尼斯·麦奎尔的分析视角。他认为，功能主义理论是以社会和个人的“需要”（needs）为出发点来解释社会实践与社会组织行为。

麦奎尔认为，大众传媒的功能体现在以下两个方面。

其一，媒介特有的社会责任。譬如，经典传播学理论中对于传播在社会中的功能表述（如监视环境、环境适应、文化传承、娱乐等）。功能主义将社会视为由包括媒体在内的不同子系统所构成的关系网，每一个子系统均对社会大系统的延续和秩序做出了不可或缺的贡献。正是基于这样的认识，麦奎尔从功能主义的立场出发，将有关传媒社会功能研究的成果，尤其是拉斯韦尔（1948）、赖特（1960）、拉扎斯菲尔德和莫顿（1948）以及麦库姆斯（1972）和肖（1993）的相关研究成果，概述为结构更加清晰明了的“五大功能”说。这五大功能包括：信息沟通功能（information）——包括提供有关国内外事件与状况的信息，提供各种权利关系以及促进社会变革和进步；社会整合功能（correlation）——包括解释、解读和评论社会与国际事件及相关信息的意义，支持现存权力结构和社会秩序，促进社会化进程，协调各种社会分离活动，制造舆论，设置议程以及授予人物或事件以地位；延续文化遗产功能（continuity）——包括反映占统治地位的主流文化，认识各种亚文化和新的文化发展趋势以及保证并促进正常的价值观体系；娱乐功能（entertainment）——包括提供消遣、娱乐解闷和各种身心放松的方法以及缓解各种社会紧张关系；社会动员功能（mobilization）——包括动员和促进各种政治、经济发展等，有时甚至是宗教目标的实现。

其二，为媒介使用者所需要实现的目的和效用服务。研究者一般通过分析受众的媒介接触动机以及这些接触满足了他们的什么需求，来考察大众传播给人们带来的心理和行为上的效用。涉及受众使用媒介动机与获得满足的研究虽然开始于20世纪40年代，然而直到1959年，卡茨在《大众传播调查和通俗文化研究》中才首次提到使用与满足研究（uses and gratification research），他将媒介接触行为概括为一个“社会因素+心理因素—媒介期待—媒介接触—需求满足”的因果连锁过程。这也就是早期传播功能研究较为粗糙的“使用与满足”基本模式。麦奎尔在1969年通过对调查新闻、知识竞赛、家庭连续剧、青年冒险电视剧等六种节目的分析，进一步归纳了四种使用与满足的基本类型：娱乐解闷（逃避日常生活中的问题，释放情感）；个人关系（谈话中信息的社会效用，用媒介替代同伴）；自我认同或个人心理（加强价值观，自我了解，了解现实）；环境监测（了解能够帮助个人或影响个人的信息）等，而使他成为“使用与满足理论”最具贡献的构建者。1974 年，卡茨、布拉姆勒、格里维奇等三人合著的经典论文《个人对大众传播的使用》从理论上总结了当时“使用与满足”领域所做的研究。

本课题将借助于功能主义这一理论工具，一方面，对西南民族聚居区的社会系统中大众传媒的功能给予充分的考察与审视，客观评估传媒在该地区的整合助推作用；另一方面，通过对社区中人的“主动性”考量，评估传媒使用过程中的个体性满足指标。然后综合两个向度的分析结果，客观描述西南汉藏羌民族聚居区域独特的社会人文背景对于大众传播的起效或抑效的影响因素以及该区域受众使用传媒的行为取向，思考并实验性地建构民族聚居区现代传媒使用与满足的类型化模式。

3）信息科学

传媒研究中最有代表性的基础理论是信息论。它与两个密切相关的理论——控制论和系统论，共同构成了半个多世纪以来人类用全新视野观察世界的信息科学。

信息论是研究信息的本质，并用数学方法研究信息的计量、传递、变换规律和储存的一门学科。它发端于 20 世纪 20 年代，成熟于 40 年代。1948 年，美国数学家申农（C. E. Shannon）在《贝尔系统技术杂志》上发表的《通信的数学理论》（“A Mathematical Theory of Communication”）一文，被认为是本学科诞生的标志。在该论文中，申农第一次从理论上阐明了信源、信宿、信道和编码等有关通信方面的一些基本问题，创立了通信系统的模式，并以精确的数学概念提出了信息量的计算公式。这一研究成果实现了与申农同时代并且也致力于相关问题研究的学者们（如维纳、韦弗、布里渊等），力图将信息理论从物理学、工程学和数学的研究中独立出来组成一个单一的理论的梦想，从而使信息理论不仅对电子、通信科学具有应用价值，也广泛适用于行为和社会科学。信息论的任务包括以下几个方面：

其一，分析信息的本质属性及其特征。信息是什么？至今中外学术界仍争论不休。信息是物质的，还是精神的，抑或是一种能量？有学者认为，信息是既非物质亦非能量的“第三态”。与此同时，信息与传播的关系是什么，信息与讯息有区别吗，信息的载体形式与符号表达怎样等，均成为信息论要科学界定和阐释的基本问题。

其二，描述信息的变换和传递路径。信息论把编码→译码、调制→解调作为信息变换和传递的途径。编码→译码是符号信息之间的转换，调制→解调是便于信息传递、接收的手段。所谓编码，就是把信息转化为适合于传播和保存，便于信息接收者接纳和理解的各种符号，如语言、文学、图像等。它是信源提供者“如何传情达意的一个创作过程，也是信息符号化的制作过程”。[①]所谓译码，是指讯息接收者把符号重新还原为信息，以便能够识别并进行有效的使用。需要指出的是，从“编码”向“译码”流动的符号群，严格意义上讲，往往仅是一种物态的讯息，即现实环境中实际存在的信号。这些信号所包含的意义，只有经过“译码”的转换作用才能被呈现出来。当个体不需要或不能破译某些信息时，这些信号对于个体而言就仍然还停留在讯息状态；如果个体有选择地注意到某些信号，又进一步去理解、判断、记忆或遗忘它们，这类经过一系列译码转换的信号，对受众个体而言，就是信息（见图 1.2）。因此，讯息是各种信号（如消息、情报、指令、数据、科研成果和资料）的载体或具体的表现形式；信息是讯息接触者对这些载体（符号群）排除了“不确定因素”之后，从中提炼出的自己需要的那部分内容。

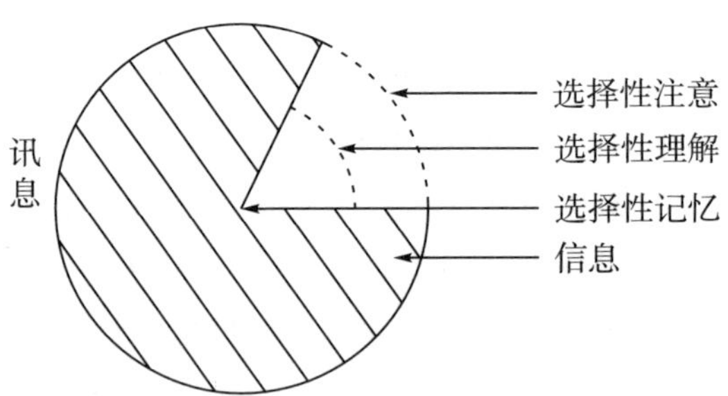

图 1.2　个体译码转换过程

所谓调制，是指利用物理规律对声音、图像等信息进行转换，以达到便于传输，特别是远距离传输的目的。所谓解调，是指把调制信号恢复成原有形式的转换。在通信设备和自动机中大量进行着这种调制和解调工

① 吴文虎．传播学概论［M］．武汉：武汉大学出版社，2000：172.

作。在传播学领域，则主要是对编码→译码的研究。

其三，进行信息的度量。在信息论中，度量信息的基本出发点是把信息作为用来消除“不确定性”的东西。信息数量的大小用消除“不确定性”的多少来表示，而事物的“不确定性”的多少，则用概论函数来描述。申农提出的下列计算公式就是对信息进行度量的科学工具：

$$H = -k \mathop{P_i}\limits_{i-1}^{n} \cdot \log P_i \text{（比特 / 每个信息）}$$

式中：H 为每个讯息的平均信息量；k 为波尔兹曼常数；P_i 为先验概率；比特为以 z 为底的对数信息单位。如果用文字表述上面的公式，即信息量等于可能性选择的概率的对数。用这种定量分析的方法对信息的属性和运动规律进行研究的信息论提出一个重要的观点：信息“所涉及的，不全在于你说什么，更在于你能说什么”。这使人们对信息的理解能够从一个全新的角度——借自于热力学的一个相关概念“熵”开始。[①]熵即无规则，或者说情境中组织（系统中的相互依存关系）的缺乏。一个完全是熵的情境是无法预测的。

熵是一个变量，你所面临的大多数情境是可以做出部分预测的。如乌云笼罩天空，你会预测天要下雨，而且你可能是对的。因为气候是一个有组织的系统，因此存在某些可能的关系（如云和雨）。但你不可能对雨做出完全的预测，因为存在于环境中会引起某些不确定性。总之，熵越多，组织性（相互依赖性）和可预测性就越少。因此，信息论认为，信息是对环境中不确定性或熵的测定。不确定性越大，可能的信息量就越大。信息就是为减少环境中的不确定性所需要的信号数量，一个你完全熟悉的环境对你来说就等于没有信息。从这个意义上讲，信息也就是人们所拥有的自由选择讯息的度量。

其四，确认信息的存在方式。在哲学视野中，信息是事物（物质和能量）的存在方式（运动状态）以及对这种方式（状态）的直接或间接的表述。“信息总是处在一定的流动状态下，以极强的渗透力冲破种种非自然的束缚，通过多种渠道和传输手段向外扩散着。”[②] 譬如，“鸟语”“花香”是一种生物信息的存在方式；“电闪”“雷鸣”是一种物理信息的运动状态；“你言”“我语”是人类社会信息的传输过程。它们无时不在，无处不

① 斯蒂文·小约翰．传播理论［M］．陈德民，译．北京：中国社会科学出版社，1999：87—88.

② 张国良．传播学原理［M］．上海：复旦大学出版社，2000：85.

在，普遍存在于整个自然生态中。信息论抛开有关信息意义的探讨而专注于人类社会信息的传输与接收研究，对今天的电子媒介传播而言，显得尤其重要。在申农—韦弗传播模式中（见图 1.3），我们会发现媒介传播中的硬件设备及其使用技术是十分重要的制约因素。

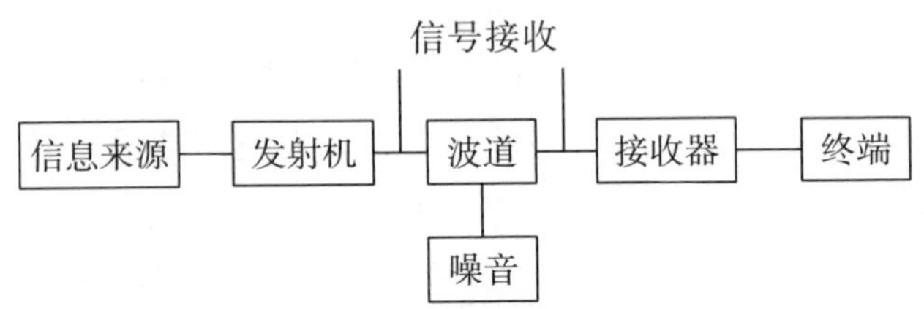

图 1.3　申农—韦弗传播模式

在这一模式中，信息来源由不断聚合的等待选择或准备传输的符号（包含一切可传递和交换的知识内向的消息、情报、指令、数据或各种可视性图像等）组成。发射机把这些符号转换（编码）成适合于传输的信号，然后通过一个波道传递至接收器，接收器把收到的信号再转换（译码）成讯息（迅速报道新闻事实的一种新闻体裁）。例如，在一个电视节目的传送过程中，传播人（信源）使用发射机的行为也就是一个讯息的编码过程。它以信号的形式经由电波（波道）传送至电视机（接收器），这是一个将信号还原为讯息的译码环节，最后到达受众那里。在这个过程中，讯息受到编码、波道、译码三个环节的干扰。其中，波道所产生的噪音还具有“有效信息”和“冗余信息”两种构成成分。有效信息是指讯息中新鲜而具有吸引力的部分，冗余信息是指被强调和复述的关键性部分。不容忽视的是，信息中的冗余部分对噪音有校正作用，可以帮助信息接受者填补丢失和被歪曲的数据和句子的意思。例如，读一封被雨水淋湿的字迹变得模糊的情书时，恋爱中的收信人可以凭借与写信人的“心心相印”去连接和体验那些因雨水浸渍而变得残缺的话语。因此，申农—韦弗传播技术模式可应用于多情境信息场的关系分析。

总之，信息论认为语言是传递信息的载体。这种载体可以是人体自身，也可以是现代通信技术和各类 CMC（以电脑为媒介的传播）硬件或软件设备。前者主要生成言语形成系统[①]，后者则构成稳定的、规则的、可以被独立出来进行分析的语言处理系统，如情报检查系统、编辑照排系统（包括新闻通讯网）、程序教学和计算机辅助教学设备、自动翻译和计算机辅助翻译设备、文字的模式识别等。信息是语言的内容，它决定语言的意义和张力，世界上既没有无“信息”的语言，也没有不“言语”的信息，两者相互依存，不可分割。承认这一点，也就承认了凡是有“信息”处，必有“语言”；反之亦然。

控制论是以各类系统所共有的通信和控制方法为研究对象，探讨不同物质基础的系统所具有的信息交换反馈调节、自组织、自适应等方面的共性，对这些共性问题进行新的概括和总结，以形成一整套适用于各门科学的共同语言、概念、模式和方法的科学。与研究物质运动、能量转换的传统科学不同的是，控制论着重研究系统的信息和控制过程，其重心在信息反馈上。它寻找并建构一个系统，以测定自己的作用和做出必要调整的方式，来改善系统的行为，使系统稳定地运行。

控制论的思想源远流长，但控制论的真正诞生却在20世纪40年代。1943年，美国数学家、电信工程师维纳（Norbert Wiener）和工程师比奇洛（Julian Bigelow）以及神经生理学家罗森勃律特（Arturo Rosenblueth）一起发表了著名的《行动目的和目的论》一文，第一次明确地提出了控制论的基本思想。1948年，维纳的《控制论》一书出版，标志着这门学科的正式诞生，维纳成为控制论的创始人。

信息概念和反馈概念是控制论的基本概念。维纳认为，客观世界有一种普遍的联系，即信息联系。任何组织之所以能够保持自身的稳定性，是由于它具有输入、使用、储存和输出信息的方法。在这种信息的变换过程中，存在着反馈信息。所谓反馈，是指一个系统的输出信息反作用于输入信息，并对信息再输出产生影响，起到控制和调节作用。维纳揭示了这种由信息和信息反馈构成的自动控制系统，抓住了一切控制和通信的共同特点，指出了机械系统内的负熵趋势，找到了机械模拟动物行为或功能的机制和科学基础。

---

① 索绪尔认为，人类传播中有两个概念是必须区分的。一个是语言，是指脱离它在日常生活中的实际使用而可以进行分析的符号形式系统。它不是由现实使用者创造的，而是在人类长期的社会信息交流中约定俗成、按规则使用的，在时代变迁中变化很少。另一个概念是言语，是指个体为完成目标而对语言的使用，它具有创造性，并随着情境的变化而发生变化，因而规则少、非重复性和突出的目的性是其主要特征。

控制论重点探讨的控制方法是指系统在没有人直接参加的情况下，利用遥控器，通过信息变换和反馈作用，使被控对象能够自动按照人们预定的程序进行，最终达到最优目标。施控系统和被控系统的矛盾，是一切控制系统和控制过程的基本矛盾。控制论采用一组简单的工具对其进行处理，包括传感器、比较器和催化剂。传感器向比较器提供反馈；比较器决定机器运转是否脱离了常模，然后向催化剂提供导向；催化剂输出信号以某种方式影响环境。这一输出—反馈—调整的基本过程是控制论的基础。[①]控制论所提供的具体方法包括信息方法、黑箱系统辨识法和功能模拟方法。信息方法着重研究系统中的信息变化规律，从信息方面来研究系统的功能，更好地输入、传递、加工和处理系统中的信息。黑箱系统辨识法认为，复杂系统除了可观察变量和可控制变量之外，还有许多不可观察和尚不可控制的变量。在这个意义上，可以把一个复杂系统称黑箱。通过运用相对独立的原则，进行测试和主动实验，建立模型，能够辨识和阐明黑箱。功能模拟方法不考虑系统内部物质、能量、元件、结构和一个个因果对应关系的情况，而只考虑整个系统在功能上的等效性。控制方法的探索，不仅有利于控制论研究的深入，而且为现代科学方法论增添了活力。

系统论是研究自然、社会和人类思维领域以及其他各种系统、系统原理、系统联系和系统发展的一般规律的学科。它的主要任务是以系统为研究对象，从整体出发来研究系统整体和组成系统整体各要素之间的相互关系，从本质上说明其结构、功能、行为和动态，以把握系统整体，并促进其良性循环发展。

系统论源于对生物机体的研究。早在20世纪20年代，美籍奥地利理论生物学家路德维希·冯·贝塔兰斐（Ludwig Von Bertalanffy，1901—1972）就对生物学的研究方法和理论提出质疑。他认为，生物机体的基本特征是一个组织、整体和系统，而过去的生物学研究却经常错误地认为生物机体只是“简单相加”“机械凑合”和“被动反应”的形式。这种机械论不足以解决生物学中的理论问题，也不足以解决由现代科学技术提出的实践问题。其原因是它不注意生物整体各部分间的关系，把生物的各部分和各过程割裂开来进行研究，所以，不能完整地描述生物现象，做出正确的结论。为了批判机械论的错误观点，贝塔兰斐把哲学中的协调、联系、

① 斯蒂文·小约翰．传播理论［M］．陈德民，译．北京：中国社会科学出版社，1999：81.

秩序和目的性等概念用于有机体的研究，并提出了系统论的三个基本观点：①系统观点——认为系统是相互关联并组成一个整体的一组事物，由客体、系统具有其属性、系统中的客体之间具有的内在联系和系统所依附的生存环境等四个因素组成；②等级观点——认为一切有机体都是按严格的等级和层次组织起来的；③动态观点——认为一切生命现象都处于积极的活动之中，一切生命现象都是一个开放的、活的系统，任何开放的、活的系统都和周围环境发生物质和能量的交换。1968 年 3 月，贝塔兰斐在加拿大埃德蒙顿·亚尔塔特大学出版了《普通系统论的基础、发展和应用》一书，全面阐述了他的系统论思想。他在书中全面揭示了系统的六大特征：①整体性和相互依存性——认为一个系统就是一个独立的整体。其功能是“整体大于各孤立部分的总和”。②等级制——认为任何一个系统都是另一个更高层级系统的一个构成部分，或者更低层级系统的施控整体。系统的复杂性随所属层级的增加而逐步增加；或相反，随系统施控的层级减少而递减。一个特定系统所属的更大系统叫超系统，一个系统内更小的系统叫子系统。③自我调控性——认为系统大多被看成是具有目标的有机体。一个系统的活动受到其目的的控制，而且系统对自己的行动做出调节，以达到目标。这使得系统的一部分必须根据指导方向行动，必须在反馈的基础上适应环境。④相互作用机制——认为一个有生命力的系统一定是开放的并与所生存的内外环境发生相互作用的。它们不仅需要接收来自外部的有机能量，同时也在向外释放自己的物质和能量，使每一层级或不同层级系统之间产生有序的、良性的互动。一旦系统的输入与输出失衡或无序乱动，系统的结构就会受到破坏甚至解体。⑤平衡性——认为系统要保持生存，其任务就是维持平衡。系统必须能探测出何时自己处于不正常状态，并做出调整以回到轨道上来。系统对变化和变异只是有限度的容忍，否则就难以维持自己，导致最后的垮掉。⑥适应性——认为系统总是处在一个动态的环境中，它必须具备能顺应时代发展需要的适应性，这就与系统为了生存而必须保持平衡可能产生矛盾。因此，一个有梦想的系统有时必须在发展结构上做出改变以适应生存环境；同时，在面对相应的“失衡”状态时具有能够“重组”自己、迎接新挑战的能力。基于这些认识，贝塔兰斐认为，完全有可能找出一个系统的理论框架来描述世界上的各种关系，可以将他的一般系统理论进一步扩展，形成一种包括一切与系统有关的理论和方法，如信息论、控制论、博弈论、决策论、网络理论、管理理论等新的学科，并将其统称系统论。

信息科学也就是由信息论、控制论、系统论、计算机理论、人工智能理论相互渗透、相互结合而形成的一门新兴综合性科学。其研究的基本方法有信息方法、反馈方法和系统分析。

1.2.2.2　现实的问题

现代社会也是一个信息社会。尤其是随着数字时代的到来，信息对于日常生活的影响和重要性也变得越来越突出。通常来说，一个地区的信息越发达，它与外在社会的联系越紧密，那么这个地区的经济也就越繁荣，文化也就越活跃。这与现代社会的组织结构和运行机制是分不开的。但是，无论是从哲学维度、符号学维度、社会学维度、传播学维度还是科学维度上讲，人们对信息的界定都难以精确。因为它既不属于物质，同时也不属于精神，可从另一方面上讲，它却既属于物质又属于精神。譬如一条信息，如果它不能从精神上、从抽象的理论上给予人类社会价值，那么它就不可能被解读。而如果一条信息，它不以视觉上的文字形式、影像形式或是听觉上的音频形式以及承载于其下的如纸绢、空气、集成硅片抑或光纤等介质进行传播，那么它同样不可能被人们接收。如果缺乏介质承载，信息就根本不可能构成传播行为。

以上对信息本质的论述是有意义的。因为当信息传递一旦纳入传播学的研究范畴，其内容（精神）与形式（媒介）就马上构成了传播学研究的重要内涵。以本课题所研究的中国西部民族聚居区为例，属于信息传递的精神部分显然已被确认为从文化、审美到人的精神满足、信息满足上的内生性意识要素。而属于信息传递的介质（媒介）部分则必然与经济及外部要素影响下的传媒效果有着深沉而必然的关联。如果我们将分析视野首先放之全球，然后聚焦至中国、国内东部沿海地区、中部地区，最终进入本项研究的西部民族地区内部，我们会发现，从社会文化结构、经济、地理这几个维度上看，其呈现为一个十分明晰的梯级生态圈。这一生态特征使得本课题的研究背景清晰地凸显起来。

首先是在文化形态上。为了更好表述全球化语境下的人类学与传播学交叉意义上的双重叙事，在这一小节里，我们不得不把政治要素作为文化要素的子要素进行阶梯性分析。这里的阶梯性存在毫无疑问是多元化的，并且有着高度统一的同构性质。在政治维度上，中国的历史与现状所呈现并且也在内部诉求上达到广泛共识的命题就是“现代化”。尤其是 1978 年以后，这种现代化的历史进程已经完成了从民间底层到高层政治上的时代诉求，并取得了广泛而重要的成果。当然，这一政治化的全球观照并不完全符合我们所研究的西部民族地区与中东部较发达和发达地区在现实基础上呈现出的梯级差异，尽管我们的政治制度毫不含糊地包含了民族区域自治的基本政策。可见，在统一的宪法基础上，属于上层的刚性政治制度显然是普遍而无差异的，而在另一个层面上又表明在下层的柔性政策方面，民族区域内部仍拥有一定意义上的自治现实。这是在文化形态范畴内值得我们讨论的有趣问题。也就是说，全球化下的文化性（也包括文明与科学）差异至少在两个明晰可见的区域内存在着同构：一是国际的；二是国内的。关于国际的文化和科技发展差异，这里主要是指发达国家同作为发展中国家的中国之间的差异与中国国内的东中西部地区发展不平衡之间存在同构性。在这种同构性的内涵要素中，重要的是科技文化、社会文化，因为下层柔性政策实际上处于社会文化与上层刚性制度之间的一个连接地段。分而述之，在科技方面，它不仅影响了大众传媒在媒介使用上的差异选择，也在文化心理上内化为区域社会的现代性意识特征。文化方面，则直接体现为意志与精神层面上的不同需求，人生观、价值观与世界观的不同显现。而下层的柔性政策则主要来源于区域伦理与风俗建构起来的不同的交际原则和管理模式。显然，这种差异性的存在决定了从受众到大众传播者的诉求、策略与效果分野，并构成了本书所要研究的西部民族地区传媒素养培养的一大现实背景。

其次是在经济形态上。较之文化形态的抽象性，经济内涵十分具体。事实上，在文化形态里的科学要素上，就已对经济形态有所触及。从本质上讲，它影响的是大众传媒在媒介技术上的承载力、区域受众的购买力及其相应的信息需求差异。经济的全球化差异与文化同样明显，前者尤其构成了发展传播学最大的现实基础。但正如文化的全球化差异可以同比内缩为区域间、民族间的差异一样，经济差异同样如此。中国自东向西的经济性阶梯差异的原因并不是本研究所关注的重点，但它对传媒的影响却是决定性的。而且这种决定性同样存在于西部民族地区中。在《现代传媒与中国西部民族》一书里，陈昌文教授将中国西部社会生活形态分为高原（高山）牧区、半山农牧区（半农半牧区）、河谷农区以及现代性社区（这里包括城市、城镇、县镇等复杂类型）。尽管这种四分法并非严格按照社区经济进行划分，但它所体现出来的从高原牧区到城镇之间不同的生产要素、经济水平和地理条件等显然构成了差异性传播重要的现实基础。不同地区的生产要素迫使人们选择不同的经济发展方向，进而催生出人们不同的信息需求和传媒期待。同时，不同的经济水平也会对社区个体的经济能力、消费心态以及文化心理造成影响，并进一步影响到个体的信息接收偏向和程度等。从这一维度出发，中国西部民族地区传媒素养的培养研究所开启的民族志式传媒特征探析就不仅仅具有现实意义，更有可供推广的理论意义。

最后是地理形态上。在前文对文化与经济维度下的研究背景进行描述时，我们提到了全球化与国家内部的大环境（大背景），然而在地理维度上，全球化的地理要素则往往为政治所取代。也就是说，是国家与地区上的政治概念替代了地理性分割。只有在同一政治体制下，地理要素才得以彰显。例如，中国东部的沿海地区与中部的丘陵地区以及西部的高原地区即存在明显的地理区别。同样地，当这一视野缩小到中国西部民族地区时，前文所述的从城镇到高原的四种社区形态也就自然以海拔为标准得到了自然区分。那么这种地理差异为传媒所带来的困境和挑战又在哪里呢?一如我们在对信息本质进行分析时所提到的，媒介成为传媒发展的重要元素。而地理差异正好构成了媒介选择在现实层面上的多元样式。如果以麦克卢汉的媒介理论为基础，那么诸如交通等要素也同样属于媒介范畴。仅以纸媒为例，城镇的媒介到达率显然要高于高原，这和交通运输直接相关。网络媒体同样如此，城镇铺设电缆的经济成本低于高原，这就使得从城镇到高原之间形成了一个梯级性的差异性媒介格局。进而言之，由文化、经济引发的信息需求差异和由媒介引发的接受差异都将直接影响到西部民族地区传媒素养的培养。

1.3 现代语境下的传媒西进功能

1.3.1 现代化的概念确认

根据韦氏辞典，英语单词 modern 是形容词，产生于 1585 年，有两层含义：①表示性质，即现代的，新近的，时髦的；②表示时间，即现代的，是指从大约公元 1500 年到当前这段历史时间。modern 的两层含义有不同特点：①性质只有时间限制（新近的），没有领域限制，所以，它可以指人类活动各个方面的特点；②时间只有时间上限（大约公元 1500 年），没有时间下限，所以，“现代”是可以无限延长的。英语单词

modernize 是动词，产生于 1748 年，含义是：使现代化（成为具有现代特点的、成为现代的），使适合现代需要。英语单词 modernization 是 modernize 的名词形式，产生于 1770 年。由此推论，“现代化”具有两个基本词义：成为现代的、适合现代需要；大约公元 1500 年以来出现的新特点、新变化。

人们在日常生活中使用“现代化”，一般都遵守它的两个基本词义，但是，在不同情况下，描述的对象不同，“现代化”的具体内涵也有所不同。例如，管理现代化指采用现代管理理论和方法；教育现代化指建立现代教育体系，采用现代教育理论和方法；企业现代化指建立现代企业制度，采用先进科学技术和现代经营管理方法；现代化城市指具有现代基础设施、现代城市管理系统、采用现代生活方式等的城市；现代化农村指具有现代基础设施、现代行政管理系统、采用现代生活方式等的农村；现代化学校指具有现代基础设施，采用现代教育理论、教材和方法等的学校等。①

1.3.2 现代化的理论体系

非常有趣的是，在 20 世纪 30 年代，“现代化”一词首先出现在中国的报刊上。1933 年 7 月，中国《申报月刊》刊出了一个“中国现代化问题号”特辑，共发表 26 篇文章，探讨中国现代化的困境和道路。在随后的三四十年代，中国知识界就此问题进行了大量研究。但令人遗憾的是，中国学界没有再前进一步形成现代化理论。

20 世纪 50 年代，美国一批社会学家、经济学家和政治学家相继开展了现代化研究。1951 年 6 月，在美国社会科学研究会经济增长委员会主办的学术刊物《文化变迁》杂志编辑部举办的学术讨论会上，大家讨论了贫困、经济发展不平衡等问题，与会者认为，使用“现代化”一词来说明从农业社会向工业社会的转变是比较合适的。1958 年，丹尼尔·勒纳出版《传统社会的消逝：中东现代化》一书，认为从传统社会向现代社会的转变就是现代化。1959 年，美国社会科学研究会比较政治委员会召开了政治现代化讨论会，随后出版了《发展中地区的政治学》（阿尔蒙德和科尔曼，1960）。

---

① 何传启．现代化理论研究的六个流派和其他流派[EB/OL].[2010－03－06]. http://www.chinagate.com.cn.

20世纪60年代，西方国家陆续出版了一批有影响的现代化研究专著，现代化理论基本形成。例如，《经济成长的阶段：非共产主义宣言》（罗斯托，1960），《日本和土耳其的政治现代化》（沃德和拉斯托，1964），《现代化政治学》（艾普特，1965），《现代化和社会结构》（列维，1966），《现代化的动力：比较历史研究》（布莱克，1966），《现代化的抵制和变化》（埃森斯塔特，1966），《国际体系与社会现代化》（内特尔和罗伯逊，1968），《变化社会中的政治秩序》（亨廷顿，1968）等。在七八十年代，现代化理论面临着诸多挑战，同时也得到全面发展，形成了五光十色的现代化理论。

西方学者开展现代化研究，历时50年（20世纪50～90年代），最终形成了现代化理论体系。尽管这种理论存在许多固有的缺陷，例如，这种理论不能解释发达工业国家70年代以来的发展等，并因此受到种种批评，但是，它仍然被认为是用来阐述工业革命以来人类文明的革命性变化的有力理论，其他任何一种社会科学理论都不可能完全取代它。我们不妨将其称为经典现代化理论。需要特别提醒的是，现代化理论体系中有六个重要的流派，分别是经典现代化理论、后现代化理论、生态现代化理论、反思现代化理论、多元现代化理论和第二次现代化理论。[①] 本课题研究选择并运用经典现代化理论作为分析工具，是因为该流派不仅全面阐释了现代化的一般理论，还在于其对自身局限性的反思和修正实践的新颖性以及在学术争鸣中的影响力。

经典现代化的一般理论包括现代化的定义、过程、结果、动力和模式等五个方面。第一，关于定义。一般理论认为现代化是18世纪工业革命以来人类社会的一种深刻变化，是从传统社会向现代社会的转型过程。它既发生在先行国家，也存在于后进国家追赶世界先进水平的过程中。它既是一个从传统农业社会向现代工业社会转变的过程，也是一种发展状态，即完成现代化过程的工业化国家的发展状态——工业时代的世界先进水平。第二，关于一般理论的过程，有学者认为现代化是线性的，有学者认为是非线性的（Inglehart，1997）。美国学者布莱克认为现代化过程包括四个阶段：①现代化的挑战；②现代化领导的稳固；③经济和社会转型；④社会整合。而中国学者认为，现代化过程包括起步、发展、成熟和过渡

---

① 何传启．现代化理论研究的六个流派和其他流派[EB/OL]．[2010－03－06]．http://www.chinagate.com.cn.

四个阶段。第三，关于现代化的结果。尽管对此问题的学术争论十分激烈，但学界对现代化基本特征的认识却趋于一致：现代性就是现代化的结果，而且在不同领域有不同表现，如政治民主化、经济工业化、社会城市化、宗教世俗化、观念理性化、现代主义和普及义务教育等。第四，关于现代化的动力。美国密歇根大学茵格哈特教授归纳了三种观点（Inglehart，1997）：一是“经济发展决定论”，主张经济发展决定社会政治和文化的变换，认为工业化是现代化的推动力，受马克思“经济基础决定上层建筑和阶级冲突”思想的影响较大。二是“文化发展决定论”，认为是文化影响了经济和政治生活，民主化是现代化的推动力。三是综合决定论，认为现代化是政治、经济和文化相互作用的结果。第五，关于现代化的模式。许多学者认为，经典现代化的发展模式具有多样性和路径依赖性，受历史文化和地理条件等的影响。例如，德国学者认为，英国和美国现代化是由民主化和工业化推动的；法国现代化是先有民主化后有工业化；德国现代化是先有工业化后有民主化（普尔，1993）。更多学者认为，经典现代化的主要类型包括先发型与后发型、内生型与外源型、主动型与被动型、市场型与计划型等四个对应模式。甚至有学者按现代化模式的相似度分为拉美现代化、东亚现代化、东欧现代化和中东现代化等。经典现代化理论见图 1.4。

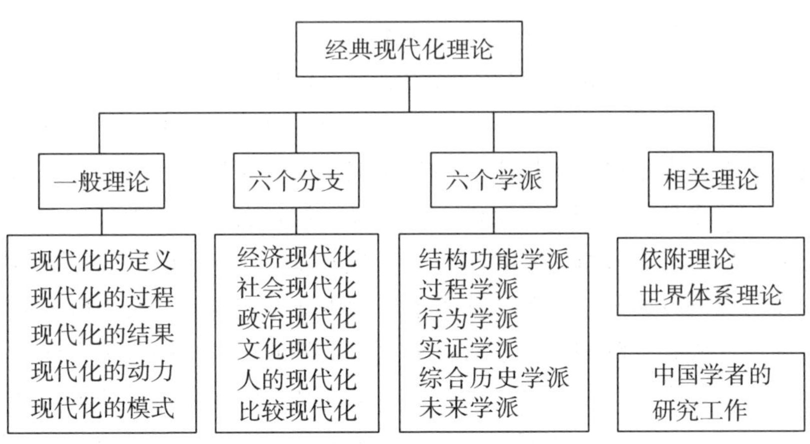

图 1.4 经典现代化理论结构

资料来源：何传启《中国现代化报告 2003》。

如前所述，经典现代化理论在解释发达工业国家 18 世纪 60 年代至

20世纪60年代的发展过程时比较成功，在解释发展中国家追赶发达工业水平的过程时也还可用，但在解释发达工业国家20世纪70年代以来的发展时就显示其局限性。该理论所面对的挑战有两个方面：①20世纪70年代以来，发达工业国家的现代化出现了逆转，进入非工业化轨道；②发达工业国家的城市化出现逆转，城市人口开始向郊区和乡镇迁移。这些发展事实动摇了以工业化、城市化为典型特征的经典现代化理论的经济和社会基础。

经典现代化理论的自主修正功能体现在三个方面：①对元理论保持学术批评及回应学术争论。该理论承认现代化是多路径的，现代化的“西方模式”存在多样性，传统性和现代性不是完全对立的，而是可以部分共存的。“依附理论”和“世界体系理论”既是对经典现代化理论的批判，也是一种补充。②通过历史的、案例研究的新发现，证明现代化的方向是可以预期的，但过程是不确定的。在现代化过程中，宗教和其他传统文化遗产没有消失，而是长期存在并发挥作用。现代化是局部可逆的，文化现代化是非线性的，民主与经济的关系也是非线性和复杂的。③始终监测经典现代化的新进展。比如自20世纪60年代以来，东亚的现代化是先工业化后民主化，儒家文化发挥作用而不是新教文化发挥作用（Borrego，1995）。东欧的新现代化，在20世纪后期的东欧事变后，东欧的国家开始从计划经济向市场经济转型，从计划型现代化向市场型现代化转变，这种现代化与欧美先行国家的现代化有所不同。[①]

毫无疑问，现代化问题已经成为这个时代的一个全球化问题。只是因为历史、政治以及文化等原因，现代化问题在全球化的语境下体现出了极大的差异性。在这些差异性中，经济应该是最受人瞩目的因素。因为经济问题不仅关乎从个体到国家层面上的幸福指数，而且经济本身具有轻易可量化的特性可以有效避免各种争议。人们达成一个较为广泛的共识就是，现代化与经济发展密切相关。那些落后的生产方式和生产技术以及劳动密集型的产业模式、陈旧的经济管理模式、低效的组织结构等都在向现代化的创新经济看齐。除了经济之外，现代化的基本内涵还包括政治与文化这两个重要元素。政治上的现代化是要向传统的帝国时代、封建时代告别而走向现代化的民主国家。文化上的现代化则比较抽象而广泛，但这些抽象

① 何传启．现代化理论研究的六个流派和其他流派[EB/OL].[2010－03－06]. http://www.chinagate.com.cn.

的概念却有一个共同的起点，那就是人。人的现代化，既是来源于从启蒙理性、工业革命到现在的数字化时代等现代化进程中的身份与观念的赋予和塑造，同时这些现代化的种种进程也得益于人的努力。也就是说必须要人首先开眼看世界，然后通过了解世界、接受先进的现代文明，最终形成现代化的人格、心理和精神，推动现代化社会方方面面的进步。“无论一个国家引入了多么现代的经济制度和管理方法，也无论这个国家如何仿效最现代的政治和行政管理，如果执行这些制度并使之付诸实施的那些个人，没有从心理、思想和行动方式上实现由传统人向现代人的转变，真正能顺应和推动现代经济制度与政治管理的健全发展，那么，这个国家的现代化只是徒有虚名。”①

由此可见，在国家的现代化进程中，人这一要素至关重要。推动个体完成现代化的意识养成的方式有很多，例如可以是工厂、城市、企业和国家政治等这些硬性的组织和制度，也可以是家庭、学校和社会方方面面的教育等。但更重要的还是现代传媒，尤其是大众传媒。传媒与社会的关系由来复杂，到底是媒介的力量推动了现代化的发展，还是现代化的力量推动了传媒的进步已经难以厘清。又或者说现代传媒本就是现代化的一部分，而且是极其重要的一部分。尤其是在现在的信息时代和数字时代中，传媒的力量几乎已经渗透到了社会的各个层面。丹尼尔·勒纳甚至认为“如果没有已经发展的大众传播工具和通迅系统，现代社会就不可能有效地进行活动”。②因此，从这一现实出发，传媒对大众的信息影响，以及传媒素养的培育等就成为社会推动个体完成现代化意识养成的重要方式。只有当人们开始理解媒介、学会运用媒介并能主动而有效地参与到现代化的传媒运行之中，人们才能真正地成为一个现代人并推动国家的现代化发展。中国的现代化进程，最早可以追溯到1840年。经过一百多年的艰苦奋战，成就与进步有目共睹。然而，问题与困境依然存在。抛开国际间的整体差距不论，阻碍中国现代化发展的重要一点即是地区发展的不平衡。中国西部经济的落后导致了地区教育、科技与人才的落后，而人才的落后又反过来加剧了经济的滞缓。因此，如何有效完成西部民族地区传媒素养的培养，就不仅是国家现代化进程的题中之义，而且是推进民族地区的个体完成现代化的意识习得的首要命题。

---

① 殷陆君．人的现代化［M］．成都：四川人民出版社，1985：20—21.

② 殷陆君．人的现代化［M］．成都：四川人民出版社，1985：140.

当然，现代传媒的功能与意义还远不止于此。为了更好、全面地描述现代传媒的社会功能，我们首先需要梳理一下传播学作为一个学科诞生的历史。人类的传播行为由来既久，但真正使其成为一门学科的或许应该将其推延到20世纪三四十年代。当时世界正处于第二次世界大战中，战时宣传因此成为迫切的任务，传播学的早期形态也就在这样的宣传研究中开始萌芽。在此之后，传播学经施拉姆集大成后形成一门独立的学科。而早期的实证研究也就构成了后来的经验主义学派。与此同时，在德国则发展起了另一个学派，尽管这一学派长期都并不以传播学作为自己的研究对象，但由于他们对社会权力，比如对信息宣传者的权力的批判，使他们总是在现代传媒语境下讨论问题，这就是今天所说的批判学派。在罗杰斯看来“批判的学者和经验主义的学者的截然相反的理论观点经常将他们带入尖锐的冲突之中。事实上，批判的和经验主义的裂痕是今日传播领域中最明显的分歧”。[①] 因此，或许可以说正是因为二者的冲突，所以又构成了互补，并且为我们提供了两个视野下不同的传媒意义。批判学派看重的是个体的自由，主要着眼于社会权力对个体的压迫。而经验学派则主要是从实证的角度研究传播的效果，即如何能够更加有效地实施传播。应该说，二者都有各自重要的理论及现实意义。从经验学派出发，它不止是在传媒作为一种商业或是政治形态下的意义传达时所体现出来的策略布置，而且在不涉权力与利益的传播行为中也能提供客观而有效的传媒模式。如果将这一理论投射到西南民族聚居区的传媒素养培养模式研究中，则将为这种模式建构提供极大的效力。尤其是建立在民族地区内部的复杂结构情况下的实证研究更是能够支撑起这种经验主义范式下的差异性传播模式探究。此外，从批判学派出发，则能为受众建立起足够正当的话语权和自觉意识。这种话语权不仅在个体层面上是有意义的，而且作为民族地区内部的民族文化互融也能因此避免强势文化对弱势文化的压迫。同时，作为落后经济地区的人们在接受强势文化与信息的冲击时，如何调整自己的心理意识以使自己能在身份认同上避免焦虑与迷失，如何在信息、欲望和个体能力之间达成谐和的心理状态及健全的人格结构同样属于批判学派应该关注的问题。这不仅是一种人文关怀，更是维护社会稳定、建构良好的文化秩序和精神磁场必需的意义体现。

---

① 罗杰斯．传播学史：一种传记式的方法［M］．殷晓蓉，译．上海：上海译文出版社，2012：126.

1.3.3 现代传媒西进的效能与问题

1.3.3.1 政府的决策

中国的西部是一个十分厚重的概念，有着丰富的内涵。西部地区土地广袤，资源丰富，民族复杂，邻国众多，陆地边境线漫长，地处亚欧大陆的中心，战略枢纽位置显著。实施西部大开发战略是实现全国现代化的重要环节。加快开发西部地区，有利于增强中华民族的凝聚力和向心力；有利于提高我国综合国力；有利于形成广阔的战略纵深；有利于从根本上挫败国内外敌对势力分化弱化中国的图谋，维护国家安全；有利于促进区域经济社会协调发展，实现中华民族的伟大振兴。①

“西部大开发”是中华人民共和国中央政府的一项政策，目的是“把东部沿海地区的剩余经济发展能力，用以提高西部地区的经济和社会发展水平、巩固国防”。2000 年 1 月，国务院成立了西部地区开发领导小组。由时任国务院总理朱镕基担任组长，时任国务院副总理温家宝担任副组长。经过全国人民代表大会审议通过之后，国务院西部开发办于 2000 年 3 月正式开始运作。2000 年 10 月，中共十五届五中全会通过的《中共中央关于制定国民经济和社会发展第十个五年计划的建议》，发行长期国债 14 亿元，把实施西部大开发、促进地区协调发展作为一项战略任务，强调：“实施西部大开发战略、加快中西部地区发展，关系经济发展、民族团结、社会稳定，关系地区协调发展和最终实现共同富裕，是实现第三步战略目标的重大举措。”2001 年 3 月，九届全国人大四次会议通过的《中华人民共和国国民经济和社会发展第十个五年计划纲要》对实施西部大开发战略再次进行了具体部署。2006 年 12 月 8 日，国务院常务会议审议并原则通过《西部大开发“十一五”规划》。目标是努力实现西部地区经济又好又快发展，人民生活水平持续稳定提高，基础设施和生态环境建设取得新突破，重点区域和重点产业的发展达到新水平，教育、卫生等基本公共服务均等化取得新成效，构建社会主义和谐社会迈出扎实步伐。2012 年 2 月，国家发改委官员对西部大开发“十二五”规划进行解读，明确了战略部署的基本思路。西部大开发的范围包括 12 个省、自治区、直辖市，

---

① 綦常清，费雅君，高旗．中国现代化下西部开发与国家安全［M］．北京：时事出版社，2007.

即重庆市、四川省、陕西省、甘肃省、青海省、云南省、贵州省、广西壮族自治区、内蒙古自治区、宁夏回族自治区、新疆维吾尔自治区、西藏自治区，并加上了湖北省恩施土家族苗族自治州、湖南省湘西土家族苗族自治州和吉林省延边朝鲜族自治州。面积为685万平方千米，约占全国总面积的71.4%。2002年年末人口3.67亿人，占全国总人口的25%，人均国内生产总值仅相当于全国平均水平的2/3，不到东部地区平均水平的40%，迫切需要加快改革开放和现代化建设步伐。①

我们知道，中国的改革开放大幕是首先由农村地区拉开的。改革开放以来，农产量稳步增加，农村基础设施建设明显加强，生产条件大大改善，农村居民生活水平和质量实现了跨越式提高。但由于“三农中国”②的特殊国情，农村仍然是全面建设小康社会的重点和难点。相对于城乡基础设施建设差距、城乡居民收入差距，对农村发展构成更大制约的是城乡文化条件差距大，文化信息不对称，这就导致传媒推动社会加速发展的作用在农村受到了很大限制。现阶段的农村，由于文化水平落后和由此带来的人们思想观念落后、劳动者素质不高等问题已经成为影响该类地区发展的主要因素，对于广大农民来说，“穷”的关键在于缺少科学文化知识。同时，这些问题在中国西部民族地区的农村和牧区更为突出。

为了破解农村文化发展的突出难题，缩小城乡文化发展差距，2003年，中央提出了新农村建设的任务，并且把文化作为重要内容；2005年，经中央批准，原新闻出版总署在甘肃、贵州等西部省份开展农家书屋试点工作；2007年，党的十七大提出的“文化惠民工程”，将农家书屋等五项工程确定为全国农村公共文化服务体系建设的重大工程；2011年，党的十七届六中全会专门对社会主义文化建设做出决定，将建设农家书屋作为构建城乡文化一体化发展的重要文化惠民工程，使农民首次拥有大批知识资源。

迄今，农家书屋工程建设的深入推进，使农村文化条件发生了前所未有的深刻变化。截至2012年7月，从中央到地方，各级政府先后投入了180多亿元建设农家书屋工程，建成农家书屋60万家，把大批图书、报刊、音像制品送到农家，同时探索运用多媒体、网络、数字化等先进技术积极推进“数字农家书屋”配套建设，在全国范围内构建起覆盖全部基本

---

① 西部大开发战略[EB/OL].[2015-08-06]. http://baike.baidu.com.

② “三农”是指农村、农业、农民。

条件行政村，集图书、报刊、音像、数字出版物和相应设备等多媒体于一体的现代传媒平台。农家书屋的全覆盖，不仅为广大农民群众提供了便捷的公共服务，解决了农村群众最为迫切的读书难、看报难的问题，而且以农民自我管理、自我服务的方式，调动了农民群众学习科学知识、享受精神文化的热情，培养了一大批有文化、有见识的新型农民，成为农民致富的“黄金屋”，受到越来越多农民群众的欢迎。[①]

1.3.3.2 传媒西进已显现的效能

西部地区总人口约3.56亿人，占全国总人口的28.6%，其中，少数民族人口占全国少数民族人口的75%左右。约占全国总面积71.4%的西部区域，与国家西部大开发同步推进的传媒现代化可谓成绩卓著，早在2008年就实现了送“农家书屋”、广播电视到村，近几年又基本做到各乡网络全覆盖。但这些还仅仅是行政干预下构建起来的一些基础性媒体平台。我们需要评估广大农民群众的文化需求被满足和新农村建设的文化要求开始起效的具体程度。我们需要将学术视野投向中国西部，对西部民族地区传媒使用与社会发展互动关系的定性和定量做出全景性描述。我们需要对这一区域做长期的跟踪研究，为国家西部大开发的阶段性任务提供可参考的动态数据，甚至是对现代传媒在中国西部未来发展趋势的理论推论。为此，我们已在此前申请并完成了国家社科基金项目“传媒使用与西南汉藏羌地区和谐社会构建的系统研究”。在研究报告中，我们公布了关于中国西南民族地区大众传媒使用的社会效应的测评结果，共包括十个方面的研究发现。

其一，本次田野调查结果基本支持我们的四种社区形态传媒级差假设

---

① 柳斌杰．现代传媒与中国西部民族——汉藏羌民族混居区传媒使用与影响的类型化研究［M］．北京：中华书局，2012：1—3．柳斌杰，原中国新闻出版总署署长，国家版权局局长，现任中国传媒大学教授。

模型[①]，即西南的地理纵深与现代传媒的硬件布局成反比，并且在电子传媒的使用上更具有跨越地理障碍的普及性。政府财政投入和现代传媒资源配置的非均衡性，仍然凸显了汉藏羌民族聚居区现代传媒分布状态的非合理性；当地相对落后的经济基础导致的媒体消费能力低，使媒介信息的传播在量与质两个观察维度上均未达到传媒主体的预期等问题仍然突出。当地民众使用媒体的选择性排序为：手机、CD、电视、收音机等排名靠前，平面媒体如招贴画、小学教科书和图片性强的娱乐杂志则排名其后。

其二，在传媒内容的接受性上，四种社区形态的受众随着现代化程度的递减，接受性越低，尤其是在交通不便的高山牧区和高原牧区，以及交通成本极高的半山农牧区，出现了文化退行现象[②]，很多年轻人仅有初级教育水平甚至更低，他们不懂汉语，不会使用普通话，对传媒的接受明显受到语言限制。而藏语的电台、电视台节目通常受地理环境影响难以被接收，且信号较差。因此，就横向的社会现实比较而言，半山农牧区和高原牧区的民族特征与宗教虔诚度明显高于河谷农区与城镇；就纵向的国家认同度比较而言，半山农牧区和高原牧区的认同度远不及计划经济时代，而且这两类社会形态的区域面积极大，人口稀少，居住分散，是传媒现代化的死角和难点。政府、宣传部门和传媒决策部门应高度重视。

其三，在传媒信任度方面，接触纸媒的信任度基本上属于中等水平，而且除高原牧区外，其他三种社区形态存在随海拔升高传媒信任度递减的趋势。接触电媒的信任度同样属于中等程度，但是随海拔升高所对应的社区呈现出递增的趋势。总体而言，各社区形态的受众不同程度地认为，现代传媒未能真实准确地反映他们身边世界的本来面貌，他们对媒介是否值

---

① 陈昌文：四川大学公共管理学院社会学系博士生导师、教授。从2000年开始“中国西部50年50户追踪”调查研究项目，中国宗教社会学学科创始人。其代表作《圣俗边缘——西部社会的环境、信仰和行为》及其系列研究成果是该领域研究的奠基性理论著述。他在研究中描述了中国西部民族地区的社会特征，并且提出了一种以地理特征和日常生活方式为依据的西部社会分层方式，也就是能基本覆盖西部社会巨大差异的社区分类法——将中国西部社会生活形态分为：高原（高山）牧区、半山农牧区（半农半牧区）、河谷农区，以及现代性社区（这里包括城市、城镇、县镇等复杂类型），并对这一新的社区分类法下四种类型的社区形态作出历时性描述。作为国家社科基金资助项目的成果，《圣俗边缘——西部社会的环境、信仰和行为》由四川人民出版社2005年3月出版。

② 这是发生在中国牧区和边远地区的一种文化倒退现象。其表征是，在4种社区形态中，沿公里两侧的城镇和河谷农区在现代化发展中受益较大，比如教育资源和现代传媒的享有量以及普及普通话方面均占有相对优势；而半山农牧区和高原牧区则在这些资源的分享上处于相对劣势。见陈昌文著《圣俗边缘——西部社会的环境、信仰和行为》，四川人民出版社，2005年版。

得信任持保守态度，因而在一定程度上影响了他们主动利用或参与媒体活动的热情。

其四，各级社群均反映，对当地生产生活有指导性和针对性的传媒内容极少或缺损。这是现代传媒的都市中心视野带来的弊端以及本地的县乡传媒力量难以制作并辐射其节目给本地人群所带来的后果。更为严峻的是，都市中心视野下的媒体内容在四种社区形态中由于地域差异和人群生活条件差异而呈现出的共享级差，反映出基本对应的传媒认同级差。如果现代传媒对现行的议程设置结构实际存在的忽视中国东西部区域发展高度不均衡性问题听之任之，那么，在中国一体化的现代化语境下，西南社会的民族、信仰、生活传统的差异性特征力图通过大众传媒的公平呈现，以及同样作为我国公民的西南民众需要分享国家现代化的利益和成就的愿望就会被媒体的议程设置边缘化，现代传媒工具就有可能充当增强不满情绪的放大器，从而影响该地区的国家认同。这是有悖于中国政府为构建和谐社会而对传媒产业和传播战略提出的特殊要求的。

其五，现代传媒在拉动当地消费欲望和影响社会变迁方面具有明显的作用。传媒大量呈现的现代生活方式，尤其是针对儿童、中青年人群的各类时尚产品的影响力，都较大地刺激了边远地区民族的消费动机。通过购买消费品的货币需求，青少年更多地卷入了货币经济的生产和交换中，他们甚至外出打工或参与跨地区商贸活动。现代传媒所提供的农牧业科学技术、天气信息、商业营销信息等也都明显地带动了当地传统经济的现代转型和内聚型村落的解构。这些变迁，彻底改变了当地生产生活方式的邻近性比较传统，使民族地区的民众随时可以通过传媒获得全球、全国各地的现代而多元的信息。

其六，四种社区形态的受众对文艺性传媒内容的选择偏好明显高于其他信息种类。这一发现可能被解释为情绪语言，如音乐和舞蹈所承载的情绪话语具有更大的跨文化穿透力和克服语言障碍的能力。在西南纵深区域出现了青少年受众完全跨越了本土生活方式的追星现象。

其七，在宗教信仰群体中，神职人员在当地是使用传媒的先驱，因为他们有更好的物质供养条件和传统知识水平。在汉藏羌民族聚居区域，传教和信教的宗教生活已经非常广泛地使用大众传媒。但是，有些封闭在族群内部的宗教生活与国家的传媒管理制度关系甚微，基本上各自为政，双向发展，交叉点很少。这是在信仰社区推进传媒现代化时值得重视的普遍社会事实。

其八，四种社区形态民众所表现出的媒介素养普遍处于较低水平。一般而言，受众对传媒的服务功能和娱乐功能有较好的理解和认知；对社会系统的整合功能和文化传承功能认识表浅；主动参与大众传播，有目的和有意识地使用传媒，以及与媒体有效互动的意识淡薄。因此，有关中国西南民族聚居区媒介素养的培养模式研究，是一项有价值的后续研究任务。

其九，从发展社会学和发展传播学的视域观察，前期研究项目对汉藏羌民族聚居区域的有限调查和研究发现：凡是被现代传媒拉动的需求与受众实现这些需求的能力相吻合时，传媒就发挥着积极的正功能。比如，传媒在科技信息、现代化产业及商贸信息的及时提供；2008 年汶川地震后在整合社会系统抗震救灾力量，支持灾区民众重建家园，推进社会民主化进程，增强民族地区的国家认同等方面的有效传播。凡是被传媒拉动的需求超越了受众的现实需求（社会的和个人的发展）目标，而这些超必需求又无能力去满足时，受众的心理挫折感就会滋生或被强化，社会个体产生的发展困惑程度也会增强。如此情况下，传媒就可能产生消极的负功能。例如，因发展的不均衡性导致的国民待遇级差在当地受众心理上引起的落差；因大众传播信息刺激的货币需求导致当地的传统农牧业代际传承的危机；民族地区的青少年作为现代传媒环境中最敏感的群体，其消费欲望和价值观的超前都市化现象等，都可能成为诱发社会不稳定的因素。

其十，我们的前期研究从“西南”和“民族”两个维度验证了“使用与满足理论”对中国发展传播学研究的效度。结果发现：该理论“以研究人们如何处置媒介取代传统效果理论研究媒介如何对付人们”的学术立场，是适合分析中国西南当前和未来一定时期内传媒现代化发展问题的。因为，在中国现代化发展的一体化和信息传播的数字化语境下，以受众主体的视角观察媒体使用者如何“成熟”选择和“处置”媒体内容，以及受众个体的信息需求（个人心理与因生存发展引起的社会性需求）被满足的程度，是政府、业界和学界当前和未来一定时期内必须思考的战略性问题。研究报告对汉藏羌民族聚居区域传媒使用及社会效应的科学呈现与客观描述，说明了中国西南传媒使用中的上述趋势性需求，即使在目前西南的传媒级差和媒介素养水平低下的状况下仍然凸显。

以上前期研究的成果已由中华书局正式出版并受到业界和学界的高度关注。时任新闻出版总署署长，现任清华大学新闻学院院长柳斌杰在评价该成果专著《现代传媒与中国西部民族——汉藏羌民族混居区传媒使用与影响的类型化研究》一书时说，“该书作者以高度的责任感和敬业精神，通过考察中国西部在社会、经济、文化、地理上呈现的多样性、差异性与受众传媒使用的对应关系，考察社区和家庭的微观层面上传统交流方式与现代传媒之间的共存、互动关系，对现代传媒如何在西部农村和少数民族地区更好地发挥作用，提出了许多有价值和创新性的观点，拓展了发展传播学的新视野。”①

需要补充说明的是，我们的前期研究项目为什么要将田野调查的抽样点选择在四川省成都市以北、以西、以南的横断山脉地区。其理由是，横断山脉呈扇面覆盖的大藏区占国土面积近 1/4，是中华民族文化和历史的千古屏障，其山脉南沿的大渡河、岷江、澜沧江流域，更是中国共产党第一代领袖率领红军队伍，历经千难险阻，保全了中国革命火种的圣地。因此，中华人民共和国成立之初，无论是实施土地改革、置通邮政、建立地方供销社，还是修筑公路、架设电线、电话线等，都具有很强的往西推进的意识。横断山脉的主要原住民族——藏族、羌族、彝族和世世代代居住于此的汉族等都经历了和内地人民一样巨大的社会变化，以及与之而来的现代化建设的制度拉动——把一个封闭的社会改造成为开放的，共同参与现代化建设，并进入共享现代化成果利益的进程中。其中，非常重要的推进因素就是信息的交换和传输。因为信息不仅可以改变物质世界，还可能改变人的精神结构和行为方式。显而易见，中华人民共和国成立 70 年来，中国的信息影响力从最初的通信，到大众传播的平面纸质媒体和电子介质的数字媒体，都在以超强的力度和速度向内地以西的中亚核心地带扩展，使封闭的横断山区域的村寨、家庭和个人获得了关于现代世界的广阔视野，也极大地促进了这一区域的民族融合，提升了国家认同度，开启了现代化的区域经济原发潜能。因此我们认为，这一区域符合我们选择中国西南最具代表性的“民族混居”特征的抽样条件。

1.3.3.3 问题与反思

严格意义上讲，计划经济时代的传媒西进速度是相对缓慢的。20 世纪 90 年代后半期国家实施“西部大开发”战略以来，现代传媒产业在国家财政的直接支持下克服了横断山脉的艰难险阻，西进提速持续十余年，如今实现了青藏高原上信息的享有和使用与全国其他地区基本同步的水

① 李苓，陈昌文．现代传媒与中国西部民族——汉藏羌民族混居区传媒使用与影响的类型化研究［M］．北京：中华书局，2012：2—3.

平。政府和传媒业界清楚地知道，要克服高寒、高海拔、众多自然灾害等恶劣因素，去跨越悬崖绝壁，甚至跨越无人区，让中国的现代传媒设施在西南社会形成网络化，是一件举世罕见的浩大工程，且传媒设施的建设与养护的成本是中国东南部的数百倍。同时，政府和新闻传播学界也清醒地认识到，现代传媒硬件建设仅仅是信息社会所必需的物质条件，而这些现代化载体中传输的信息如何被这些地区的人民所接受和享有，以及产生什么样的个体行为效应和社会效应，才是信息社会保持均衡和健康发展所必要的日常观测和深入研究的内容。因此，本课题组需要在“传媒使用与西部汉藏羌地区和谐社会构建的系统研究”已获得的成果基础上，厘清中国西部民族地区民众在现代化观念培养和现代化实践的效度测评中，存在哪些差异性和共同性。我们应该针对这些差异性和共同性，去尝试构建与中央政府“西部大开发”的阶段性任务同步的，与西部民族地区的现代化发展相适应的大众传播模式。当然，这一工作充满了挑战，因为开发西部关系中国现代化全局，并且是一项长期坚持的发展战略和战略任务，我们的研究也必须是以“现在”和“未来”两个维度去建构西部民族地区媒介素养的培养模式。

我们试图创建中国本土的传媒影响力类型化分析理论。因为无论从加强民族文化建设的角度出发，还是站在国家战略高度——拉动中国西部在亚洲腹地的发展高台效应考量，都十分需要这类尊重现实，尊重西部社区、社群特殊性的实证性科学研究成果。当我们置身和面对着一个快速变化中的社会现实时，政府和传媒业界都更需要来自学界的反思与研究发现。

1.4 理论依据与传播模式预设

当然，学术研究的可靠性，或者说知识的可信度，在于把科学知识转化成正确的信息决策，并在决策的实施过程中验证这些知识所具有的普遍意义。这也是信息社会运行的基本规律。根据本课题组在前期研究中所掌握的基本情况，按照科学方法针对西南民族地区进行关于传媒与社会互动关系的研究，显然需要国家更多更大的投入；学术界也还需要建立追踪测评“传媒西进”过程的更丰富可靠的基础性信息库。基于此目的，我们启动了本项后续研究项目——中国西部民族地区传媒素养培养模式研究。

本章的背景叙述已阐明，由于文化、经济和地理等要素的不同，构成了西部民族地区的媒介形态上的差异，而这一差异又直接影响到相关的传媒素养的培养。因此，“来自西方工业社会的社会分层标准过分强调经济、社会指标的阶级分层，即使是用国内的诸如十大阶层等社会分层标准来审视中国西南传统的农牧业区域，都会凸显其不适性”。① 这也是我们在前期研究中对西南民族聚居区进行四种形态划分的主要现实依据。地理要素的区别，主要表现为海拔上的差异直接造成了西南民族聚居区不同社区生产要素、生产方式的差异，而这种差异继续在两个方面上造成了传媒视野下的发展困境和效果困境。一方面，海拔要素影响交通，进一步影响了从纸媒到电子媒介的抵达率，即低海拔和经济相对富裕区，如城镇，媒介抵达率明显高于河谷、半山与高原。另一方面，经济要素也影响了人们的媒介接受能力。调研显示，以每年购买书报刊的平均消费水平为例，城镇为521.6元，河谷农区为262元，半山农牧区为168.6元，高原牧区为189.6元。②而对应的四种社区的人均收入水平（2009年）则是，城镇为4180元，河谷农区为2470元，半山农牧区为2355元，高原牧区为3756元。在电视、网络等其他媒介方面，也基本上呈现出了同样的趋势。③

但是，徒有笼统的单一经济要素层面上的差异分析是不够的，我们需要寻找对西部民族地区的传媒使用与影响能够进行类型化研究的理论依据。为此，我们必须细化经济、地理以及文化方面的各个要素，分析不同要素在四种社区形态中的呈现及其变化。例如，尽管高原牧区的纸媒消费不如河谷农区，但在调研中我们发现就每天使用书报刊的时间而论，高原牧区却达到了1.44小时，而河谷农区则只有0.87小时。④造成这种现象的主要原因就是高原牧区的广播、网络以及手机等电子媒体的到达难度要高于纸媒体。用媒介理论里的时间媒介与空间媒介来说就是，纸媒是更偏向于时间的媒介，一本书到达高原地区就可以长期为人们所阅读，而诸如广播、网络等空间媒介则因为地理因素相对难以覆盖高原地区。显然，准

① 李苓，陈昌文. 现代传媒与中国西部民族——汉藏羌民族混居区传媒使用与影响的类型化研究［M］. 北京：中华书局，2012：23.

② 李苓，陈昌文. 现代传媒与中国西部民族——汉藏羌民族混居区传媒使用与影响的类型化研究［M］. 北京：中华书局，2012：72.

③ 李苓，陈昌文. 现代传媒与中国西部民族——汉藏羌民族混居区传媒使用与影响的类型化研究［M］. 北京：中华书局，2012：74.

④ 李苓，陈昌文. 现代传媒与中国西部民族——汉藏羌民族混居区传媒使用与影响的类型化研究［M］. 北京：中华书局，2012：70.

确理解这一地区性传媒特点将有助于我们在传媒效果及传媒素养培养的研究上制定出更加有效的策略。与此同时，作为传媒素养培养的重要目的——发展地区经济、带领当地人民脱贫致富，亦即在有效利用媒体的层面上，地理差异的重要性尤其突出。以阿坝藏族羌族自治州茂县的太平乡木耳村为例，当地果蔬质量极好，但当地农民并没有意识到可以利用传媒来进行品牌推广从而拉动地区经济发展。直到成都电视台的“魅力成都”节目对木耳村进行了报道之后，当地的果蔬才日益有了知名度，现在这里的果蔬种植已成为重要的经济增收方式。同样的情况还有旅游业的发展，藏族与羌族作为西南少数民族的重要组成部分不仅拥有悠久的历史文化，而且川西高原的秀美风景更是享誉中外。这些重要的旅游资源如果不依靠大众传媒的推广则有可能淹没于日常的平淡，不仅文化生态封闭，地区经济发展也是一大损失。

现代传媒对经济发展的推动作用至关重要，在学术视野下，许多学科在这里构成了交叉与创新。其中比较重要的理论就是发展传播学。该理论以全球化的经济发展不平衡作为其立论的主要现实来源，因而如中国这样的国家内部发展不平衡就可以用此理论作为分析工具。

西部民族地区与西部经济中心及东部发达地区之间形成了一个经济梯度，发展传播学旨在利用发达地区的经济模式、科学技术以及人力资源等现代化要素对欠发达地区进行影响，以期提升后者的经济水平和传媒素养程度。《创新的扩散》的作者罗杰斯是该领域的代表人物，其理论认为创新（无论是政治、经济还是文化）的扩散至少在两个维度上是清晰的，一个是宏观的经济维度，也就是阶梯性经济模式中自发达地区向欠发达地区的扩散；另一个则是个体行为上的，表现为意见领袖的思想及其影响力对大众的扩散。但是，正如前文已述的，在西部民族地区的传媒素养培养过程中，经济并不是唯一纳入考虑的要素，与之同等重要的还有文化之间的对话与融合。事实上，在经济要素日益成为现代化进程中地区自信力的主要来源的现实下，文化自信力遭到了前所未有的打压与冲击。一个地区因为经济不发达而滋生出一种文化层面上的不自信已成为一个广泛的事实。例如，在中国现代化进程的 20 世纪一二十年代，就有因为科学、技术、军事以及经济上的落后而提出的全盘西化的构想。这种经济压倒文化的普遍心理到底存在多大程度上的合理性值得我们认真思考。丹尼尔·贝尔是在这一问题上做出过体系性思考的学者。他在《资本主义文化矛盾》[①]一书中对经济、政治与文化做出了最大程度的分离，也就是说，经济、政治与文化具有远比我们想象的更大的独立性。一个地区的经济不发达，并不代表这里的文化，比如从服饰到饮食再到伦理、道德以及风俗也就落后。

然而，在扩散理论以及发展传播学的理论框架里，我们显然难以看到一种建立在文化层面上的融合模式。无论是扩散还是发展都受到了经济要素的绝对影响，并在传播模式上体现出了明显的单向性。在价值维度里，经济远比文化容易衡量与评价。又或者说，文化维度里的评价与衡量先天具有极大的模糊性。因为从本质上说，文化的源头和终点都指向个体精神层面上的主体性表达。因此，在对西部民族地区的传媒素养培养模式进行建构时，一种基于文化维度上的多元性考虑视野就迫使我们必须对发展传播学做出一个必要而有效的补充。这就是本研究报告所要提出的一个核心理论，即来源于多元文化考量基础上的融合传播学。文化范畴是融合传播学的主要基础，主体性是融合传播学的基本原则，而多元文化则是融合传播学的最终诉求。从生活文化到制度文化之间的广阔地带构成了融合传播学的主要阵地，它所要解决的正是这个广阔地带里的原则捍卫和界线厘清。

于此，我们提出理论模式预设：只有对目前一体化的大众传播行为及其评估模式置入差异化的调试参数[②]，从民族与宗教两个重要维度，对多元文化制约下的西部民族地区的传媒素养现实进行差异性、平衡性、互融性分析和传播效度的类型化研究；从媒介素养（即现代公民素养）的社会意识层面，实验性地构建与之对应的传媒素养培养模式——“梯形模式”“水平模式”和“融合模式”，我们才能科学地概述并推论国家在部署“传媒西进”和推进西部社会现代化发展的进程中，怎样使两者的互动关系既满足于理论逻辑又符合于行动逻辑。

所谓梯形模式，是指出于地理及经济要素的差异而提出的有针对性的传媒素养培养理论。其主要监测媒介到达情况、地区资源情况和经济水平等变量对媒介使用的影响。

---

① 丹尼尔·贝尔．资本主义文化矛盾［M］．严蓓雯，译．南京：江苏人民出版社，2007.

② 参数，也叫参变量，是一个变量，是指在一项具体的研究过程中，关心某几个变量的变化以及它们之间的相互关系，其中有一个或一些叫自变量，另一个或另一些叫因变量。如果我们引入本来并不是当前问题必须研究的一个或一些另外的变量去描述自变量与因变量的变化，这个被引入的变量就叫作参变量或参数。将其用之于本课题，就是一些分析传媒影响效果和质量，供此次理论建模参考的指数。

所谓水平模式，是指建构在较为刚性的政治概念之上的，社会效果一致性水平偏高的传播范式。特别关注的表征是，政治概念因为指向的是公共生活的重要原则，而使它与私域生活和社会概念之间形成了一个“梯度”；同时，这一梯度的末尾直接指向了以下第三个模式。

所谓融合模式，是以社会个体为出发点，试图给出一个社区的文化自信和发展可能的创新模式，以弥补对“水平模式”实现的统一性造成的不足。

1.5 发展传播学视野下的媒介素养考察

1.5.1 媒介素养

至少从两个维度上来看，在传播学领域里关于媒介素养的研究都具有持久力与重要性。第一个是时间的维度。在这一维度上，媒介始终处于一个发展、变化的过程之中。而所谓媒介素养，其根本的立足点恰就在于媒介的“物性”身上。每当一个新媒介出现之后，人们即需根据这一新媒介的各种特点对其予以回应。因此，只要媒介在不断更新，那么媒介素养的培养也就不会停止。尤其是自20世纪以来，各种新兴媒介不断登场又快速变换，使得媒介素养的重要性也日益突出。第二个是社会、个体的维度。这个维度的媒介素养从历时的“抽象性”与“概括性”转换到了一个更加具体的“实践性”领域当中。它所涉及的问题也因此变得更加多样和复杂。例如，它主要关注的是个体在不同的年龄段所接受的媒介素养教育有何区别，不同社群又是否需要不同的媒介素养教育，以及更为关键的媒介教育的原则、方法以及目的到底是什么，它对于个体与社会的重要性与意义究竟为何等问题。

奥夫德海德（Aufderheide）认为，媒介素养就是指一种“接近、分析、评价和传播”各种信息的能力。[①] 对于这一定义，许多学者表示认同，但仍有不少学者提出了疑问。例如，刘易斯（Justin Lewis）与贾利

---

① Aufderheide P. National leadership conference on media literacy [M]. Washington DC: Aspen Institute, 1993. 转引自 Hobbs R. The seven great debates in the media literacy movement [J]. Journal of Communication, 1998, 48 (1): 16—32.

(Sut Jhally) 认为“接近、分析、评价和传播”仍然是一种“文本中心”(text-centered) 性的研究取向。这种取向很容易忽视媒介背后的社会关系和政治环境，从而将人们理解成单纯的信息接收者与消费者。他们认为，媒介素养的基本要义应是将人们培养成具有民主意识的公民。[①] 与之类似，利文斯通 (Sonia Livingstone) 也认为，媒介变革并不仅仅意味着技术的更新，对于媒介素养研究者而言，更应当关注的是媒介所带来的整个文化环境的变化。[②] 由此可见，20 世纪 90 年代末的西方媒介素养研究发生了一个明显的转向，这个转向从以前的“文本中心”逐渐转换为以“政治”或“文化”为视角的新的研究路径。例如，刘易斯与贾利更加强调信息接收者的“批判性”与“公民性”，而利文斯通则强调个体对于媒介运行的整个社会、文化、资本以及权力背景的理解与剖析。

然而，如果我们将视野从西方拉回到中国，会发现尽管当代西方媒介看上去非常先进，但一旦要将这些理论（媒介素养）放置到中国则会产生许许多多的“隔膜”。比如，西方尤其是以英美为代表的媒介素养研究首先是基于英美的发达经济基础之上进行的，而中国仍是发展中国家，且地区间发展很不平衡，这就意味着无论是从媒介的普及率上还是在媒介教育的发达程度上，中国都与之有着很大的差距。除此之外，西方的媒介素养教育也已走过 80 多个年头[③]，然而我国第一篇关于媒介素养的研究论文则是卜卫于 1997 年发表的《论媒介教育的意义、内容和方法》[④]，我国媒介素养研究不仅起步晚，而且往往局限于理论研究，在媒介教育的实践方面则非常匮乏，例如中小学的课程设置里媒介教育依然基本处于缺失状态。同时，还有一点非常重要，那就是诸如刘易斯与贾利所认为的媒介素养应当着眼于个体对于媒介、信息乃至社会的批判意识的培养其实是针对那些已经具备一定“素质”的人而言的，而不是普普通通“坐在课堂上的学生娃”。[⑤] 同样的，那些认为媒介素养应当使个体透过媒介看到信息是

---

① Lewis J, Sut J. The struggle over media literacy [J]. Journal of Communication, 1998, 48 (1): 109-120.

② Livingstone S. Media literacy and the challenge of new information and communication technologies [J]. The Communication Review, 2004, 7 (1): 3-14.

③ 黄旦，郭丽华. 媒介教育教什么？——20 世纪西方媒介素养理念的变迁 [J]. 现代传播，2008 (3): 120-123.

④ 卜卫. 论媒介教育的意义、内容和方法 [J]. 现代传播，1997 (1): 29-33.

⑤ 黄旦，郭丽华. 媒介教育教什么？——20 世纪西方媒介素养理念的变迁 [J]. 现代传播，2008 (3): 120-123.

如何被生产、建构以及如何“再现”社会和“塑造”现实的观点也具有强烈的“西方”色彩。因为这种能力即便是中国的新闻传播学本科生也未必具备，更何况普通的民众或中小学生。事实上，它在中国更多的是被纳入学术研究当中。

上述种种差异与问题，概括起来其核心要义只有一个，那就是我们的媒介素养研究所需要回答的问题与以英美为代表的发达国家有很大不同，这就导致尽管“西方”理论非常“先进”，我们却并不能完全与之“接轨”。其间的差距看起来是一种时间上的“错位”，但其本质却在于较之西方发达国家，我们的媒介素养研究与实践在意义、方法、对象与目的上都面临着完全不同的境况。因此，这时候我们回到奥夫德海德的“文本中心”或者说是“媒介中心”上可以发现，奥夫德海德相对客观和传统的媒介素养定义实际上首先关注的是一种个体接收信息（使用媒介）与传播信息（利用媒介）的能力，这种能力在信息日益发达、传媒对社会生活的影响越来越深刻的当代社会中事实上表达的既是一种运用媒介本身的能力，同时也是一种通过媒介来获取知识、提升自我、表达自我、发展自我和实现自我的综合的社会能力。尤其是对于一些经济欠发达甚至是贫困地区的人们来说，媒介（传媒）更是一种能在经济上脱贫致富，在文化上表达自我以及在社会生活的方方面面上争取利益、表达“自身的利益诉求”[①] 的有效手段和可贵资源。我国地理幅员辽阔，但地区间的发展却很不平衡。不仅如此，一个地区的经济发达程度也与其传媒水平高度相关。例如有学者通过研究发现，区域传媒经济的差异与宏观区域经济差异之间存在高相关性。[②] 我们知道，东部沿海地区比西部城市地区的经济与传媒水平都要发达，西部城市地区又比西部农村地区的媒介抵达率高，而那些居住在高原或山区的少数民族的媒介使用状况则更加落后。在传播学里，认为可以通过传媒的力量来推动社会发展的理论被称之为“发展传播学”。该学说兴起于20世纪50年代的美国，由于当时的美国正处于“冷战”时期，因此发展传播学从一开始就不免带有浓重的“冷战”色彩，其中最主要的特征就是它将发展叙述为一种“线性”过程，所以有学者将其称之为“后殖

① 李苓，李红涛．媒介素养：考察农民与媒体关系的一种视野［J］．新闻界，2005（3）：121－122.

② 喻国明，李慧娟．中国传媒发展指数（2014）：区域传媒经济差异与相关因素分析［J］．西南民族大学学报人文社科版，2015（6）：152－157.

民理论”“美国中心主义”和“粗劣的技术决定论假说”。[①] 然而，经过多年的发展，发展传播学事实上已经经历了好几次范式转变，并在理论上完成了许多的自我修正。这种转变和修正的核心可以概括为“传者中心”向“受众中心”的转变，或是“传者中心”与“受众中心”的交流与融合。本研究正是从这一视野出发，通过发展传播学的全新范式来考察中国西部民族地区的媒介素养，并试图回答如下几个问题：①我国西部民族地区的媒介抵达率以及媒介素养的现状如何；②媒介素养的培养应当如何进行，它的方法是什么，目的是什么；③“在地经验”上的理论阐释实际上也是一种“发展传播学”的本土化叙事，那么这种本土化叙事是否能为“发展传播学”以及“媒介素养”提供一种实证经验上的范式修补或理论矫正，如果可能，那么这种修补与矫正的内容和结论又是什么。

1.5.2 概念融合：发展传播学与媒介素养

由于历史背景以及政治经济等要素的影响，发展传播学从提出至今发生了两个维度上的重要转变：一个是范式上的转变；另一个是范畴上的转变。科林·斯巴克斯（Colin Sparks）认为，从历时的角度来看，发展传播学经历了三个阶段的转变：第一个阶段是20世纪50年代的“主导范式”；第二个阶段则是70年代对于第一种范式的修正，即“延续性变体”“参与范式”与“帝国主义范式”；第三个阶段则是“全球化范式”。[②] 也有学者认为，发展传播学先是从“现代化范式”转为“依附范式”，然后又转向今天以“参与式传播”为主体的“多元范式”。[③] 在范畴转变上，无论是早期的“主导范式”还是后来的“参与范式”，都比较强调发展传播学在经济范畴内的作用，直到20世纪后期的互联网兴起，以及21世纪以来以手机为代表的各种电子媒介的流行，使得发展传播学开始从经济范畴转向了“技术”范畴，并进一步将社会结构及文化的变迁也纳入研究视野当中。因此，有学者将这一时期的发展传播学归纳为三个范畴上的研究

① 胡翼青，柴菊．发展传播学批判：传播学本土化的再思考［J］．当代传播（汉文版），2013（1）：12−15.

② Colin S. Globalization, development and the mass media［M］. London: Sage, 2007: 18−25.

③ 韩鸿．参与式传播：发展传播学的范式转换及其中国价值——一种基于媒介传播偏向的研究［J］．新闻与传播研究，2010（1）：40−49.

实践：一是“媒介效果研究”；二是“技术与社会变迁”；三是“媒介参与”。[①] 除此之外，还应特别提出的则是“健康传播和媒介素养”。[②]

回到发展传播学的范式问题上来，科林·斯巴克斯认为，“参与范式”的根本出发点在于它对“现代性”和“现代化”的批判。[③] 其实，这也是整个发展传播学诞生至今所遭受的各种批判和范式转变的核心之所在。“现代化”首先把叙事视线聚焦于经济维度，而后在文化、政治领域中又展现出“后殖民主义”与“帝国主义”化的倾向，因此给发展传播学带来了诸多困扰与质疑。以资本主义现代化的线性范式为指导的发展传播学越来越无法回应“本土经验”的多元现实。此时，以“参与范式”为主导的传播研究的正当性便不仅仅体现在发展叙事对于个体“主体性”的强调上，而且还从这种“主体性”出发，为多元性的本土经验提供了更多的发展途径与可能。然而，“参与范式”固然合理，但却无法回答一个至关重要的命题，那就是“参与范式”在“理论探索”与“发展实践”之间有着明显的分裂（disjuncture）。[④] 也就是说，“参与范式”仍然近乎一种理论构想，而无法有效地将这种理论付诸实践。导致这一结果的重要原因就是，参与的主体对于发展的整个过程缺乏理解。发展传播学的根本出发点以及最终归宿都在于“个体”。因此，从微观层面上讲，个体倘若要通过传媒来发展自我，他就不仅需要对自我的诉求、对发展的过程有着清晰的理解，而且还需要在信息接收、媒介使用以及对于媒介背后运行法则的理解等问题上具有相当的能力。换言之，个体的发展需要建立在一定程度的媒介素养之上。对于发展传播学而言，媒介素养的位置由此显得至关重要，因为它从根本上为“参与范式”提供了实践的可能与确切的路径。

其次，所谓发展传播，还势必涉及“落后”与“先进”、“局限”与“开放”、“目的”与“实践”等相关概念。也就是说，发展必须有所比较，而比较则需要首先确立“单位”。例如，全球语境下的发展传播，其“单位”是国家，即发达的资本主义国家与发展中国家的比较。而具体到一个国家内部的发展问题，则需要聚焦于地区。以中国为例，发展传播更意味

---

① 刘锐．2001—2010：中国发展传播学研究现状与前景［J］．国际新闻界，2011（6）：52—57.

② 刘锐．2001—2010：中国发展传播学研究现状与前景［J］．国际新闻界，2011（6）：52—57.

③ Colin S. Globalization，development and the mass media［M］. London：Sage，2007：60.

④ Colin S. Globalization，development and the mass media［M］. London：Sage，2007：59.

着中国西部落后地区向东部沿海地区的发展。本书将关注“单位”锁定在中国西部民族地区，所主要关注的是西部农村地区的媒介使用状况以及使用者的媒介素养。由于文化上的差异、地理上的偏僻以及经济上的落后，使得这里的媒介使用成为我国最为贫乏的地区之一。相应的，对于这里的媒介素养的考察与提高也成为发展传播学研究的根本要义。

第 2 章　研究方法

本研究关注中国传媒体制及传播效果从中心到边缘的当代现实，基本上立足边缘圈测量国家主导传媒信息扩散的强度和效度，以客观依据描述信息扩散过程中信息使用者的个体差异和区域差异。所谓“当代”，一般是指研究对象确定在中国改革开放 40 年来的传媒使用与社会影响范围。所谓“边缘”，特指本项研究的调研区域属于中国西部民族地区——由于民族融合与社会流动使得纯粹的民族聚居地变得越来越稀少甚至消亡。相对于中国东中部而言，西部绝大部分地区都以民族混居为当地主要的人口结构形态，尽管汉族和各兄弟少数民族所占比重依据区域有所不同，但两个及以上民族混居的边缘性特征非常具有代表性。本项关于中国西部民族地区的传媒素养培养模式研究主要采用以下研究方法。

2.1　实证研究

新闻传播学是一门社会科学，其起源和发展过程都纳入了大量的社会科学的研究范式和方法。在社会科学最具普适性的研究方法中，社会学的统计调查法、实地研究法、实验法等方法已长期作为可靠工具使用。其中，统计调查法和实验法属于定量研究，实地研究法和文本分析等属于定性研究。统计调查法适用于对集体的态度、行为倾向和社会舆论的研究，如民意测验，群众对某事物的态度，对一些社会公认的问题的民意考察等。实地研究法最早由人类学和民族学方法发展而来，它适用于对少数有代表性的或独特的社会单位进行详细、深入的田野考察，特别是对那些只有在现场才能很好理解的事件，对过程和行为进行研究。实验法最适用于解释现象之间的因果关系，主要用于社会心理学和小群体研究。文本分析常常借用历史资料、文献以及报刊网络信息等文本来进行比较、阐释或者话语分析，以探究文本背后的社会关系，以及社会问题的历史根源和来龙去脉等。

本研究主要采用实地研究和统计调查的量化与质化相结合的研究方式。课题组试图通过对研究对象的田野考察（为主）和以各种方式搜集到的文献资料（为辅），构建一个全面的区域视野和在此基础之上的经验性分析模型。在前期的调查研究中，我们首先在横断山脉由北向南分别选择了藏、羌、汉三个族群，又以城镇、河谷农区、半山农牧区和高山牧区四种社区形态作为研究对象，从地理空间的维度对中国西南具有代表性特征的15个乡寨进行观察样点定位，并进行了艰辛的实地调查，获得了宝贵的600个田野问卷样本。在后期（2016至2017年）的调查研究中，我们则将视野扩展到更为广阔的西部民族地区，以汉族、藏族、傣族、苗族等为主要研究对象，分别对青海、西藏、云南、贵州等地的7个田野点进行了深入的田野调查，最终得到1038个有效问卷。所有的研究工作主要收集的是入户观察资料、访谈信息以及问卷调查，覆盖了农牧民、地方传媒从业者、政府主管干部、科技督导员、民族文化传承人、教师、医生、军人、商人、学生等人群，研究成果报告对西部民族地区传媒使用与社会效应的现实情况进行了点、线、面兼具的定性和定量的全景性描述。

为了保证本项研究的科学测量与客观描述的专业性和可靠性，我们第一个步骤就是组建由新闻传播学和社会学资深学者组成的专家组，并在专家组的指导下明确研究目的、任务和方法，制订课题总计划书，设计调查问卷和访谈内容，抽取样本点。在前期调查中，我们选取了阿坝藏族羌族自治州的马尔康市、茂县，甘孜藏族自治州的康定市塔公乡，北川羌族自治县共计15个样本点，其中藏族样点4个，羌族样点4个，汉藏羌混居样点7个。[①]然后依据“民族”“社区形态”“年龄”和“行业”等分层抽样指标对600个总体样本进行配额：就民族而言，汉族200个，藏族200个，羌族200个，采用这种等比例抽样有利于后期统计分析时对不同民族间进行比较；就社区形态而言，城镇180个，河谷农区130个，半山农牧区190个，高原牧区100个，这样的配额已经考量了四种社区形态样本数量相差不要太大的因素；就年龄而言，60岁及以上老年样本60个，占

① 藏族样点和羌族样点的选定原则以藏族或羌族常住人口占当地总人口95%以上为标准。汉藏羌混居样点的选定原则以藏族、羌族合计人口数占当地常住人口总数的60%以上，汉族人口占30%以上为标准。

10%，19～59 岁青壮年样本 360 个，占 60%，18 岁及以下学生样本 180 个，占 30%，将调查重心向青壮年人群倾斜，是为了更清晰地呈现传媒与社会互动关系的主体部分；就行业而言，农牧业 400 个，非农牧产业 200 个；从以上分层抽样总配额中进一步选择出 60 个访谈样本，其中干部 20 个，本地传媒行业从业者 20 个，当地居民中比较典型的人物 20 个。由专家组决定调研工作的进度和成员分工。在后期的调查研究中，我们采取类似前期的方法，分别对青海省黄南藏族自治州尖扎县、西藏自治区阿里地区噶尔县昆莎乡噶尔新村、西藏自治区山南市加查县、云南省迪庆藏族自治州香格里拉市建塘镇尼史村、云南省西双版纳傣族自治州景洪市勐龙镇、贵州省黔东南苗族侗族自治州黎平县以及贵州省凯里市下司镇清江村等 7 个新增样本点进行了调查，同样采取分层抽象，最终得到 1300 个样本。

第二个步骤是按计划实施调查，由李苓教授（学科背景新闻传播学）带队赴四川省阿坝藏族羌族自治州的茂县和四川省绵阳市北川羌族自治县完成田野调查任务，其覆盖区域多为城镇、河谷农区和半山农牧区，以羌族和汉族样本为主；由陈昌文教授（学科背景社会学、宗教学）带队赴四川省阿坝藏族羌族自治州马尔康市和甘孜藏族自治州康定市的高原牧区，以藏族样本为主。在后期对大量新增样本点的调查中，则由李苓教授组织多名博士、硕士研究生，分别赴西藏、云南、贵州等地进行问卷发放和实地调查。

第三个步骤是对问卷数据、访谈资料、座谈内容的录入、统计、比较与分析，并在先分类整理后统稿的基础上撰写成果报告初稿。

第四个步骤是在反复修改成果报告的基础上完成结项报告。有两点需要说明：其一，本项研究的前期调研时间是 2008 年的 7 月份，“5·12”汶川特大地震刚刚过去两个月，考虑到研究样点有 70%属于受灾地区，这使得我们特别关注“震前”和“震后”两个变量所呈现出的传媒使用的常态指标和非常态指标，尤其关注非常态语境下现代传媒可能助推社会提速发展的现实性指标，我们因此而付出的努力使得最后的结项报告在中国发展传播学研究中具有了一定的创新意义。其二，我们认为解决中国西南民族地区传媒素养的培养问题是当务之急，为阐明此立场，课题组于

2011 年春重返部分调查样点并对某些样本进行了回访。[①] 同时，后期的调研时间则为 2016 年至 2017 年，在长达 10 年的时间跨度中，我们收集了大量媒介变迁的数据，包括媒介的抵达率、使用率，媒介的使用方式，媒介内容的使用偏好等内容。这些内容成为我们研究西部民族地区媒介素养至关重要的经验材料。

运用以上研究方法，我们试图明确中国“传媒西进”过程中值得特别关注和研究的问题；厘清传媒社会学的研究视野与按四种社区形态考察传媒梯级效应的研究进路；通过完整呈现的经田野调查所获取的中国西部民族地区传媒使用的社群级差效应的总体指标，其分析依据基本来源于对 22 个样点区域的纸质媒体覆盖态、电质媒体覆盖态、网络及新媒体覆盖态、媒介素养水平等要素组的分别取证和数据统计；对各样点区媒体使用的总体描述进行社会效应测量，以辨识民族地区传媒使用的趋同与分化情况，从理论上对传媒使用中的个体性满足指标和传媒效能在区位中的拐点进行了探索；尤其对嘉绒藏区现代传媒的社会效应进行了填补空白的专题研究；对中国西部传媒发展的趋势做出了初步的推论。此外还需要继续推进的研究任务是：针对西部民族地区四种社区形态的差异性特征，探索具有中国西部特色的传媒结构及其内容推广模式。

因此，从严格意义上讲，本课题的前期调研对于我们后续要完成的理论建模的工作具有重大意义。或者说，我们在《现代传媒与中国西部民族——汉藏羌民族混居区传媒使用与影响的类型化研究》一书中所使用的实地调查的方法，以及所获得的客观数据和科学发现已经（必然的）成为本项研究的重要组成部分。

2.2　三维归因理论

所谓归因，即归结行为的原因，是指个体根据有关信息、线索对行为原因进行推测与判断的过程。归因是人类的一种普遍需要，每个人都有一套从其本身经验归纳出来的行为原因与其行为之间的联系的看法和观念。社会心理学界于 1958 年最早提出了归因问题，但直到 20 世纪 60 年代中

① 李苓，陈昌文．现代传媒与中国西部民族——汉藏羌民族混居区传媒使用与影响的类型化研究［M］．北京：中华书局，2012：53—57.

期才引起社会心理学界的重视并成为一个热门研究领域。

1965 年，琼斯（Jones）和戴维斯（Davis）提出了对应推断理论（Correspondent Inference），探讨在什么情况下有可能从所观察到的行为推断与之对应的内在属性。所谓对应，就是表示推断对象人物具有某种独特属性的确定性的概念，其程度由以下两个因素所决定：①行为后果的称心性。一般说来，人们都乐于做出符合社会规范的行为和伴有很多利益的行为，因而不能据此推断其人有什么独特的属性。相反，某人做出了一般人所不希望做的事，而且很可能伴随损失的行为，就可以推断此人确实具有独特的个性。②行为是选择的结果。通过某人采取的行为和未采取的行为的比较，可以推测他的意图之所在。决定选择的因素是采取的行为所包含的且是其他选择所不包含的后果。两者之间非共同的效果越少，就越能准确地推论。[①]

所谓三维归因理论（见图 2.1），又称三度理论，是由美国社会心理学家凯利（Harold Kelley）于 1967 年创立的一种社会心理学理论，包括四种要素、三个维度及其协度原则。四种要素包括：实体（客观刺激物 N，O，P，Q），行为人（自我/他人 O_1，O_2，O_3），时间（T_1，T_2，T_3），情境（关系/形态 M_1，M_2，M_3）。三个维度包括：特异性（实体属性），共意性（自我/他人），一贯性（时间/情境）。协变原则指处于三个维度上的四个要素在归因过程中同时起作用。也就是说，凯利理论中的归因是把某行为后果（Y）归之为某种实体属性（X）。实体属性包括认知对象的外在属性（颜色、大小、形态等）和内在属性（意图、能力、爱好、知识等）。

在自我归因的情况下，图 2.1 中自身的行为 Y 在满足三个维度上四种原因的协度关系时，可以归之为 N 实体属性；Y 只与 N 相对应而与 O、P、Q 属性无关，满足了特异性；自我/他人 O_1、O_2、O_3 的看法和自己的看法基本一致，满足了共意性；在其他场合（时间/情境）也有 Y 的行为结果，满足了一贯性，Y 后果属于实体 N 原因。[②]现在，我们沿着这三个方面的线索来设计本课题的分析框架，可以很快厘清对以下归属中的信息资料的认识。

① 沙莲香．中国大百科全书·社会学［M］．北京：中国大百科全书出版社，1991：82.

② 沙莲香．中国大百科全书·社会学［M］．北京：中国大百科全书出版社，1991：82.

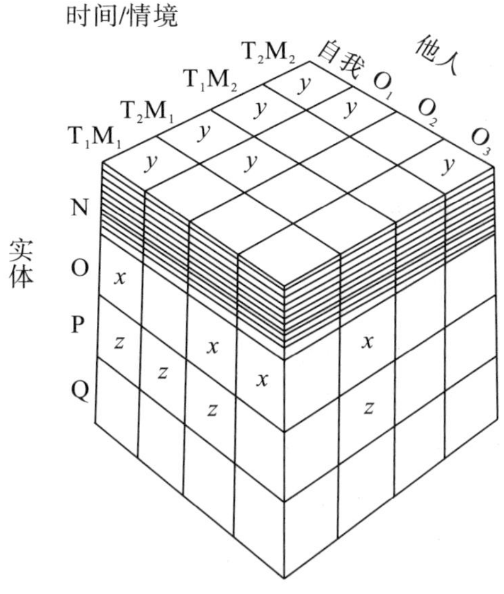

图 2.1　三维归因理论模型①

2.2.1　特异性（distinctiveness）

被观察者是否对同类其他刺激做出相同的反应，即行为者是否对同类其他刺激做出相同的反应，以及他是在众多场合下都表现出这种行为还是仅在某一特定情境下表现这一行为？例如，我们所考察的民族地区的受众对媒体的接触与认同是在四种社区形态均做出相同的反应，还是仅在某一特定情境下表现这一行为？如果是后者，那么，这个行为就是区别性高的特异性。这时，我们需要进一步确认传媒向被考察的行为人投放了什么信息。其中，是否存在宗教或文化方面的制约因素，抑或因地理空间造成的相关干扰，这是本研究构建传媒西进中的“梯级模式”的推论依据。

2.2.2　一贯性（consistency）

在不同时间点、不同情境中，同一行为人面对同一刺激的反应是否相同，即指行为人是否在任何情境和任何时候对同一刺激物做出相同的反应，即行动者的行为是否稳定持久。例如，我们所考察的行为人如果在其

① 沙莲香．中国大百科全书·社会学［M］．北京：中国大百科全书出版社，1991：82.

他的时间和情境下都表现出对某些类信息和信源的高关注度，或者完全相反，那么一贯性就高，否则一贯性低。我们需要进一步探究，该类个体观念行为的相对稳定性来源于什么原因，是传统文化和宗教信仰的约束吗，是党和政府的刚性原则影响吗，抑或是其他什么制衡因素，这是本研究建构传媒西进中“水平模式”的推论依据。

2.2.3　共意性（consensus）

不同人在面对相同刺激时，行为反应是否与被观察的人行为一样，即其他人对同一刺激物是否也做出与行为者相同的反应。如果每个人面对相似的情境都有相同的反应，我们说该行为表现出一致性。例如，所考察的民族地区的受众都有使用现代传媒的愿望和习惯，那么这一行为就是一致性高的共意性。因此，我们需要深究不同民族共同认可的经验知识是什么，有排异的边界吗，怎样才能在一种民族“共识”的语境中去实现中国社会的和谐发展，本研究提出的“融合模式”就是试图构建中国西部民族地区传媒素养教育的知识体系。

凯利认为，这三个维度所呈现的信息可以构成一个协变的立体框架，可以将人的行为归因于行动者、客观刺激物或情境。同时，在进行因果归属时需从主、客观领域中的三个维度去着手研究。一般情况下，如果特异性、共同性和一致性都高，我们就可能做出外部原因的归因。如果特异性低、共同性低和一致性高，那么更可能做出内部原因的归因。对于结果是可以互相补偿的。

2.3　理论模型的建立

科学意义上的理论构建，侧重于通过经验研究，以可验证的方式对某类社会现象做出系统的解释。综上所述，我们可以看到，如果没有实证主义哲学的发展，也就不会有社会科学的诞生。而实证主义哲学的源头，其实就是自然科学的方法论。以笛卡儿为代表的大陆唯理主义哲学家站在近代哲学的历史坐标中宣扬理性的力量，可以说是近代世界摆脱中世纪的神学影响后的科学复兴。笛卡儿指出：“要研究逻辑，靠研究数学来运用逻辑规律。”“他不仅提供了人类知识纲领，而且努力创建一个具有数学确实性的思想体系。”[1] 因此，正是随着这一科学理性的日益发达，才涌现出了后来的圣西门和社会学的奠基者孔德。以达尔文为代表的生物学界用科学的方式来解释人类，而以孔德为代表的社会学家则以实证主义哲学的方法论为指导来解释社会。简言之，他们认为人类社会也像自然界一样，可以运用科学的方式进行研究，并用科学的方法进行解释。在这一背景下，既然理性和实证可以解释社会，那么有关社会的理论则可以和数学、物理或者生物等一样，通过公式或者结构分析来描述人类社会的现状。在整个19～20世纪，诸如理性主义和结构主义等观念充斥于社会学界。然而，经历多年的发展，人们慢慢发现，社会中的个体不仅复杂而且充满偶然，单纯以自然界的科学事实来强力对接人类社会的发展规律是徒劳的。尽管如此，实证主义的方法论却一直成为社会科学研究的基础。也就是说，价值关怀里的精神要素重新回到研究者的视野之中，但科学化的分析却始终没有放弃。不同的仅仅是，人们对社会的期望不再是一种严格的科学的存在，而是科学与人文的结合。正是在这种情况下，建立理论模型成为社会科学研究的重要路径之一。

英国著名社会理论家布莱恩·特纳（Bryan Turner）曾根据理论陈述的不同组织方式区分了当代社会理论的四种主要形式：①思辨理论；②分析理论；③演绎理论；④模型理论。[2] 事实上，除了模型理论，前三种理论都相对比较抽象。模型理论的最大不同就在于它的直观化。同时，四种理论都属于科学方法里的逻辑范畴。模型理论在两个方面具有特殊性：首先模型理论不仅是一种理论的表述方式，而且还是研究方法的一种。模型理论的直观化不仅首先概括了概念之间的关系这种事实表达，而且基于这种表达方法之上还有一个更为重要的理论提出。也就是说，模型理论是社会科学研究中方法与理论的结合体。此外，模型理论较好地解决了自然与社会之间的关系。它不仅以直观的描述反映了社会生活里的自然属性、科学属性，又不以纯粹的数学、物理或生物系统来解释社会。它的简洁性恰当地表现了社会科学研究中的客观、严谨和开放。

正如前文所述，本课题以西部民族地区政治、经济和文化样态上的特征为基础分别列出了三大模型，即梯形模式，水平模式和融合模式。在这三种模式中，我们以图形、坐标以及图示为例，浓缩和概括出了三种模式

---

① 梯利．西方哲学史［M］．北京：商务印书馆，1995：305.

② 袁方．社会研究方法教程［M］．北京：北京大学出版社，1997：81.

的核心所在。但基于另一个问题，即模型理论的低抽象度和目前的社会调查研究常常是停留在收集具体资料的阶段，很少能将调查结果进一步归纳、概括为理论命题，理论研究则常常沉溺于抽象的哲学思辨中，很少结合社会现实来发展或修改其分析框架，我们将在模型的基础上进行适当抽象的理论演绎。

第3章　调查样本点的总体描述

在前期田野调查中，本研究选取了四川省阿坝藏族羌族自治州的马尔康市、茂县，四川省绵阳市的北川羌族自治县以及四川省甘孜州的康定市作为样本点，并以此写出了关于中国西部民族地区在现代传媒中的处境、现状、位置以及困境等问题的研究报告。但是，一方面，由于课题组对于上述诸地的前期调研时间已过去近十年，其数据来源止于2012年；另一方面，前期的调研点基本集中在四川境内，无法准确地呈现中国西部民族地区传媒实践的整体状况。因此，我们在后期研究中又增加了一批全新的田野调查样本点。使样本点由原来的15个新增到22个，有效样本数由原来的598个新增到1038个。新增的7个田野点在选择标准和分类上与前期的调研点一致，它们皆属多民族地区，而且大多属于农村，在地理范围上覆盖青海、西藏、云南、贵州等少数民族省市自治区，主要分布在青海省黄南藏族自治州尖扎县、西藏自治区阿里地区噶尔县昆莎乡噶尔新村、西藏自治区山南市加查县、云南省迪庆藏族自治州香格里拉市建塘镇尼史村、云南省西双版纳傣族自治州景洪市勐龙镇、贵州省黔东南苗族侗族自治州黎平县和贵州省凯里市下司镇清江村。为了更好地展开对于这些田野点调查成果的研究，我们准备首先对这些新增样本点进行一个整体的描述。

3.1　青海省黄南藏族自治州尖扎县

黄南藏族自治州位于青海省东南部，地处九曲黄河第一弯的南岸，是一个以藏族为主体的少数民族自治州，全州总面积1.88万平方千米，占青海省面积的2.63%。黄南藏族自治州下辖同仁县、尖扎县、泽库县、河南蒙古族自治县，有28个乡和7个镇。自治州地势南高北低，南部泽库、河南两县属于青南牧区，海拔在3500米以上，气候高寒，是自治州发展畜牧业的主要基地；北部为尖扎、同仁两县，海拔在1900～4118米之间。全州辖7个镇、28个乡，7个居委会、251个村（牧）委会。2016年年末全州总人口为271460人，在总人口中，少数民族人口254743人，占总人口的93.84%。经济发展方面，2016年，全州地区生产总值74.65亿元，其中第一产业增加值19.7亿元，第二产业增加值25.17亿元，第三产业增加值29.78亿元，增长3.9%。[①] 全州资源优势突出，生物资源、矿物资源、药材资源、水能资源丰富。主要畜种有牦牛、藏系绵羊、河曲马、山羊等；主要农作物有小麦、青稞、油菜、蚕豆等；矿产有金、银、铜、锌、锑、汞、砷、硫、萤石和泥炭等25种；全州药材资源丰富，分植物、动物、矿物三大类共710种，在青海省调查的47种重点药材中，州境有36种；水电资源富集，有形成流域开发带的良好条件。

鉴于尖扎县在政治、经济、文化、社区类型等方面的数据特征符合本项研究的抽样条件，课题组将其确定为青海省藏区的样本点。具体依据主要基于以下三个方面：第一，该县的藏族人口占全县总人口的2/3，被调查人群的年龄分布、受教育程度、大众传媒的传输结构等变量具有代表性；第二，符合本项研究对民族混居区指标、社区分类指标，以及针对西部多民族聚居区媒介素养培养的三种模式（即梯形模式、水平模式和融合模式）构建指标的要求，样本的抽取价值大；第三，尖扎县的藏传佛教以及本地特色的民间文化“五彩神箭”的传承与现代传媒之间的互动，本身就是考察传媒对当地社会日常生活产生影响的典型例证。因此，我们通过面对面问卷调查的手段，在18～55岁青壮年人群中抽取了100个藏民族样本，回收有效问卷91份。本样点力图反映出青海省藏区的媒体使用者，特别是新媒体使用人群媒介素养的现实情况。

3.1.1 尖扎县样点概况

尖扎县位于青海省东南部，为黄南藏族自治州北部之县，县府马克唐镇距省会西宁市107千米。全县总面积1714平方千米，辖3镇6乡、86个行政村，总人口5.43万人，有藏、回、撒拉、土等民族，藏族占总人口的62%。境内海拔在1960～4614米之间，相对高差2654米，年平均温度7.9℃，年日照时数4432小时，年平均降水量342毫米，无霜期186

---

① 根据课题组调研所得新数据。

天。全县现有耕地 6.1 万亩，可利用草场面积 189 万亩，森林面积 134.11 万亩。区位优势明显，公路交通便利，拥有丰富的旅游资源，是“北依西宁、南望九寨”旅游黄金线上的重要旅游节点。黄河谷地光热水条件优越，以核桃、花椒、大田辣椒、牛羊育肥等为主的种养业特色明显。

3.1.2　尖扎县建置沿革

尖扎县在先秦和西汉初期为西羌地。西汉宣帝神爵二年（公元前 60 年），为汉代设置的河关县（治贵德河阴）辖地。西晋怀帝永嘉七年（313 年），尖扎地区为吐谷浑活动地。南北朝时，尖扎地区属后凉吕光所置的浇河郡（治贵德河阴镇）辖地。北周建德五年（576 年），在今尖扎县设置达化县，治所在直岗拉卡一带，隶廓州，治今贵德河阴镇。唐高宗永徽六年（655 年），今尖扎属米川县，隶廓州，治化隆群科。北宋时，曾为唃厮啰政权属地。宋徽宗大观三年（1109 年），今尖扎又成为宋积石军（治贵德河阴镇）辖地。南宋高宗绍兴元年（1131 年），又陷为金积石州（治贵德河阴镇）辖地。元代今尖扎地区属贵德州辖地，隶河州吐蕃等处宣慰使司都元帅府。明代，今尖扎县属归德守御千户所管辖。隶河州卫。清代，今尖扎地区为贵德厅管辖。民国二年（1913 年），改厅为县，今尖扎为贵德县管辖。1952 年 4 月，中共青海省委决定，成立尖扎区工作委员会，以贵德第六区及昂拉地区为工作区域。1953 年 6 月 2 日，正式从贵德县析置尖扎县，直属青海省人民政府。同年 12 月 22 日，隶属于即日成立的黄南藏族自治区。1955 年 5 月，自治区改为自治州。贵德县现属海南藏族自治州。

3.1.3　尖扎县文化旅游产业

作为全国重点扶贫县，尖扎县也积极发展第三产业，以期利用自身优势与资源脱贫致富，尤其是开发境内文化旅游资源，文化旅游成为全县经济发展的一个新的增长点。尖扎县境内的文化旅游资源主要包括集丹霞地貌、天然森林及九曲黄河为一体的坎布拉国家森林公园，承载几百年佛教文化发展历程的阿琼南宗峰及县内一些著名的佛教寺院和历史遗迹，如拉茂德钦寺、智合寺及昂拉千户府，还有近几年来进行的小城镇建设中的县府所在地马克堂镇的藏式建筑和康杨镇的阿拉伯风格的建筑等。近年来，随着全国乃至世界范围内文化旅游热的兴起，尖扎地区的上述旅游资源在政府主导下不断被开发和设计，越来越受到海内外游客的青睐，尤其是“藏传佛教后弘期发祥地”“五彩神箭文化艺术之乡”等地方名片更是吸引了世界各地的游客纷纷前来尖扎一探究竟。

3.2 西藏自治区阿里地区噶尔县

阿里地区作为中国西部民族混居区传媒素养培养模式研究的一个样点，从样点选择和样本覆盖来说，代表性较强。阿里地区是中国西藏自治区的一个地区级行政区划，位于青藏高原北部——羌塘高原核心地带，是世界上人口密度最小的地区之一。地域面积约 34.5 万平方米，2016 年国内生产总值 41.43 亿元，三个产业生产总值分别为 5.68 亿元、12.94 亿元、22.81 亿元，总人口为 108456 人，城镇人口 26329 人，农牧区人口 82127 人。阿里地区平均海拔 4500 米以上，全地区分为高原温带季风干旱气候区、高原寒带季风半干旱气候区和高原寒带季风气候区。季节变化不明显，仅有冬夏两季之分，冬长夏短，年无霜期仅为 120 天。多大风天气，尤以东部改则、措勤为最，年大风天气达 115 天。日照充足，狮泉河镇年日照时数 3545.5 小时，为西藏最高。狮泉河镇年降水量仅为 74.4 毫米，为西藏最低。主要农作物有青稞、小麦、油菜等。由于自然环境十分恶劣，经济社会发展较为滞后。其中技术人员的缺乏，道路运输、人工等成本高使得产业发展极为缓慢。此外，由于近年来国家实行了退耕还草政策和合作社牲畜集中轮流放养等措施，大量的农牧民和绝畜户涌进了城镇务工。2016 年，国家实施易地扶贫搬迁政策，阿里地区开始了城镇化进程与建设，原来的农牧民来到城镇定居。由此可以看出，阿里社会发展正在转型的特征非常显著，是一个典型的从农牧社会向现代化社会过渡的时期。藏族人原始固有的生活、行为方式，个体的认识、思想在社会转型过程中的转变纤毫毕现。而现代传媒在此过程中对个体观念、信息、教育、技术、经济社会等的影响，以及人们如何厘清自我与现代传媒的关系，相比其他地区，更能得到一个清晰的呈现。

本课题组将阿里地区的噶尔县作为选点区域，其中农村常住人口基本是藏族，因而具有民族混居区难以呈现的单一民族大众媒体使用与评价的典型抽样价值；而汉、藏等民族人口主要分布在城镇，在多民族混居环境下研究大众的现代传媒使用同样具有抽样价值。因此，我们的调查点也以噶尔县的农村、城镇地区为主要研究区域，共回收有效样本 54 个，主要对象为学生和干部。

3.2.1　噶尔县样点概况

噶尔县位于西藏自治区西部、阿里地区西南部，为阿里地区地委、行署所在地，平均海拔 4500 米以上。西北同印控克什米尔地区接壤，典角边境村与印度隔河相望，是西藏 21 个边境县之一。县城驻地狮泉河镇，国道 219 线和省道 301 线交汇于此，距拉萨市 1500 千米，距新疆叶城县 1067 千米。县域面积 19983 平方千米，是一个以牧业为主、农牧业结合的半农半牧县。全县辖 4 乡 1 镇、12 个行政村、2 个居委会，总人口 9845 人，城镇人口 2510 人，农牧民人口 7335 人，境内有藏、汉、蒙、维、回、土家等多个民族，藏族占总人口的 93%以上。2015 年国内生产总值 25126 万元，三个产业生产总值分别为 4615 万元、8112 万元、12399 万元，人均可支配收入 9676 元。居民农作物以油菜籽、蔬菜为主，牧业以羊、牛为主，副产品以鲜奶、奶渣、羊毛、羊绒、皮张等为主。

3.2.2　噶尔县建置沿革

“噶尔”汉文文献资料称“克尔”“堆噶尔”等，意为“兵营”。1681 年，甘丹才旺率兵收复阿里途中在阿里藏布中下游一带扎营，故名噶尔。清代，西藏地方政府设立阿里噶本后，成为噶本政权所在地（雅萨和昆莎）。直辖索堆、索麦和朗玛等头人，境内下设左左本、那木如本。1960 年 1 月，成立噶尔县，县城设于昆莎。1960 年 5 月由昆莎迁至雅萨（噶大克）。1968 年又由雅萨迁回昆莎。1988 年 9 月由昆莎迁至狮泉河镇至今。

3.2.3　噶尔县传媒发展历史

噶尔县的电视转播事业发展起步较晚，2012 年 5 月成立了噶尔县广播电视转播台，2014 年新建、改装了新闻演播厅、后期制作部、新闻部以及各办公部门。如今电视台现有编制 11 人，在岗人员 20 人，其中专职记者 9 人，播音员 3 人，后期制作 5 人，翻译 2 人，责任编辑 1 人。2017 年 1 月，噶尔县广播电视转播台已申请设立广播电视台，将开办《噶尔新闻》《公益广告》《驻村故事》《晚间剧场》等栏目。

3.2.4 噶尔县公路交通情况介绍

噶尔县目前的路网结构不完善，施工建设的主要是主干线、通村、通乡公路，作业组、自然村公路建设还处在初步启动阶段，县、乡、村、自然村、作业组还不能实现互通互联。目前县里还没有高等级公路，干线公路主要以三、四级公路为主，通乡、通村公路以四级砂石路为主，遇到雨雪天气，道路时有中断。

3.2.5 噶尔县昆莎乡噶尔新村

噶尔新村位于国道 219 线，距狮泉河镇 58 千米，昆莎乡政府、阿里昆莎机场就坐落在噶尔新村，海拔 4700 多米。该村下辖三个作业组，共 216 户 602 人。2016 年人均收入 8790 元。据统计，2015 年噶尔新村牲畜共有 13750 只（匹）；草场面积 669513 亩，耕地面积 14950 亩。① 2016 年成立“贫困户集体脱贫合作社”，通过人力、农具、耕地、草场、牲畜整合，共分奶牛养殖、劳务创收、放牧、人工种草四组，统一调配、按劳分配。

阿里地区噶尔县昆莎乡噶尔新村距地区行政中心狮泉河镇 58 千米，但在冬季仍然会出现长期停电的情况。阿里地区主电网现今只实现了县城供电覆盖，很多乡镇主要靠政府投资建设的光伏电站和小型水力发电站来维持供电。而噶尔新村主要依赖附近的小型水力发电站来保证村里的用电，在冬季河流处于枯水期，而大坝、河水经常会冻结，水电站也不能运行，因此在冬季村里人们基本用不上电，主要依靠政府资助的光伏发电机、柴油发电机来供电。人们的信息需求在冬季并未得到满足，地区和县政府关于农村的相关政策也无法传达给村里的群众。

3.3 西藏自治区山南市加查县

山南是西藏自治区下辖的一个地级市，位于冈底斯山至念青唐古拉山以南，雅鲁藏布江干流中下游地区，北接西藏首府拉萨，西与日喀则毗邻，东与林芝相连，南与印度、不丹两国接壤。山南拥有 600 多千米长的

---

① 根据课题组调研所得新数据。

边界线，具有十分重要的战略位置，是中国的西南边陲。

2016年2月，国务院批复西藏自治区撤销山南地区，设立地级山南市，至此西藏地级市增加至5个。截至2016年，山南市下辖1个市辖区、11个县：乃东区、扎囊县、贡嘎县、桑日县、琼结县、曲松县、措美县、洛扎县、加查县、隆子县、错那县、浪卡子县，24个镇，56个乡，596个行政村。市政府驻乃东区。第六次人口普查（2012年）山南地区328990人。山南有着悠久的历史，是藏民族的摇篮和文化发祥地，在西藏历史和文化的发展中占据特殊的位置。西藏历史上的众多杰出人物都诞生在这里，如聂赤赞普等。山南有众多的文物古籍和十分丰富的旅游资源，境内有众多西藏人民信仰的神山、圣湖以及西藏第一宫、第一殿、第一寺等。

2013年，山南地区完成生产总值86亿元，增长17.7%；财政收入、税收收入高位增长，预计财政收入7.9亿元，增长31%；预计税收14.7亿元，增长69.6%。民营经济和招商引资继续增长。全年登记注册私营企业和注册资金分别增长61.72%、145%。招商引资持续深入，到位资金24.7亿元，增长71.53%。生产总值增长17.7%，社会固定资产投资增长23.4%，财政收入增长26%，农牧民人均收入增长18%。三次产业比重为5.8∶47.7∶46.5。如今，山南市不仅解决了90%以上农牧民的温饱问题，而且有一部分农牧民走上了富裕道路，乃东区的农民已成为全区首富，贡嘎县的农民集资建起了西藏第一家“农民宾馆”，泽当镇的农民已开始涉足于房地产领域。在此区域共回收有效样本56个，主要对象为媒体从业者、公务员、商人。

3.3.1　加查县样点概况

加查，藏语意为“汉盐”，相传唐文成公主进藏至此，将一把盐放置山洞之中，洞中遂有盐水流出，故得此名。加查县为西藏自治区山南市辖县，地处西藏东南部、雅鲁藏布江中游。东接林芝市朗县，南连隆子县、曲松县，西至桑日县，北达林芝市工布江达县。加查县南北长102.2千米，东西宽88.2千米，总面积4493平方千米。耕地面积约2.4万亩，草场面积81万亩，森林面积14万亩。加查县辖2个镇、5个乡：加查镇、安绕镇、拉绥乡、崔久乡、坝乡、冷达乡、洛林乡，共有89个行政村。县人民政府驻安绕镇，总人口约21608人（2012年），藏族占总人口的

98.5%，另有少数汉族、回族、珞巴族、门巴族人。[①]

加查县经济以半农半牧为主，兼有副业。2014 年，加查县农林牧渔业总产值 5746 万元，其中农业 3890 万元，林业 232 万元，牧业 1624 万元。共有耕地 1584 公顷，农作物播种面积 1517 公顷，其中粮食作物 1428 公顷，油料 89 公顷。粮食总产量 7900 吨，油菜籽 200 吨，主要农作物有小麦、青稞、土豆、蚕豆、油菜等，全县经济林面积 1200 亩，主要有桃、梨、苹果、核桃、花椒等。2014 年，加查县工业总产值 142 万元。工业主要以水电业为主，除目前已有的县水电站外，在色布珑河入江处新建了装机容量为 1500 千瓦的水电站；兼有传统手工业，如加查石锅、加查木碗等。2014 年全年完成各项税收收入 7700 万元。

3.3.2 加查县建置沿革

1951 年西藏和平解放后，加查地区由塔布地区工作委员会设立了加查、拉绥两个办事处。1959 年 4 月，按照西藏工委的统一部署，将原属西藏地方政府的加查、拉绥两宗合并成立加查县，并划归山南专区管辖。同年 5 月，正式成立加查县人民政府及相应的下属行政机构，县机关驻地设在今安绕乡仲巴村。1970 年，山南专区改为山南地区，加查县仍为山南地区所辖。1987 年撤区并乡时设立计乡、巴乡、措古乡、江惹乡、次久乡；多嘎乡、哲巴乡、西贡乡合并为西贡乡；郭西卡乡、吉普乡合并为郭西卡乡；嘎玉乡、安绕乡、仲坝乡合并为安绕乡；加查乡、陇南乡合并为加查乡；利布乡、冷达乡合并为岭达乡；达乡与玛尼乡合并为巴达乡；拉索乡、亚云乡、拉绥乡合并为拉绥乡。2016 年 2 月，山南撤地设市，此县属于山南市。目前县辖 2 个镇、5 个乡，共有 89 个行政村。县人民政府驻安绕镇。

3.3.3 加查县传媒发展历史

为了丰富群众的文化生活，2014 年 2 月底 3 月初，西藏山南加查县电视台分两批进行了户户通设备发放工作，共计 1554 套，惠及 7 个乡镇 45 个行政村。广播电视“户户通”工程是为解决有线电视网络未通达农村地区群众看电视难、听广播难的公共文化惠民工程。“户户通”设备可以接收卫星直播高清电视节目，而且信号更稳定，画质更清晰，实现了直

---

① 根据课题组调研所得新数据。

播卫星广播电视公共服务在全县农村区域内有效覆盖，保证了广大农牧民群众享受到丰富多彩的广播电视节目和信息服务。截至2014年10月，加查县建设“村村通”站点124个，累计发放“户户通”5000余套，全县广播电视覆盖率达到98%以上。同时，该县通过采取给村级文化辅导员每月200～300元的补助经费、选派文化工作人员参加相关业务培训等各项措施，着力改善全县公共文化服务软环境。

2015年6月4日，由加查县网信办牵头，联合多个部门开展以“共建网络安全共享网络文明”为主题的第二届“国家网络安全宣传周”活动。活动在引导干部职工了解、感知网络安全风险，增强网络安全意识，普及网络安全知识，提高网络安全技能等方面均起到了积极作用。

2016年，加查县文化广播电影电视局全力推进有线闭路电视事业加快发展。县文广局采取各项举措，不断加强有线闭路电视建设，对闭路维护、故障抢修等工作进行周密部署，累计投入75560元用于购买有线闭路维护设备；县电视台专业抢修闭路人员走村入户，克服困难，顺利完成有线闭路故障检修任务，着力确保有线电视用户正常收视；切实提高有线电视为基层农牧民群众提供信息化服务的能力，全面实现广电服务水平均等化，确保有线闭路“长期通、优质通”，切实做到有线电视建设“有安排、有投入、有成效”。2016年3月，位于加查县城东侧的加查达布文化艺术中心正式对外免费开放，建设项目总用地面积19100平方米、总建筑面积8055.42平方米，总投资3400余万元。艺术中心内设有图书馆（图书阅览室）、电子阅览室、民族手工艺室、乐器排练室、棋牌室、台球室、乒乓球室、书法绘画室、会议室、制作室，并设有多个展厅。西藏加查达布文化艺术中心的投入使用，对传承西藏优秀民族文化，丰富农牧民群众的业余生活、提高人们的生活质量、增强各族人民幸福指数、促进新时期加查文化大发展和大繁荣具有重要意义。

3.3.4　加查县公路交通情况介绍

截至2014年，加查县境内主要干线公路为林邛公路，另有长达140千米的乡、村公路及加查吊桥，通车里程230千米。拉林铁路也将从这里经过。国防公路东西向横贯县境，顺国防公路西行，距山南地区行署所在地泽当镇160千米，距西藏自治区首府拉萨市350千米。

3.4 云南省香格里拉市建塘镇

香格里拉（Shangri－la）藏语意为“心中的日月”，是云南省迪庆藏族自治州下辖市及首府所在地，位于云南省西北部、青藏高原横断山区腹地，是滇、川、藏三省区交界地，也是世界自然遗产“三江并流”景区所在地。截至2014年，香格里拉市总面积11613平方千米，辖4个镇、7个乡，共有6个社区、58个行政村。2011年年末，香格里拉市总人口为174585人，除主体民族藏族外，还有汉族、纳西族、彝族、白族等十几个民族。

香格里拉地处三江褶系与扬子准地台交接地带，境内矿产资源丰富，水能资源充足，加上独特的地理地貌所形成的多样的自然景观，拥有丰富的旅游资源。香格里拉素有“高山大花园”“动植物王国”“有色金属王国”的美称。从大理沿滇藏公路北行315千米，可达迪庆藏族自治州首府中甸县城中心镇，距昆明659千米。格里拉地处青藏高原东南边缘、横断山脉南段北端，“三江并流”之腹地，形成独特的集雪山、峡谷、草原、高山湖泊、原始森林和民族风情于一体的景观，为多功能的旅游风景名胜区。

本课题组将香格里拉市的建塘镇作为主要抽样区域。建塘镇是州、市府所在地，全市乃至全州政治、经济、文化中心，其中农村常住人口基本是藏民族，因而具有民族混居区难以呈现的单一民族大众媒体使用与评价的典型抽样价值；而汉、藏等民族人口主要分布在城镇，在多民族混居环境下研究大众的现代传媒使用同样具有抽样价值。因此，我们的调查点也以建塘镇的农村、城镇地区为主要抽样调查区域。

3.4.1 香格里拉建置沿革

香格里拉市原名中甸县，藏语称“建塘”，相传与巴塘、理塘系藏王三个儿子的封地。汉时为牦牛羌地。晋时为马儿敢地。南北朝属党项部。隋属南宁州总管府。唐初属吐蕃神州都督地，唐南诏国为剑川节度使地。宋大理国为旦当（今香格里拉），属善巨郡。元代称“大旦当”，至元三十年（1293年）改属宣政院辖地吐蕃等路宣慰司。明中叶后为忠甸，属云南布政司丽江军民府。清康熙年间吴三桂以中甸地予以达赖喇嘛，雍正四年（1726 年）划归丽江府。雍正五年（1727 年）4 月，移剑川州判驻中甸，并划归鹤庆军民府。雍正八年（1730 年）7 月，鹤庆府属迤西道。乾隆二十一年（1756 年）5 月，于中甸地置中甸厅，设同知，复属迤西道丽江府。民国二年（1913 年）4 月，中甸厅改为中甸县，迤西道改为滇西道，中甸县属滇西道。民国三年（1914 年），滇西道改为腾越道，中甸县属之。民国十八年（1929 年），裁腾越道直属省。民国三十一年（1942 年）属云南省第七行政督察区（驻丽江县）。民国三十七年（1948 年）属云南省第十三行政督察区（驻维西县）。民国三十八年（1949 年）属云南省第十行政督察区（驻鹤庆县）。

1950 年 5 月 10 日，中甸和平解放，属丽江专区。1956 年 9 月 11 日，国务院决定设置迪庆藏族自治州，自治州人民委员会驻中甸县城。1957 年 9 月 13 日，迪庆藏族自治州正式成立。1961 年，由维西县划入五境区（乡）。2001 年 12 月 17 日，民政部批准将中甸县更名为香格里拉县。2002 年，小中甸乡撤乡建镇（省政府 2002 年 7 月 16 日批准），金江乡撤乡建镇。2005 年 11 月 8 日，云南省政府将格咱乡驻地由翁上村迁至格咱村。2014 年 12 月 16 日，香格里拉撤县设市获得国务院批准。

3.4.2　香格里拉传媒发展历史

与东部发达地区相比，香格里拉地区的传媒发展较晚，总体力量也较薄弱。20 世纪 80 年代以前，省报、省台驻州（迪庆藏族自治州）记者是迪庆新闻报道的主要力量。经过了二十多年的发展，香格里拉的报纸、广播、电视以及网络、手机等新媒体都得到了相当程度的发展，形成了完善的运作机制和传播模式。

在香格里拉本地的媒体中，报纸是影响力比较大的新闻媒体。迪庆日报社主办的《迪庆日报》《迪庆日报（藏文版）》以及与香格里拉市委宣传部联合主办的《迪庆日报〈香格里拉新闻〉》是影响力最大的报纸媒体。

香格里拉市本身没有自己专门的广播电台，但作为迪庆藏族自治州的首府，迪庆广播电台于 1998 年 8 月在香格里拉建成并开播。香格里拉有广播的历史较为悠久，“1959 年，迪庆各县在收音站的基础上建成广播站，接着农村广播网，三县均利用电话线组织定时、定期广播，以转播中央台和云南台节目为主，平时只少量播放党委、政府重要文告、通知以及各种会议情况，一直延续到 1980 年”。①

电视台方面，香格里拉地区本地自治州电视台迪庆电视台成立于 2001 年 10 月，起步较晚。经过近十年的发展，目前迪庆电视台共办有两个频道，即汉语频道（DQTV1）和康巴藏语频道（DQTV2）。香格里拉电视台成立于 2009 年底，目前开办了《香格里拉汉语新闻》《香格里拉藏语新闻》《资讯快递》等自办节目。香格里拉电视台设台长 1 名，副台长 2 名，电视台下设新闻中心、总编室、栏目部、技术播出保障部、广告部 5 个部门，全台干部职工 30 人。

在新媒体方面，香格里拉政府有自己的网站：香格里拉市人民政府网。该网站开通于 2002 年，是香格里拉市政府电子政府建设的重要组成部分。除此之外，在新闻媒体方面，开设了香格里拉新闻网，该网站目前是迪庆州唯一的综合门户网站。手机报方面，2009 年 4 月开通了迪庆手机报。

3.4.3 香格里拉建塘镇

建塘镇地处迪庆州、香格里拉市政府所在地，是全市乃至全州政治、经济、社会、文化交流和发展的中心；是“香格里拉”腹心地，辖区内有独克宗古城、普达措国家公园、纳帕海、石卡雪山等多个著名的景点景区。总面积为 1614.6 平方千米，平均海拔 3300 米，由农村和城市两个块状相结合而成。全镇辖 5 个社区委员会和 5 个村民委员会，有 86 个村民小组和 23 个居民小组。86 个村民小组以发展农牧业、旅游业为主，以其他副业为辅。23 个居民小组是香格里拉市的重要组成部分。全镇共有人口 65000 多人，其中农业人口有 3845 户 18398 人，以藏民族为主体，汉、纳西、白、回等多种民族聚居。2012 年实现农村经济总收入达到1 亿元，完成固定资产投资 22 亿元，实现财政收入 3200 万元，农民人均纯收入达 5101 元。

3.5 云南省西双版纳傣族自治州景洪市勐龙镇

西双版纳地区作为中国西部民族混居区传媒素养培养模式研究的一个

---

① 齐扎拉．迪庆藏族自治州概况［M］．北京：民族出版社，2006：335－336.

样点，从样点选择和样本覆盖来说，代表性较强。西双版纳傣族自治州是云南省8个民族自治州之一，于1953年1月24日建立。西双版纳傣族自治州位于云南省南部边疆，是云南省下辖的一个少数民族自治州，全国唯一的傣族自治州。地处东经99°55′～101°50′，北纬21°10′～21°40′，属北回归线以南的热带湿润区。东北与普洱市江城哈尼族自治县、普洱市翠云区相连；西北与澜沧拉祜族自治县为邻；东南、南和西南分别与老挝、缅甸接壤，边境线长达966.3千米，其中，中老段677.8千米，中缅段288.5千米，约占云南省边境线总长的1/4。西双版纳傣族自治州与泰国和越南毗邻，从景洪市大勐龙镇中缅240界碑处境经缅甸到达泰国北部边境，最近距离仅180多千米。东距太平洋的北部湾400多千米，西距印度洋的孟加拉湾600余千米。

傣族自称傣［tai］，是我国云南边疆人口较多、分布较广的一个民族，国内傣族总人口有122.2万人（2010年全国第六次人口普查数据）。中国的傣族人口主要分布在云南省西南部靠边境的弧形地带，东经97°～102°，北纬21°～25°之间，约10万平方千米的土地上。根据西双版纳傣文编年体史籍《泐史》记载：公元1180年（傣历542年），傣族首领帕雅真在西双版纳建立勐泐国，归南宋地方政权“大理”管辖，傣族进入封建阶级社会。元贞二年（1296年）设车里军民总管府。明洪武十七年（1384年）设车里宣慰使司。隆庆四年（1570年）宣慰使刀应勐将辖区划分为十二版纳，始称西双版纳。民国十六年（1927年）改设车里县。1953年1月23日，西双版纳全境解放，西双版纳傣族自治区成立（后改州）。1958年设景洪县。1993年12月撤县设市。

傣族有自己的语言文字。傣语属于汉藏语系壮侗语族（或称“侗台语族”）壮傣语支的一种语言，壮傣语支或称“台语支”，是从原始台语分化演变而来，与我国的壮语、布依语、侗语、水语、仡佬语、毛南语、黎语，以及泰国的泰语，老挝的老语，缅甸的掸语、坎梯语，越南的岱语、白傣语、黑傣语、土语、侬语和印度的阿洪姆语等具有密切的亲属语言关系和历史渊源关系。据国家统计局2016年3月公布的数据统计，西双版纳州全年全州的生产总值3359111万元，其中第一产业增加值855355万元、第二产业增加值946298万元、第三产业增加值1557458万元。全年邮电通信业务总量140153万元，比上年增长9.4%。年末固定电话用户13.95万户，比上年末下降18.1%；移动电话用户92.41万户，增长1.2%。固定电话普及率11.99部/百人，移动电话普及率79.39部/百人。

互联网用户 22.11 万户，增长 13.2%。报纸杂志期发份数 11.12 万份，增长 31.6%。共有艺术表演团体 4 个，公共图书馆 4 个，文化馆 4 个，博物馆 1 个，乡镇文化站 42 个。艺术团体全年组织国内演出 169 场。公共图书馆总藏书量 20 万册。年末广播人口综合覆盖率为 99.14%，电视人口综合覆盖率为 99.14%。①

3.5.1 西双版纳媒介环境概况

西双版纳傣族自治州目前有 1 个电视台——西双版纳电视台，下设 2 个频道：汉语综合频道和公共频道，同时制作汉语和傣语新闻及综艺节目；1 个广播电台——西双版纳人民广播电台，下设 4 档专题节目和 3 档文艺节目，除汉语节目外，还固定开设有傣语和哈尼语直播文艺节目，传播范围甚至到达老挝北部和缅甸东南部；1 家报社——西双版纳报，发行汉语日报、新傣文周报及老傣文月报；1 家隶属于西双版纳文联的杂志社，双月发行《版纳》杂志。根据对相关媒体从业者的采访，调查组了解到在“西新工程”推动下，2017 年全州将完成 10 万台高清机顶盒的替换工作，基本实现电视信号全覆盖。另外，距景洪市 40 千米的橄榄坝将重建中波台，在打洛等边境地区建边境发射塔，调频广播的覆盖率基本实现 100%无盲点。电视台、电台和报社均建有自己的网站，并开设有微信公众号，及时上传视频和音频节目。在勐龙镇田野调查时发现，傣族村寨几乎家家都装有 WiFi，智能手机普及率很高，受众喜欢通过手机浏览新闻、聊天和观看视频节目。另外，通过调查我们还发现用民语配音的电影和电视剧非常受当地中老年受众欢迎，农村流动电影放映车进村放映民语电影时，受众热情高涨，全村老少早早地抬着小板凳到放映地占座位。

3.5.2 样本点景洪市勐龙镇概况

勐龙镇位于州府景洪市西南部，辖区总面积 1217 平方千米，北临嘎洒镇，西南与勐海县布朗山乡相连，东南与缅甸掸邦第四特区南板县接壤，国境线 78.39 千米，是中国通往中南半岛最近的陆路通道。全镇辖 22 个村民委员会（山区 7 个、半山区 6 个、坝区 9 个）、163 个村民小组（山区 73 个、半山区 23 个、坝区 67）和 38 个镇属及驻镇单位。辖区内

---

① 西双版纳州统计局．西双版纳州 2015 年国民经济和社会发展统计报告［EB/OL］．［2016-06-17］．http://xsbnztjj.xsbn.gov.cn/312.news.detail.dhtml?news_id=719.

驻有曼栋、勐宋两个边防工作站，东风农场管委会及其下属 6 个分场、114 个队级单位。全镇常驻户数 17460 户，常住人口 83855 人，辖区内居住着傣、哈尼、布朗、拉祜等 20 多个少数民族，少数民族人口占总人口的 97%。2016 年该镇经济总收入 100916.86 万元，农民人均纯收入 11911 元。该镇下属行政村附近都建有南传佛教寺院。除上年纪的老人外，村民汉化程度高，几乎全部会说汉语。坝区的傣族村寨青少年受教育程度很高，100%上学并且完成义务教育，村里还对考上高中和大学的学生给予 1000～3000 元不等的现金奖励。

3.5.3 调查方法的选取

根据勐龙镇镇政府提供的材料，课题组选取了经济条件不同的傣族村民家庭为调查对象进行问卷调查，从不同层面对该镇大众传播状况都有客观准确的了解和认识。本次调查是在 2017 年 1 月 9 日到 13 日之间进行的。共收回问卷 119 份，有效问卷 111 份，有效率 93%。本次调查采取面对面问卷调查和深度访谈相结合的方式，即调查员挨家挨户走访调查对象，根据调查问卷设计的问题逐一向调查对象进行采访，调查员当场在相应选项打钩。为防止出现沟通障碍，还在当地征集了 3 名放假回家的大学生陪同做民语翻译。这样既从调查层面上保证了问卷反馈信息的有效准确，也从一个纵深的层面在访谈中搜集到大量开放式对话的价值信息。

3.6 贵州省黔东南苗族侗族自治州黎平县

黔东南苗族侗族自治州位于贵州省东南部，地跨东经 107°17′20″～109°35′24″，北纬 25°19′20″～27°31′40″。东与湖南省怀化地区毗邻，南和广西壮族自治区柳州、河池地区接壤，西连黔南布依族苗族自治州，北抵遵义、铜仁两市。全境东西宽 220 千米，南北长 240 千米，总面积 30337.1 平方千米，占全省总面积的 17.2%。

自治州成立于 1956 年 7 月 23 日，州府所在地设于凯里市。全州辖凯里市和麻江、丹寨、黄平、黎平等 15 个县，凯里、黎平、炉碧、金钟等 10 个省级经济开发区。境内居住着苗、侗、汉、布依、水、瑶、壮、土家等 33 个民族，2015 年年末常住人口 348.54 万人，户籍人口 473.54 万人，少数民族人口占总人口的 80.2%，其中苗族人口占 42.7%，侗族人口占29.9%。

自治州境内山地纵横，峰峦连绵，沟壑遍布，地形地貌奇异复杂，景象万千。全州地势西高东低，最高海拔2178米，最低海拔137米；属亚热带润湿季风气候，特点为冬无严寒，夏无酷暑，四季分明，雨水充沛，立体气候明显，年平均气温14.6～18.5℃，年降雨量1007.8～1367.5毫米，年无霜期267～324天，相对湿度为78%～85%。

黔东南生物种类繁多，堪称祖国的绿色宝库。境内群山叠翠、林木葱茏，森林资源丰富，有“杉乡”“林海”之称。黔东南是全国重点林区之一，也是贵州省的主要用材林基地，全省10个林业重点县，有8个在黔东南。全州森林面积达197.27万公顷，森林覆盖率为65%，为全省之冠。州内天然林面积约占林业用地面积的21.7%，天然林主要是常绿阔叶林、常绿落叶混交林和针阔混交林，是我国南方的重点集体林区之一。境内有野生动物上千种，草鹗、猴头鹰、麝羊等10多种被列为国家重点保护动物。

黔东南地处长江、珠江上游，国家实施“天保”工程，属长江、珠江防护林保护区范围。境内水系发达，河网稠密，有2900多条河流，年径流量225亿立方米，是长江、珠江上游地区的重要生态屏障，是西部大开发生态建设的重点区域。黔东南矿产资源种类繁多。现境内已发现矿产40余种。

黔东南旅游资源丰富，是贵州省的东线旅游胜地。境内奇山秀水，自然风光迷人，民族风情浓郁，集自然风光、民族风情和人文景观于一体，加上冬无严寒、夏无酷暑的宜人气候，吸引了大批海内外游客前来观光旅游。

2015年，全州生产总值达到811.55亿元，比上年增长13.1%；财政总收入达到138.96亿元；年末金融机构各项存款余额1157.99亿元，比年初增长25.1%；各项贷款余额759.71亿元，比年初增长23.8%。城镇居民人均可支配收入23173元，比上年增长10.4%；农村居民人均可支配收入6863元，比上年增长11.8%。2015年全州经济社会呈现出运行平稳、转型加快、活力增强、民生改善的良好局面。

3.6.1 黎平县样点概况

黎平县位于贵州省东南部，地跨东经108°37′～109°31′，北纬25°44′～26°31′，东西长94千米，南北宽112千米，东连湖南靖州、通道，南临广西三江，西、北两面与从江、榕江、剑河、锦屏接壤，是黔、湘、桂三省（区）交界地，面积4441平方千米。截至2014年，黎平县下辖25个乡级行政区，其中2个街道、14个镇、7个乡、2个民族乡。以侗族聚居为主，侗、苗、汉、瑶、水、壮、彝、布依等20多个民族杂居，共301个姓氏。2013年全县总人口53万人，其中侗族人口占71%。

地势西北高，东南低，平均海拔695米。全境多山，主要有低山、中低山峡谷、低山丘陵等地貌类型，中部岩溶地貌发育，河流顺地势向西南和东南呈放射状流出，是长江水系和珠江水系的分水岭，育洞河、双江河、南江河注入都柳江，属珠江水系；洪州河、八舟河、孟彦河归入沅江，属长江水系。

县域内属中亚热带季风湿润气候区，冬不冷，夏不热，四季分明。多年平均无霜期为277天，多年年平均气温15.6℃，各地年均气温变化在14.4～18.6℃之间。历年平均降水量1321.9毫米，最多年达1690.4毫米。雨季一般4月上中旬开始出现，10月末结束，历时6个多月。适合农作物生长，但小气候复杂多变，常有水、旱、倒春寒等自然灾害发生。

黎平县自然资源丰富，通过调查评价与勘查，至今已发现的主要矿种有金、磷、锰、煤、压电水晶、硅质原料、水泥用炭岩、饰面用石材、建筑用砂石等。矿床、矿点（矿化点）106处，其中37种矿产资源不同程度探明了储量。

黎平县属亚热带常绿湿润阔叶林区，原生的森林多以壳斗科栲属、栎属、柯属常绿树木为建群种，木兰科、樟科、山茶科树木为主要成分。次生型的森林，除人工经营的杉木林、楠竹林、油茶林，以及半野生的马尾松林外，还有多种类型的次生林。全县有林业用地518万亩，有林地463万亩，森林活立木总蓄积2300万立方米，森林覆盖率74.6%。黎平是国家级森林公园，是国家重点林区县、国家退耕还林示范县和中国名茶之乡。

早在新石器时代，该地区已有先民生息繁衍。五帝时属西戎，周属楚，秦代隶属黔中郡，汉代属武陵郡，晋属鐔城县，梁属龙标县，陈属沅陵郡，隋属辰州。唐为龙标县、叙州。宋太平兴国二年（977年）置福禄永从长官司，元世祖至元二十年（1283年）置古州八万军民总管府，明永乐十一年（1413年）设黎平府。

县境内民族文化丰富多彩，侗族大歌、侗族鼓楼、风雨桥堪称侗族文化的杰出代表，蜚声海内外。侗族大歌属支声复调音乐范畴，由高声部、低声部组合，整个演唱过程无指挥、无伴奏。2003 年，县人民政府为侗族大歌申请商标注册，并申报世界非物质文化遗产。

2015 年前三季度，全县生产总值完成 40.25 亿元，同比增长 14.1%；城镇居民人均可支配收入完成 16778 元，同比增长 11.3%；农村居民人均可支配收入完成 5024 元，同比增长 13.1%。

3.6.2 黎平县建置沿革

1913 年，黎平废府设县。1930 年冬至 1934 年冬，红军三过黎平，足迹遍及现在的 17 个乡镇，播下了革命的火种。1934 年 12 月 18 日，中央政治局在黎平召开长征途中的第一次政治局会议，实现军事战略转变。1935 年，黎平县为第十行政督察区专员驻地；1936 年属第八行政督察区；同年撤销洪州分县，并入黎平县；1937 年以后属第二行政督察区。

1950 年，黎平县属独山专区，1952 年属都匀专区，1956 年划归黔东南苗族侗族自治州。1950 年 2 月，成立黎平县人民政府，是年 12 月 10 日，中国人民解放军 186 师 556 团进驻黎平，平息杨标的武装叛乱，恢复黎平县人民政府。2013 年，黎平县被贵州省人民政府定为省直管县试点（暂未推行）。

侗族是黎平社会的主体，占全县 53 万人口的 70%，达 37 万之多，使黎平成为全国侗族人口最多的县。从分布来看，黎平全县各乡镇均有分布。除德凤、高屯、敖市三个镇以及顺化、雷洞两个以瑶族为主体的民族乡较少以外，其他各乡镇均占绝对多数。

苗族占黎平人口的 15%，大约 8 万人，为黎平第二大民族，黎平境内的苗族支系比较多，有黑苗、花衣苗、短裙苗、草苗等，主要分布在黎平县的尚重、平寨、德化、大稼、地坪、龙额等乡镇。

3.6.3 黎平县传媒发展历史

截至 2012 年，黎平县已经实现乡乡镇镇通电视，每个乡镇可以接收到中国各地 30 多个卫星频道，还可以接收到本地电视台黎平电视台两个频道、黔东南州电视台综合频道、黔东南电视台新闻荟萃频道（201 频道）和贵州电视台的 5 频道等。黎平本土的媒体有：黎平电视台、黎平广播电视台、黎平教育报、《多彩如画·黎平古城》杂志、黎平县人民政府网、侗乡网、黎平新闻网、黎平旅游网、侗族风情网等官方认证网站。

2014 年，黎平县按照“一年补短板、两年不落后、三年要领先”的要求，围绕“出省宽、覆盖广、资费低”目标，打好信息基础设施建设三年会战。

多彩贵州“广电云”村村通工程是利用大数据、云计算等手段，通过有线数字广播电视传输系统，为进一步统筹城乡发展，创建“四在农家·美丽乡村”，巩固农村宣传思想文化阵地，加快构建覆盖城乡的现代公共文化服务体系。

多彩贵州“广电云”村村通工程提供的基本公共服务为“提供至少85套以上、力争130套以上的数字广播电视节目（含市县两级节目）”；同时着力开发个性化拓展服务，如广电宽带、无线WiFi、移动多媒体广播电视、交互式广播电视、回看点播、电视院线等广电服务，远程教育、视频通话、远程医疗、农家书屋、科技致富、电子商务等贴近群众、贴近基层的综合性服务。2017年工程目标为，多彩贵州“广电云”实现户户通，新增用户120万户。具体任务则为新建通组光缆约5万千米，新建用户分配网光缆约10万千米；新建乡、村级机房约200个；新建乡镇广播影视综合服务站300个。计划至2010年，为城乡群众提供多彩贵州“广电云”普惠服务，巩固深化户户用成果；实现广播电视乡乡有综合服务站、村村有专职服务员；多彩贵州“广电云”业务融合承载能力明显提升，服务功能明显拓展，实现与市场深度接轨，建成覆盖城乡、便捷高效、功能完备、内容丰富，以及服务到户的精细化、智能化、长效化公共文化和综合信息服务平台。

2016年，黎平县启动信息便民工程，拟建了60个WiFi AP站点，信息工程建设的逐步完备大力助推了黎平县旅游事业发展。

黎平县为贵州省11个入选国家旅游局首批创建的“国家全域旅游示范区”之一。2016年8月27日，贵报传媒文化集团（贵州日报报业集团）与黎平县人民政府共同签署了《黎平县全域旅游示范区传播推广战略合作协议》，正式开启了“侗寨黎平·颐养胜地”国际文化旅游品牌的传播活动。贵报集团将集旗下七报三刊三微一端七网站之力，助推黎平“国家全域旅游示范区”的创建。

3.6.4　黎平县公路交通情况介绍

近年来，在县委、县政府的带领下，黎平的经济社会不断取得新成就，财政收入持续增长，人民群众的生产生活水平不断得到提高，农村能源建设取得新突破，全县农村电网改造完成，优化城市布局，大力拓展群众公共文化活动空间，着力提升城市品位，满足游客体验需求。

目前，黎平正加快实施城区—北、城区—西、城区—南 3 条出入城区快速通道建设，辐射、带动城郊及周边旅游经济发展，提高城区通达力；加快推进城南客车站、南泉五星级宾馆等一批公共服务项目，不断提升旅游承载力；随着黎平机场建成通航，快速通道加速建设，以县城为中心，县内水、陆、空交通运输格局初步形成。

3.7 贵州省凯里市下司镇清江村

“凯里”是苗语的译音，意思是新开垦的充满希望的土地。凯里市位于贵州省东南部，地处云贵高原向中部丘陵过渡地带的苗岭山麓，清水江畔，是黔东南苗族侗族自治州州府所在地，是国家发改委规划建设的现代化黔桂湘三省交界中心城市和贵州省实施全方位带动战略的前沿城市，是黔中经济区重要组成部分。全市辖 11 镇 7 个街道办事处，辖区面积 1571 平方千米，城区规划面积 792 平方千米，人口 70 万，有少数民族 33 个，占总人口的 75%，其中苗族人口占 67%，是一个以苗族为主体，多民族聚居的新兴城市，被誉为“苗岭明珠”。

凯里自然资源丰富，水量充沛，电力充足，劳动力成本低；特色农产品丰富，品质上乘，深受消费者青睐；凯里森林覆盖率达 56.11%，四季气候宜人，是“全国绿化模范城市”。全市主要农作物除大米、玉米、小麦等粮食作物外，还有油菜、生姜、辣椒、大蒜、香葱、红苕、水晶葡萄、草莓等经济果蔬。近年来，凯里依托自身资源优势，大力推进新型工业化，逐步形成了煤电铝、新型建材、装备制造、电子信息产业、民族医药、山地农业等产业集群。

凯里交通四通八达，区位优势明显，是连接中原及华东、华北地区和西南边陲的枢纽，是贵州省的东部重镇和近海内陆区开放城市。随着凯里黄平机场的通航和沪昆高铁、贵广高铁的建成通车，凯里高铁、航空、高速公路等立体化大交通系统的形成，大大缩短了凯里与全国各大城市的时空距离，便于更快地融入长江经济带，迎来发展的黄金机遇期。

凯里自然景观得天独厚，民族风情古朴浓郁，素有“百节之乡”“芦笙故乡”“东方斗牛之乡”的美称，被联合国世界文化保护基金会列为“返璞归真，重返自然世界十大旅游景区”和“世界少数民族文化保护圈”。作为贵州东线旅游集散地，凯里担当了黔东南文化旅游集散地的功能。依托黔东南得天独厚的自然景观、古朴浓郁的民族风情和丰富独特的民族文化。近年来，凯里市加快推进“国际旅游城市”建设，着力构建“快旅慢游”服务体系，国际国内重要的旅游目的地效应逐步显现。

近年来，凯里坚持以赶超发展、科学跨越为第一要务，以项目投资、产业承接为主要抓手，全市经济实现加速提质发展。2014 年，凯里市入围“中国西部百强县”。2015 年，凯里市在全省 31 个经济强县增比进位综合测评中排第 7 位，成为全省市州首府城市中首位度最高的城市。

3.7.1 凯里市下司镇概述

下司镇位于清水江上游，地处凯里市西部，凯里经济开发区西北部，麻江县城东北部，跨东经 107°42′3″～107°53′9″、北纬 26°26′29″～26°34′3″之间。2013 年 1 月正式托管凯里经济开发区后，原由凯里经济开发区代管的白午、摆仰、同兴、铜鼓、和平等 5 个村回归下司建制管理。全镇现辖 13 个村、2 个社区、1 个居委会。总面积 154 平方千米，其中田土总面积 2.21 万亩；人口 5 万人（常住人口 3.5 万人），其中，以苗族为主的少数民族占总人口的 92%。

下司开发较早，自清雍正（1729 年）和乾隆（1737 年）多次对清水江进行河道整治后，下司逐渐成为清水江上游最为重要的商埠重镇，被两广、江浙、湘鄂客商誉为“小上海”。新中国成立后，鉴于下司独特的水陆交通枢纽地位，下司也一直是省、州、市、区十分重视的经济社会发展的“试验田”和重点打造的城镇。2013 年 9 月，在州、市、县、区等各级部门的支持下，对下司古镇进行挖掘、改造和开发。2014 年 7 月对外开放，并被评为国家 3A 级旅游景区。2016 年，下司镇清江村还获得了“中国十大最美乡村”提名奖。①

根据凯（里）麻（江）同城发展战略规划，下司将建成大凯里的核心区、休闲生态城和民族民间竞技体育城。目前，建设已经全面启动，一是完成了下司生态城的总体规划及详细规划；二是已经建成了凯里至下司城市主干道、滨江大道、炉下快速通道；三是百米大道、淑里乾兴农业观光园、凯里新西出口建设、下司新大桥、太阳岛大桥、S311 省道拓宽等一

① 中国文明网：http://www.wenming.cn/syjj/dfcz/gz/201701/t20170113_4007962.shtml.

批重点项目正在规划实施。

3.7.2 下司镇建置沿革

雍正七年（1729年），云贵总督鄂尔泰和贵州巡抚张广泗令民工疏浚河道，后又经乾隆二年（1737年）、二十六年（1761年）和光绪八年（1882年）多次整治，航道畅通，下司逐渐发展成为水码头和物资集散地。民国二十年（1931年）始置下司镇，1958年改为下司公社，1984年复为镇。2014年9月15日，贵州省人民政府关于同意将麻江县下司镇、碧波镇行政区域划归凯里市管辖的批复黔府函〔2014〕184号，同意将麻江县下司镇、碧波镇整建制划归凯里市管辖，原下司镇、碧波镇行政区域和政府驻地不变，凯里市、麻江县行政区域界线做相应变更。

3.7.3 下司镇传媒发展历史

目前，下司镇已实现35千伏国电电网覆盖全镇，实现村村通电话，电视覆盖率达97%以上。光纤电缆和移动通信已经开通，网络覆盖全镇，通讯便捷。

2016年以来，凯里市下司镇严格贯彻落实省委省政府关于脱贫攻坚春季攻势行动令相关工作要求，创新工作机制，拓宽脱贫思路，充分利用大数据这一平台，与商家合作，开发“扶贫云”大数据系统助推脱贫攻坚。系统分为镇情简介、指挥系统、作战示意图、党建扶贫、项目扶贫、五个一批、资金监管等七大版块。目前，该镇所有基础数据已全部导入并已正常运行。

下司镇创建的“扶贫云”大数据系统，符合镇情实际，有较强的针对性和可操作性，以全网络化、网格化、全覆盖的形式发挥作用，是该镇脱贫攻坚从挂“图”作战向挂“网”作战的飞跃，为该镇实行精准识贫、精准施策、精准脱贫提供了系统性的重要参考，是该镇打赢脱贫攻坚战中强有力的助推器。

3.7.4 下司镇公路交通情况介绍

下司镇区位较为优越，凯麻高速、国道320线、沪昆高速铁路、滨江大道、炉下快速通道、司辰线在境内纵横。距黔东南州府所在地凯里市17千米，到黔南都匀市也仅38千米。同时，百米大道、淑里乾兴农业观光园、凯里新西出口建设、下司新大桥、太阳岛大桥、省道311线拓宽等一批重点项目正在规划实施，实现了与州府凯里市的无缝对接。

本课题共回收有效样本数 119 个，主要抽样对象为学生、村民、城镇居民、村干部。

第4章　西部民族地区传媒使用的特异性需求：梯形模式

4.1　现实描述与归因结果

在研究回答“传媒与西部少数民族聚居区社会互动语境下，描述传媒在西部民族地区和谐社会构建中所应该和实际起到的作用”问题的基础上，立足西部民族聚居区不同社区形态地理空间的差异和社会因素（经济发展水平、民族文化、宗教信仰和教育程度等）的复杂多样，我们对西部少数民族地区进行了创新性地归类，分为城镇形态、河谷农区形态、半山农牧区形态、高原牧区形态四种社区形态。通过《现代传媒与中国西部民族——汉藏羌民族混居区传媒使用与影响的类型化研究》的理论探究和田野调查，及调查西部民族聚居区民众大众传媒使用现状，并分析大众传播的信息在不同社区形态下到达、接受的程度，我们发现，西部少数民族区域的民众随着地理空间位置高低变化，在媒介使用和媒介内容的选择上，呈现出一种层次性的阶梯形差异性。西部民族聚居区大众传播的使用与满足程度，在梯形分布的地理形态下，产生了显著的递增或递减趋势。大众传媒的形式与内容在四种社区形态下，未实现趋于一致的传播效果。大众传播在复杂的中介变量的干扰下，出现了非预期的信息缺失或者使用者的译码障碍。

4.1.1　传媒差异的客观事实

4.1.1.1　媒介使用差异情况

1）接触情况

（1）纸媒接触情况。

从图4.1我们可以很直观地看到四种社区形态纸媒接触情况，城镇、河谷农区和半山农牧区三者的纸媒接触率高低分布情况是一致的，其中接触比例中报纸的接触率是最高的，其次是图书，最后是杂志；并且各种纸媒所占的具体比例呈现出一种随海拔升高而降低的趋势。而高原牧区的纸媒接触率有了明显的变化，接触率最高的是图书，其次是杂志，最后是报纸。因此，我们将城镇、河谷农区和半山农牧区放在一起对比分析，将高原牧区单独分析。

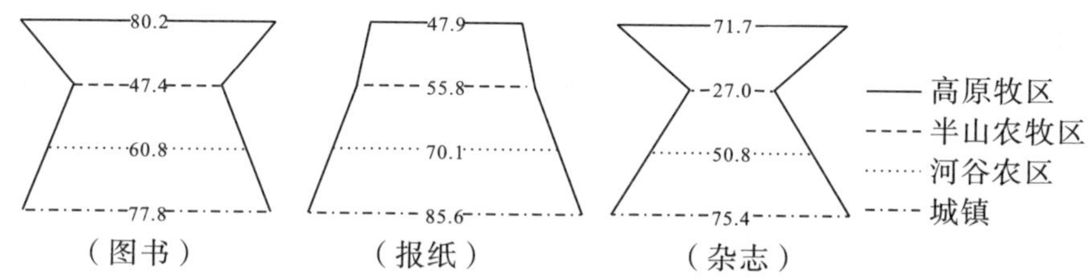

图 4.1　四种社区形态纸媒接触情况梯形图（单位:%）

城镇的调查数据显示，接触率最高的是报纸，为 85.6%；其次是图书与杂志，比例都达到了 70%以上，这说明在城镇这一社区形态中，纸媒的接触情况比较好。从河谷农区的数据来看，报纸仍然是接触率最高的纸媒，比例达到了 70.1%；其次是图书、杂志，这两者的接触率都达到了 50%以上，分别为 60.8%与 50.8%，但明显低于城镇的纸媒接触率。半山牧区与前两种社区形态一样，接触率最高依然是报纸，为 55.8%；其次是图书、杂志，但比例都要小于 50%。综合评估三种社区形态纸媒接触率，总体上呈现出一种较大的等距递减趋势：报纸的接触极差约为 15%，图书和杂志的接触极差均在 10%以上。此种情况在现代城市是不存在的。因此，我们需要对西部民族聚居区这一独特的样本进行研究，了解受众纸媒接触率梯形差异的相关变量。

而在高原牧区，纸媒的接触情况并没有延续前三种社区形态的递减趋势，相反地出现了更显传统的阅读需求。从数据分析，高原牧区受众接触率最高的纸媒是图书，其次是杂志，最低的是报纸，其具体比例分别为 80.2%、71.7%和 47.9%。课题组对相关因素进行比较和分析，得出以下归因结果：由于高原牧区交通不便利，生活条件较艰苦，报纸提供的信息时效性较强等制约因素，高海拔地区受众更偏好具有内容“耐看”，不受时效限制，易于保存和与人分享等特征的图书、杂志。因此，高海拔地区的受众接触媒体时所呈现出的“低需求”特征，并非完全由于主观原因所致。

明显的海拔、地理环境因素是不可忽视的媒介使用差异的相关因素。

(2) 收听广播情况。

将图 4.2 数据的前两项相加进行比较，高原牧区收听广播的比例在四种社区形态中是最高的，为 57.2%，而且大部分通过收音机收听信息；而城镇、河谷农区和半山农牧区收听广播的比例均未过半，依次为 39%、30.5%和 23.1%。城镇收听广播的方式以通过收音机收听为主，占 34.1%，明显高于通过喇叭收听广播的比例 4.9%；河谷农区收听广播两种途径并存，且差异不显著，通过收音机收听的比例占 22.9%，略高于通过喇叭收听广播的比例 7.6%；半山农牧区收听广播的比例最低，与城镇相同，主要通过收音机收听广播，其比例为 16.8%。由此可见，四种社区形态中的受众主要通过收音机收听广播。

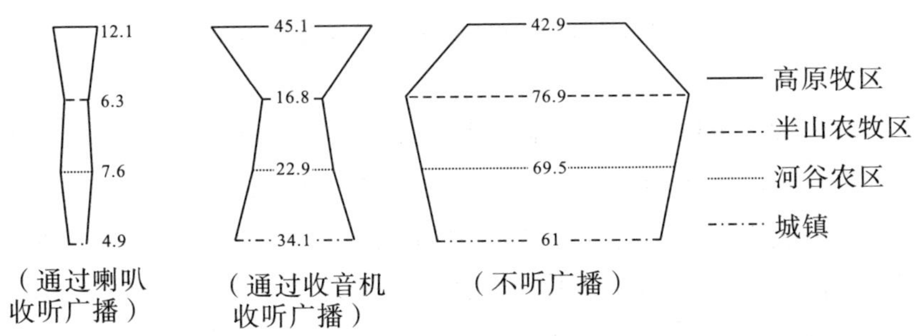

图 4.2　四种社区形态收听广播情况的梯形分布图（单位：%）

(3) 看电影情况。

课题组设定，通过观看电影频率为“经常”和“有时候”的比例之和来表示受众接触电影的程度。我们惊讶地发现，受众接触电影比例最高的是高原牧区，占 54.4%，其次为城镇，占 44.2%，半山农牧区接触电影的比例最低，为 32.2%，如图 4.3 所示。以前，由于高原牧区的地理环境恶劣、人口稀少，有固定居所的居民不多，较大数量的游牧群落基本上居无定所，这使得高原牧区几乎成为现代传媒宏观上的盲点地区，人们与主流媒体的接触非常少。在国家实施的退耕还林、退牧还草的“天保工程”后①，牧民已逐渐撤离高山，将定居点建在半山农牧

① 1999 年 1 月 29 日，四川省第九届人民代表大会常务委员会第七次会议通过《四川省天然林保护条例》。同年 6 月 17 日，中央机构编制委员会办公室批复成立国家林业局天然林保护工程管理中心。四川省率先启动天然林保护工程（简称“天保工程”）试点。

区或河谷农区，牧民的生活方式发生了结构性变化。他们由游牧变为定居，生产方式由单一的放牧变为放牧、种植甚至外出打工的多元结构，从此他们有了频繁接触现代媒体的条件和机会。在调查中我们了解到，“天保工程”启动后，政府对提高牧民的生活质量非常重视，作为建设新农村的文化发展目标之一，当地各级政府统一为大定居点购置电影放映设备，定期组织定居点的牧民收看露天电影。因此，高原牧区出现了看电影的高比例。

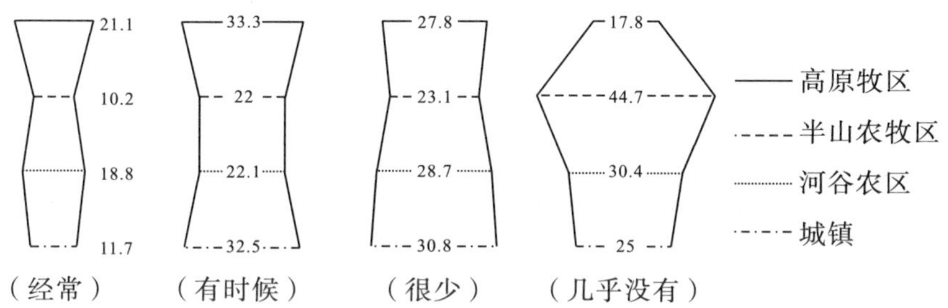

图 4.3 四种社区形态看电影情况的梯形分布图（单位：%）

2）接触率与接触时间

（1）纸媒接触频率与接触时间。

针对调查结果，我们以“从不接触”“偶尔接触”“频繁接触”来分析纸媒的接触频率。“从不接触”＝“从来不看”；“偶尔接触”＝“很少看”＋“有时候看”；“频繁接触”＝“经常看”。

四种社区形态纸媒的接触频率的分布情况比较复杂，通过仔细分析图 4.4 中的统计数据我们可以发现，从总体上来说，四种社区形态的纸媒接触频率基本上呈现出菱形分布的态势，即“偶尔接触”这一频率在四种社区形态中均占据了最主要的位置，“从不接触”和“频繁接触”这两种频率分列两端。需要特别关注的是，虽然报纸这一媒介在城镇和河谷农区的接触情况要明显好于半山农牧区与高原牧区，但就纸媒的总体情况而言，河谷农区和半山农牧区的“频繁接触”频率要远远小于城镇和高原牧区。同时在高原牧区还出现了“从不接触”和“频繁接触”这两级相反频率的最高值。

这样的数据显示需要做进一步的解释。我们在进行类比分析之后得出的结论有两点：

第一，高原牧区出现两级相反频率均高现象的原因与媒体选择有关系。这是因为，居于城镇的受众有较大的媒体选择空间，他们的接触行为可以不局限在纸媒中选择；但高原牧区的受众因传输信道受限而使得媒体选择余地较小，于是出现了对某类媒体“频繁接触”频率偏高的情况。同时，由于接触纸媒与受教育程度高相关，所以出现了有阅读需求的人（如公务员、教师、学生和寺庙僧侣等）会频繁地接触纸媒，而没有阅读需求的人（如中老年牧民）则完全不去接触纸媒这种截然不同的数据呈现情况。

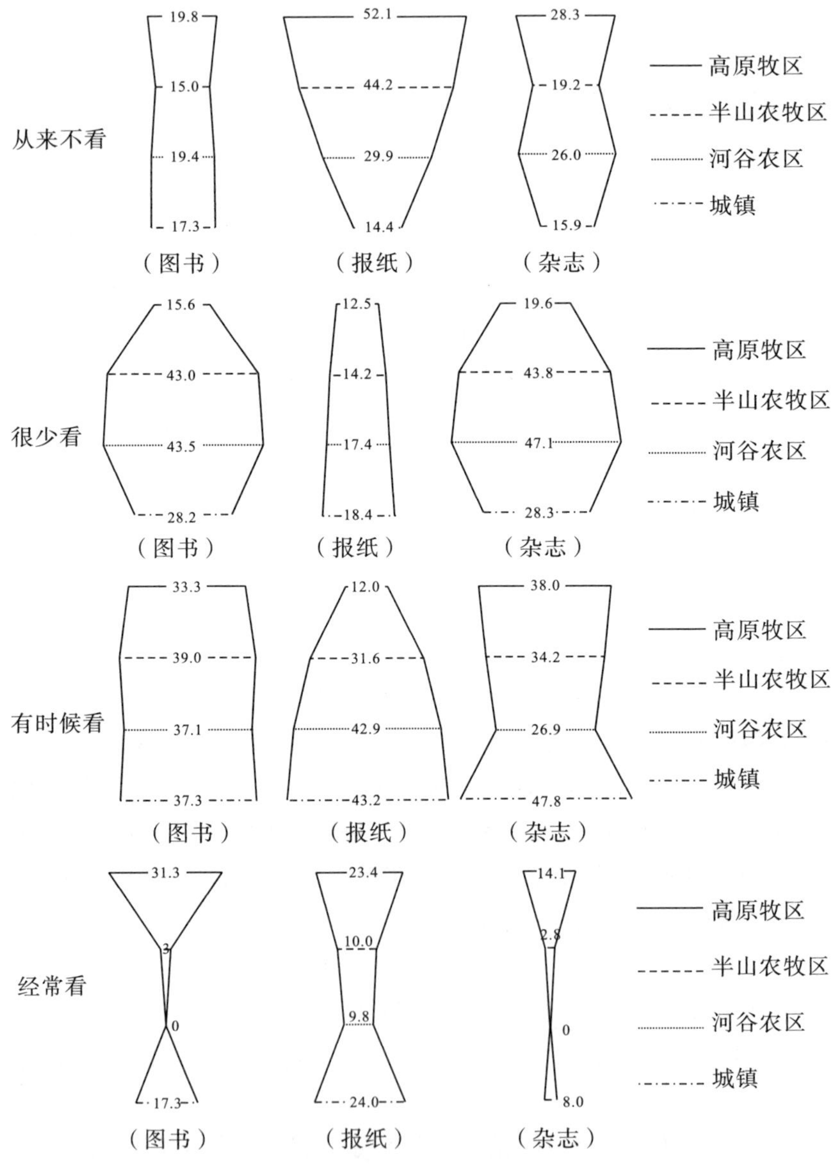

图 4.4　四种社区形态纸媒接触频率的梯形分布图（单位:%）

第二，河谷农区对三种纸媒都是“偶尔接触”的冷淡态度值得传媒业思考，尤其是对图书、杂志“频繁接触”的比例均为 0，“从不接触”杂志的比例更高于图书的情况。在研究报告的因素分析中，经济收入、教育程度，甚至兴趣爱好都没有成为解释这一现象的最重要选项。但是，在有关评价纸媒使用功能的分析中，该形态社区被访者对纸媒的消遣娱乐认同度则偏高，而对有关开阔眼界、帮助脱贫致富、提高文化水平等传统意义上的积极功能的认同度则全部低于其他三种社区形态。这似乎向我们呈现了一个事实：在河谷农区社区形态中，培养受众对图书、杂志等纸媒的信息传播功能的认知，将是一项重要的文化建设任务。[①]

从如图 4.5 所示的每天使用纸媒平均时间梯形分布图来看，城镇和高原牧区的平均使用时间量是最多的，分别为 1.4709 小时、1.4437 小时，并且四种社区形态的平均时间均大于 0.5 小时。城镇使用纸媒的时间量高于高原牧区，但两地的差距并不大；同样，河谷农区使用纸媒的时间量与半山农牧区也无太大的差异。值得注意的是，城镇和高原牧区的平均时间量明显高于河谷农区和半山农牧区。

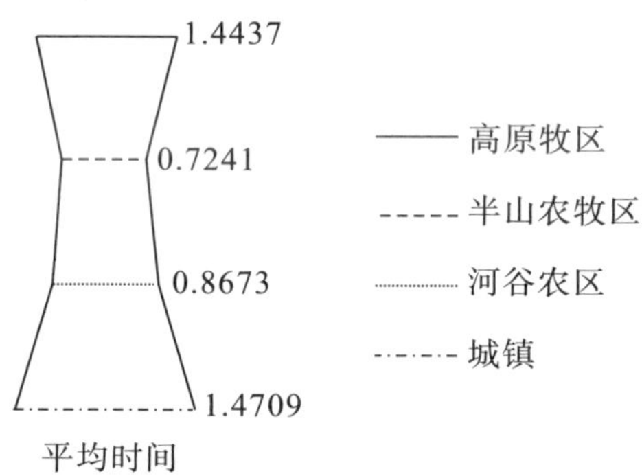

图 4.5　每天使用纸媒平均时间梯形分布图（单位：小时）

对于每天使用纸媒的具体时间，调查者将其具体分为四个时间段，分别是 0 小时、0～1 小时（包括 1 小时）、1～3 小时（包括 3 小时）以及 3 小时以上。其中，在城镇、河谷农区、高原牧区三种社区形态中，0～1 小时（包括 1 小时）时段所占的比例都最高；而在半山农牧区社区形态

① 李苓，陈昌文．现代传媒与中国西部民族——汉藏羌族混居区传媒使用与影响的类型化研究［M］．北京：中华书局，2012：67.

中，比例最高的是 0 小时时段，3 小时以上时段所占的比例普遍较低。因此，我们的归因结果是，半山农牧区的人们最不喜欢接触纸媒。

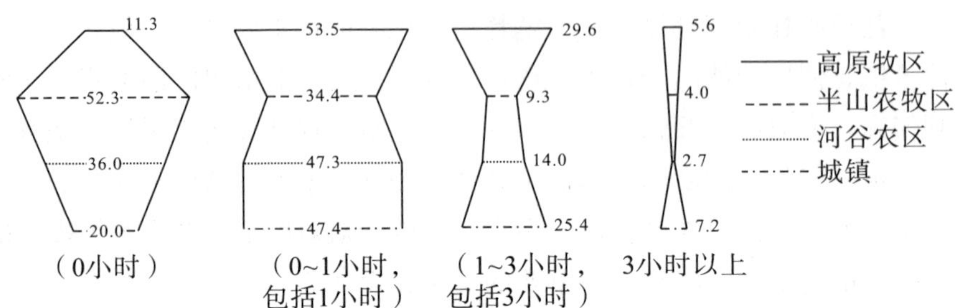

图 4.6　每天使用纸媒分段时间梯形分布图（单位：%）

（2）电媒接触时间。

从如图 4.7 所示的四种社区形态电媒接触时间量梯形分布图来看，从河谷农区到高原牧区其日均看电视时间依次递减的趋势明显：河谷农区日均收看电视时间最长为 2.76 小时，半山农牧区日均收看时间为 2.27 小时，高原牧区日均收看电视时间最短，为 2.07 小时。河谷农区和城镇的日收看时间差异不显著。但是，收听广播的时间量之比与四种社区形态的空间地理分层并无规律性变化，高原牧区收听广播的日均时间量是最长的，为 0.86 小时。

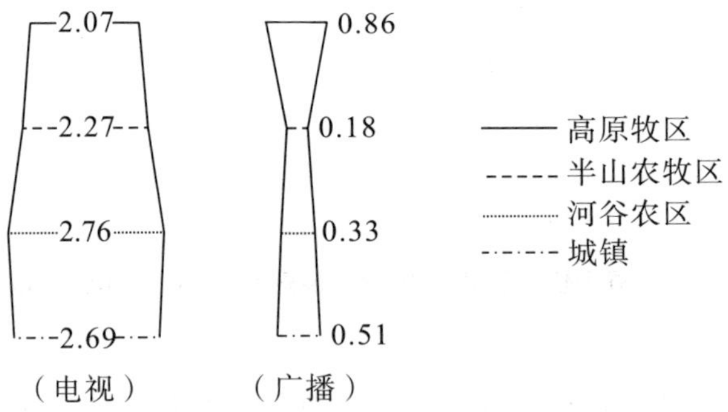

图 4.7　四种社区形态电媒接触时间量梯形分布图（单位：小时）

（3）上网时间量及联网年份。

由于电脑这一新媒体在各样本点的普及率水平不一，尤其是地理位置偏远的地区，网络普及率很低。因此，将四种社区形态上网时间数据和入网年份汇总，得到以下两幅直观图谱。从图 4.8 得知，有 66.9%的被访者几乎没有上过网，而上网时间最为集中的区域是 1～3 小时，能清楚地观察到西部农村地区的大众对于新媒体的接触远远低于城镇居民。从图 4.9 得知，西部农村入网年份虽然在 1998 年就开始了，但是其增长时断时续（2005 年出现最高峰，2006 年陡然下滑，2007 年小幅增长，此后无增长）。

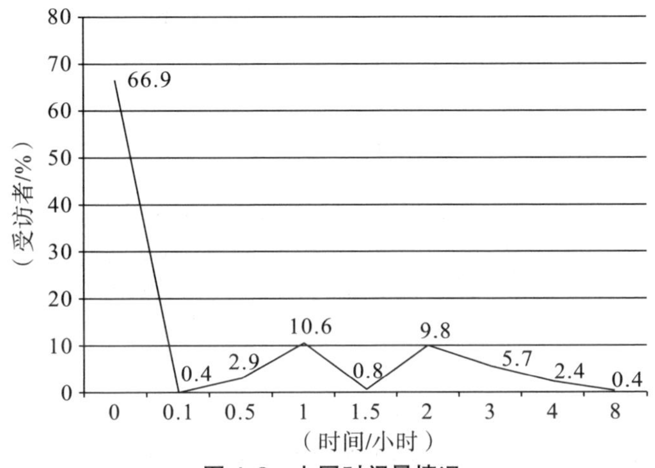

图 4.8　上网时间量情况

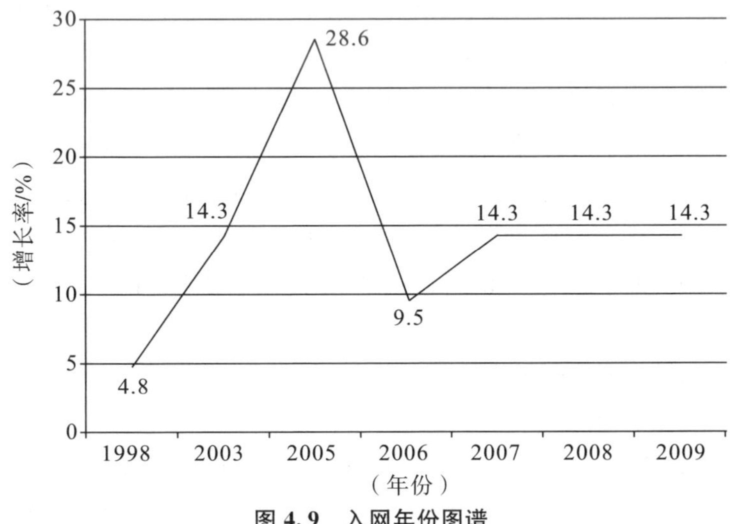

图 4.9　入网年份图谱

3）消费情况

（1）纸媒消费情况。

从图 4.10 所示的每年购买纸媒平均消费水平梯形分布图来看，城镇每年购买纸媒平均费用为 521.6 元，要远高于河谷农区的 262.0 元，而高原牧区的 189.6 元要高于半山农牧区的 168.6 元。综合分析发现，按照消费金额的多少由高到低依次排序是城镇、河谷农区、高原牧区、半山农牧区；四种形态社区的平均消费水平与各自社区的经济水平紧密相关。值得注意的是，高原牧区的经济水平应该是四种形态社区中最低的，但在购买书报刊的消费水平上却高于经济水平相对好一些的半山农牧区。如前所述，这与牧区的媒体选择余地小有直接相关性。

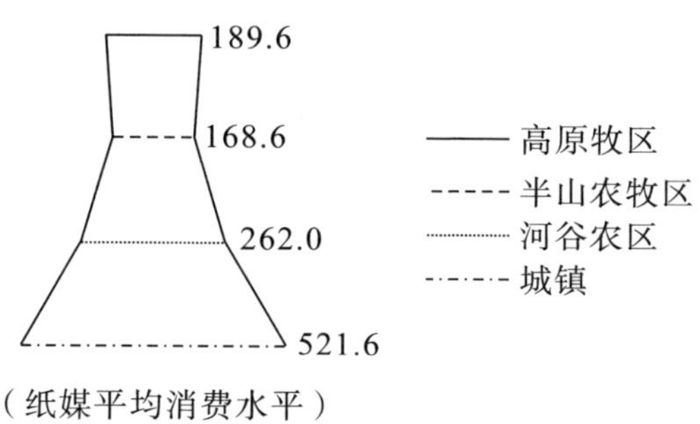

图 4.10　每年购买纸媒平均消费水平梯形分布图（单位：元）

从图 4.11 所示的每年购买纸媒分段消费水平梯形分布图来看，城镇和河谷农区最主要的消费段集中在 100～500 元（包括 500 元）这个区间，而半山农牧区和高原牧区最主要集中在 0～100 元（包括 100 元）这个区间，这一分布情况与四种社区形态的经济发展水平基本呈正相关。值得关注的是，在高原牧区这种社区形态中，纸媒的分段消费分布几乎都集中在 0～500 元这个区间，两个极端值的比例几乎没有。半山农牧区的纸媒平均消费水平最低，选择 0 元的比例在四种社区形态中最高，这与我们上面对纸媒接触时间的分析结果一致。也就是说，在这四种社区形态中，半山农牧区民众最不喜欢接触纸媒。

（2）电媒消费情况。

关于电媒的消费情况，在此仅对日常消费中的影碟购买情况作了四种社区形态样本的比较。图 4.12 表明了购买影碟的年平均消费情况。

在四种社区分层形态下，城镇购买影碟的年平均消费金额最高，为 168.8 元，其次是河谷农区 143.3 元，二者无显著差异。高原牧区与半山农牧区明显偏低，其中，半山农牧区是年平均消费最低的区域，为 89.1 元，高原牧区位居第三，为 104.1 元。最大年平均消费差是在城镇和半山农牧区之间，有近 2 倍的差距。

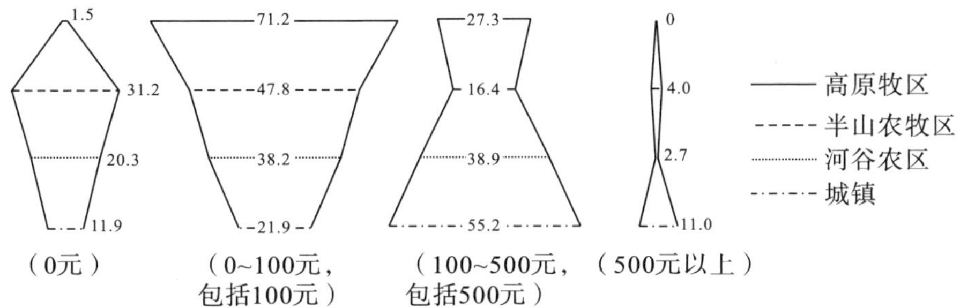

图 4.11　每年购买纸媒分段消费水平梯形分布图（单位：元）

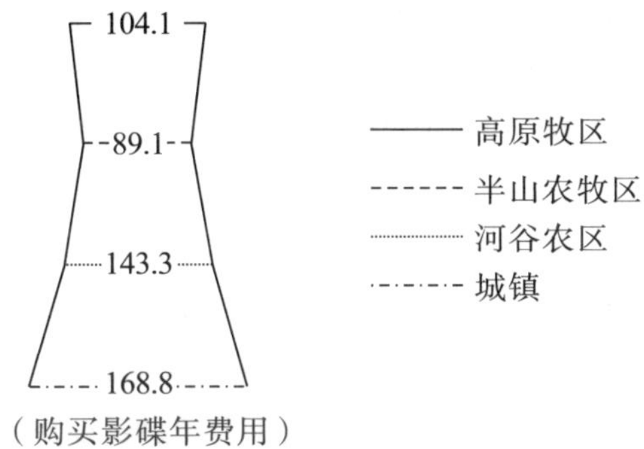

图 4.12　购买影碟年平均消费情况（单位：元）

4.1.1.2　内容选择差异情况

1）使用目的

（1）纸媒使用目的。

针对纸媒的使用目的调查，课题组设计了“消遣娱乐”“了解信息，开阔眼界”“帮助脱贫致富”“了解国家对农村的政策”“提升文化水平，自我丰富”“促进与人的交流，增加谈话的内容”“学会现代生活方式”“其他”八类选项。

如图 4.13 所示，四种社区形态使用纸媒的主要目的均集中在“了解信息，开阔眼界”“提升文化水平，自我丰富”两项。此外，随着四种社区形态地形海拔的升高，经济实力的递减，“消遣娱乐”的使用目的呈现递减的趋势，而“了解国家对农村的政策”的使用目的则呈现递增的趋势。

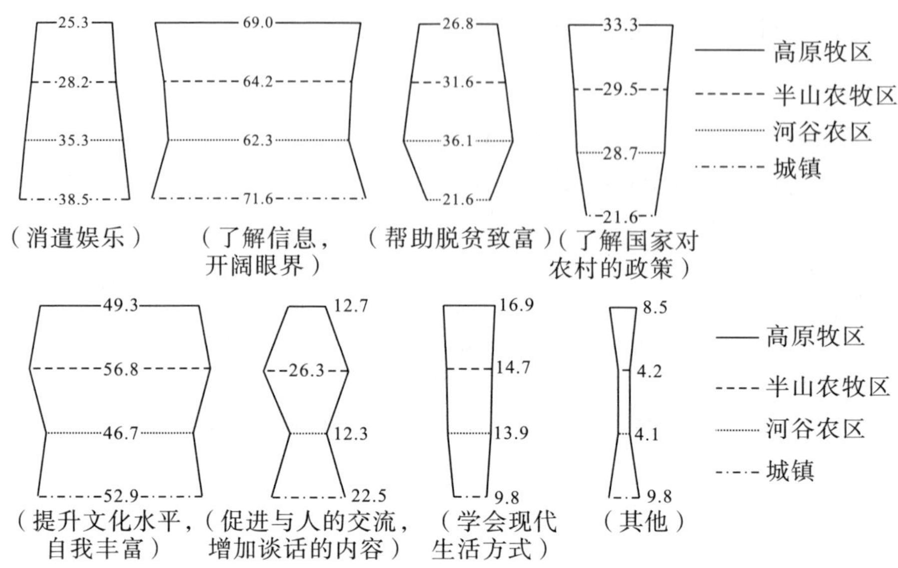

图 4.13　纸媒使用目的梯形分布图（单位:%）

在城镇社区形态中，“消遣娱乐”“促进与人的交流，增加谈话的内容”“了解国家对农村的政策”等选项比例接近，表明城镇受众使用纸媒的目的是多样的。在河谷农区社区形态中，唯有“帮助脱贫致富”的使用目的在四种社区形态中占比例最高，其次是“消遣娱乐”，其他选项均处于相对低值，表明河谷农区的受众实用型动机非常明显。半山农牧区社区形态中的“提升文化水平，自我丰富”和“促进与人的交流，增加谈话的内容”两项在四种社区形态中均占比例最高，除了“其他”选项，另五个选项所占比例都较高，表明半山农牧区的受众对纸媒的使用目的不仅多元化，而且态度积极。

从使用纸媒的首要目的比较来看，高原牧区社区形态中因“学会现代生活方式”去使用纸媒的比例是四种社区形态中最高的，这与高原牧区交通不便，与现代生活隔绝较严重，而雪域牧民又渴望靠近现代生活方式有一定的关系。半山农牧区社区形态中因“提升文化水平，自我丰富”和“促进与人的交流，增加谈话的内容”而使用纸媒所占的比例是四种社区形态中最高的。河谷农区社区形态中因“脱贫致富”而使用纸媒的比例在四种社区形态中最高。城镇社区形态中因“消遣娱乐”“了解信息，开阔眼界”和“其他”而使用纸媒的比在四种社区形态中总占比最高。由此可见，四种社区形态的纸媒使用目的存在非常明显的差异。

（2）手机使用目的。

如图 4.14 所示，从城镇、河谷农区、半山农牧区三种社区形态对手机的使用目的看，绝大部分（占 70%以上）受众只是将其当作简单的通信工具使用，而对于手机的扩展功能（如手机上网、听歌、阅读、看新闻等）的使用尚处在初级阶段，手机上网比例只有 7%左右，比例不是很高。这在某种程度上应该被视为一种预示：在西部少数民族聚居区，手机的扩展功能还有广阔的市场发展空间。

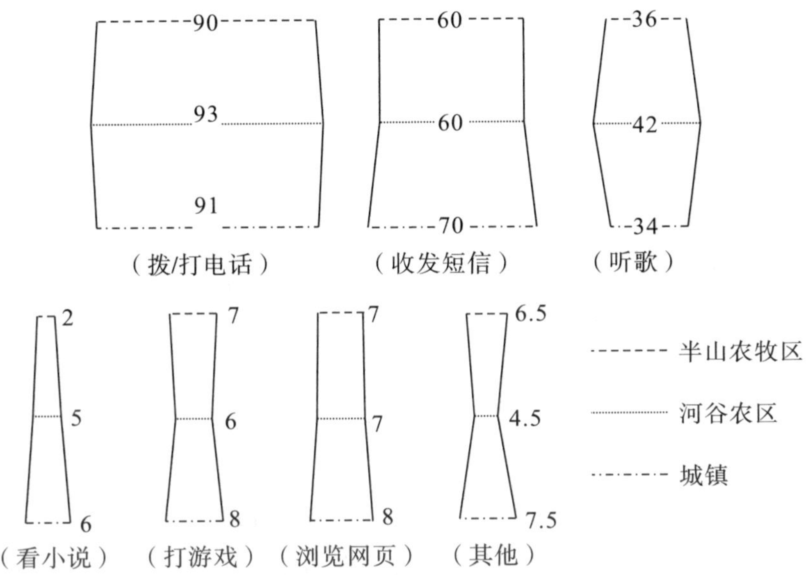

图 4.14　四种社区形态手机使用目的梯形分布图（单位：%）

2009 年，随着我国 3G 应用的发展，手机上网已经进入快速发展期，农村手机上网市场的前景广阔，开发农村通信市场也将会成为中国互联网快速增长的新动力。在手机娱乐方面，听歌比例较游戏高；上网看小说的比例较从农家书屋借阅低。这与农村受众知识水平普遍偏低有一定关系。我们还发现，农村受众目前拥有的手机普遍为低端类产品，缺乏功能延伸的基础。

2）使用内容

（1）纸媒的使用内容。

由于课题组没有将高原牧区纳入这一因素的类型比较，因而只呈现了其他三种社区形态的纸媒阅读类型分布数据。我们发现，“文学艺术类”和“休闲娱乐类”是三种社区形态的受众阅读最主要的选择类型，“计算机与外语类”是三种社区形态受众最不喜欢的阅读类型，“哲学类”与“其他”选项次之。我们仔细观察数据还可以发现，“农林生产实用技术类”纸媒的阅读随着三种社区形态地形海拔的升高而呈现出一种递增的趋势，这与其实用型阅读喜好有很大的关系。

如图 4.15 所示，城镇形态中受众阅读类型的分布呈现出一个阶梯分布的态势，位于第一个阶梯的分别是“文学艺术类”“休闲娱乐类”和“健康卫生与保健类”，其比例都在 30%以上；位于第二个阶梯的则有“生活技巧类”“历史人物传记类”和“政策法律类”，其比例位于 15%~30%这个区间；余下类型的比例均在 15%以下。

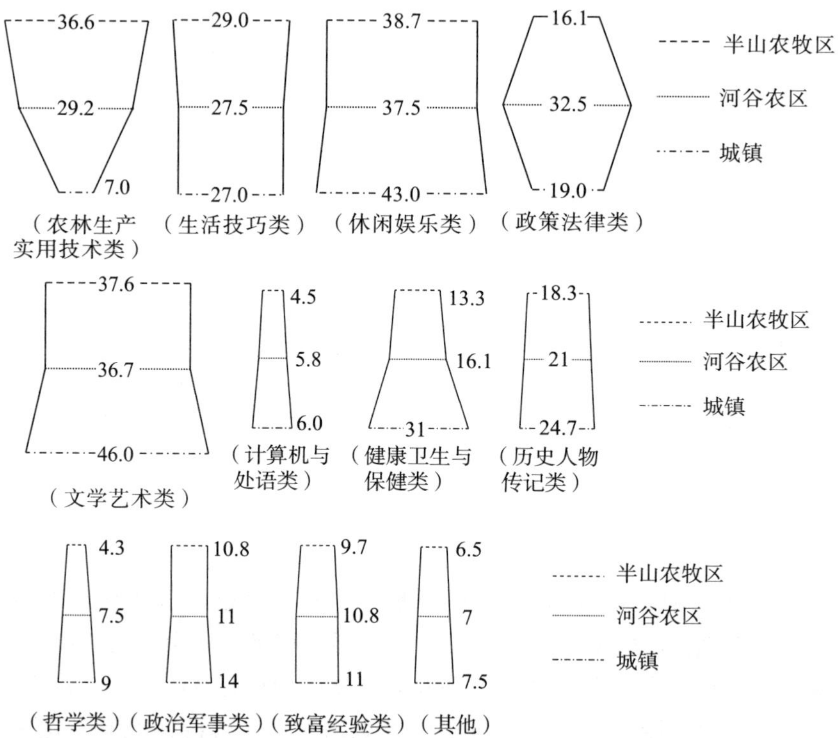

图 4.15　纸媒阅读类型梯形分布图（单位：%）

河谷农区同样存在着一个和城镇社区形态类似的阶梯分布，但是河谷农区受众对“政策法律类”纸媒的阅读态度要比其他两种社区形态受众更加积极，上升到了第一阶梯。

半山农牧区社区形态中，“农林生产实用技术类”纸媒阅读选择跃升至第一阶级，“健康卫生与保健类”则退至第二阶级，表明半山农牧区受众的实用型阅读喜好有了明显的增强。

总体而言，三种社区形态的纸媒阅读类型存在较明显的差异。

(2) 电媒的使用内容。

如图 4.16 所示，城镇样本中选择收看电视内容排名前三位的分别是新闻时事类（77.5%）、电影电视剧（49.5%）和综艺娱乐类（35.1%）。此外，科普教育类、音乐舞蹈类和体育也是受众广泛关注的节目类型。

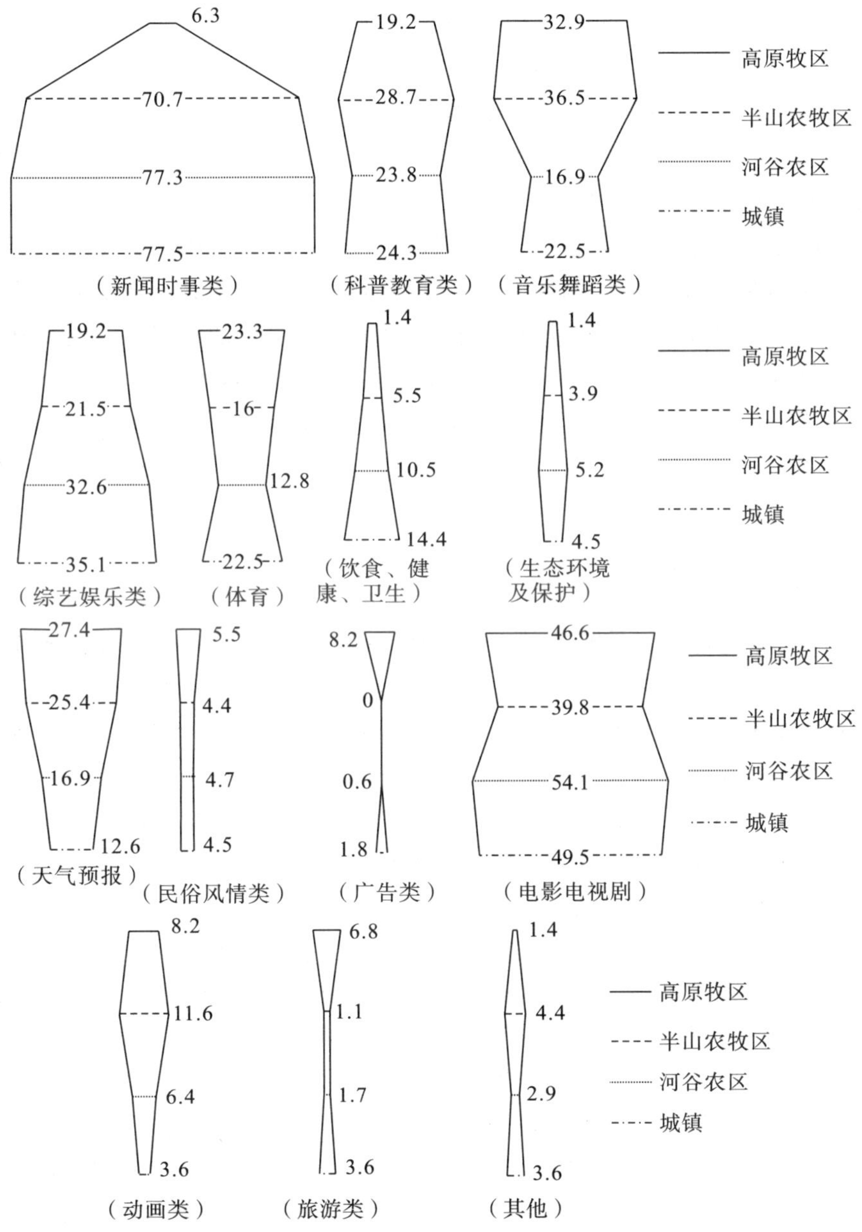

图 4.16　四种社区形态下电视内容选择梯形分布图（单位:%）

河谷农区样本对电视节目内容的选择排名前三位的分别是新闻时事类（77.3%）、电影电视剧（54.1%）和综艺娱乐类（32.6%），这与城镇样本的内容选择排序相同。另外广泛关注的还有科普教育类、音乐舞蹈类和天气预报。

半山农牧区样本的内容选择排名前三位的分别是新闻时事类（70.7%）、电影电视剧（39.8%）和音乐舞蹈类（36.5%）。另外广泛关注的还有科普教育类、天气预报和综艺娱乐类。

高原牧区样本的内容排名前三位的分别是电影电视剧（46.6%）、音乐舞蹈类（32.9%）和天气预报（27.4%）。另外广泛关注的还有体育、科普教育类和综艺娱乐类。

通过仔细分析上述数据，我们可以得出结论：电视中的新闻类节目内容是西部少数民族地区四种社区形态受众普遍关注的信息，在城镇、河谷农区、半山农牧区这三种社区形态更是排在第一关注的位置，因此，电视新闻节目的议程设置功能对该地区和谐社会的建构可发挥巨大的推动作用。科普教育类、天气预报、音乐舞蹈类和体育等的较普遍关注，说明这些地区对有关社会发展和民族文化发展的信息有高相关度。同时，从各样本点受众的信息需求取向来看，广告和非必商品还没有成为紧迫需求。

5.1.1.3　媒介使用的梯形分层

信息传达是现代传媒的基础，但在中国西部地区，地理环境在很大程度上成为信息是否到达目的地的决定性因素。地理环境的偏远恶劣使得传媒基础设施的建设异常艰难，居民点的分散和人口的稀少都让大众传播基础设施的建设成本很高。同时，随着地理海拔的逐渐升高，少数民族民众在传播媒介和传播内容的选择等方面都呈现出明显的区域性差异，并且其差异性更多地体现为一种具有层次性的变化趋势。

1）媒体选择上的分层差异

图书、电视、手机这三类媒体虽然有使用量上的差异，但却是四种社区形态最一致选择的，说明这三类媒体受地理环境限制较小，能够较好地渗透到各种社区形态中。在四种社区形态纸媒接触情况中，图书的接触比例在城镇、河谷农区、半山农牧区三种社区形态中呈现出一种随着海拔由低到高递减的趋势；同时，图书的接触比例在四种社区形态中几乎都占50%。由于2008年发生“5·12”汶川大地震，政府和社会对灾区的援助大大加快了这一地区的现代化进程，四种社区形态中电视的家庭拥有率基本上达到100%，但彩色电视的家庭拥有率在四种社区形态中呈现出一种随着海拔由低到高递减的趋势。据我们的调查发现，随着地理海拔的提升，手机拥有量呈现出逐渐下降的趋势，其具体分布是：城镇>河谷农区>半山农牧区>高原牧区。

电影、广播这两类媒体是差异最大的，空间的无规律性也最突出。在四种社区形态中，高原牧区受众看电影的比例最高，占 54.4%，而其他三种社区形态受众看电影的比例随海拔上升呈现一种阶梯形的递减趋势；同时，四类社区中收听广播的情况与看电影的情况基本一致，高原牧区受众收听广播的比例最高，为 57.2%，其他三种社区形态受众收听广播的比例随海拔的提升呈逐渐下降的趋势。

以电脑和 MP3 为代表的新媒体，在四种社区形态中均表现出不容乐观的现状。在城镇和高原牧区，电脑的拥有率均达到 27.8%。相比之下，河谷农区和半山农牧区的电脑拥有率普遍较低，均没有超过 10%。在四种社区形态中，只有城镇的 MP3 拥有率超过 20%。此外，在城镇、河谷农区、半山农牧区三种社区形态中，MP3 的拥有率随海拔的提升呈反向逐步下降趋势。

总的来说，城镇使用媒体的情况最好。在城镇、河谷农区、半山农牧区三种社区形态中，受众媒体使用率基本上呈现出一种随着地理海拔升高而降低的趋势。高原牧区使用媒体的情况由于某些特定因素的影响，使得传播内容及其意义在传播过程中被过滤或产生折射，从而出现了与课题组研究假设不符合的“拐点”现象。例如，高原牧区受众阅读图书和看电影的比例，是四种社区形态中最高的。此外，值得我们关注的是，半山农牧区成为各项指标均偏低的地区，此种现象值得传媒业思考。

2）内容选择上的分层差异

由于四种社区形态的空间分层，受众对现有电视的节目类型和报刊的内容选择也出现了明显的层次性差异。就电视而言，其差异性在总体上表现为以下三个方面：第一，随着地理位置的升高，城镇、河谷农区、半山农牧区的受众虽然都选择了以“新闻时事类”和“综艺娱乐类”为主要需求内容，但其期望满足的需求强度却出现随海拔升高而下降的趋势。高原牧区受众则是将娱乐、音乐舞蹈、天气预报等节目内容排列在最高需求的位置，而将收看新闻类节目列为最次要内容选择，与此同时，国家实行多年的退耕还林政策也使农业技术类信息处于零需求的状态。第二，广告类信息在城镇、河谷农区、半山农牧区三种形态中出现需求递减的趋势；而高原牧区则出现拐点，受众经常看广告的比例居四种社区形态的最高。第三，饮食、健康、卫生等节目内容的选择强度基本上是随着四种社区形态的海拔升高而出现递减趋势，我们能够通过调查数据清楚地看到，不同形态样本点区域经济发展水平的状况直接制约所对应的受众关注比例。城镇受众选择收看这三类节目的比例最高，其次是河谷农区、半山农牧区，最低是高原牧区。

受众对报刊内容选择的差异性主要表现为：城镇受众的阅读行为有着明显的对娱乐信息和生活品质追求的偏好；河谷农区的受众表现对法律政策类读物有明显的偏好；半山农牧区的受众则对生产技术类读物有明显的偏好。因此，我们可以看到，随着样本区的地理位置升高，娱乐型需求呈下降走向，生产性信息需求呈上升趋势。各社区形态的民众都会根据自身生存与发展实际选择适合自己的媒介内容。

3）空间分层下的传播盲区

在对西部民族地区现代传媒使用与效果现实进行已然描述时，我们提出了在本后续研究中应该特别关注的问题：①在现有大众传媒框架下，现代传媒的辐射在一些项目上出现了与预期相异的偏差；②常规化的传播模式还没有辐射到的地区会因现代化信息的缺失而导致其社会发展相对落后与个体行为相对封闭。本研究试图对一些被我们界定为关键性的变量进行发展传播学维度的剖析。

（1）传媒事实与预期相异。

在西部民族地区现代传媒实践中，比较明显的大众传播“盲点”表现在以下两个方面：

其一，一般情况下，大众对纸媒的接触情况、接触频率与受教育程度、地理环境等因素有直接的正相关性。课题组据此预设：基于地理海拔的升高其居住人口的教育程度越低的事实，那么，地形海拔越高的地区接触纸媒情况就会越差，接触纸媒频率也会越低。但我们在实地调查中发现，高原牧区样本点的传播事实发生了与课题组的预期相异的偏差。例如，高原牧区样本点对图书的接触情况是四个社区形态中最好的，同时接触频率相较于其他社区形态也是最高的。对于这种与预期相异的情况，经过我们对相关因素进行分析和比较之后获得两个归因结果：①由于高原牧区交通不便、生活条件较艰苦，图书所提供的内容“耐看”，相较于报纸基本不受时效限制，也易于保存和与他人分享，所以高原牧区民众对图书需求所呈现的特异性，在我们的传媒使用及效果归因分析中就是一个值得关注的拐点。②高原牧区出现对图书的高接触频率的原因应该与媒体选择有关系。由于高原牧区的人们选择媒体的余地较小，于是出现了对某类媒体接触频率偏高的情况。与此同时，由于接触纸媒与受教育程度高度相关，高原牧区的公务员、教师、学生和寺庙僧侣等有阅读需求的人会频繁地接触图书。

其二，由于高原牧区的地理环境恶劣、人口稀少，古老的游牧生活方式使得居民以散居为主，基本上居无定所，这使得高原牧区客观上难以纳入现代传媒宏观布局，牧民与主流媒体疏离。因此，在调查西部民族地区受众看电影情况时，课题组认为四种社区形态看电影频率与居民聚集程度、经济条件等因素有相关性，并做出研究预设：基于地理海拔的升高其居民聚集程度越低的社会事实，那么，地形海拔越高的地区看电影的频率就会越低。但是，通过观察各样本点居民看电影频率，我们惊讶地发现，高原牧区受众看电影频率是四种社区形态中最高的。对于这种与预期相异的情况，经我们对样本点深入调查后获得如下归因结果：政府的相关政策和财政支出是导致高原牧区受众看电影频率高于其他社区形态的直接因素。在退耕还林、退耕还草的“天保工程”[①] 启动后，政府非常重视牧民的生活质量，加大对高原牧区的财政支出力度，在积极购买电影放映设备的同时还周期性地组织牧民观看露天电影，使高原牧区样本点出现了看电影的高比例。此外，部分牧民开始离开高原，定居半山或河谷，他们的生活方式从原来单一的放牧变为放牧、种植、外出打工等多元形式，这也都使得牧区民众有了更多更频繁接触现代媒体的机会。

（2）现代传媒信息辐射出现“灯下黑”。

数据显示，在本课题所调查的区域，四种社区形态的民众都不同程度地表达了他们对借助现代化媒体推动本地发展的渴望。然而，大众传媒的信息辐射中仍然出现了“灯下黑”的盲区。

案例一：四川省阿坝藏族羌族自治州茂县太平乡木耳村是课题组抽取的半山农牧区样本点之一，该村海拔 2500 米，距县城 80 千米，只有一条自建的村道下山，主要经济来源是自产的无公害淡季蔬菜。木耳村全村没有电话座机，也没有网络，但 2008 年的汶川地震使本村每户家庭获得了一部手机的援助，前期调查数据也支持我们将该村列为新媒体普及率偏高的样本点。然而，在深度访谈和座谈采访中我们发现，村民们普遍反映的问题是，在村里和田间地头手机信号极差，根本无法使用。特别是在该村

① 1998 年洪涝灾害后，针对长期以来我国天然林资源过度消耗而引起的生态环境恶化的现实，党中央、国务院从我国社会经济可持续发展的战略高度，做出了实施天然林资源保护工程的重大决策。该工程旨在通过天然林禁伐和大幅减少商品木材产量，有计划地分流安置林区职工等措施，主要解决我国天然林的休养生息和恢复发展问题。实施范围包括长江上游、黄河上中游地区和东北、内蒙古等重点国有林区的 17 个省（区、市）的 734 个县和 163 个森工局。

蔬菜种植经济发展起来之后，村民们发现，手机是他们联系农产品外销市场、了解最新市场价格和供需状况，以及县乡两级政府的相关政策的最好帮手，而且对手机的依赖性呈增强趋势。很显然，拥有了新媒体，不等于媒体使用效果达到了传播者的预期；了解了媒体功能，不等于实现了媒体全部的可能性。

案例二：在西部少数民族聚居区，居民接受电视信号的主要方式是通过自家屋顶的“锅盖”——卫星接收器。据居民反映，使用“锅盖”虽然可以接收到比有线电视更多的电视频道，但无法接收属于有线信号的县一级电视台频道，而当地政府通过县电视台发布的政策性信息对他们而言非常重要。同样严重的问题是，县政府关于农业政策和其他相关政策信息也无法通过本地电视信道传递给使用“锅盖”的山区居民。该类问题在西部少数民族聚居区域普遍存在。

调查发现，造成西部少数民族混居山区手机信号差、“锅盖”接受电视信号问题的主要障碍在于：山区居民居住面广，手机使用率低，加之地理环境的复杂恶劣，要架设信号塔、光缆的成本太高，投入与产出不成比例，且管理、维护费用高昂。但这不应该成为无视或暂缓矫正此种信息传播中的不均衡现象的行业或政府行政的理由。

4. 宗教视域下的传媒使用差异

藏传佛教与现代传媒的互动关系是本研究关注的重要问题。藏传佛教，作为世界三大宗教之一——佛教一个分支，因为崇尚密宗，也被称为西藏密宗，一直以其神秘、深邃、神圣的种种特点吸引着世界各地的朝拜者。由于现代人对宗教信仰的表达方式逐渐多样化，藏传佛教的存在方式逐渐被世人了解。同时，个体需求的提高也使藏传佛教传统的传播方式受到了挑战。藏传佛教传统的传播方式包括印经、建寺、口口相传等，在现代传媒工具普遍发展的社会，这种传统的传播方式已经无法满足不断增加的信众群，这就需要藏传佛教改变原有的传播方式，通过现代传媒工具去创新扩散其教义的影响力。注意，这仅仅是我们凭借现象而做出的理想推测。研究工作需要回答：现代传媒使藏传佛教的传播方式发生了什么样的变化？这种改变对藏区社会产生了怎样的影响？藏传佛教是否需要现代传媒工具的介入？怎样的“介入”可以帮助藏区的现代化发展，以及促进民族和谐社会的建构？这四个问题才是本质性问题。

首先，我们分三步完成调查样本的筛选：

(1) 确认作为我国藏传佛教传播较早的地区之一，四川藏区在藏传佛教历史上有重要的研究意义（见图 4.17）。

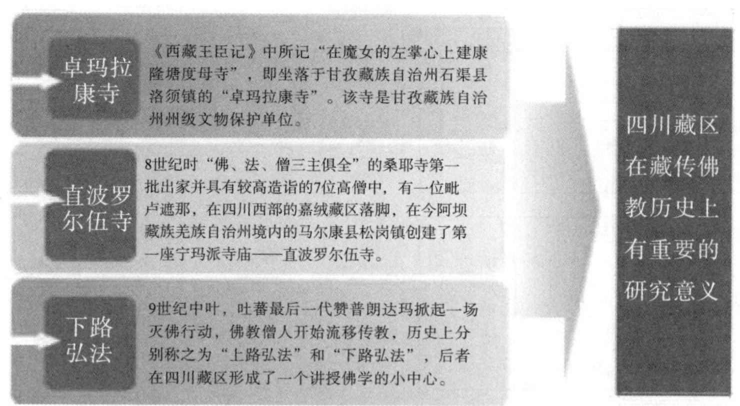

图4.17　四川藏区在藏传佛教历史上的重要研究意义

（2）我们选择嘉绒藏区作为抽样区域，是力图在样点样本特殊的地理位置、历史背景以及宗教文化的社会生态中，阐释现代传媒与该地域社会发展的互动关系（见图4.18）。

图4.18　现代传媒与地域社会发展的互动关系

（3）我们筛选嘉绒藏族文化积淀最厚重浓郁的马尔康地区，以及地形丰富、经济发达、人员流动性强的康定市作为研究样本（见图4.19）。

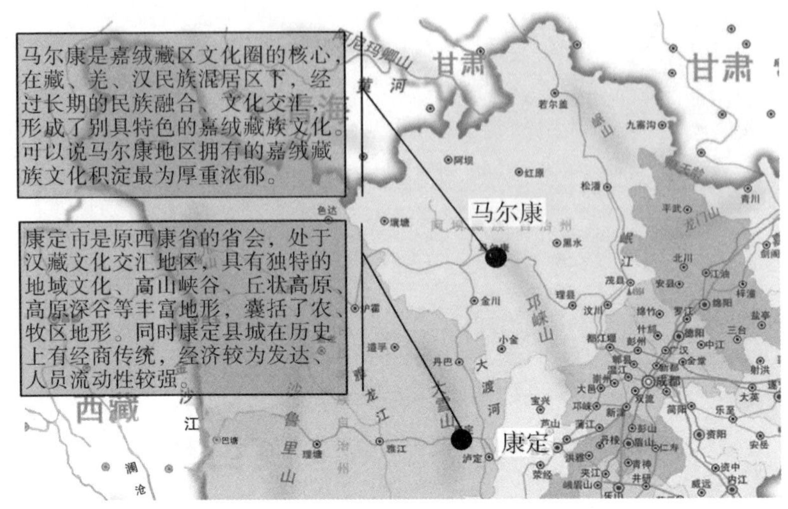

图 4.19　马尔康与康定地域性比较

其次，我们综合利用经典文本解读、个案访谈及座谈会三种研究方式，分别从定性、定量的维度进行数据分析（见图 4.20）。

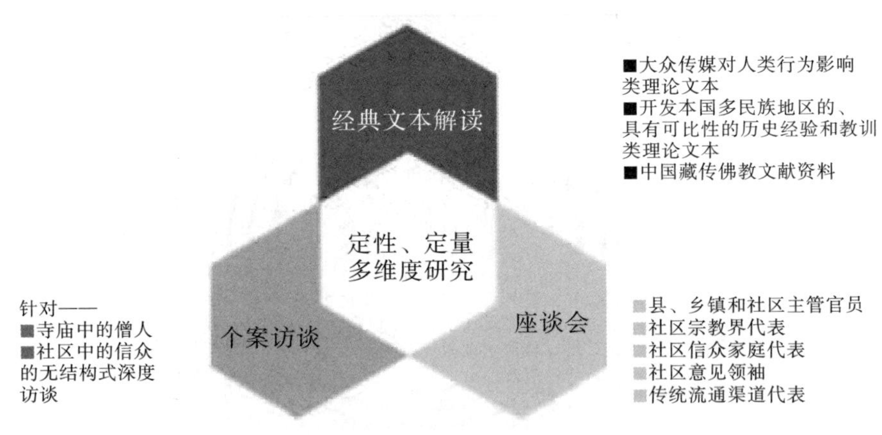

图 4.20　研究方式示意图

然后，我们发现城镇、河谷农区、半山农区、高半山牧区的样本寺庙在信众分布、信仰态度、传媒普及情况等方面客观呈现出这种地理地形的阶梯效应（见图 4.21）。通过分析，我们认为，传媒工具的获取难度及使用方便度，是导致现代传媒对藏区文化扩散的拉动作用产生阶梯效应的主要原因（见图 4.22）。

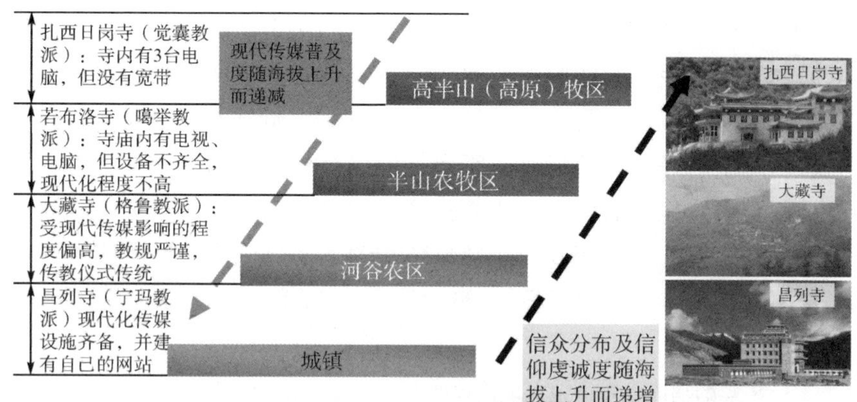

图 4.21　四种社区形态的阶梯效应

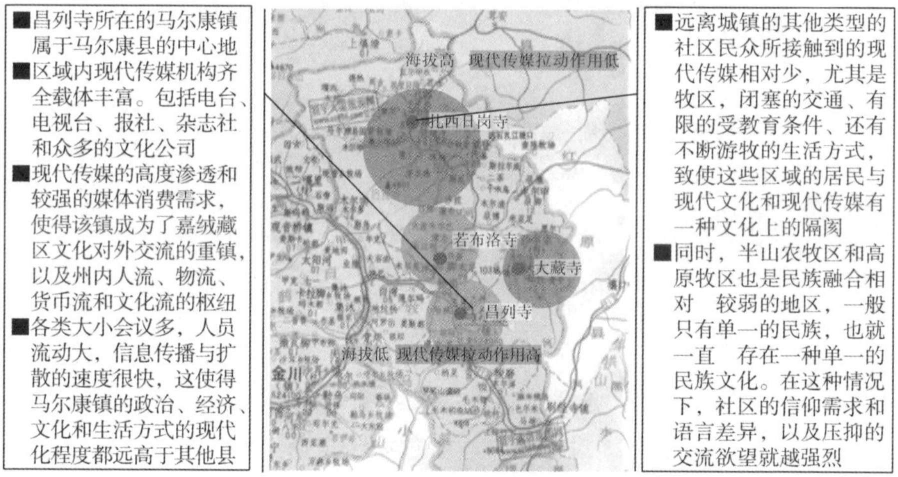

■昌列寺所在的马尔康镇属于马尔康县的中心地
■区域内现代传媒机构齐全载体丰富。包括电台、电视台、报社、杂志社和众多的文化公司
■现代传媒的高度渗透和较强的媒体消费需求，使得该镇成为了嘉绒藏区文化对外交流的重镇，以及州内人流、物流、货币流和文化流的枢纽
■各类大小会议多，人员流动大，信息传播与扩散的速度很快，这使得马尔康镇的政治、经济、文化和生活方式的现代化程度都远高于其他县

海拔高　现代传媒拉动作用低
扎西日岗寺
若布洛寺
大藏寺
昌列寺
海拔低　现代传媒拉动作用高

■远离城镇的其他类型的社区民众所接触到的现代传媒相对少，尤其是牧区，闭塞的交通、有限的受教育条件、还有不断游牧的生活方式，致使这些区域的居民与现代文化和现代传媒有一种文化上的隔阂
■同时，半山农牧区和高原牧区也是民族融合相对　较弱的地区，一般只有单一的民族，也就一直　存在一种单一的民族文化。在这种情况下，社区的信仰需求和语言差异，以及压抑的交流欲望就越强烈

图 4.22　四种社区形态产生阶梯效应的主要原因

最后，我们对现代传媒究竟使藏传佛教的传播方式发生了哪些变化，这种改变对藏区社会可能产生怎样的影响进行了评估。我们的评估对象是几个具有代表性的现代传媒工具：手机、网络和纸质媒体，并设计从僧人对这些工具的认知和使用中分辨出传媒影响力的大小。调查结果显示，在传播方式方面，现代传媒使藏传佛教从传统的印经、建寺、教区传播和信众传播迈向了电子信息的多维传媒时代。在社会效应方面，现代传媒对寺庙的开放度、僧人的传媒素养及寺庙的经济增长均有显著推升作用（见图

4.23)。但是，现代传媒的影响力在该类样本的测试中出现了明显的差异性，其主要原因是年龄、受教育程度以及僧人个人修为等因素的影响（见图 4.24)。进一步分析发现，手机媒介在僧人中虽然表现出高普及率和高触达率，但有关手机的使用态度问题测试项的数据表现出明显差异。大部分被访者认为手机的普及为自己带来了方便，比如与上师、家人以及信众打电话、发短信等，缩短了时空距离。但仍有相当一部分僧人认为现代传媒工具的介入使他们的修为行为受到了干扰（见图 4.25)，而且对使用现代传媒工具传教的支持程度与年龄呈负相关，部分信众对僧人使用现代传媒工具明确持否定态度（见图 4.26)。

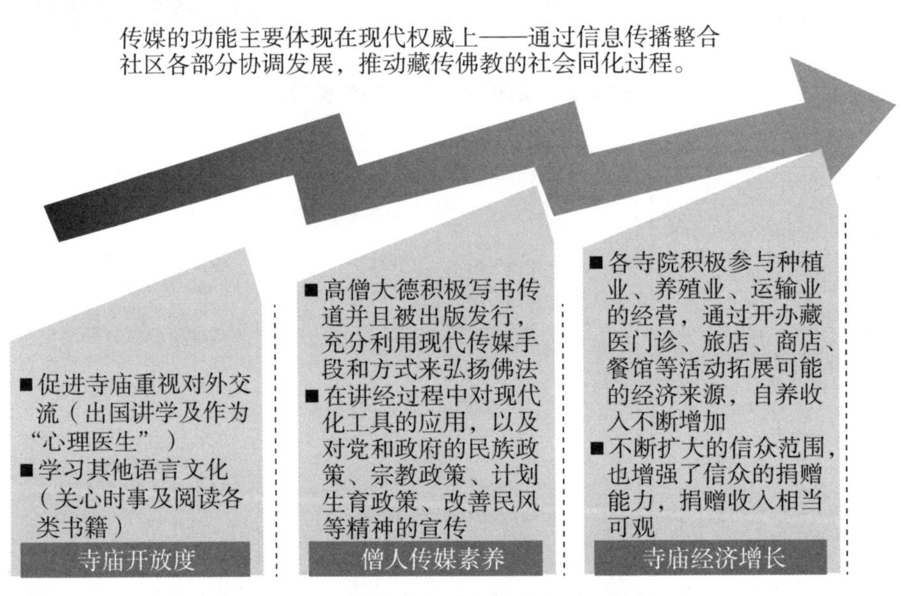

图 4.23　现代传媒与藏传佛教社会同化关系

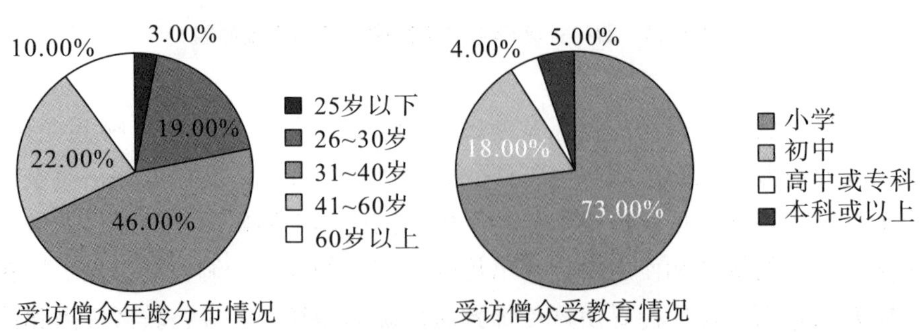

图 4.24　现代传媒对嘉绒藏区僧众产生差异性影响的因素

手机使用表现出高普及率及触达率

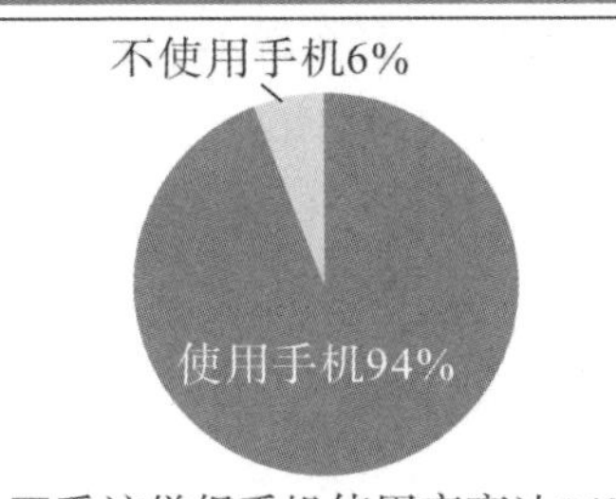

■受访僧侣手机使用率高达94%
■每天使用手机的触达率超过使用其他传媒工具。

交流与干扰，使用态度差异明显

■支持者：使用现代传媒工具可以使藏传佛教的教义传播得更广更快；通过传媒了解现代社会，对解放思想观念有帮助，可以促进僧人与外部世界的交流，了解现代社会的发展状况，了解当代人的想法，不封闭自己，不远离社会；现代传媒工具的使用可以提高生活质量。
■反对者：曾经的高僧大德在修行时期没有如今这些传播工具，同样可以将佛法弘扬出去，所以现在也不需要借助这些工具；接触这些东西带来的更多是对修行生活的打扰。

绝大多数僧人用手机与上师、家人以及信众打电话、发短信，大部分被访者认为手机的普及为自己带来了方便，缩短了时空距离，但部分僧人担心受到干扰

图 4.25　僧人对手机使用态度表现出明显差异

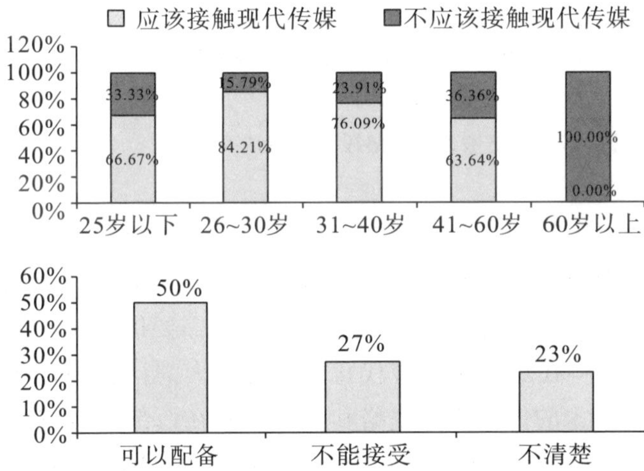

近8成26~40岁僧人支持使用现代传媒工具传教，所有受访的60岁以上僧人对现代传媒工具传教持否定态度

近3成僧众表示僧人应该清修做好自己的“念经本职工作”，不应该多接触传媒，受到尘世的影响

图 4.26　不同年龄段受访者对现代传媒工具传教的支持比率

值得关注的是，在调查过程中我们了解到，嘉绒藏区皈依佛教的人群已经从最早的本地居民发展到跨地区、跨民族甚至跨国际的状况，而且越来越多的外地居士到寺庙来长住修行，在这些信徒中不乏受教育程度很高的人群（见图 4.27）。此类人群赞同僧人接触现代传媒，也认可藏传佛教的传播需要借助现代传媒的力量有效扩散，并已有部分积极实践者。一位毕业于北京大学的高学历僧人表示：“寺庙需要一个外壳，以供佛法传播

及旅客观光，但是也需要考虑在这个外壳中修葺一个修行的清净之地。佛教的教义是保守的，如果别人不问我们也不开口，那么就不会有人了解佛法……磕头、拜佛是可以的，但是不是所有的人都明白‘关爱’的道理。……媒体的宣传非常重要，但是一定要有我们的引导，之所以现在依然存在对藏区和藏传佛教的歪曲理解，就是因为引导不够，其中传媒舆论引导得不够，我们同样引导得不够。如果媒体宣传向善，那么所有人也都能收到这种信息”。

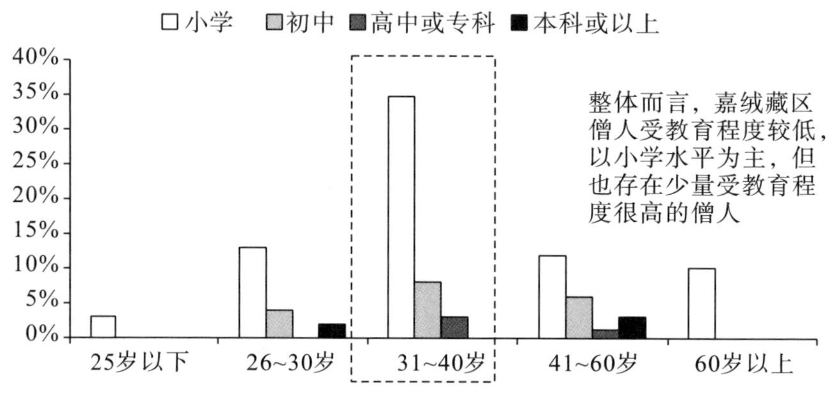

图 4.27　受访僧人分年龄段受教育情况

我们的结论是，现代传媒是一把双刃剑，在带来信息正面扩散效应的同时，也存在僧人修为受干扰、文化独特性保护难度增大及宗教商业化等新问题（见图 4.28）。但是总体而言，藏传佛教的弘扬需要借助现代传媒的力量，而现代传媒也将在藏传佛教现代化中发挥巨大的社会整合功能（见图 4.29）。因此，国家的传媒西进战略和传媒业界在西部实现现代化推进，只要充分认识“宗教”“民族”这两个关键要素与当地社会发展的密切关系和传媒实践的差异性事实，设计并构建适合西部民族地区的现代传媒模式，解决好他们之间的矛盾并促进其良性发展，现代传媒的“介入”就可以帮助藏区的现代化发展，促进民族和谐社会的建构。

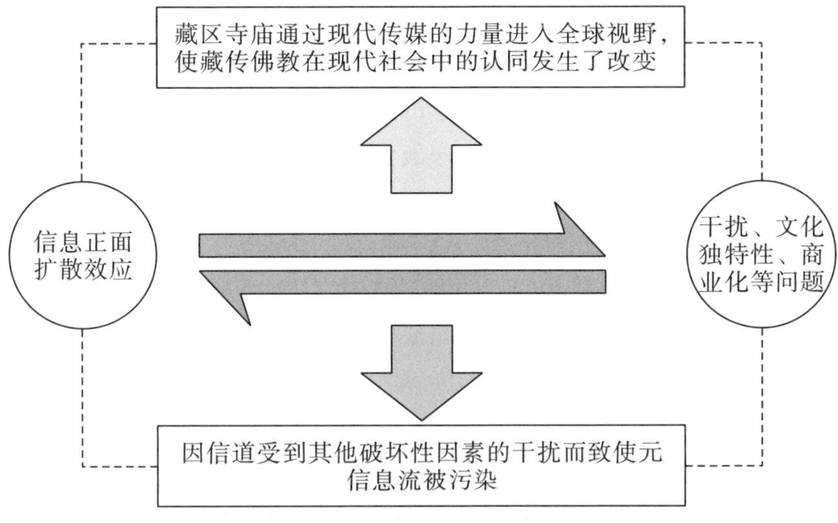

图 4.28　现代传媒是一把双刃剑

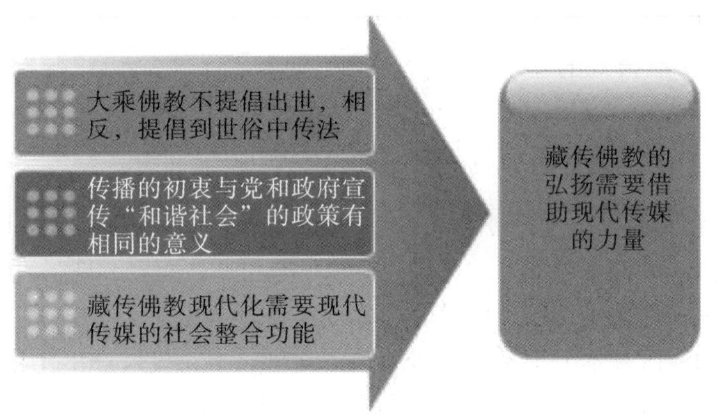

图 4.29　现代传媒在藏传佛教现代化中发挥的社会整合功能

4.2　理论设想：梯形模式构建

现代传媒与社会现代化发展是发展传播学研究的核心问题。20 世纪中叶勒纳、施拉姆等提出的发展传播学研究范式，认为有效的信息传播可以对经济和社会发展做出贡献，可以加速社会变革的进程，也可以减缓变革中的困难和痛苦。但是，这种聚焦于精英论辩的自上而下的方法论，往往对大众传媒在发展中国家的社会功能持乐观态度，甚至过高地估计了大众传媒的作用。这种学术层面的时代局限性，加之社会发展实践中不可低估的复杂性，也往往导致忽略了发展中国家变革与发展所处的社会人文环境和其文化的特异性，忽略了不同国家的社会结构的异质性，我们在进行理论框架的探索时，不能把它们作为一般性的研究范式。因此，现代传媒与中国民族西部研究，不仅关注西部地区的传媒与社会发展，而且兼顾强调西部地区多民族、多文化异质性的社会生态，注重研究对象社会、文化结构的特殊性和社会发展实践的复杂性。该研究从西部民族地区的多元性和异质性出发，进行传播的使用与影响研究，对发展传播学的本土化探索和理论建构都具有一定的可示范价值。

本课题以传播学和社会学的交叉视角，一方面立足西部社区形态的差异性，考察大众传媒使用满足状况，研究地理、经济等因素的差异性和复杂性与传媒使用的起效或抑效的关系；另一方面，在地理空间的视阈下，建构了四种社区形态的分析坐标，即城镇、河谷农区、半山农牧区、高原牧区。

4.2.1 梯形模式的基本思路

4.2.1.1 客观现实与受众接触媒介能力强弱

1）制约因素：地理环境

在西部大开发进程中，恶劣的自然环境和复杂的地形是制约大众传媒在少数民族地区进行信息传播最重要的因素。传媒基础设施等的建设在西部广袤的地区基本上不具备足够的人口共享成本，投入产出比相对较低，由于政府不可能为了散居或者游牧的民众去修建信号塔等，尤其在中国西部地区，地理环境恶劣偏远使得大众传媒基础设施建设和维护的成本很高。地理位置和人口的分布基本上决定了传媒基础设施的建设。广义的地理概念包括人们所生活的地理环境中各种自然现象、人文现象和经济现象等，以及地理环境与人类的各种关系。本节中“地理”专指地理环境中的各种自然要素。

地理位置在很大程度上限制了大众传媒基础设施在少数民族地区的建设，以及当地民众的媒介接触能力。从我们调查的少数民族农村地区报纸的订阅情况来看，乡镇政府和村委会是报纸订阅的主体，订阅量较少且多数为党报。报纸作为大众传播媒介帮助农民突破地理限制，开阔视野，培养和发展现代性的功能没有得到充分体现。在少数民族地区，尤其是半山农牧区，众多的客观因素制约了该地区民众对报纸的使用，如道路条件、运输成本等。从纸媒的来源渠道分布情况来看，相对其他三种社区形态，高原牧区纸媒的来源渠道相对单一，主要靠“自己购买”和“向亲戚朋友邻居借”两个渠道，这也说明了高原牧区交通不便对人们媒介接触能力影响很大。从四种社区形态电媒硬件设施拥有情况来看，城镇拥有彩色电视的比例是高于其他三种社区形态的，其比例为99.7%，彩色电视基本实现了对西部少数民族地区城镇的全覆盖，但高原牧区拥有彩色电视的情况不佳，其比例为79.5%。我们分析认为，一些高原牧区恶劣的自然环境导致人们不能接收到电视信号，这可能是彩色电视还没有对高原牧区实现全覆盖的一个重要原因。从上述几个方面，我们可见少数民族地区地理环境恶劣，严重制约大众传媒基础设施的建设，该地区的民众对大众传播的媒介接触能力也受到很大程度上的影响。

2）制约因素：经济现实

除地理环境限制外，西部少数民族地区的经济现实也是影响受众媒介接触能力的一个重要制约因素。经济学家从不同视野对经济下了各种各样的定义，从不同层面揭示经济行为和经济过程的本质特征。比较有代表性的定义有：①传统政治经济学认为，经济是指社会资料的生产和再生产过程，包括生产及由它决定的交换、分配和消费过程；②经济资源配置界认为，经济是指以一定的方式把有限的资源合理分配到社会的各个领域中去，以实现资源的最佳利用，获取最佳的经济效益。本节中“经济”的概念是指影响西部少数民族地区受众媒介接触能力的几种主要经济制约因素，包括地区经济发展现实、个人经济条件和国家的财政支出等。

西部少数民族地区的经济发展现实主要从两方面影响受众获知和接触媒介，一方面是大众传媒基础设施建设情况，另一方面是公路、桥梁等的建设覆盖程度。首先，传媒基础设施的建设如信息塔、光纤等是大众传媒进行信息传播和受众接收、发送信息的前提条件，它完全决定了受众是否获知和接触相关媒介。例如，茂县太平乡木叶村属于半山农牧区的样本点之一，该村距县城80千米，海拔2500米，手机是当地主要媒介工具，但该村村民普遍反映，在村内手机信号极差，打电话的时候一般需要选择高处才有信号。在少数民族地区，这种手机信号差的问题十分普遍，在高原牧区和贫困地区也明显存在。山区土地广袤且居民居住分散，地区的手机使用率不均衡，从投入产出看，该地区的通信行业不可能为了十几户村民而单独建设信号塔。在该地区接受电视信号方面，少数民族地区，尤其是山区，居民接受电视信号的主要方式是通过“锅盖”——卫星接收器。然而，山区居民使用“锅盖”无法接收到与自己生活息息相关的县级的政策信息，尤其是关于农业政策等相关信息的发布。其次，公路、桥梁等也是信息交换的重要渠道。作为经济发展要素的公路交通也影响了信息传播和媒介使用。许多西部高原牧区及半山农牧区均不在公路（包括国道、省道、乡道）范围之内，我们调查发现，少数民族农村地区报纸的订阅量很少，而公路交通状况、运输成本是限制报纸在山区农村及时送达的主要因素。我们还发现，高原牧区在书报刊的接触率中，图书的比例最高。而在其他的半山、河谷、城镇三个地区，报纸的接触率高于图书。数据说明道路交通建设程度对区域媒介接触程度的影响，并进一步影响区域居民的媒介工具选择。

个人经济条件对受众媒介接触能力的影响，主要体现在个体对媒介的购买和消费能力。西部不同的社区形态在生产方式上有巨大的差异，他们的收入水平和消费水平也大相径庭。同一社区形态中，不同个体之间对媒介的经济消费能力也存在差异。同时，这种个体经济能力差异性相比中国其他地区是非常明显的。通过前期实证调研发现，西部少数民族地区四种社区形态的受众每年纸媒的消费水平差异十分显著，城镇每年购买纸媒的平均花费为521.6元，河谷农区为262.0元，半山农牧区为168.6元，高原牧区为189.6元。城镇每年购买纸媒费用大约是次高的河谷农区的2倍，河谷农区每年购买纸媒费用也明显高于半山农牧区和高原牧区。关于电媒的消费情况，课题组对四种社区形态中受众对影碟的购买情况进行比较，城镇、河谷农区、半山农牧区、高原牧区每年购买影碟的花费分别为168.8元、143.3元、89.1元、104.1元，城镇年平均消费影碟的花费是最高的，其次是河谷农区，城镇的花费大致是半山农牧区的2倍。

国家财政支出主要通过出台相关政策，建设大众基础设施，修建公路、桥梁等方式提升西部少数民族地区人们的媒介接触能力。由于地理环境的限制，西部民族聚居区自身的经济发展具有很大的先天性劣势。在经济发展和社会发展的过程中，该地区很大程度上依赖国家政府的财政扶持。地区的经济萎缩也导致无力建设大众传播基础设施，多数基础设施的建设主要靠国家政府的财政支出予以帮助。国家财政投入必然影响到西部民族地区媒介使用状况及大众传媒传播效果。国家和有关部门为解决农民“看书难，买书难”问题而设立的农家书屋，在为高原牧区、山区提供信息和知识方面发挥了巨大作用，农家书屋在这些社区形态纸媒来源中都处于重要位置。西部民族地区当地政府对电视媒体给予了很大的支持，尽可能地扩大本地的有线电视网和卫星电视接收器的覆盖面，进一步发挥电视在西部少数民族区域的媒体作用。国家出台“村村通工程”政策对解决少数民族偏远贫困地区收听广播、收看电视的问题起到了决定性的作用。

4.2.1.2　受众媒介使用行为、心理的限制因素

1）生活方式

西部少数民族地区四种社区形态由于地理环境、社会组织方式的特异性，其生活方式是截然不同的。迥异的生活方式直接影响受众对信息内容和形式的差异性需求，他们使用媒介的目的也与其生活方式高度相关。“生活方式”概念的内涵和外延相当广泛，它包括在一定社会条件制约下日常生活领域中的衣食住行、劳动、社会交往等活动构成的物质生活，也包括个体满足自身精神生活需求由价值观、道德观、审美观等决定的生活行为。本节中“生活方式”是指在特异的社会和地理条件制约下，西部少数民族地区个体在日常生活中的活动形式和行为特征。

由于地理位置海拔的差异，社区空间分层下的社会系统呈现出不同的特征。高原牧区高寒缺氧，不适于农作物的生长，这样的自然环境使这里的人类生存具有择水草而居的特征，高原牧区几乎找不到常年性人居社区的高流动性社会系统，家庭的流动性是由季节和气候的变化所决定的，人们与常态社会的接触频率普遍较低，现代化对其生存境域的改变不显著；半山农牧区的主要特征之一是选择半山散居，该社区的生存发展主要依靠的经济因素是农业、放牧和副业；河谷农区是山区最富裕、最发达、享受现代化最多的农区，河谷冲积地土壤肥沃，对于坡地来说产量更高，随着河谷日益的现代化，高原牧区和半山农牧区的资源都被吸纳聚合到河谷农区，事实上河谷农区已成为前两种社区形态的组织中心；城镇，本书我们专指县辖镇，即县城，多为县政府所在地，居民大多从事各种各样的工商业，社会基本是单位组织和熟人社会，该社区呈现出家庭—单位—社区人际—外地人的复合结构模型。不同社区形态的不同生活方式直接决定受众对媒介内容、形式选择上的差异。通过对不同社区媒介内容偏好的调查，我们发现，城镇对“饮食、健康与卫生类”纸媒的阅读态度要比其他两种社区形态更积极，其阅读类型分布比例为31.0%，远高于河谷农区的13.3%和半山农牧区的16.1%；四种社区形态对“综艺娱乐类”“饮食、健康、卫生”电视节目收看偏好，随着地理海拔升高呈现出递减的趋势，

城镇、河谷农区、半山农牧区和高原牧区对“综艺娱乐类”的收看比例分别为35.1%、32.6%、21.5%、19.2%，对“饮食、健康、卫生”的收看比例分别为14.4%、10.5%、5.5%、1.4%，而高原牧区对“旅游类”电视节目收看态度比其他三种社区形态更好，其收看比例为6.8%，高于城镇的3.6%、河谷农区的1.7%、半山农牧区的1.1%。四种不同社区的生活活动也制约着受众对媒介形式的选择，例如高原牧民的游牧生活方式限制获知信息的方式，报纸、杂志、手机、电脑等传播媒介均不适应他们的生活活动，收音机和社区喇叭是他们主要获取信息的媒介。高原牧区样本点通过喇叭听广播的比例为12.1%，远高于城镇的4.9%、河谷农区的7.6%和半山农牧区的6.3%。高原牧区通过收音机听广播的比例为45.1%，同样也高于其他社区形态，大约是最低比例16.8%的3倍。

2）生产方式

西部少数民族地区人们不同的生产劳动和工作类型产生了差异化的信息内容需求，不同的生产方式也是影响受众媒介内容选择的一个重要因素。生产方式是政治经济学的一个基本范畴，它包括生产力和生产关系两个概念，是人们在生产过程中形成的人与自然界之间和人与人之间的相互关系的总和。本节中“生产方式”仅指人们在生产领域中发生的生产关系，是社会关系即生产、分配、交换、消费中一个环节。

由于西部环境恶劣、地形复杂，地理现实深刻地决定劳动生产率、生产力的结构和布局。在生产力方面，生活在恶劣自然环境下的居民，在其他条件一致的情况下，同样的劳动时间和劳动量生产出的产品必然更少；生活在自然富源地区的居民，同样的劳动量可以收获更多产品和收入。这使得此地区的人们在保证生活必需品量的同时，还有富余的时间从事建筑、艺术等文化方面的活动，有能力购买和使用新型的大众传媒工具，如电脑、MP3等。富余的时间也意味着，他们更可能运用大众传播工具开阔眼界、获取现代化信息。相反，处于高海拔地区（高原牧区及半山农牧区）的居民在接触媒体时所呈现的“低需求”，很大程度上是由该区域较低的生产力水平决定的。

此外，不同个体的媒介内容选择与其劳动方式高度相关。在纸媒内容选择方面，半山农牧区、河谷农区、城镇对“农林生产实用技术类”的阅读偏好随海拔降低呈现出递减趋势，他们的阅读类型分布比例分别是36.6%、29.2%、7.0%。河谷农区对“政策法律类”纸媒阅读类型分布比例为32.5%，高于城镇的19.0%和半山农牧区的16.1%。在纸媒使用目的方面，生产劳动受国家政策影响越大的社区，其纸媒使用目的越偏向“了解国家对农村的政策”。城镇、河谷农区、半山农牧区和高原牧区纸媒使用目的为“了解国家对农村的政策”的比例是逐渐增大的，分别为21.6%、28.7%、29.5%、33.8%。这种由生产方式决定受众媒介内容选择的现象，也出现在西部少数民族地区人们对电媒内容的选择上，海拔越高的社区越关注和偏好天气预报节目。半山农牧区和高原牧区选择经常收看天气预报的比例分别为25.4%和27.4%，对于靠天吃饭的农牧民来讲，收看天气预报对他们而言是最实在和最重要的信息需求。河谷农区和半山农牧区上网的主要目的之一是获取生产资料来源与产品销售渠道，对农业生产信息的关注基本按自身劳动方式的需要选择。

3）文化、宗教

西部少数民族地区人们的思维、行为特征与中国中东部绝大部分地区是迥异的，这些差异性的特征与特定社会环境行为规范、宗教信仰、道德伦理息息相关，简言之，这些思维和行为差异是由特异的文化、宗教决定的；而民族文化系统中的诸多因素，如风俗、信仰、法律、艺术、道德伦理等层面，都会对该区域居民的媒介使用造成直接而显著的影响。广义上的文化是指人类在社会历史发展过程中所创造的物质财富和精神财富的总和，包括物质文化、制度文化和精神文化三个方面。本节中“文化”概念是狭义的，它是包括信仰、艺术、道德、法律、习俗，以及人在社会环境中获得的能力和养成的习惯等的复杂整体。

由于受文化、宗教影响强弱不同，西部少数民族地区人们媒介使用行为差异性的主要表现形式之一是媒介内容选择的不同偏好。我们调查发现，半山农牧区和高原牧区经常收看音乐歌舞类节目的比例分别为36.5%、32.9%，远高于城镇的22.5%和河谷农区的16.9%。从城镇、河谷农区、半山农牧区这三种社区形态对手机的使用目的看，河谷农区和半山农牧区各项手机使用目的的比例均低于城镇所占比例，但其以听歌作为手机使用目的的比例都高于城镇。

地理环境的差异对民族文化存在着必然的影响，而地理环境空间分层下的民族宗教文化，对不同社区形态下民众的媒介使用情况也产生了显著的影响。随着地理空间的上升，这种民族宗教文化对媒介使用的影响呈现出一种规律性的趋势。通过调查研究，我们发现从少数民族地区信众虔诚度上看，高原牧区居民对宗教文化的虔诚度最高，其次是半山农牧区、河谷农区，最低的是城镇。从信众分布上看，多数信众生活在自然环境恶劣、文化教育落后、卫生条件差的偏远贫困地区。因此，地理环境与少数民族地区民众信仰宗教，这两个因素是实然相关的，从现代传媒的普及情况来看，高原牧区接触现代化媒介的时间最少，其次是半山农牧区、河谷农区，城镇最多。尤其在高原牧区由于当地的特殊生活方式和宗教文化根深蒂固，部分信众对现代化传播工具缺乏了解，对现代传播工具的依赖性不强，甚至不认同现代传媒工具带来的改变。可见，少数民族地区民众宗教信仰，在很大程度上影响了他们对大众传媒的需求意愿和认同度。海拔越高，该地区民众信仰宗教的虔诚度越高，对大众传媒的认同度越低，大众传媒对该地区民众的影响力越低。

综上所述，我国西部少数民族地区由于受地理环境（自然生态）、经济环境（生产力及财政投入）、社会环境（宗教与民族）、文化环境（语言与风俗）等因素的影响，居民对媒介内容的需求类型，对大众传媒的接受、使用程度，与我国中东部绝大多数地区存在显著差异。同时大众传媒对西部少数民族地区的效果模式亦与普遍的大众传播模式有所不同。在对西部少数民族样本区进行调查、研究后，课题组构建了西部少数民族地区对传媒的使用和接受的模式图（见图 4.30）。

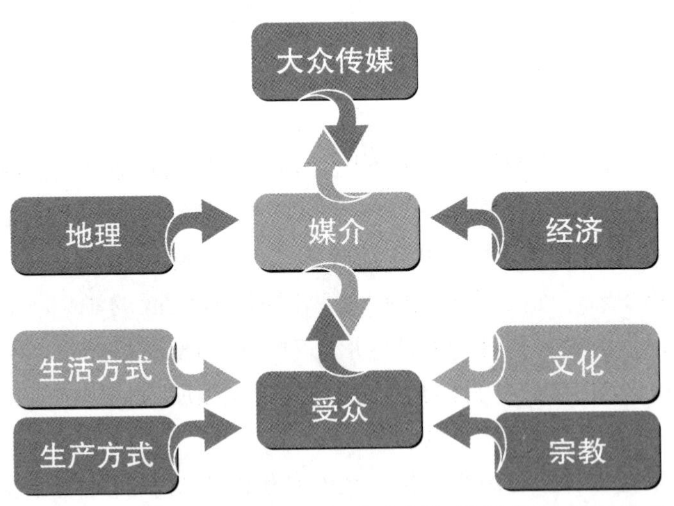

图 4.30　中国西部民族聚居区现代传媒起效类型 1：梯形模式

大众传媒主要是通过众多传播媒介，如书刊、报纸、广播、电视、手机、电脑等进行信息传播，其传播实践的前提是公路、桥梁和大众传媒基础设施的建设情况。一方面，西部少数民族地区恶劣的自然环境和复杂的地形对道路交通和传媒设施的建设提出很大的挑战，在偏远和生存环境恶劣的地区对道路、桥梁和通信设施的维护成本同样非常高，这些地理因素严重地限制西部少数民族地区受众媒介接触能力；另一方面，西部少数民族地区与中国绝大部分中东部地区相比，其滞后的社会、经济发展对受众媒介接触能力的影响是不可忽视的。地区经济发展现实直接影响当地交通系统的建设，而交通便利和通信顺畅是受众接触、使用媒介的前提条件。当地人们自身的经济条件决定了他们拥有和使用媒介的能力，如果受众没有一定的经济能力，他们就没有对媒介接触和使用的需求、欲望。国家财政支出是提升西部少数民族地区人们的媒介接触能力的一种重要手段，相关政策的出台和大众传媒基础设施、交通道路的修建提高了当地受众对大众传媒的认知。

按照大众传播学经典理论，大众传媒信息以线性传播模式通过何种媒介传递到受众，受众依据自身的心理动机和需求来选择所需的信息，包括选择他所需或偏好的信息内容和偏好通过何种媒介形式来选择信息。但是，由于西部少数民族地区社会环境、经济环境和文化环境比一般传播学研究的环境更加复杂，因此课题组在影响受众媒介内容和使用因素的选择上，联系大众传播学经典理论的同时观照西部少数民族地区本土化传媒现实，选择了四种影响受众对媒介内容选择和媒介使用偏好的主要因素，即生活方式、生产方式、文化和宗教。生活方式直接影响受众对信息内容和形式的差异性需求，受众根据自身的生活方式与生活习惯选择使用哪些媒介形式来获取信息和偏好的信息类型。生产方式包括每个个体的主要的实践活动，即劳动工作，不同的生产劳动和工作类型也必然产生出差异化的信息内容需求。文化、宗教包括风俗习惯、宗教信仰等，受众的思维、行为特征和价值观、人生观是在特定的文化环境中形成的，这也影响了受众对大众传媒的认可程度，以及对媒介使用和媒介内容的选择。

西部民族聚居区作为区域传播研究的个案，其典型的多民族文化、宗教信仰和地形复杂等因素，决定了西方众多传播范式无法把握其社会结构和文化的特殊性。少数民族区域既地处中国西部，又是多民族的聚居区，具有典型不可复制的本土化特征。课题组在构建中国西部民族聚居区现代传媒梯形模式的过程中，重视影响大众传播实践的本土化制约因素，如经济、地理对人们接触媒介能力的影响，以及生活方式、生产方式、文化和宗教对受众接受和使用媒介的影响。

4.3 从社区形态到差异性传播：梯形模式的新应用

从前文的叙述中可以看到，本课题在进行梯形模式的构建时，其最初的模型理念来源即为四种社区形态所表现出的各种传媒实践过程中的需求差异。这种构建理念的核心考虑是在一个小的区域内，各个社区共享着高度一致的政治经济环境，此时影响各个社区传媒实践的重要因素便是由海拔决定的地理特征。然而，从地理本身对于传媒实践乃至地区经济实践的影响逻辑上来看，地理常常被看成一种根本性概念，并进一步使地理背后的复杂构成要素被人们所忽视。例如，放眼四川局部的民族区域地理空间，海拔成为一个极为重要的原始因素。但如果跳出这一局部空间，也即当一致的政治经济环境被改变，乃至海拔也成为一种不再具有强大说服力的地理因素之后，关于社区分类以及地理对传媒实践的切实影响便有了新的特征。换言之，当我们讨论地理对传媒实践的影响时，我们不仅仅是在讨论海拔问题。跳出海拔的概念，如果说得极端一点的话，草原、沙漠、湖泊、湿地以及山脉等都将构成重要的地理形态而对传媒实践产生巨大影响。以我们对贵州地区样本点的调研为例，贵州是典型的山区，虽然贵州的海拔并不算高，但山区交通不便却对经济与传媒造成了极大的影响。又比如，以我们对西藏样本点的调研为例，虽然西藏地处高原，但由于诸多国家政策的支持，使得西藏高原地区人们的经济收入状况尚有基本保障。上述情境揭示出了许多具体而复杂的地理特征与政治经济环境对传媒实践的影响。从这一角度出发，我们试图将梯形模式的根本逻辑，即地理、经济以及生产方式、生活方式、文化以及宗教因素对传媒实践尤其是媒介素养的影响具象到新的样本点当中。这些样本点不仅从空间上覆盖了更大的中国西部民族地区区域范围，而且还从地理、经济的根本要素上揭示出了差异性传播的复杂成因，从而为媒介素养的培养模式贡献更多理论。

作为一项长时段（近十年）大范围（样本点覆盖四川、云南、贵州、西藏、青海等）的经验性研究，本课题根据前期经验性材料总结出了梯形模式这一理论模型，并试图运用新样本点的数据对其进行佐证与补充。由于样本点的范围超出了行政区域的省或自治区范畴，因此一致性的政经环境发生了改变，地理的构成要素也变得更加多元。在这一背景下，我们虽然依旧沿用了四种社区形态的地理形态划分，但必须注意的是，在这种单一的海拔要素之外，我们还会考虑山区特征、政策环境、经济环境以及气候、风俗等因素对于传媒实践的影响。

4.3.1　差异性传播视角下四种社区形态媒介使用差异情况

基于对中国西部民族聚居区现代传媒起效类型——梯形模式或差异性传播模式构建的有效性诉求，我们将从差异性模式的几个影响因子着手，来分析解释新样本点的数据，并通过新数据的佐证，来阐述理论模式的逻辑性与普适性。在统计和分析中，我们主要关注的是新样本点的媒介使用情况。这一数据是直接反映中国西部民族地区媒介素养状况的根本指标之一。在媒介使用这一变量的测量中，如果我们将其视为因变量，那么导致因变量变化的自变量则包括许多因素。例如地区的经济水平、个体的经济水平、个体的视听习惯、媒介的使用习惯等都将导致这一变量的改变。进一步地，如果将经济设为因变量，那么影响经济变量的还包含地理、政策等因素。事实上，对这一部分差异性的描述及分析，恰是梯形模式的核心诉求。为此，我们从纸媒、新媒体等媒介开始，呈现出西部民族地区各种社区在地理、经济、生活方式、生产方式、文化和宗教多种因素影响下的媒介使用情况。

4.3.1.1　地理因素对媒介使用的客观影响

1）纸媒

由图 4.31 可见，新调研数据显示出的三种纸媒在四种社区形态的分布情况与前期数据是非常一致的。城镇的接触率最高，城镇由于资源的区位优势，相较于其他社区形态能接触到更丰富的纸媒资源。但河谷农区、半山农牧区和高原牧区的接触率随着海拔升高而逐渐升高，这与地理环境限制纸媒运输的抵达率是不一致的。显然抵达率不是影响纸媒在这三种社区形态使用的主要因素。在前期数据的调研过程中，我们已经发现了媒介本身的特性也能成为决定受众使用媒介的一个重要因素。图书与杂志易于收藏和保存，则更加“耐看”，因此地域偏僻、交通不便的地区越喜欢图书和杂志。而报纸是更偏向于空间的媒体，具有较高的时效性，如在前期数据中显示的趋势——随海拔升高而逐渐下降，报纸的接触率高与交通的便利程度高呈正相关关系。那么我们的理论解释出现了偏差，原因何在?通过实地访谈与观察，我们发现原因之一是随着新媒体的强势崛起，使得报纸本身的发行量锐减。当报纸的整体数量下降后，使得四种社区形态的接触比例变得相对更加平均。另一方面，高原牧区的报纸接触情况从第四跃到了第二的位置，这是因为许多高原牧区有了自己的报纸。以我们的西藏阿里地区样本点为例，阿里地区虽地处高原，运输不便，但阿里地区却有自己的报纸——《阿里报》。这就使得当地的报纸接触甚至远远高于半山农牧区与河谷农区。而事实上，相较于图书与杂志，报纸印刷也比图书与杂志印刷更加容易。如此一来，在报纸这一纸媒上，高原牧区突破了从城镇到半山农牧区的递减趋势，与图书和杂志的接触比例分布达成了一致。随着报纸发行量的继续下降，这一接触比例还会发生变化。尤其是最近几年，随着农家书屋的建设，以及政府在高原牧区的“聚居”政策的展开，将很多原来散居的少数民族居民聚集到一起并定期向他们投递纸媒读物，这或许会使得高原牧区的纸媒接触仍然保持较高的比例。

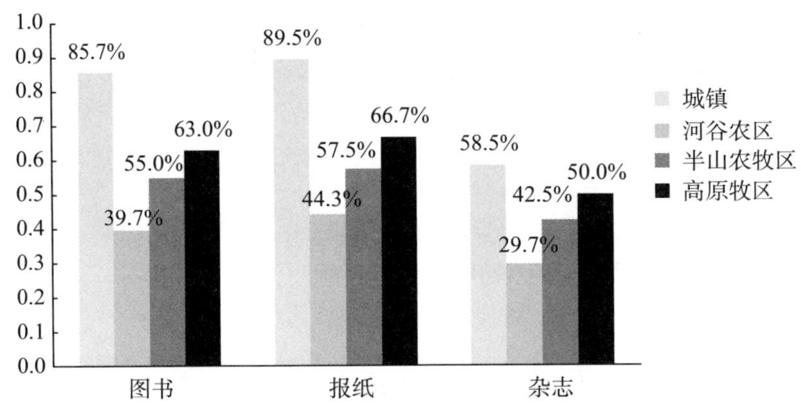

图 4.31 四种社区形态下纸媒接触情况分布图

从纸媒来源情况中（见图 4.32），我们发现在“学校或单位的图书馆”“农家书屋”“居住地政府相关部门发放”三项中，河谷农区、半山农牧区和高原牧区的占比随着海拔上升而逐渐升高。在调研过程中，我们发现三种社区形态中图书馆、农家书屋的来源较多与当地的经济社会发展情况在很大程度上不是互为因果关系的。这种情况主要是基于政府对特定地理环境中的社区形态加大了政策支持力度的结果，而政策支持的力度随着海拔上升而逐渐加大，这很好地解释了四种社区形态中纸媒接触情况的分布趋势，以及河谷农区报纸接触率低于半山农牧区的原因。此外，从“党政机关”一项中，高原牧区占比最高，为 32.4%，远高于其他社区，这说明政府对高原牧区的政策支持力度是最大的，而且方式是多样的。这也明显地提升了高原牧区对媒介的使用率，如报纸的高使用率。从现在来看，纸媒已经成为高原牧区获取知识和了解信息的一个重要手段；同时在高原牧民文化程度普遍较低的背景下，纸媒在提升他们的知识水平、传递信息等方面发挥着重要作用。

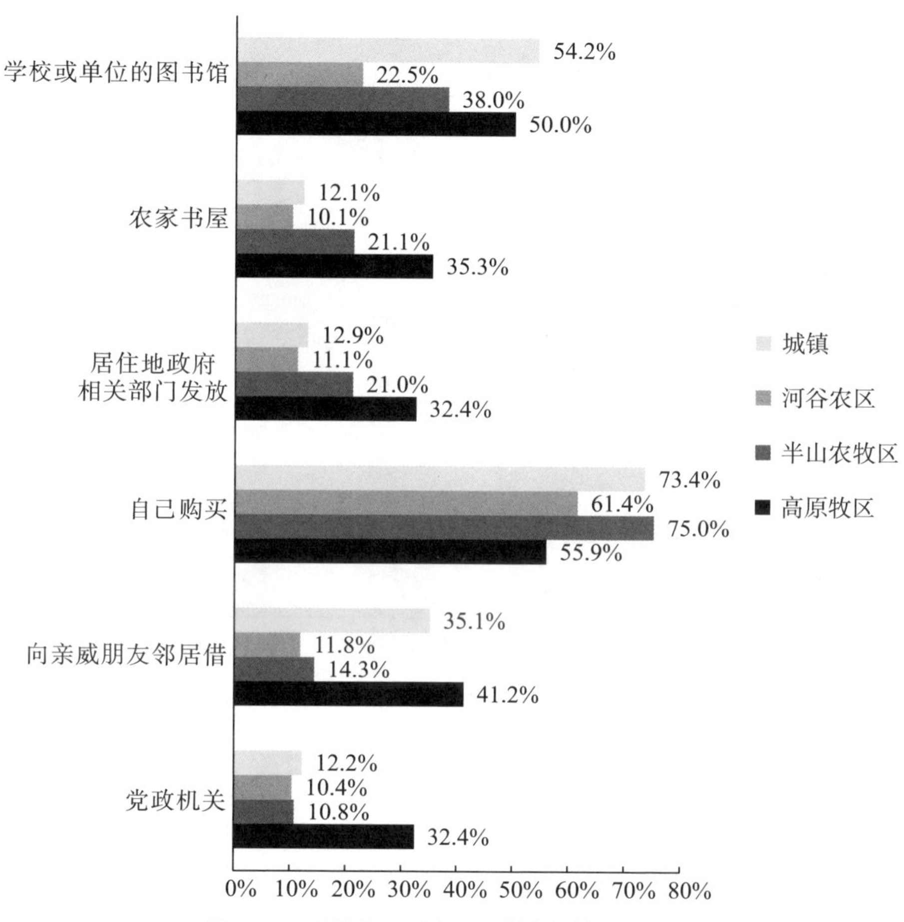

图 4.32　四种社区形态下纸媒来源情况分布图

2）新媒体

在图 4.33 和图 4.34 中，网络的抵达率明显受到地理海拔的影响，呈现出随海拔上升而逐渐降低的趋势。传媒基础设施的建设主要是受客观的地理环境因素影响，在西部越偏远、恶劣的自然环境下，传媒基础设施等的建设越不具备足够的人口共享成本，投入产出比相对较低，此外恶劣偏远的环境大大增加了对传媒基础设施建设和维护的成本，可以说，地理位置和人口的分布基本上决定了传媒基础设施的建设。例如阿里地区，国家电网尚未实现对部分地区的覆盖，一些牧民的聚居点仍然得不到充分的用电保障，这种现实与阿里独特的地理环境有密切的关系。阿里地区环境极其恶劣，大部分地区高寒缺氧，无人区无信号区众多；全地区地域面积约30.4万平方千米，总人口不到10万人。极端恶劣的环境对传媒基础设施的建设和维护都提出了极大的挑战，而地广人稀的现实也决定了基础设施的人口共享成本和投入产出比处在一个极低的水平，种种环境因素造成了阿里传媒基础设施建设的滞后。

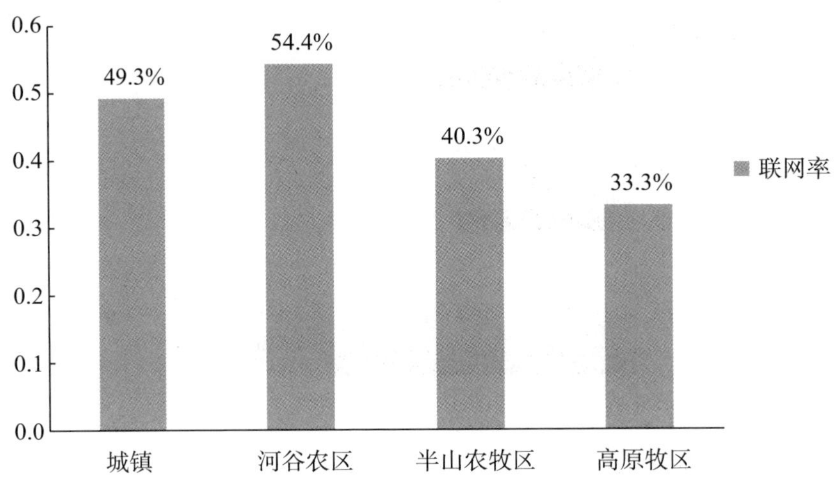

图4.33 四种社区形态下联网率情况分布图

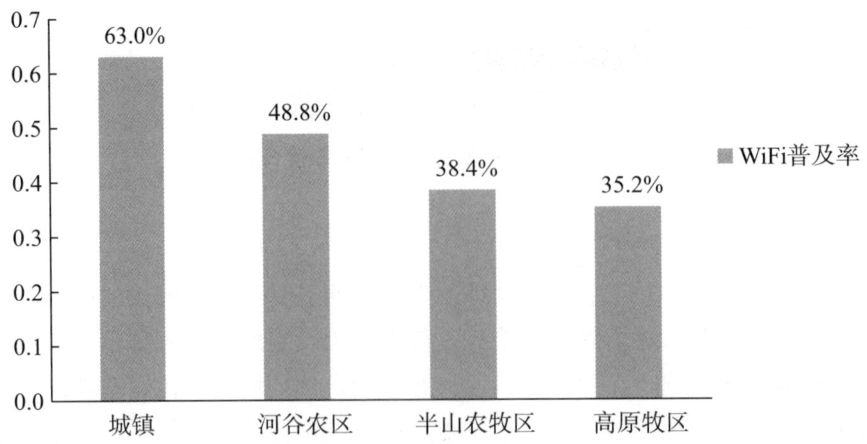

图4.34 四种社区形态下WiFi普及率情况分布图

传播信道的通畅程度主要是受到地理环境因素的制约，越偏远的地区往往其信道越不通畅。但在一些特殊的地区，地理偏远可能不是决定传播信道大小或通畅的唯一因素。在此次统计的河谷农区样本点中的云南省西双版纳傣族自治州景洪市勐龙镇，其地理位置特殊，是云南边境的一个重要边贸点。勐龙镇边境贸易十分发达，各类信息传播流量大、频数高，边境贸易点的居民对各类信息又有极大的需求。这种特殊地理环境造成的社会现象导致了勐龙镇对传媒基础设施的急迫需要，以边境贸易为主的繁荣的勐龙镇也解决了基础设施建设中人口共享成本、投入产出比低和维护成本高的难题。因此，勐龙镇有较高的网络覆盖率，也导致了在联网率分布中勐龙镇的网络覆盖率远远高于其他社区，甚至比城镇还高。

4.3.1.2　经济因素对媒介使用的客观影响

1）纸媒

人们的购买力总体上受个人收入水平影响，由图 4.35 和图 4.36 所显示的趋势也清晰地说明城镇到高原牧区人们的购买力是基本上随着经济状况变差而逐渐降低。城镇的经济条件最好，其消费能力也是最高的。其次河谷总体是高于高原的。需要说明的是，经济是决定书报刊消费最基础和主要的因素。但是仍然存在很多限制纸媒消费的因素，比如文化程度低或技术发展带来的阅读行为减少等。我们可以发现四种社区形态中每年购买书报刊的消费都有不同程度的减少，其中河谷农区的消费变化最大，下降了 156 元；而半山农牧区的消费情况变化不大，高原牧区相较于城镇、河谷农区变化较小。课题组成员在调研过程中观察到河谷农区近几年来的纸媒使用习惯正逐渐减少，从书报刊的接触情况和来源来看，河谷的接触频率是最低的，同时书报刊来源渠道相比其他社区也是最窄的，书报刊使用率低与来源渠道窄互为因果关系。我们认为，农村传媒基础设施的逐渐完善，基本实现的电视、网络信号覆盖转变了农村居民的信息获取和媒介使用行为，通过电视、手机和电脑获取知识信息的行为替代了阅读。而半山农牧区对书报刊的依赖度是最高的，在书报刊来源分布图中，半山在“自己购买”项中占比 75%，比城镇还要高。这说明书报刊在半山农牧区仍然是一种重要的信息获取手段，更受农牧民偏爱。对于高原牧区，低收入情况和文化程度较低仍然是限制牧区纸媒使用的极大障碍。一方面，我们调查统计发现，在高原牧区的样本点中，50%牧民的文化程度是小学或小学以下，看不懂或者说文化程度低是他们不接触和不使用纸媒的主要原因；另一方面，高原牧区的纸媒消费偏低与牧民收入情况和当地的发展程度有密切关系。首先高原牧区的牧民收入来源单一，以畜牧业、农业为主，收入相对较低。其次，当地的书店、农家书屋以及图书馆的分布情况也制约了牧民的图书消费行为。以阿里地区为例，全地区基本上只有几家很小的书店，基本不能满足人们的需要。此外，政府在当地建设了很多农家书屋，每个乡村建立的农家书屋及县、地区的图书馆藏书较为全面，已经能满足高原牧民们的需求。许多牧民可以到农家书屋进行书刊报阅读。而且据笔者的田野观察，农家书屋在高原牧区还成为一个活跃的公共空间。牧民不仅可以在其中进行阅读，而且还常常在农家书屋组织公共活动（文娱、体育等），以及开会、讨论等。

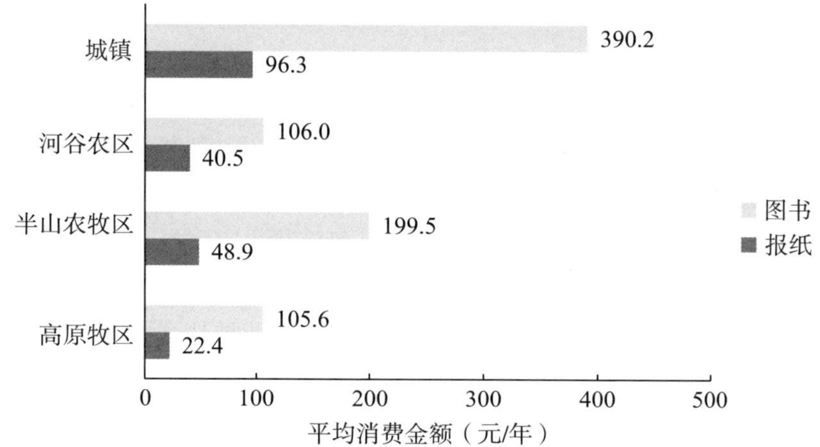

图 4.35　每年购买纸媒的平均费用情况分布图

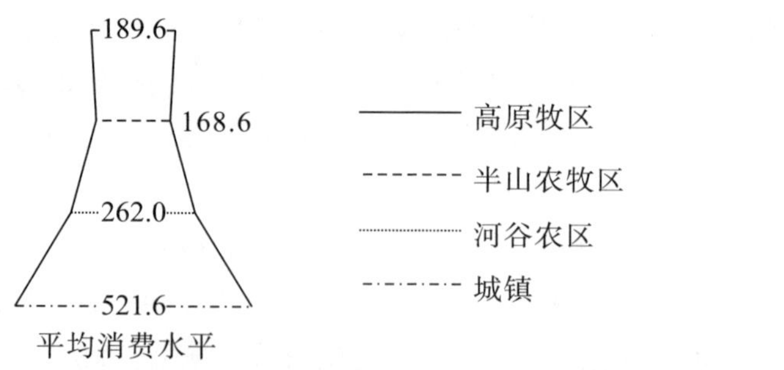

图 4.36　每年购买纸媒消费平均水平梯形分布图（单位：元/年）

2）新媒体

如图 4.37 所示，在电脑的总拥有量上，城镇占 78.6%，排第一位；其次分别是河谷农区占 61.6%、半山农牧区占 50.9%和高原牧区占 48.2%。四种社区形态中电脑总拥有量和其各自社区的经济状况好坏呈正相关关系。经济因素在电脑拥有情况中体现出了主导性的作用，究其原因，我们认为是电脑相比于纸媒价格不菲，而且电脑的正常使用需要较好的外部因素，如网络覆盖率、网络消费资费等。这些外部的经济社会发展程度以及个人的经济收入状况都极大地限制经济条件较差的地区对电脑的使用。当然，上网基础技能和自身需求也是限制电脑等新媒体使用的因素，但是外部与内部的经济因素仍然是在西部民族地区最主要、更客观的限制因素。在台式电脑和笔记本电脑的分布情况中，笔记本电脑显然更受城镇和高原牧区的青睐，在经济能力允许的条件下，笔记本电脑的方便携带以及其他便利得到了很大的发挥。

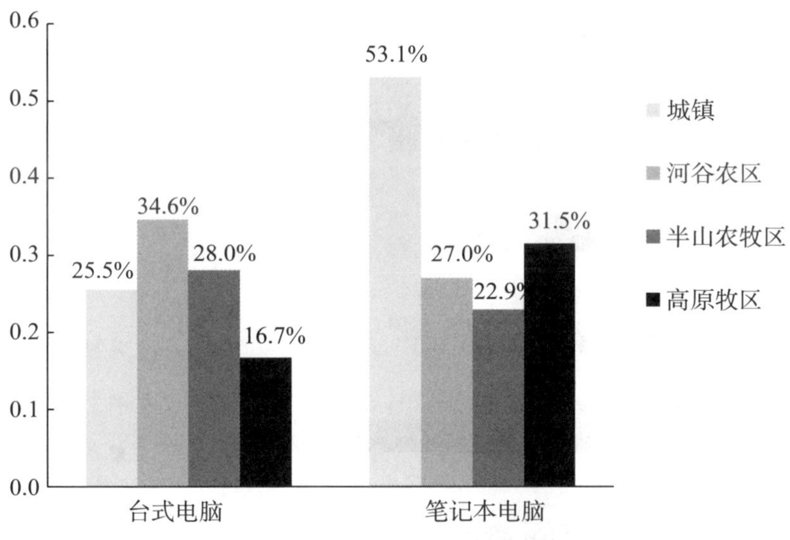

图 4.37 电脑拥有情况分布图

4.3.1.3 生活方式因素对媒介使用的主观影响

1）纸媒

纸媒使用目的分布图所呈现出的是受众主动选择性地接收内容的过程。这在信息传播过程中是必不可少的环节。在单向的信号传播过程中，信息通过信道传递给受众，而受众选择性地接收信号后，这才完成了信号的传递。如果信号传递到受众，受众选择性地不接收信号，这就不是一次有效的信息传播实践。在西部民族地区，四种社区形态由于社会组织方式的各异，其生活方式也是截然不同的，各异的生活方式也导致受众有不同的信息需求。而信息需求在受众选择内容的过程中起着决定性的作用。城镇的居民大多从事各种各样的工商业，社会基本是单位组织和熟人社会，该社区呈现出家庭—单位—社区人际—外地人的复合结构模型。复杂的社会结构也导致城镇居民需求的多样性。如图 4.38 所示，在城镇社区形态中，“娱乐消遣”“了解信息，开阔眼界”“提升文化水平，自我丰富”“促进与人交流，增加谈话内容”“学习现代生活方式”“帮助学习，提高学习成绩”等选项相比其他三种社区形态均占较高比例，这说明城镇受众的需求是多样化的，他们使用纸媒的目的也是多元的。

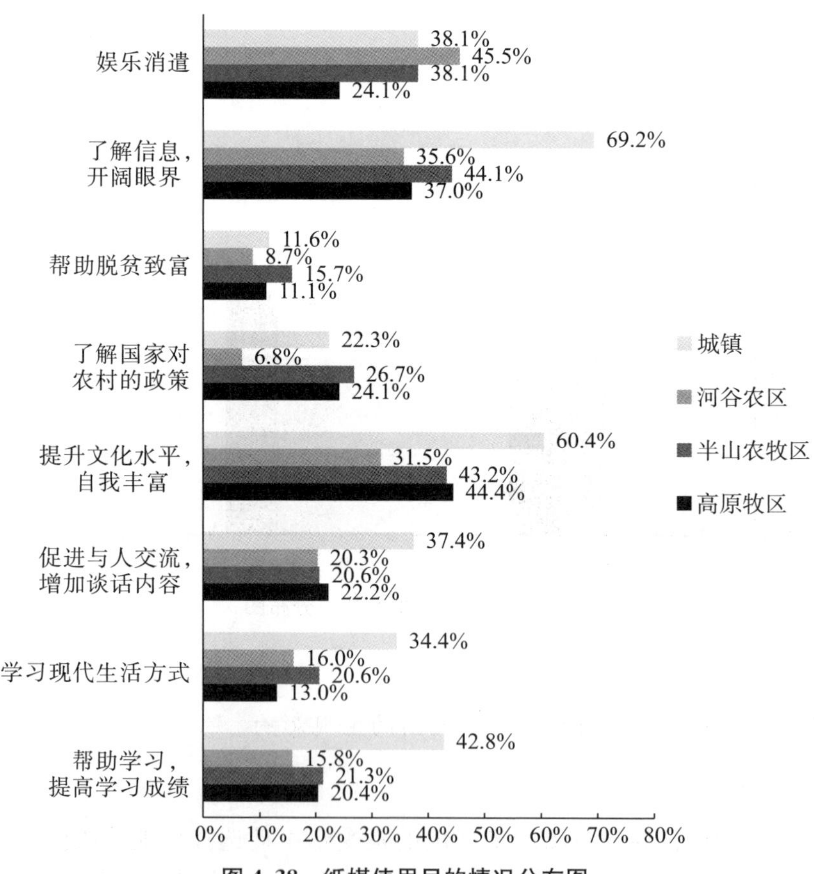

图 4.38　纸媒使用目的情况分布图

河谷农区是山区最富裕、最发达、享受现代化最多的农区，土壤肥沃、产量较高，生活水平和现代化程度明显比半山农牧区和高原牧区更高。但河谷地区农村的社会结构却是最简单的，以乡村、家庭为基础的结构模式，稳定的生活方式也使得农区的信息需求并不明显。在河谷农区社区形态中，“娱乐消遣”在四种社区形态中是占比最高的，而其他选项（除“学习现代生活方式”占第三）都排最后一位，河谷农区受众使用纸媒有强烈的娱乐消遣目的外，其他的动机均不明显，这应该与农村稳定而简单的社会结构和生活方式有很大的关系。

半山农牧区的主要特征之一是选择半山散居，该社区的生存发展主要依靠的经济因素是农业、放牧和副业。半山农牧区是除了高原牧区外经济发展程度最低的地区。半山的农牧民以务农、放牧和各种副业等多元的活动进行着生存发展。多样活动形式和行为特征驱使农牧民去了解和接受更多的信息。在半山农牧区社区形态中，几乎所有选项均相对占比较高，而“帮助脱贫致富”“了解国家对农村的政策”选项占比明显高于其他社区形态，从课题组实地调研的情况来看，经济发展滞后以及对纸媒的信赖程度高是半山农牧区受众使用纸媒目的多样化以及使用态度积极的重要因素。

高原牧区高寒缺氧，不适于农作物的生长，这样的自然环境使这里的人类生存具有择水草而居的特征，高原牧区是几乎找不到常年性人居社区的高流动性社会系统，家庭的流动性是由季节和气候的变化所决定的。近年来，在政府聚居和集体放牧等政策的影响下，高原牧区的社会结构有所改变，常年性人居社区逐渐多起来，不少的牧民从放牧活动中解放出来，到城镇打工或进行其他副业进行创收致富。总体上，高原牧民与常态社会的接触频率普遍较低，现代化对其生存境域的改变仍不显著。该社区的生活方式依旧较为原始，比如喝茶（酥油茶）、赛马以及打骰子等行为仍是他们的主要活动和娱乐社交方式。在高原牧区社区形态中，“提升文化水平，自我丰富”“促进与人交流，增加谈话内容”目的在四种社区形态中占比第二位，在西藏阿里地区大多数农牧民不会说汉语、不能书写藏汉文字的现象十分普遍，而越来越多的内地人扎根西藏也给高原牧区的生活方式带来了改变。很多牧民在牲畜交易、进城打工以及从事副业的过程中都不可避免地与内地人交流，生活环境的变化促使他们产生新的需求，如与人交流、提升文化水平等需求，这都导致高原牧区受众对文化水平提升、融入现代生活有较为强烈的需求。

2）电媒与新媒体

在城镇，以手机为代表的新媒体已逐渐融入了城镇居民的生活，亦如发生在东部发达地区的景象，手机正逐步替代电视，人们更偏好使用手机来看新闻或了解相关信息。通过对比电视使用内容情况分布图（见图4.39）与2008年的分布图（见图4.41），我们可以看到，首先城镇在“新闻时事类”节目的收看率上从2008年的四种社区形态占比最高降至

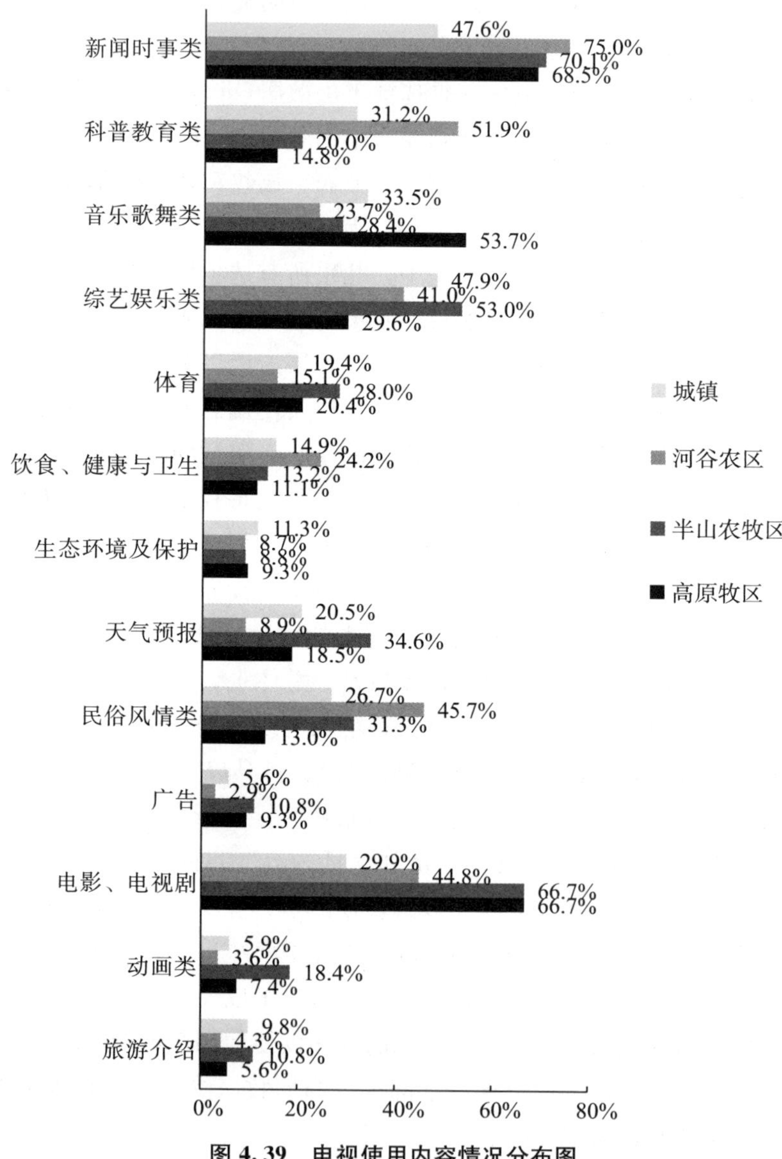

图4.39　电视使用内容情况分布图

2016—2017年的最低。这与城镇对电媒的依赖度降低有密不可分的关系。我们还可以发现，在手机使用目的情况分布图（见图4.40）中，城镇“看新闻”“了解、收集以及发布信息”两项远远高于其他社区形态，同时也远高于2008年城镇的相关数据（见图4.42）。这说明城镇使用电媒的行为正转变为使用新媒体，比如通过新媒体了解新闻与信息。新媒体正逐渐成为西部地区城镇居民了解信息、收集信息的一个重要途径。通过新旧手机使用目的分布的对比，我们也明显地发现，首先城镇在“看小说”“学习”“看新闻”“了解、收集以及发布信息”等项的比例远远高于2008年的调查数据。这说明随着时间推移和社会发展，中国西部民族地区经济社会条件较好的城镇受众已经对新媒介的使用有更深入的认识，并逐渐具备了运用新媒体获取学习资料、新闻资讯以及相关信息的能力。

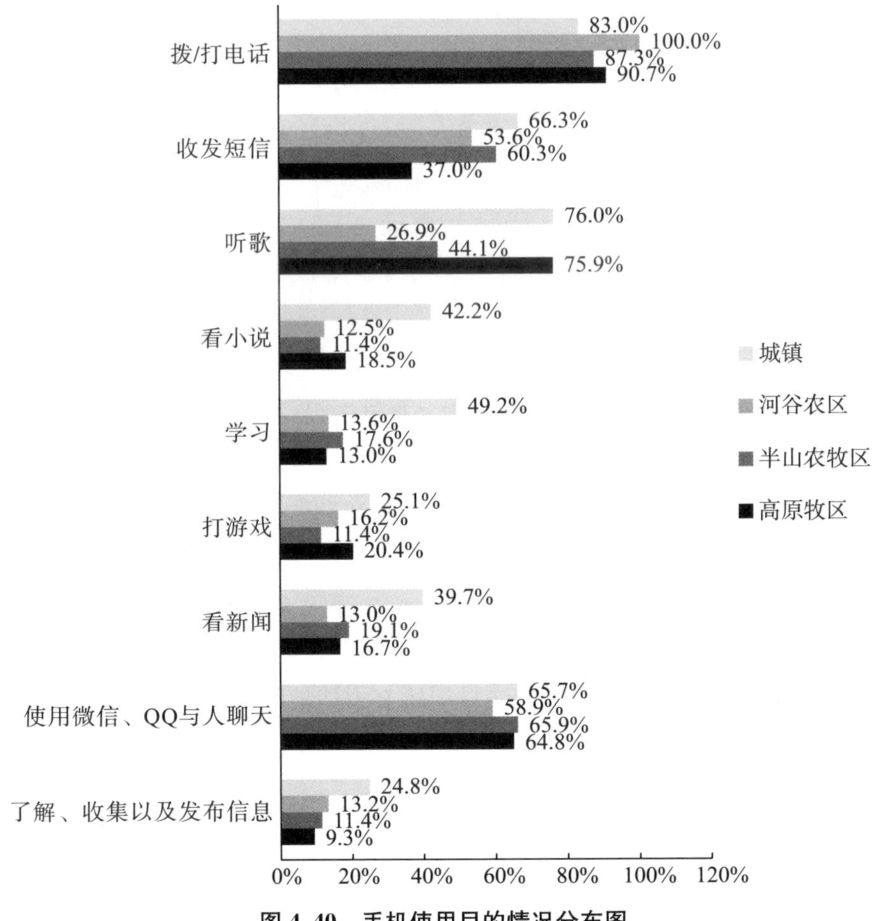

图4.40　手机使用目的情况分布图

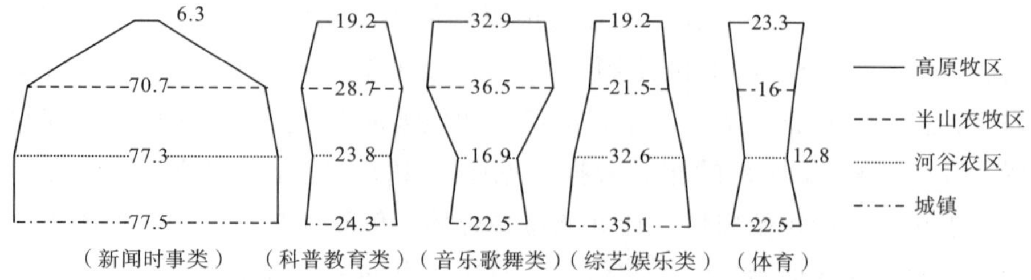

图 4.41　2008 年四种社区形态下电视节目选择梯形分布图（单位：%）

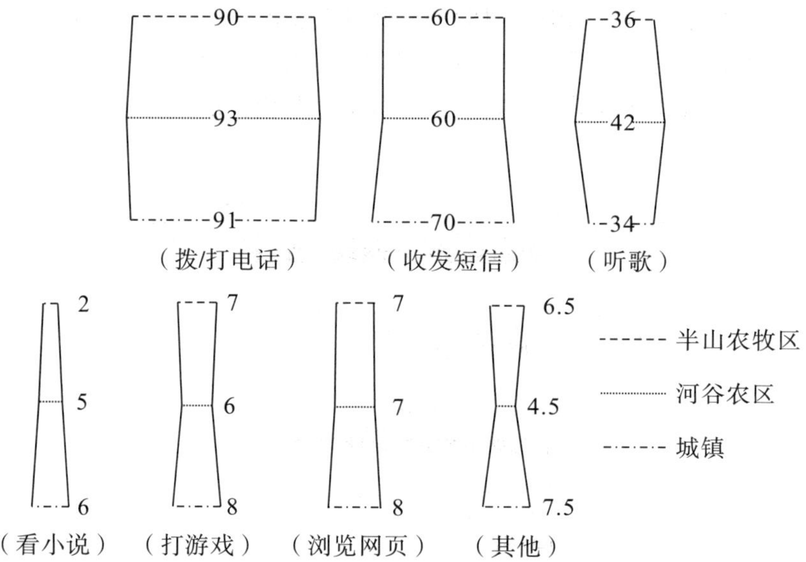

图 4.42　2008 年四种社区形态下手机使用目的梯形分布图（单位：%）

在河谷农区，看电视依旧是河谷农村居民主要的生活方式。从图 4.39 中，我们发现，河谷农区“新闻时事类”节目占比是第一的。他们十分关注电媒的新闻类节目，电视是他们接受国家政策以及重要新闻的一个主要途径。在“科普教育类”节目的选择上，河谷农区占比最高。相比于 2008 年的数据，河谷农区的农村居民有迫切地提升教育的意愿。同时，我们还从图 4.39 中发现了很有价值的信息。在河谷农区样本中，民俗风情类节目在单个社区内容选择上的排名是第三位，远高于城镇（第八位）、半山农牧区（第五位）和高原牧区（第六位）。我们分析认为，由特殊的社会环境而养成的生活习惯或方式是影响受众收看民俗风情类节目的决定性因素。在河谷农区样本点西双版纳勐龙镇的实地调研中，我们发现用民语配音的电影和电视剧非常受当地中老年受众欢迎，当农村流动电影放映车进村放映民语电影时，受众热情高涨，全村老少早早地抬着小板凳到放映地占座位。

此外，需要特别说明的是，半山农牧区样本中受众收看“天气预报”节目的占比是最高的，而高原牧区占比排在第三位。这似乎与课题前期调研的分析结果不相符，实则是很有力地证明了本章提出的梯形模式中地理因素对传媒信息的决定性作用。在高原牧区样本点西藏阿里地区，全年降水量相当少，冬季降雪主要集中在每年 12 月至第二年 4 月，天气变化的季节性强。农牧民群众对天气变化的信息需求并不强烈。而半山农牧区样本点云南香格里拉地处高海拔低纬度地带，气候随海拔升高而变化，依次出现六个气候带，属典型的“立体农业气候”。气候变化剧烈、气候特征多样，常常形成“一山分四季”“一年无四季，一天有四季”“隔里不同天”等不同气候。因此，半山农牧区样本点的受众对气候信息和天气预报呈现出强需求的特征。

如图 4.40 所示，在河谷农区、半山农牧区和高原牧区，由于其农牧民的媒介素养普遍比较低，再加之经济收入、语言、地理等要素的影响，使得一方面人们的新媒体（主要是手机与互联网）使用率比较低，另一方面则是在使用过程中对新媒体的娱乐、信息、教育、生活服务以及网购等功能的利用率非常低。调查数据显示，人们使用手机或网络新媒体最主要的目的就是拨打电话、收发短信等。这些功能在智能手机时代几乎没有体现出手机的智能性，人们对于这些初级通信功能的高度使用也进一步反证出中国西部民族地区人民的新媒体素养仍处于很低的状态。在实地调查中，我们发现很多农牧民虽然使用了智能手机，但手机上的 App 数量十分有限，有时候甚至除了手机自带的 App 之外没有一个自己主动下载的 App。“不会用”以及“不知道什么是 App”和知识水平普遍低成为这一现象的主要原因。

在四种社区形态差异性的手机使用目的上，高原牧区使用手机听歌的比例与城镇的相差无几，且远高于河谷农区、半山农牧区。高原牧区的人们喜欢听歌，这与他们的语言高度相关。因为音乐往往是最能超越语言的娱乐形态之一，就像很多并不懂英文的中国人喜欢听英文歌一样，在我们的田野调查中发现，很多少数民族农牧民除了听汉语歌外还喜欢听很多国外的歌曲。同时，唱歌跳舞本就是许多少数民族地区人民的主要娱乐方式，能歌善舞是他们留给大众的重要印象。

4.3.1.4 生产方式对媒介使用的主观影响

1）纸媒

四种社区形态在媒介内容的选择上可以高度反映出梯形模式里生产方式、生活方式、文化宗教对当地人民产生的影响。例如，半山农牧区由于集合了农业与牧业两种生产方式，使得他们在复杂的地理环境中需要掌握更多的信息与技术来处理生产问题。因此，较之其他三种社区形态，关于农林技术类的信息是他们最需要的。

在城镇，无论居民从事工商业或其他职业，因其生产方式的不同，他们总是比河谷农区、半山农牧区和高原牧区的人们有更多的闲暇时间，因此他们更有时间和财力去投入生活。很多城镇居民家里的电器都比较齐全，各种生活设施也比其他三种社区形态丰富，而且他们还常常出门旅游，这就使得他们更需要生活技巧去应对这些日常事务。因此，城镇在对所有纸媒内容的选择中，生活技巧、体育健康占比最高（见图 4.43）。此外，在文学艺术类内容选择上，城镇也以压倒性的数据领先其他三种社区形态。总体而言，城镇在纸媒各个内容上的分布是最均匀的，而且相对比例也最高。这表明城镇居民的媒介素养比较高，而且文化生活更加多元。

对于河谷农区，四季的农作基本上消耗了他们大部分的精力和时间，而娱乐消遣是农闲时分恢复精力有效的手段。从四种社区形态纸媒使用目的中我们发现，河谷农区“娱乐消遣”使用目的是四种社区形态中最高的。而在纸媒使用内容上，河谷农区“通俗休闲类”选项占比最高，同时远高于其他社区。这说明河谷农区相较于其他社区更偏好娱乐类的读物。在“教辅类”选项上，河谷农区也是明显高于其他社区，这表示河谷农区的人们更注重子女的教育。

2）广播

从总体上看，西部地区对广播有较好的依赖度。这与西部地区人们的生产方式以及较为稳固的社会结构有密切关系，该地区以乡村、县、镇为基本单位，人们以农牧业营生；而其他非民族地区的城镇和农村的流动性大，农村居民也都从农业为主转变成务工等其他营生，广播在这些地区都已经消失在人们的视野中，广播的组织传播功能被大众传播所取代。通过不同地区情况的对比，我们认为生产方式是西部民族地区对广播有相对较高依赖度的主要原因。

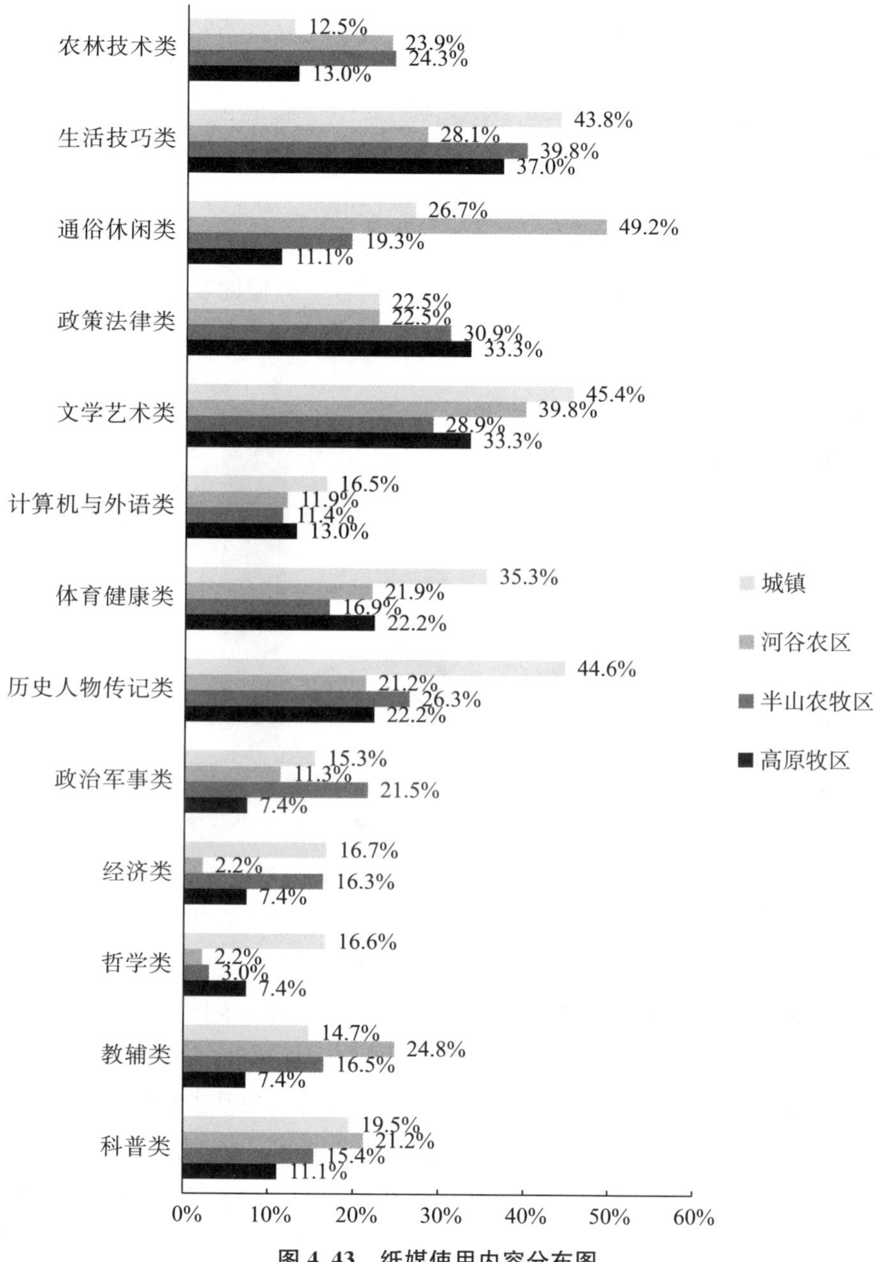

图 4.43 纸媒使用内容分布图

通过图 4.44 可知，城镇听广播的比例排第二，而河谷农区、半山农牧区和高原牧区则随着海拔上升而逐渐升高。具体来看，城镇因相对占有的资源优势和良好的经济条件对广播有较高的使用率。高原牧区的广播媒介还是呈现出了最高的接触比例。通过调研，我们发现形成这一情况的主要原因是高原地区的牧民较多，这些以青壮年构成的牧民群体因为常年过着游牧生活，身上携带的手机等新媒体需要不时地充电，而收音机对电力的需求则较手机要小得多。这些牧民经常携带收音机来收听音乐节目或新闻、天气预报等。同时，限制手机等新媒体的另一个因素则是高原地区的信号比较弱，尤其是对于牧民来讲，他们常常会到一些比较偏僻的地区进行放牧，这时收音机对他们来讲就是相对而言最方便的媒介了。

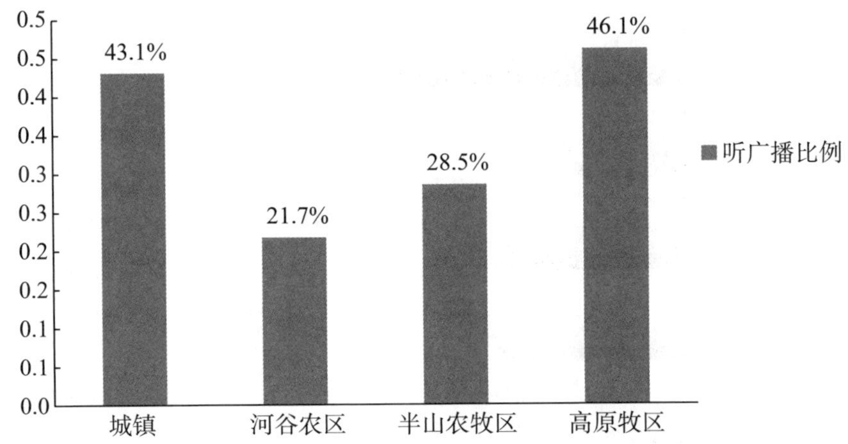

图 4.44　四种社区形态下听广播比例情况分布图

在前期数据中，河谷农区的听广播比例高于半山农牧区，而最新的统计数据显示出相反的结论。半山农牧民相比河谷农民更倾向于收听广播。在调研的过程中，我们发现在新媒体的冲击下，河谷农区的媒介使用行为的重心正在迅速地转变，从前人们听广播的行为转变为对电视、手机等媒介的使用。在调研的实践过程中，我们发现这种现象基本是典型性的。课题组认为，在过去的十年间，西部地区的农村得到了大幅度的发展，尤其是在基础设施建设、媒介普及等方面。有线电视线路和网络线路在农村实现了基本上整体性的覆盖，电脑、手机等新媒体在农村实现了普及。在农村，广播的作用正逐步地减弱，人们倾向于使用更便利、有效的电视、电脑和手机等媒介。

3）新媒体

如图 4.45 所示，我们可以发现四种社区形态上网使用目的集中在了解信息以及娱乐两方面，及“获取生产资料来源与产品销售渠道的信息”

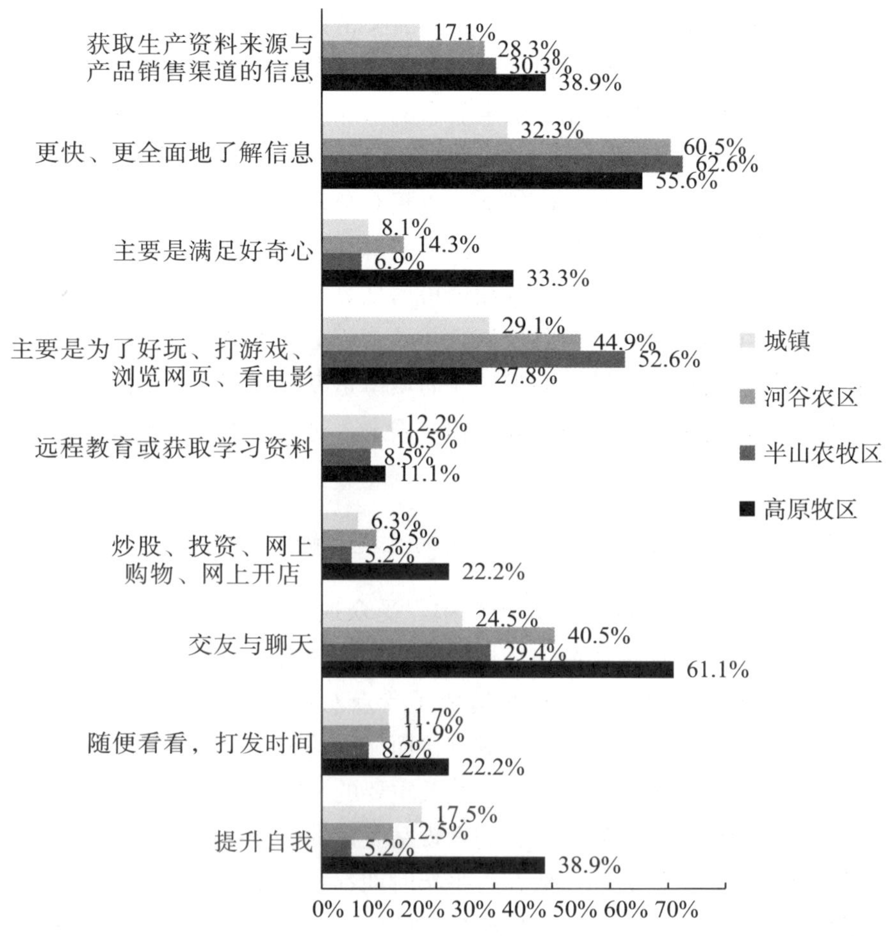

图 4.45　上网使用目的情况分布图

“更快、更全面地了解信息”“主要是为了好玩、打游戏、浏览网页、看电影”和“交友与聊天”等项。在“获取生产资料来源与产品销售渠道的信息”“更快、更全面地了解信息”一项，我们可以发现高原牧区到城镇出现了明显的递增趋势，这与四种社区形态的生产方式有巨大的关系。高原牧区、半山农牧区和河谷农区以农业、畜牧业为主，生产资源和销售渠道的信息是他们重要的信息需求。从河谷农区到高原牧区出现信息需求递增的趋势，这需要我们深入不同地区生产的交换环节来解释。在高原现实的情况是，我们以阿里地区为例，以前牧民的牲畜产品均是个人销售，销售的地域范围也是各自牧民临近的乡镇、县城，这就形成了一个个以乡域、县域较为封闭的销售网络。但近年来，随着集体放牧政策的施行，该地区牲畜产品的销售大部分是以村和户集体名义销售，这些时间、人力和更主要是销售量上的提升使得牧民的产品能销往更多的地方。销售地和消费群体的增加都促使牧民们对相关信息需求的增加。除了牲畜产品外，牧民的销售范围还涵盖了食品、服装等，如牲畜的副产品奶渣、传统毛皮藏装等，这些产品往往能销往拉萨等地，更具有销售潜力。销售环节的增加必然会产生更多的信息，这都需要牧民去了解、选择和接收。我们认为上述情况是高原地区牧民对生产资源和销售信息等多方面的资讯需求旺盛的主要原因。在半山农牧区和河谷农区，生产以及销售情况与高原牧区类似，这也导致他们对信息有较高的需求。而城镇是以固定销售范围的工商业为主，他们的销售范围以及消费人群相对固定，对各类生产和销售信息的需求并不高。

4.3.1.5 文化宗教对受众媒介使用的主观影响

在西部地区受众媒介素养研究中，受众通过信仰、艺术、道德、法律、习俗，以及在社会环境中获得的能力和养成的习惯都很大程度上产生了不同的思维、行为方式，这都造成了受众对不同信息内容的选择性偏好，对该区域居民的媒介使用造成直接而显著的影响。整体的文化、宗教信息场域在信号传播过程中发挥着至关重要的影响。在河谷农区样本点西双版纳勐龙镇的实地调研中，我们发现勐龙镇的傣族家庭有着良好的南传佛教信仰传承，傣族男性一般在青少年时期都要剃度出家一段时间，在寺庙里修习佛经和本民族文字，这些独特的修习和学习行为反映出傣族独特的民族文化环境。而某些类型的信息选择偏好是特异的文化宗教场域中受众固有习惯影响的结果。例如，我们发现勐龙镇的受众对民俗风情类电视节目有显著的偏爱。民语配音的电影和电视剧非常受当地中老年受众欢迎，当农村流动电影放映车进村放映民语电影时，受众热情高涨，全村老少早早地抬着小板凳到放映地占座位，这些行为和信息偏好都与整体的文化、宗教环境有着密不可分的关系。

除了勐龙镇傣族对民语配音电影和电视剧的特异性偏好，课题组在调研中还发现西部民族地区存在着一种普遍性的对歌舞类内容的强烈需求。歌舞是一种民族文化环境中的风俗和习惯，融入西部民族地区受众的文化和生活的方方面面。在阿里地区，一方面，祝酒歌等是人们表达情感的一种独特的方式，民族歌曲在该地区的民众中有极高的传唱度；另一方面，例如被列入国家级非物质文化遗产代表性项目名录扩展项目名录的“札达卡尔玛宣舞”流传至今，原始的文化行为在当地还是有很大的影响力，并得以流传和延续。而作为藏族三大民间舞蹈之一的锅庄舞不仅是藏区的文化标志，还成为阿里地区人们文化休闲的独特方式。在气候适宜的夏季，阿里地区狮泉河镇的人们都会在傍晚时分聚集在休闲广场，随着地区电视台播放的音乐，男女老少都围在一起跳锅庄舞。

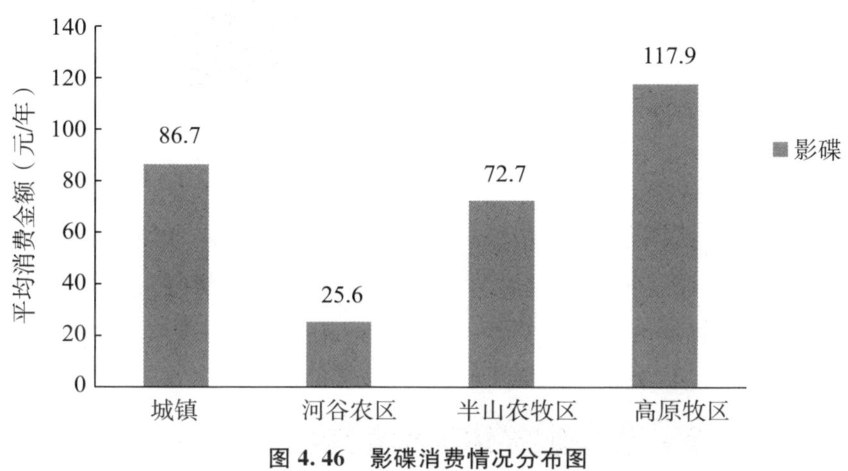

图 4.46　影碟消费情况分布图

在地理环境空间分层下的不同社区对歌舞信息需求均产生了显著的影响，这种影响随着地理空间的上升呈现出一种规律性的趋势。如图 4.46 和图 4.47 所示，从河谷农区到高原牧区，影碟消费和影碟机拥有量都随着海拔上升而升高；城镇的影碟消费位列第二，其影碟机拥有量排最后一位。从使用手机听歌的情况来看，河谷农区到高原牧区仍呈现出随海拔上升而升高的趋势，城镇占比最高，如图 4.48 所示。通过调查研究，我们发现西部民族地区人们购买影碟机和影碟的主要目的仍然是收听、收看歌舞内容，并且这种需求在河谷农区、半山农牧区和高原牧区三种社区形态中，海拔越高的地区对歌舞内容的需求越高。城镇对歌舞内容的需求高于河谷农区、半山农牧区，总体上低于高原牧区。

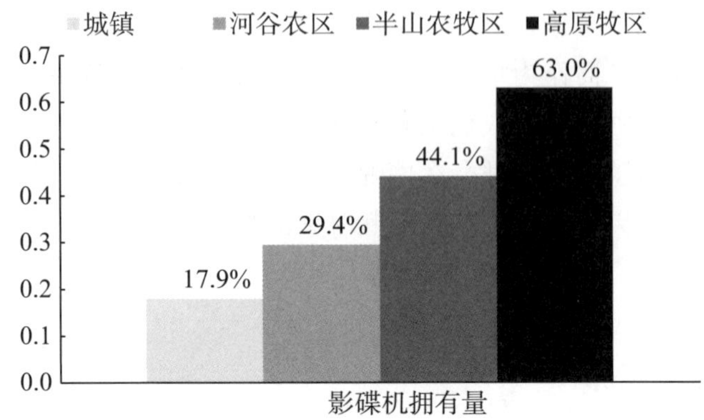

图 4.47 影碟机拥有情况分布图

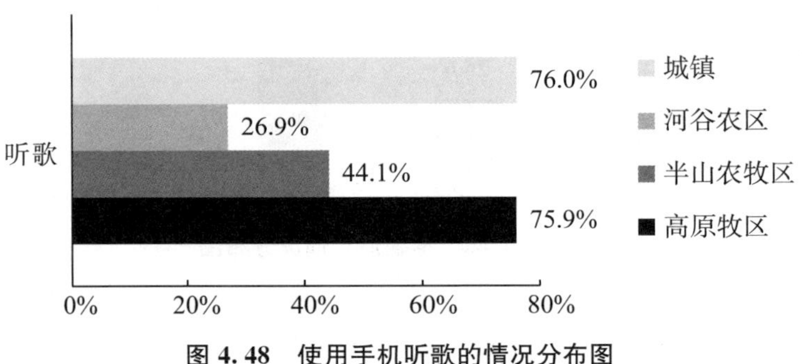

图 4.48 使用手机听歌的情况分布图

4.4 梯形模式的价值评估与修正

在前文的叙述中可以看出，梯形模式的理论基础首先来源于西部民族聚居区的传媒考察，在这些考察当中，我们发现了不同地区的人们在传媒接触、期望以及使用上所体现出的种种差异。同时，为了更加形象地对这些差异进行直观的概括，我们引入了梯形概念。因此，差异是梯形的本质意义和核心要素。但需要注意的是，差异本身并不具有价值上的必然关联，也就是说，我们无法贸然判断差异的好坏。对待差异问题，作何宏观的、整体的价值判断都是缺乏现实考量和理论意义的。我们需要做的是深入具体语境，了解研究的真正目的，并最终得出既细化又具有整体性的理论框架。而在本章中，这一框架即是我们所建立的梯形模式。梯形模式的理论基础来源于传媒考察下的差异性现实，但梯形模式作为一种具有高度概括性和指导性的理论模型，它真正的价值还在于对造成这些差异的各方因素的分析，以及指出哪些差异是需要消减的，而哪些差异是需要将其纳入更加合理、有效的传媒实践的。例如，在梯形模式中，我们将导致这些差异的背景因素分为地理、经济、生活方式、生产方式以及文化和宗教六个方面。同时指出，地理与经济是如何构成对媒介本身以及人们对媒介的选择方面的影响，同样地，生活方式、生产方式、文化以及宗教又是如何对地区居民的媒介信息的接收产生影响的。这些都是在致力于厘清差异产生的原因以及如何将这些原因进行合理的分类。因此，在梯形模式的理论基础上，如果再引入价值要素，那就构成了本节所谓对于梯形模式的价值评估与修正的全部视野。在这一视野下，梯形模式首先揭示了差异的本质。其次，在价值要素方面，我们需要理解的是，地理要素构成的媒介选择方面的困境与差别对人们的媒介接触产生了巨大的影响，而这种影响事实上与我们所要求的传媒西进以及西部地区的现代化发展是不符的。尤其是在现代传媒日新月异的发展过程中，数字鸿沟已成为传播学研究以及国家发展的重要命题，而由地理要素造成的传媒差异则毫无疑问的与地区经济以及国家经济政策息息相关。如何消减这样的差异，不仅是梯形模式的本质内涵，同时也是宏观层面的西部现代化的重要组成部分。除此之外，对于由文化、宗教以及生活方式和生产方式造成的信息选择上的差异则应当成为我们的大众传媒所必须予以重视的珍贵资源。无论是考察、理解还是对话，差异的价值都是非常重要的。因为它为我们的发展提供了难得稳定的内在结构和生活体系。从现实到理论再到目的，这是梯形模式在阐述维度上的整体意义，而从理论到实践再到理论，则是梯形模式的修正意义。在这种修正中，我们需要首先通过实践来判断应当得到消减的差异是否得到了消减，应当得到应用和借鉴的差异是否获得了足够的关注和全新的策略。

基于现有大众传媒模式下现代传媒在西部民族地区传播过程中的差异化实践，课题组在 2008 年和 2018 年两个阶段进行了大量的数据调研和田野观察，特别关注了现代传媒的辐射在一些项目上出现了与预期相异的偏差，以及常规传播模式下现代化信息传播差异与各社区发展情况的关系等问题，并从地理、经济、生活方式、生产方式、文化和宗教等关键性变量进行了发展传播学维度的剖析，致力于从梯形模式的本土化的发展传播视角来关注西部民族地区的传播差异，从理论的角度为消除差异的实践提供策略。

在中国西部民族地区，信息传达仍是现代大众传媒实践的重大阻碍。地理环境在很大程度上限制了信息是否到达目的地。这种地理因素对信息传播的制约作用在新媒体例如网络与 WiFi 覆盖率等方面表现得十分显著。四种社区形态的网络、WiFi 覆盖率都呈现出在海拔维度上由高到低的递减趋势，这也从侧面反映出西部民族地区信息的抵达率因地理因素的影响而出现了一致性的趋势。但需要特别关注的是，四种社区形态对纸媒的使用出现了与课题组研究假设不符合的“拐点”现象。首先，高原牧区的纸媒抵达率高于河谷农区、半山农牧区，低于城镇，该社区形态有较好的纸媒使用习惯。纸媒易于收藏和保存、更加“耐看”等特性以及高原地区现代传媒的发展均是高原受众出现较高使用率的主要因素。其次，河谷农区、半山农牧区的纸媒抵达率在前后调查中呈现的差异结果，即在之前的数据显示半山农牧区是纸媒各项指标均偏低的地区，而现在河谷农区是最低的。前后数据差异主要受到了政府政策行为因素的影响，高原牧区报纸抵达率升高以及半山农牧区纸媒指标升高主要归因于当地政府在农家书屋、图书馆建设、政府发放等方面的政策支持力度的增加。但高原牧区、半山农牧区因地理位置偏远而导致的选择性较小，以及居民自身对相关信息的需求仍是一个不可忽视的因素。

西部民族地区的经济现实也是影响受众接触媒介能力的一个重要制约因素，主要从两方面影响受众获知和接触媒介，一方面是个人经济条件对受众接触媒介能力的影响，另一方面是国家财政支出通过出台相关政策等方式提升人们的媒介接触能力。西部地区不同的社区在生产方式上有巨大的差异，他们的收入水平和消费水平也大相径庭，总体上四种社区形态在纸媒、电媒消费或电脑拥有量等方面均随着各社区经济情况呈现出海拔上升而降低的趋势。同时，这种个体经济能力差异性对媒介的接触率和抵达率的影响是非常明显的。此外，由于西部民族地区经济社会发展的先天性劣势，现代信息在西部地区的有效传播很大程度上依赖国家政府的财政扶持。例如，为解决农民“看书难，买书难”问题而设立的农家书屋，其设立为高原牧区、山区提供信息和知识方面发挥了巨大作用，这也解释了高原、高半山地区在现在拥有较好的纸媒接触率的原因；而“村村通工程”政策的出台对解决西部偏远贫困地区收听广播、收看电视的问题起到了决定性的作用。在田野观察中，我们发现 2008 年的调查中高原牧区受众看电影频率是四种社区形态中最高的，经对样本点深入调查后获知当地政府为提升牧民的生活质量，加大了对该地区的财政支出，积极购买电影放映设备并周期性组织牧民观看露天电影，这才使高原牧区样本点出现了看电影的高比例，政府的相关政策和财政支出是提升高原牧民媒介接触率的直接因素。同样的一个例证是，在 2018 年的调查数据中，河谷农区对民俗风情类电视节目有特别大的偏好。在实地调研中，我们发现当地政府在推进电影下乡放映活动中加大财政支持力度，农村流动电影放映车经常下乡进村为人们放映民语电影，而民语配音的电影和电视剧非常受当地中老年受众的欢迎，这与河谷地区受众偏好民俗风情类电视节目有很大的关系。

现代大众传媒的常规化传播模式在西部民族地区产生差异化效果的另一个重要的原因是四种社区形态受众媒介使用行为、心理的差异。受众媒介使用行为、习惯和心理很大程度上取决于他们生活的环境及环境中种种因素，即四种社区形态在社会组织、生活模式、生产方式以及文化宗教等方面的差异。城镇的居民以工商业为主，该社区的社会结构包括家庭、单位、社区以及外地人等，属于复合结构模型，复杂的社会结构也导致城镇居民信息需求的多样性。河谷地区以农业为主，农村的社会结构以家庭为基础，稳定的生活方式也使得农区对消遣娱乐有较高的需求，而其他的信息需求并不明显。半山农牧区存在着农业、牧业和副业等多种经济形式，该社区的经济发展程度相对较低，多样的活动形式和行为特征驱使农牧民去了解和接受更多的信息。而高原牧区流动性较高，生活、生产方式比较落后，现代化对其生存环境的改变不显著。总体上，四种社区形态的信息需求表现为：城镇的信息需求呈现多样化、多元化的趋势，在新媒体的使用能力上有所提升；河谷农区对消遣娱乐类信息较为敏感；半山农牧区对相关农牧业类信息以及脱贫致富类信息有较强的需求；高原牧区的受众文化程度普遍偏低，提升文化仍是他们主要的信息需求。此外，随着高原畜牧业的不断开发，生产销售信息日益成为他们的重大信息需求之一。

梯形模式的价值主要在于对造成西部民族地区传媒实践中传播差异的各方因素的分析与归因，并指出造成差异的主要限制因素，以及通过发展传播学的理论维度来消减某些差异，或使某些差异在信号的传播过程中得到强化，最终使某些信息纳入更加合理、有效的传媒实践中。在模式修正之前，我们需要对这一模式的起效趋势进行合理的推测，关于这一部分将在第 6 章中进行更加详细的分析。

第 5 章　西部民族地区传媒使用的一贯性需求：水平模式

本章需要求证，在不同时间点、不同情境中，同一行为人面对同一刺激的反应是否相同？即指行为人是否在任何情境和任何时候对同一刺激物做相同的反应，行动者的行为是否稳定持久。例如，我们所考察的行为人如果在其他的时间和情境下都表现出对某些类信息和信源的高关注度，或者完全相反，那么一贯性就高；否则一贯性低。我们试图通过一种“水平模式”去进一步探究，该类个体观念行为的相对稳定性来源于什么原因，是传统文化和宗教信仰的约束吗？是党和政府的刚性原则影响吗？抑或是其他什么制衡因素？哪些是已具有全区普遍性的正向/反向效果？哪些是潜在的共性需求但在前期规划中是被忽略的？哪些是媒介环境中个体不能共有的要素，甚至因此而引起冲突及其强度如何？然后，将其作为比较稳定的观察变量，建构这一侧重于定性研究的分析工具。

因此，本章需要解决的问题就是寻找能够使现代传媒与西部社会发展形成良性互动之平衡关系的有效路径。

5.1　样本区域内传媒使用的共性

依据《现代传媒与西部民族——汉藏羌民族混居区传媒使用与影响的类型化研究》一书的调查数据，城镇、河谷农区、半山农牧区和高原牧区四种社区形态的样本点在物理情境（自然生态）、社会根源（宗教与民族）和文化语境（日常生活中的传媒使用行为）这三个具有主导性作用的中介变量的影响下，对传媒分布、媒介选择、内容偏好等方面仍具有一般意义的共同性或相似性特征。我们可以通过雷达图 5.1 直观这种共同性的所指，以及或许通过媒介素质的培养可以转化为共同需求的非一致性空间。

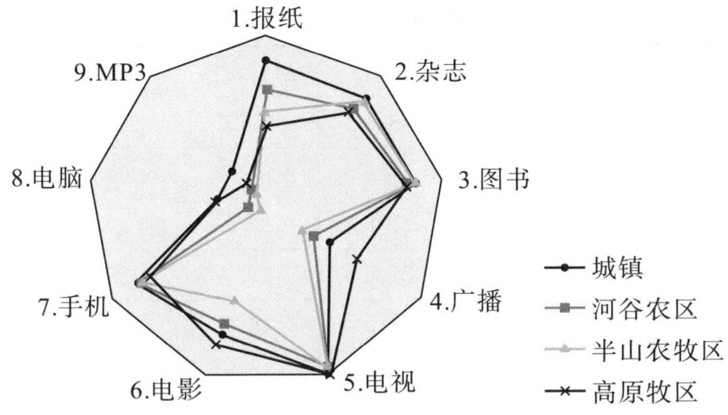

图 5.1　四种社区形态的传媒使用差异雷达图

如图 5.1 所示，传媒使用指标的实际值与参照值存在一定程度的偏离，同一比较水平下的几组实际值也有明显差异。雷达图外围顶点代表着受众使用率为 100%的理想值，越接近圆心则表示该类型媒体不受该地区受众青睐。因此，根据包围圈的扩张程度，我们可直观地判断出四种社区形态样本传媒使用的整体情况。具体而言，拥有较高使用率且被各类型社区受众稳定选择的是图书、电视、手机这三类媒体；同时，此三类媒介受众因受外部条件限制较小，能够很好地渗透到各社区形态中。此外，随着传统纸媒到电媒再到以手机为代表的网络新媒体的传媒介质的发展变革，四种社区形态下的受众表现出对此三类媒体一贯性的依赖和选择上的相似性特征。因此本节需要进一步研究该类受众的使用目的和内容选择是什么。

5.1.1　纸媒的使用目的趋同

我们在前期研究中曾设计了“消遣娱乐”“了解信息，开阔眼界”“帮助脱贫致富”“了解国家对农村的政策”“提升自身文化水平，自我丰富”“促进与人的交流，增加谈话内容”“学会现代化的生活方式”“其他”共八个选项，对汉藏羌民族地区的民众纸媒使用目的进行了调查。分析结果显示，四种社区形态中除了“帮助脱贫致富”“促进与人的交流，增加谈话内容”“学会现代化的生活方式”和“其他”这四个选项受众使用纸媒的目的有明显差异，其他四个选项均显示使用目的趋同（见表 5.1、图 5.2）。

表 5.1　纸媒使用目的分布表（单位：%）

选项	城镇	河谷农区	半山农牧区	高原牧区
消遣娱乐	38.5	35.3	28.2	25.3
了解信息，开阔眼界	71.6	62.3	64.2	69.0
帮助脱贫致富	11.8	36.1	31.6	26.8
了解国家对农村的政策	21.6	28.7	29.5	33.8
提升自身文化水平，自我丰富	52.9	46.7	56.8	49.3
促进与人的交流，增加谈话内容	22.5	12.3	26.3	12.7
学会现代化的生活方式	9.8	13.9	14.7	16.9
其他	9.8	4.1	4.2	8.5

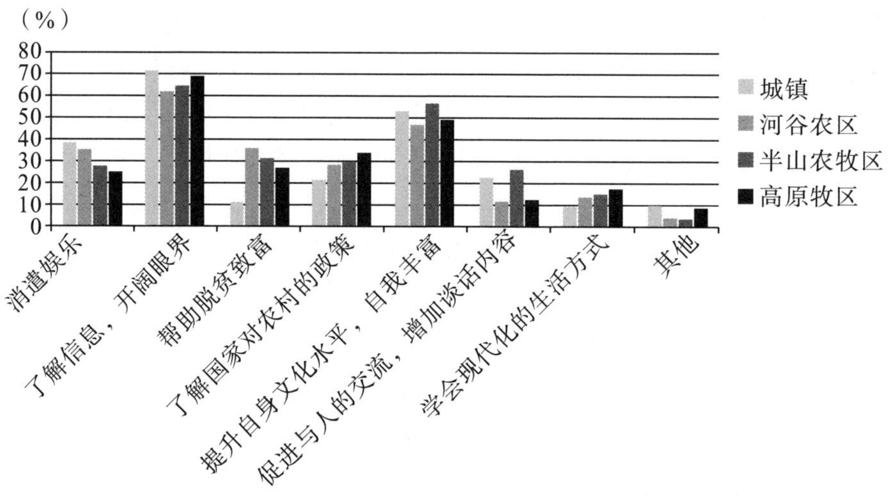

图 5.2　纸媒使用目的分布图

随着党和政府在中国西部地区推行的新农村建设、家电下乡等政策性活动的展开，电视（彩色电视、黑白电视）作为电媒的大众性基础设备在西部民族地区拥有率最高。从图 5.3 中我们可以看到，即使在高原牧区，彩色电视拥有率也占到了 79.5%，加上黑白电视 38.1%的占比率，可以说是覆盖到了每一个受众家庭。在其他三种社区形态样本中，电视拥有率也都在 95%以上，比城镇接触率最高为 85.6%的纸媒报纸还高。从接触时间看，四种社区形态下的电视日平均接触时间量超过 2 小时，河谷农区的日均收看时间最长达到 2.76 小时。可见，电视已成为受众获取信息的首选渠道。

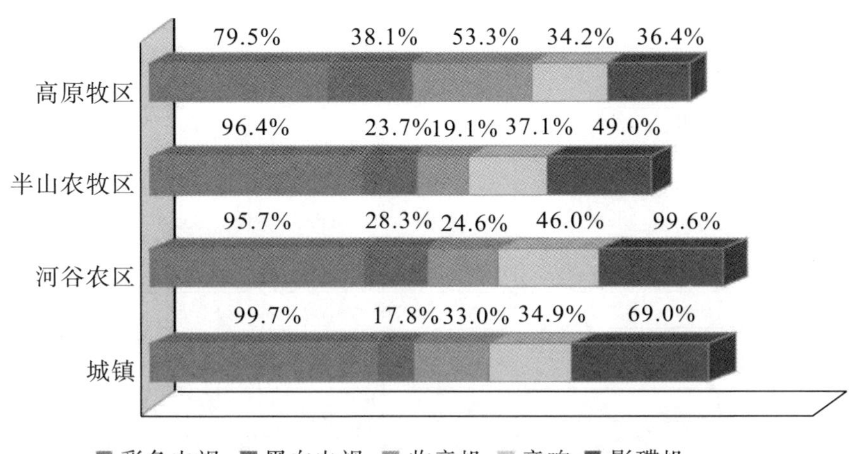

图5.3　四种社区形态电媒硬件设施拥有情况总体图

图5.3显示，广播在高原牧区的拥有率仅次于电视，排在第二位。但在其他三种形态社区中都是拥有率最低的媒体。我们需要确认，出现这一情况的原因究竟是传媒硬件设施的问题，还是受众消费习惯的转移？哪一个是直接原因？哪一个是间接原因？

为了掌握四种社区形态下受众对电视节目内容的选择情况，课题组筛选出受众最常看的14个电视节目内容的调查选项。数据显示，被四种社区形态样本点的受众列为“频繁观看”和“较频繁观看”的前四位媒体内容分别是“新闻时事类”“电影、电视剧”“综艺娱乐类”和“科普教育类”（见表5.2、图5.4）。

表5.2　最常收看的电视节目内容（单位：%）

形态 内容	城镇	河谷农区	半山农牧区	高原牧区
新闻时事类	77.5	77.3	70.7	6.3
科普教育类	24.3	23.8	28.7	19.2
音乐歌舞类	22.5	16.9	36.5	32.9
综艺娱乐类	35.1	32.6	21.5	19.2

续表5.2

内容＼形态	城镇	河谷农区	半山农牧区	高原牧区
体育	22.5	12.8	16	23.3
饮食、健康、卫生	14.4	10.5	5.5	1.4
生态环境及保护	4.5	5.2	3.9	1.4
天气预报	12.6	16.9	25.4	27.4
民俗风情类	4.5	4.7	4.4	5.5
广告	1.8	0.6	0	8.2
电影、电视剧	49.5	54.1	39.8	46.6
动画类	3.6	6.4	11.6	8.2
旅游类	3.6	1.7	1.1	6.8
其他	3.6	2.9	4.4	1.4

注：限选三项，总比例大于100%。

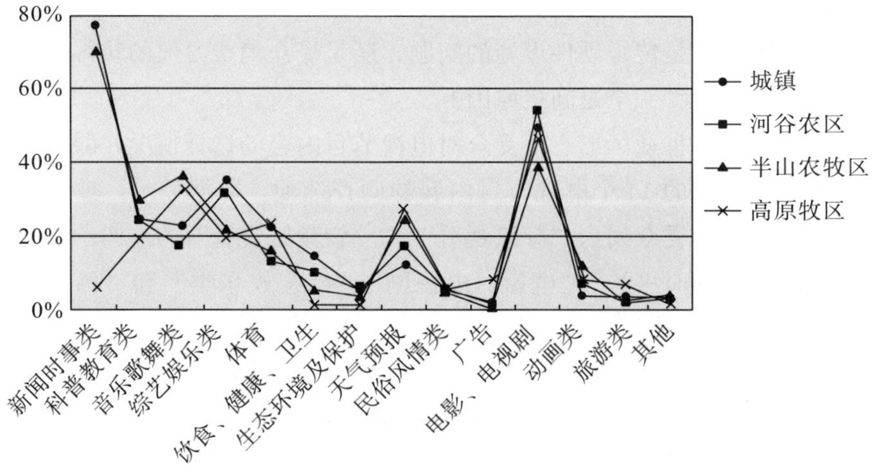

图5.4　四种社区形态下电视节目选择情况

我们发现，电视提供的“新闻时事类”节目内容是西南汉藏羌四种社区受众普遍关注的信息。城镇、河谷农区、半山农牧区这三种社区形态受众更是将该类信息排在第一关注的位置。因此我们推论，现代传媒机构关于“新闻时事类”节目的一贯性“议程设置”，可以对该类地区和谐社会建构发挥巨大的正向度推动作用。同时，"电影、电视剧"和"科普教育类"节目也是这三类社区受众共同关注的热点信息，在媒体消费上有可统计的需求量，在价值认同方面有基本趋于一致的符号体系。在"音乐歌舞类"和"体育"等节目的关注程度上，也显示出该地区受众对民族文化发展和强身健体的积极愿望。但高原牧区受众在六个高频率选项中，没有列出在其他三类社区排居第一的"新闻时事类"节目内容，而是对"电影、电视剧"和"音乐歌舞类"等节目保持高关注度（见表 5.3）。是因为情境的原因，比如人与自然的关系和地理空间的社区形态的特殊性而被国家的主流意识边缘化了吗？不要忘了，高原社区恰恰是受宗教和民族因素制约最大的样本点。因此，该类社区的传媒现实需要我们深入了解，是否存在媒介环境中个体不能共有的要素，抑或潜在的共性需求在前期规划中被忽略了？

表 5.3　四种社区形态电视内容选择比较

	序号	城镇	河谷农区	半山农牧区	高原牧区
内容选择排名	1	新闻时事类	新闻时事类	新闻时事类	电影、电视剧
	2	电影、电视剧	电影、电视剧	电影、电视剧	音乐、歌舞类
	3	综艺娱乐类	综艺娱乐类	音乐歌舞类	天气预报
	4	科普教育类	科普教育类	科普教育类	体育
	5	音乐歌舞类	音乐歌舞类	天气预报	科普教育类
	6	体育	天气预报	综艺娱乐类	综艺娱乐类

5.1.2　手机、电脑等网络新媒体功能使用的一致性趋向

目前代表着未来传播媒介发展趋势的互联网、手机等网络新兴媒体在我国中东部城市 3G、4G 应用已非常普及，但由于受我国经济社会发展中存在明显的"二元结构"问题，以及西部偏远且独特的地理与文化障碍等因素影响，不同于国家支持和投入下传统纸媒、电媒的分布与使用，新媒体发展在城乡之间、东中西部之间的差距呈现出更为巨大且有逐渐扩大的态势。因此，我们在考量并制定西部现代化建设的新战略时，为防止"数字鸿沟"成为西部民族地区发展的弱点和痛点，传媒现代化和媒介再平衡应当被充分重视。

对比前期成果中各社区形态样本点的新媒体拥有量与使用方式的统计数据来看，虽然在拥有情况上存在一定程度的差异，但从大体上说，手机在四种社区样本点区域覆盖率均高于 MP3 与电脑，已经逐渐成为该区域主要选择的新媒介工具和对外联系的重要通信工具（见图 5.5），即便是地处偏僻、经济能力薄弱、教育程度低的高原牧区其手机拥有率也超过 70%，远高于 MP3 与电脑。由此可见，西南民族聚居区内新媒介的发展也存在不均衡的现象。

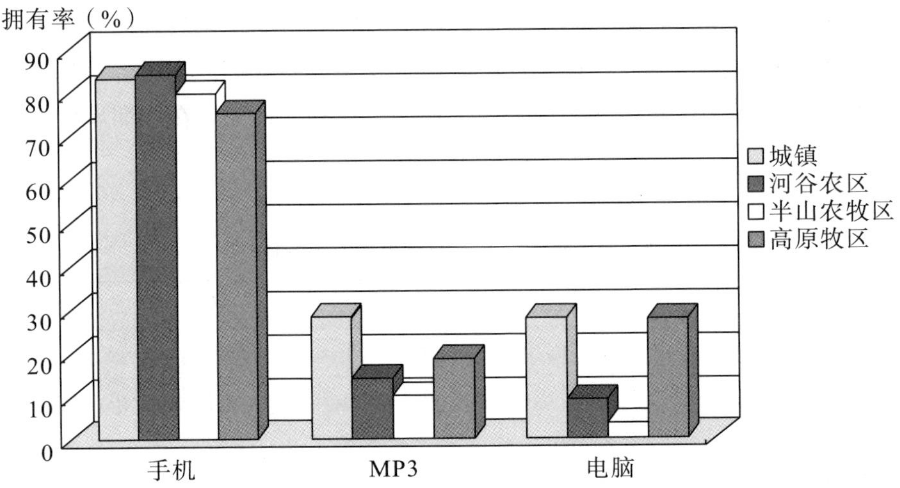

图 5.5　地震前四种社区形态新媒体拥有情况对比

因 2008 年汶川地震的缘故，高原牧区的基础设施损毁严重，没有震后数据。但就城镇、河谷农区、半山农牧区这三种社区形态对手机和互联网上网的使用方式和目的来看，整体上仍处于初级阶段，具有单一性特征（见图 5.6、图 5.7）。受众只将手机当作简单的通信工具，而对其上网、阅读、看新闻、购物等扩展功能（开发和接受程度较低）。电脑上网方面，各社区样本在“获取生产资料来源与产品销售渠道”“更快、更全面了解信息”“主要是为了好玩、打游戏、浏览网页、看电影”及“远程教育或获取学习资料”这四个选项上表现出目的的一致性，均排在使用网络目的前四位。总结而言，一方面，它的运用相对于互联网丰富而多样的媒介功能而言，仍显不足；另一方面，城乡间虽有各种差异，但受众对传媒信息的需求是高度一致的，比如为自身生存与发展而关注生产经济信息、教育学习信息，为调节生活而选择娱乐类信息。

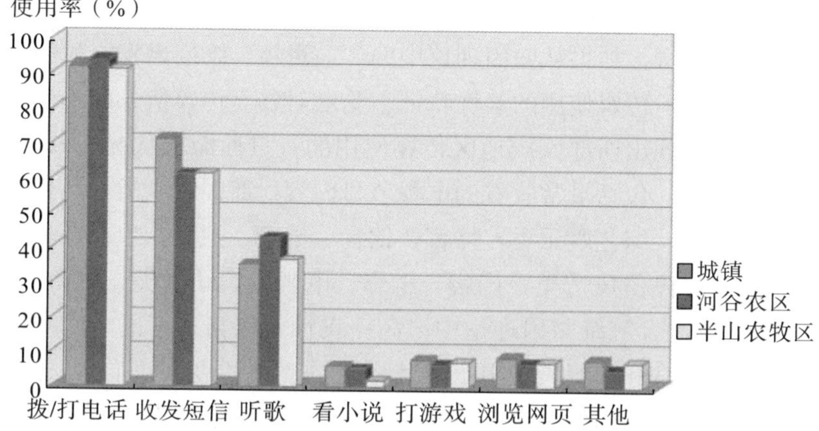

图 5.6　各社区形态样本使用手机主要目的

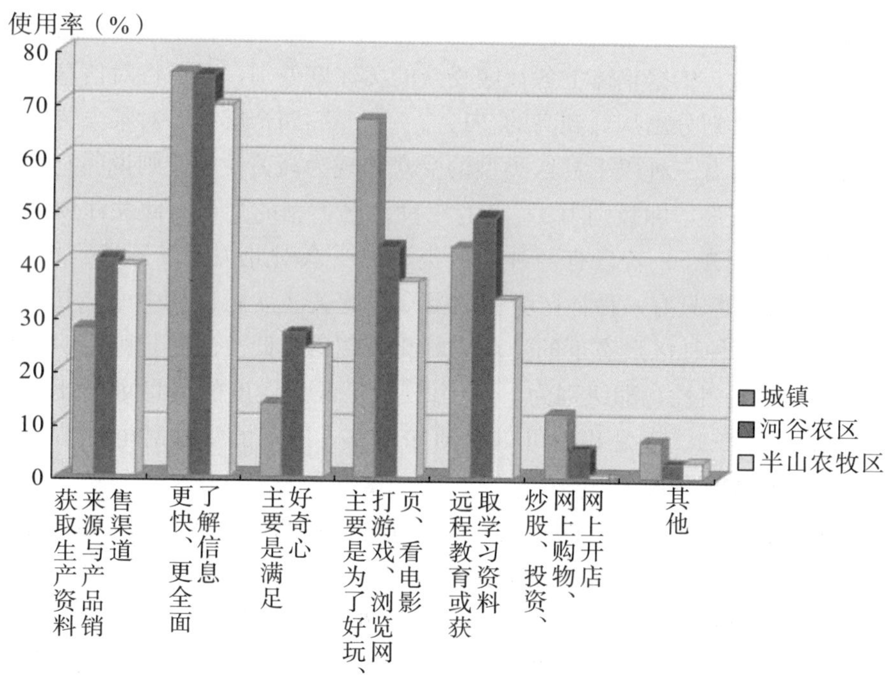

图 5.7　各社区样本上网主要目的

5.1.3　小结：国家政策导向性传播的实然与应然

上述三类媒体的使用目的与内容选择的调查统计显示，纵向来看，新闻政策（包括经济生产等信息）、娱乐休闲、教育、生活服务这四大类是受众比较稳定的一致性关注内容。横向上看，就普及度和接受度最高的电视媒体节目内容来看，如果从归因理论中的“一贯性”维度出发，我们能找到四种社区形态下传媒使用的共性特征，受众对各类传媒信息的关注偏向，进而清晰地显现出西部民族地区传媒使用的一贯性需求状况。首先，信息关注的横轴上，包括最常收看的电视节目内容：新闻时事类，科普教育类，音乐歌舞类，综艺娱乐类，体育，饮食、健康、卫生，生态环境及保护，天气预报，民俗风情类，广告，电影、电视剧，动画类，旅游类，其他14小类。其次，三维归因理论中，高一贯性不仅指在不同时间点与情境中对某些类信息和信源表现出集体稳定性的高关注度（正向），还有恰好相反的集体稳定性的低关注度（负向），所以纵轴除了表示一贯性的高低，还需体现正、负两个方向。根据四种社区形态下受众对电视节目的选择比例情况，需将关注度大小分为高（60%～80%）、较高（40%～60%）、中度（20%～40%）、较低（10%～20%）、低（0～10%）五个档次。相对应地，依据整体上各社区受众的关注度差别，还可将对信息的一贯性需求依次划分出从低到高的“1、2、3、4”四个层级。对某类传媒信息的需求，若有三种以上社区类型的受众表现为高关注度，则说明它具有正向的高一贯性，即级别为4；若有三种社区类型的受众对此关注度达到中度，其级别为3；若只有两种社区类型的受众对此关注度能达到中度，其级别为2；若只有一种社区类型的受众对此关注度能达到中度，其级别为1；而当四种社区形态下的受众均对此表现出较低关注度，则说明它具有负向的高一贯性，即级别为－4；由较低至低关注度的信息可类比排序为－3、－2、－1。于是我们可以得到如图5.8所示的受众对电视节目信息的一贯性需求状况。

根据图5.8中一贯性的正负方向与高低层级两个维度，我们仍可做进一步的延伸：四种社区形态下，对处于正向第“4”高层级的信息要素，可视为该聚居区显性的普遍正向需求；对处于正向“3”层级间的信息要素，可视为隐性的较普遍共性需求；正向“2”至负向“2”层级间的信息要素，可视为潜在的共同需求；负向“3”至“4”层级间的信息要素，可视为等待被开发/挖掘需求。同时，因为“电影、电视剧”“综艺娱乐类”包括在娱乐类中，文化艺术囊括了“音乐歌舞类”等，“天气预报”“饮食、健康、卫生”也可归入生活服务类，所以最终其呈现的一贯性需求层次，见表5.4。

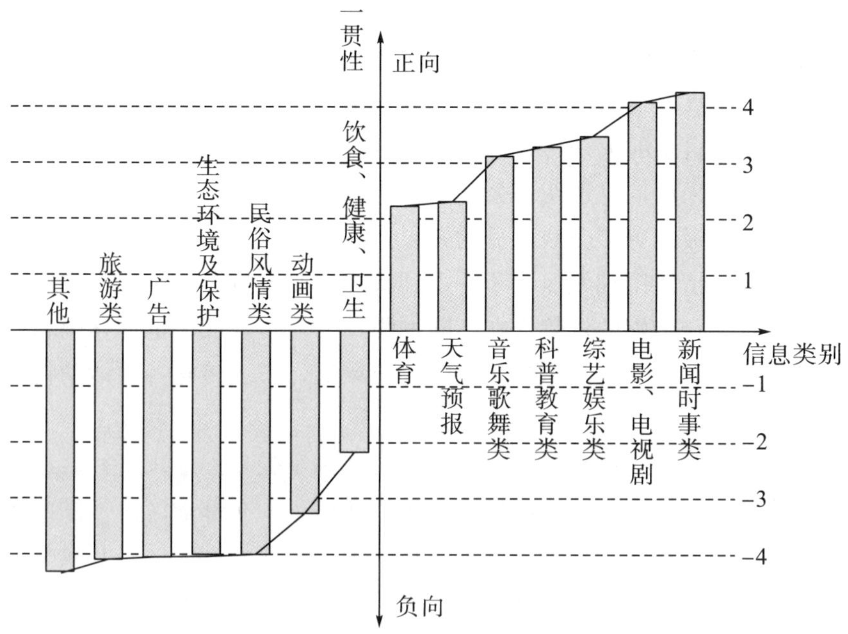

图 5.8　受众对电视节目信息的一贯性需求状况

表 5.4　四种社区形态下受众的一贯性需求层次

信息需求层级	信息需求类型
显性的普遍正向需求	新闻时事类、娱乐类
隐性的较普遍共性需求	科普教育类、文化艺术类等
潜在的共同需求	生活服务类、体育等
等待被开发/挖掘需求	动画类、民俗风情类、生态环境及保护、广告、旅游类等

通过实地调研后的数据分析得出的上述一贯性需求层次，已经直观方便地显示出各类社区民众对某一类或几类信息关注的正负偏向、一贯性高低。对新闻时事类、娱乐类媒介信息是全区显性的普遍正向需求，科普教育类、文化艺术类媒介信息是聚居区内隐性的较普遍共性需求，生活服务类、体育媒介信息等是潜在的共同需求，而动画类、民俗风情类、生态环境及保护、广告、旅游类媒介信息仍是等待被开发/挖掘需求。

至此，厘清不同程度的信息需求是为去进一步探求导致该类群体或个体观念行为的相对稳定性的原因，从而为建立具有“强化正向效果、培养潜在需求”机能的水平模式做准备。当然，在这之前我们也必须清楚地认识到样本区域内那些特殊性的差异存在。

大众传媒因具有公开、普及，信息传播及时以及信息获得便利的特性，影响着信息的透明度、公民对信息的知情权、公民对政治的参与度。可以说，相对自由的大众传媒，在党和政府的领导和控制下进行着信息传播，党和政府采用信息透明、公开的方式，通过这一方式吸引更多公众参与，从而达到吸纳更多公众意见的效果。与此同时，公众则通过大众传媒这一渠道不满情绪得到发泄，矛盾得到解决，对维持社会稳定起到重要作用。政治对大众传媒的依赖性在不断加强，大众传媒成为世界各国和我国公众了解新闻、关注时政形势发展的主要渠道，失去传媒各项活动将失去本身的意义和色彩。

中国西部农村是西部最为广袤的地区，由于受自然地理、社会经济条件的制约，西部地区的整体经济水平远远滞后于中东部地区。开发西部地区关系到中国现代化全局，中国现代化的困难点在西部地区，其最终的落脚点可能也是在西部地区。在国家层面，西部开发已经成为一个长期持续的发展战略和战略任务，通过实施“西部大开发”、“三农”政策、新农村建设等战略，当前西部地区的社会经济发展已经有了长足进步，而作为党和国家的“喉舌”，大众传媒在西部地区现代化进程中扮演着重要的角色。

大众传媒肩负着为西部民族地区农村受众提供精神动力和智力支持、帮助广大农牧民增收致富、丰富农牧民群众精神文化生活、促进农村经济与科技文化事业发展等重任。在政治生活中，大众传媒是政府信息公开化的重要途径、政策宣传的有力工具、公众政治的表达渠道和舆论监督的有效手段；在经济生活中，大众传媒宣传当地文化民俗、生态物产，拉动旅游经济，促进招商引资，转变当地民众的经济观念和思想意识；在文化生活中，大众传媒丰富群众的精神文化生活，推动教育发展，促进文化传承。在西部地区的现代化过程中，大众传媒作为国家政治传播的重要工具，极大地影响了整个西部社会的发展和变革。

大众传媒作为党和国家的“喉舌”，在西部地区尤其是西部民族地区，它所面对的历史现实和社会现实又有其特殊性。这种特殊性使我们发现，如果我们强调传媒在西部地区作为“喉舌”的工具属性，会不会在某种程度上忽视了传媒在社会协调均衡发展过程中的中立属性？传媒在历史现实条件差异性巨大的西部社会，是否能成为一种中立机制？

在历来被视为边疆地区的西部，民族多样性、多种宗教信仰和多种民族文化传统并存，加上经济地理的复杂性，要求党和政府在制度建设、政策制定上从实际出发，从西部民族地区的现实条件出发；在西部地区政治传播的具体过程中，大众传媒在总体上发挥了其应有的社会协调功能，在政治、经济、文化等方面担当起西部传媒的重任。面对西部地区较为复杂的民族、宗教历史背景和社会现实，当地传媒需要在政策层面上实验性地表达自身的中立姿态，在民族、宗教方面做出某种程度的妥协。事实上，党和国家对西部地区已有的民族和宗教政策已经表明了决策层对于西部地区差异性的承认，西部传媒的政策解读也应当围绕着这种中立姿态，针对西部地区的特殊情况有针对性地强化自身中立属性。传媒作为西部地区的一种中立机制，一方面需要深入了解当地的社会发展现实，在与地区政治、经济、文化等方面进行互动的过程中，承认西部社区的独特性，尊重民族地区的民族文化和宗教信仰；另一方面，传媒作为一种中立机制应当与国家对西部地区的优惠政策保持高度一致，甚至更进一步，顺向强化国家对于西部民族地区社会发展的扶持力度，并在这一过程中努力寻求本地传媒产业的发展和进步。

需要指出的是，在西部民族地区发展过程中传媒所扮演的角色——“喉舌”工具和中立机制，并非是两个完全对立的属性。大众传媒在西部社会发展过程中同时发挥着政府“喉舌”的工具作用，以及面对特殊对象和环境的中立立场，二者并行不悖，甚至在新的历史现实背景下，西部地区传媒可以尝试对传媒中立属性的进一步强化。总而言之，西部地区传媒的发展与升级，需要立足于地区的社会发展现实，在党和国家的领导下，在充分发挥其“喉舌”作用之上，积极探索作为中立机制的传媒发展对策，协调西部社会各方面的发展。

5.2　样本区域特殊性的辨识

5.2.1　基本情况

中华人民共和国成立以来，国家政权在西部的建立已经经过了60多年。成都市边境以东，自先秦以来就长期存在着中原文化或汉民族文化主导的社会；而成都以西，一过都江堰市就进入横断山脉或称藏彝走廊的上游部分，这片地理上辽阔的区域，居住着族群差异更为显著的藏民族，以及居住在岷江河谷两岸的非常古老的羌民族。西部在历史文化上长期被描述为穷山恶水的区域，在这样一个区域，诸多族群说着彼此难以交流的语言，奉行着对生活有着巨大支配和潜移默化作用的宗教信仰。甚至在横断山脉的山谷中，即使居住在相邻山沟的藏民彼此也很难听懂对方的语言。2008 年，因一场特大的“汶川地震”，电视传媒向全世界展现了在这崇山峻岭中生活的人们的真实状况。与东临内陆的主要生活方式相比，行路难，通信难，继而导致了生活生产不方便，以及日常生活细节中难以想象的闭塞。简而言之，现代化进程中所有现代要素的进入，比如公路、铁路的规模效应，人流、物流以及资本，都受制于巨大的地理屏障。距汶川大地震震中映秀镇，沿河公路上方 100 千米的聚落、自然村、行政村都保留着与 50 年前，甚至 100 年前相似的生产生活方式。沿着国道 317 线，越往西行，离公路越远，这些传统的保留也就越为持久。无论是计划经济时期，还是市场经济和制度经济双向拉动的改革开放后 40 年都是如此。因此，国家的现代化进程以及全球化进程在如此封闭的西部点线面上如何同步进行，而不至于长期滞后或带来更大的经济悬殊，从而进一步缩小东中西部社会发展的差距是我们需要关注的问题。在这些问题中，中国西部民族地区的大众传媒是所有现代要素中极为重要的一个环节。

尽管我们都知道传媒具有超越时空的特点，通过传递信息，影响观念，影响行为，从而带来受众生产生活环境的改变。但是就西部的社会现实而言，现代化要素中投入产出比例最大的或许就是现代传媒。其中重要的原因来自地理，不仅是山路崎岖带来交通不便，而且许多地方人烟稀少，基础设施建设十分缺乏。从历史上看，十一届三中全会召开前的 30 年中，西部地区就已覆盖了官方的报纸、广播、有线电话，但是这些传统媒体更多地集中在少数有文化的人手中，尤其是外来人口，而对地方土著的影响微乎其微。“改革开放后 30 年来，国家对西部发展的战略性调整包括了对宗教及民族文化的保护政策，寺庙及僧侣人群对现代传媒工具的认可与使用，对当地广大信众和普通民众的媒介意识的提升是有影响力的。这期间，媒体的形式也发生了巨变。平面媒体通过现代义务制教育和市场化运作进入了西部几乎所有的行政村，电子媒体硬件设施的建设也在政府的强力推进下实现了电视、网络村村通，手机户户有。西部民众对电的需求和对现代传媒的使用同比增长，电子媒体负荷的信息日日夜夜向西部社会倾注现代信息，这已不再是制度强制也不再是组织安排，而是农牧民们通过按钮自由选择的结果。我们需要发现和准确描述：这样的国家投入和传媒使用究竟对西南藏羌农牧民的生产生活有多大的影响？他们究竟对这种单向输入的信息有何主要的偏好和选择？喇嘛、信众、农民、牧民、商人、个体户、城镇居民、干部等人群组成的集现代和传统为一体的社会究竟有多大的传媒影响差异，抑或已经十分明显的需要进一步强化的正向度（正能量）效益？这是一项需要实地调查才能进行描述的深度社会事实和心理事实。”[①] 解决这样的问题，与其说是提供一个现代化的投入产出评估样本，不如说是一种在西部社会改造与变迁过程中，强势文化群与弱势文化群冲撞下探索平等交流的对话和机会。如果说前文第 4 章建构的“梯形模式”是为了实现差异化现实环境中大众传播的正向度效益最大化；那么，本章要解决的问题是，通过“水平模式”的构建，在已有的一致性或一贯性现实环境中有效强化受众的既有素养以及国家主体意识与西部民族地区社会发展的和谐互动关系。

我们前期研究实地调查的样本点之一高原牧区，大多选择在海拔 3000 米以上，处于中国地势地貌的第一级阶梯上。这里高寒缺氧，不适于农作物的生长，冰雹、风尘、沙化、干旱等自然灾害更是对该地区人类生存和发展有着极大的制约。在这一高海拔牧区，生产方式以传统游牧为主，牲畜是主要的家庭财富指标，生产单位是家庭，把家庭联系起来的是以寺庙为核心的附带着商贸及微弱的国家功能制度的聚集点，如村、乡镇等。地理位置的特殊性和经济发展的限制性，在很大程度上决定了传媒基础设施建设的滞后与不完善，再加上居民点分散更使得大众传播基础设施的建设成本增高，从而导致这类结构松散和流动的社区容易被阻隔在现代交通与现代传媒之外。

在国内传播学研究中，喻国明教授认为：“当前传媒业的发展，无非是描摹和强调这样一种态势：一方面，我国传媒业的进一步发展存在着巨大的增量空间和可能；另一方面，一个明显的事实是，如果我们仅仅按照现有的发展框架、发展模式和发展逻辑继续画延长线的话，这个发展的空间就不能实际地为我们所占用，发展的可能就很难转变为发展的现实。”[②] 我们认为，尽管最近几年随着西部现代化进程加快，如“西部大开发”的战略支撑、解决“三农”问题的战略部署都将西部落后地区纳入了重点改革范围，“村村通工程”“家电下乡”等诸多政策给予了西部广播电视业发展大力支持，当地民众也开始逐渐接受和学习现代化的生活方式，现代传

① 李苓，陈昌文．现代传媒与中国西部民族——汉藏羌民族混居区传媒使用与影响的类型化研究［M］．北京：中华书局，2012：2.

② 喻国明．传媒影响力：传媒产业本质与竞争优势［M］．广州：南方日报出版社，2003：1.

媒环境下个体行为中的一贯性反应似乎已有端倪，但我们清楚，如果不科学辨识该类个体观念行为的相对稳定性来源于什么原因，哪些是潜在的共性需求但在国家的前期规划中是被忽略的，哪些是媒介环境中个体不能共有的要素甚至会因此引起文化冲突等问题，我们就不能准确评估国家在“传媒西进”中的实际成效（包括可增量空间）或实际阻碍，当然也就无法实现现代传媒与西部民族地区的社会发展同步跨越的战略目标。

5.2.2 确认增量空间

5.2.2.1 纸媒接触情况

表 5.5 与图 5.9 是对四种社区形态纸媒接触情况的统计结果。总体而言，城镇、河谷农区和半山农牧区这三种社区形态的纸媒接触率高低分布情况是一样的，报刊均是接触比例最高的纸媒，其次是图书，最后是杂志。可以看到，在报纸的接触情况上，四种社区形态随着海拔的升高呈现接触率下降的趋势。我们认为，这是因为报纸所提供的信息有时效性限制，同时高原牧区交通不便、生活条件艰苦更是影响了报纸及时送达。

表 5.5 四种社区形态下纸媒接触分布情况（单位:%）

社区形态	城镇			河谷农区			半山农牧区			高原牧区		
纸媒	图书	报纸	杂志	图书	报纸	杂志	图书	报纸	杂志	图书	报纸	杂志
是	77.8	85.6	75.4	60.8	70.1	50.8	47.4	55.8	27.0	80.2	47.9	71.7
否	22.2	14.4	24.6	39.2	29.9	49.2	52.6	44.2	73.0	19.8	52.1	28.3

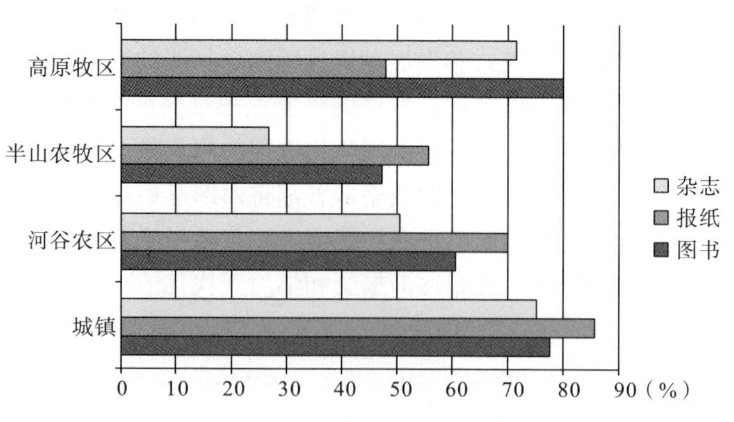

图 5.9 四种社区形态下纸媒接触情况分布图

但如果从图书、杂志两种纸媒接触数据来看，在高原牧区纸媒接触情况没有延续前三种社区形态的递减趋势，反而表现出了更显强劲的传统阅读需求。比如图书，高原牧区接触率为 80.2%，比经济条件更为优越的城镇还要高出 2.4%。

由每天使用纸媒的平均时间这一维度来分析，从图 5.10 可知，虽城镇居民平均使用时间最长，达到了 1.4709 小时/天，但高原牧区的平均使用时间也是紧随其后达 1.4437 小时/天，与前者差距并不大，但要明显高于河谷农区和半山农牧区。

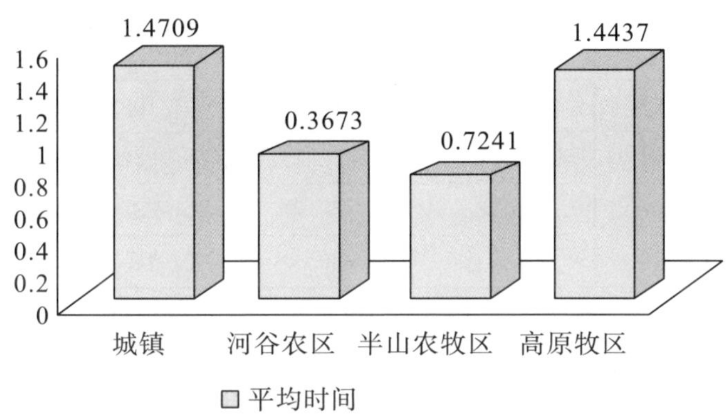

图 5.10　每天使用纸媒平均时间分布图（单位：小时/天）

5.2.2.2　电媒接触情况

不仅仅是纸质媒体，在电媒的覆盖下，高原社区民众对广播、电影两种媒介的选择和使用上也同样呈现出明确的拐点特征。从表 5.6 和表 5.7 我们可以比较接触频率，不听广播和不看电影的群体比例高原牧区的占比在四种社区形态中是最小的，分别为 42.9%和 17.8%，说明该社区对广播电影类媒介选择方面更为广泛。同时，从使用频率这个维度来比较，如图 5.11 和图 5.12 所示，高原牧区不仅收音机拥有比例最高，而且收听广播时间量在前三种社区形态出现逐渐递降的趋势下，在此也陡然升高成为收听时间量、使用频率最多的社区形态。也由于国家政策的扶持，“天保工程”启动后提高牧民生活质量成为建设新农村的文化发展目标之一，当地各级政府统一为大定居点购置电影放映设备，定期组织定居点的牧民收看露天电影。因此，高原牧区样本点出现了看电影的高比例。

表 5.6　四种社区形态下听广播情况（单位:%）

选项＼形态	城镇	河谷农区	半山农牧区	高原牧区
通过喇叭听广播	4.9	7.6	6.3	12.1
通过收音机听广播	34.1	22.9	16.8	45.1
不听广播	61	69.5	76.9	42.9

表 5.7　四种社区形态下看电影情况（单位:%）

选项＼形态	城镇	河谷农区	半山农牧区	高原牧区
经常	11.7	18.8	10.2	21.1
有时候	32.5	22.1	22	33.3
很少	30.8	28.7	23.1	27.8
几乎没有	25	30.4	44.7	17.8

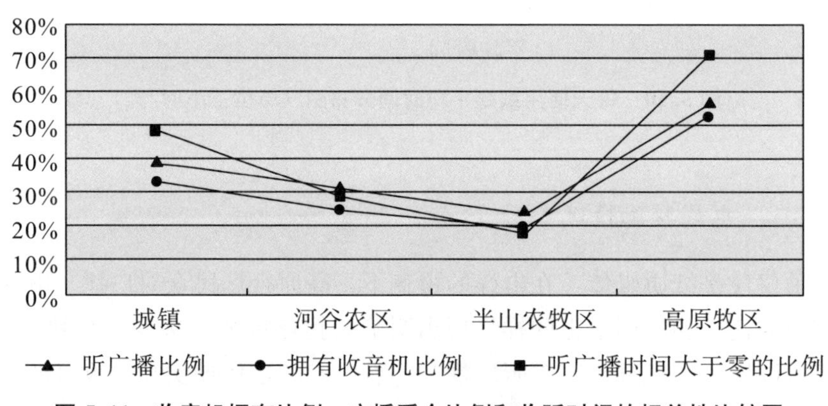

图 5.11　收音机拥有比例、广播受众比例和收听时间的相关性比较图

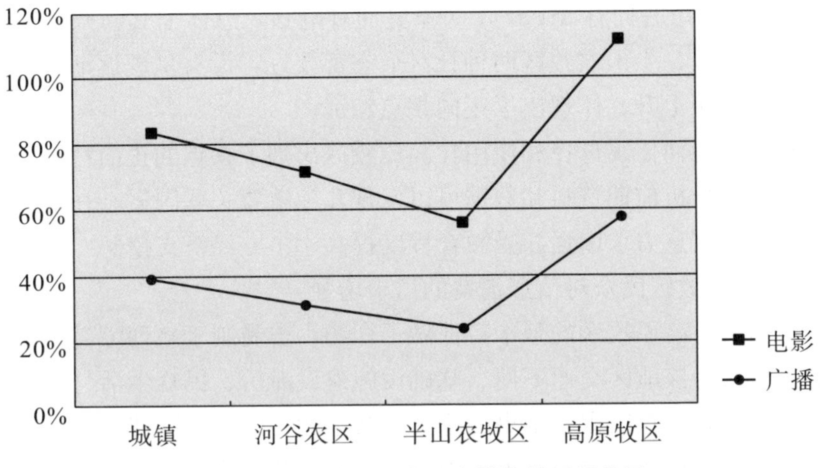

图5.12　四种社区形态下电媒接触时间差异

5.2.2.3　新媒体接触情况

在网络及新媒体的覆盖态下，四种社区形态在新媒体拥有量上同样存在明显的差异。前期的课题调研数据显示（见图5.13），手机在四种社区形态中均比较集中，占比都在70%以上，说明手机已成为西部民族地区不可或缺的新媒介工具和对外联系的重要通信工具。MP3、电脑在西部地区普及率虽然很低，但其差异趋势仍能清晰体现，MP3拥有量的具体分布为城镇>高原牧区>河谷农区>半山农牧区；城镇与高原牧区电脑拥有量几乎相当，河谷农区与半山农牧区则相继落后。高原牧区3/4家庭拥

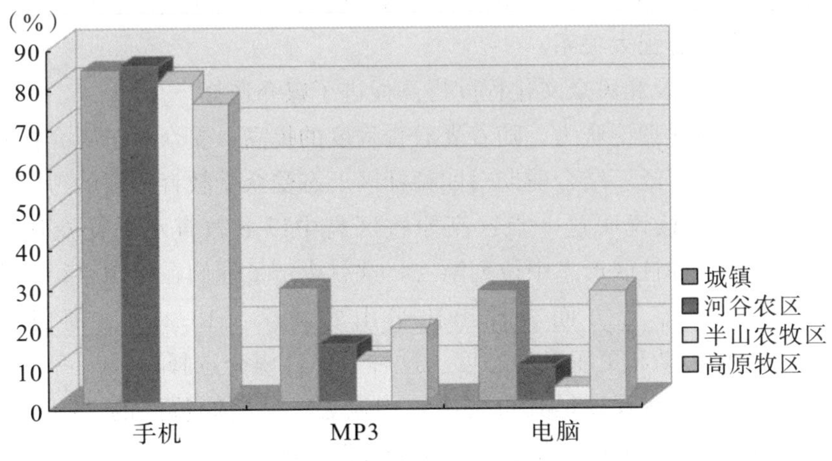

图5.13　四种社区形态新媒体拥有情况分布图

有手机，1/5家庭拥有MP3，1/3家庭拥有电脑，总体上其新媒体拥有情况比河谷农区、半山农牧区两种社区形态都要好，没有呈现逐渐下降趋势反而相对有所上升，体现出了正向拐点特征。

针对“为何传媒选择和使用在高原牧区出现了拐点的正向特征”这一问题，通过分析前期资料和数据可以发现几项重要关联因素。在此简单总结为三项：信息需求增强、受教育程度提高、多方经济支撑。

1）高原牧区民众对信息消费的需求增强

前面已对高原牧区的基本特征做了介绍，曾受制于地理障碍、生产方式等而导致的该地区交通不便、基础设施建设滞后、民众生活与现代化严重隔绝等问题，在国家和中央的重视与政策倾斜以及制度转移支付、公路现代化、传媒现代化等国家投入力量逐渐加大的形势下，一方面，传媒的现代化跟随着公路的现代化而逐渐深入西部社会各种形态的社区当中，公路和传媒这种特有的地缘关系构成了西部不同地形、不同海拔上的社区现存的点、线、面的信息流通关系；另一方面，牧民的生活方式也发生了结构性变化，由游牧向定居转变，生产方式从单一的放牧变为放牧、种植甚至外出打工等多元结构，他们开始有了频繁接触现代媒体的条件或机会。因此，受现有大众传媒的广泛影响，当地民众对外在世界充满了好奇和渴望，传媒信息激起了他们的消费欲望，即使当下媒介建设仍不均衡、传媒水平有待提高，但不能妨碍受众对信息消费的需求，他们反而期待着获取更多、更适合该群体文化水平、民族差异的优质内容。比如从纸媒的首位使用目的来比较，高原牧区社区形态中因“学会现代生活方式”目的去使用纸媒的比例是四种社区形态中最高的，这应该和雪域高原牧民渴望靠近现代生活方式有很大关系。

2）教育普及和民众文化程度提高促进了媒介选择

经典传播学理论认为，随着受教育程度的提高，受众对于媒介接触与内容接触更为广泛。结合前期对四种社区形态受众受教育程度的考察（见表5.8），可直接说明这一点：高原牧区高中以上教育水平受众比例为25.2%，在四种社区形态中位列第二，这就决定了他们在使用路径、内容选择、效果分享等方面表现出比半山农牧区（15.2%）、河谷农区（18.2%）更主动和更积极的态度。这种总体性媒介选择以及内容选择的现状形成，受教育程度是其重要决定因素之一。高原牧区的“拐点”特征，半山农牧区的低值，从表5.8中同样能清晰呈现。

表 5.8　各种社区形态受众受教育程度（单位：%）

受教育程度	城镇	河谷农区	半山农牧区	高原牧区
小学或小学以下	19.8	39	62.3	57.9
初中	35.7	42.2	22.5	16.8
高中或中专	18.3	10.2	12.6	6.3
大专及以上	23.0	8.0	2.6	18.9

注：总和不为 100%因缺省值所致。

3）多方经济支撑为媒介消费提供了基础保障

高原牧区经济水平落后、发展受限确实是不争的事实，也是当前亟待解决的难题。但政府的宏观调控和投入，当地潜在资源的开发利用正在帮助民众逐渐摆脱发展困境，特别是越来越多的利好政策、宽松活泛的市场条件都在起着推动作用，曾经偏僻、闭塞的生活状态因为公路延伸、媒介宣传等也变得相对开放。例如，高原牧区的样本点之一的马尔康市大藏乡春口村，该村地处平均海拔 3150 米的高半山，有 73 户村民、294 人，人均收入为 3756 元，高于河谷农区和半山农牧区（见图 5.14），与课题组调研前的推测出入较大。事实上，大藏乡境内拥有著名的省级重点文物保护单位大藏寺和广袤的原始自然风光，在旅游宣传的作用下每年都会吸引

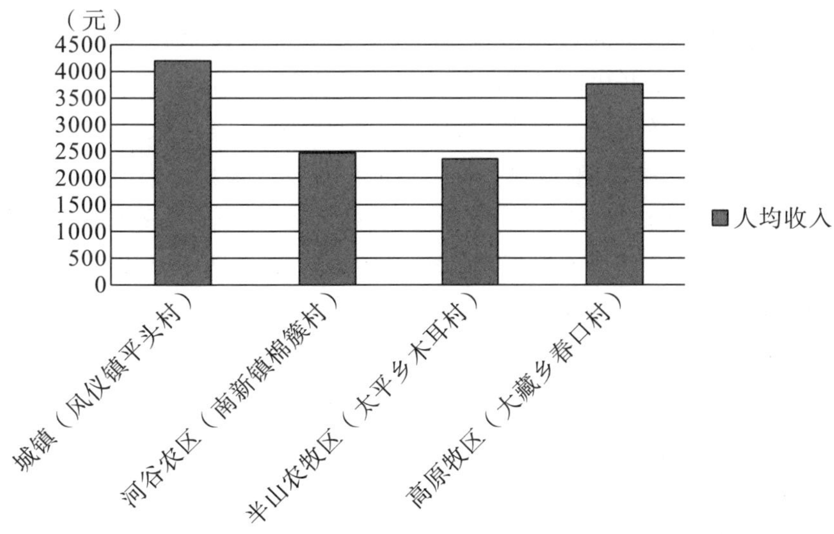

图 5.14　四种社区形态人均收入情况

成千上万的海内外游客慕名而来，独特的资源让春口村百姓年年都有好收成，再加上政府免费发放的牲畜，鼓励畜牧业的发展，这使得春口村的村民人均收入在四种社区形态中位列第二。逐渐改善的经济现状，为高原牧区民众的信息消费提供了基础支撑。

5.2.3 潜在的共性需求

5.2.3.1 信息消费未被满足的高原牧区

处于高海拔的高原牧区民众，尽管受经济水平落后、交通不便、生活艰苦等诸多不利条件的影响，但依旧没有抵消他们试图通过大众传媒满足信息消费的热情。如同我们已在前文所做的比较分析和综合陈述一样，虽然媒体选择空间非常有限且接触行为常被局限在传统媒体范围，但就纸媒中的图书、杂志和电媒中的广播、电影以及新媒体类的电脑等几个媒介来说，调查结果呈现出的“拐点”正向特征表明了该社区受众较强烈的媒介需求，其程度有时甚至高于经济条件更好、传媒基础设施建设更完善的河谷农区和半山农牧区。

一方面是该类社区紧迫的传媒现代化需求，另一方面却是国家现有的传媒技术优势无法科学地覆盖到这一区域的窘境。媒介使用模式上的这一独特分布，主要表现在以下两方面。

1）媒介的渠道布局和设施建设不均衡

目前在各种类型的媒体覆盖形态下，纸媒、电媒是其主要的依赖媒介。纸媒中虽然图书和杂志的接触比例相对较高，但就报纸来说，在四种社区形态内却是最低的，仅占 47.9%，而且根据调查结果显示，报纸的订阅对象多数是乡镇政府或村委会，订阅量较少且多为党报，可见，报纸的及时性及信息的广泛性特征无疑在这些地区没有得到充分体现。尽管在客观上有很多因素限制了报纸在西部民族地区尤其是高原牧区的及时送达，但对于这些不通网络、没有光纤、手机信号时好时坏的高原上的民众来讲，报纸传递信息的及时性和广泛性不仅是他们了解国家相关政策和市场信息的一个重要渠道，同时也是满足他们精神生活的一个重要工具。而让这些社区居民能够及时接触报纸这样成本极高但方便信息及时传达、利于民众的事情自然需要政府给予高度重视。

电媒形态包括电视、广播、电影等。虽然高原牧区收听广播、观看电影的受众均高于其余三种社区形态，但实际收听比例刚过半，为 57.2%，观影频率则用“经常”和“有时候”来表示受众接触程度，两者比例之和也是刚好过半，为54.4%，由此说明其使用率与影响力只能作为重要补充部分，并不能占据主导地位。比较广播收听时间为0.86小时/天，电视以2.07小时的日均收看时间和几乎100%的家庭拥有率，已经成为高原牧区民众生活中最主要的信息渠道，受众的电视拥有率和接触率都极高。究其原因，一方面，在20世纪80年代后，电视因其较强的媒介特性受到各个社会阶层的接受，也日渐成为西部农村最大众化、最经常接触的一种传播媒介；另一方面，报刊等纸媒较电视而言，对文化水平有一定程度的要求，加上纸媒销售渠道的缺失或无法延伸至偏远山区，各样本点通过报纸接收信息的受众主要限于农村教师和干部等少数人群（此类群体报纸、杂志大多来源于学校图书馆或者党政机关和单位）；而广播只有声音没有画面，通过广播获取信息的受众也大多仅限于一些老年人。但实际上，即使是受众使用率较高的电视，仍存在不均衡问题。首先是高原牧区的电视拥有量与其他地区的拥有量总体上差异甚微，但黑白电视机在其中所占份额约为1/3，比重大大超过了其他形态区，是城镇的2倍多。当然，随着技术的普及，这一状况已经得到了改善。其次，目前各社区形态样本点家庭接收电视频道的途径有两种，即有线电视网和卫星电视接收器。有线电视网的收视特点是收视稳定、图像清晰，但接收到的频道数少。卫星电视接收器在当地俗称“锅盖”，是一种能够接收卫星电视节目的装置，其特点是接收频道数多，但很多频道不在政府控制范围内，因此图像和收视稳定性不及有线电视网。如表5.9所示，因受多方面因素影响，河谷农区、半山农牧区和高原牧区最终多为政府支持电媒发展而安装的卫星电视接收器（锅盖），特别是高原牧区有线电视网络普及困难，能收到的频道数和收视的稳定性能也是最低的。

表5.9 地区与家庭使用有线电视网情况（单位：%）

形态 使用情况	城镇	河谷农区	半山农牧区	高原牧区
本地还未接有线电视网	10.2	14.3	8.9	—
本地已有，但我家未接入	9.3	6.6	5.8	—
自家安装了接收器（锅盖）	19.2	62.1	68.9	62.4
户均能收到电视频道数	26.3	37.1	30.5	24.3

2）媒介内容缺乏差异化

通过对民族地区四种社会形态受众使用媒体动机的数据统计显示，该区域受众的媒体使用目的差异明显。在纸媒方面，“了解信息，开阔眼界”和“提升文化水平，丰富自我”是受众使用动机最集中的两个选项；在电媒方面，“消遣娱乐”与“获取信息”是主要的使用目的，占据不可取代的位置；在新媒体方面，手机成为帮助人们日常信息流动最主要的工具，是延伸人际关系的重要信道。电脑是年纪较小的受众“打游戏”和“获取教育资源”的可依赖媒体。根据纸媒、电媒、新媒体各种媒介的使用情况，很清晰地显示出不同社会阶层、不同社会形态、不同社会群体、不同年龄阶段的样本对媒体使用有着不同的目的或动机。

依旧以作为主流媒体的电视为例，即使其媒介特性使它得到社会各个阶层受众的接受，信息获取与娱乐消遣成为主要的使用目的。但在该类媒体所能提供的内容范围内，各社区形态下民众实际获取的内容及重要程度方面仍存在明显差异。依据四种社区形态下电视内容的选择排名前6位可知（见表5.10），城镇、河谷农区、半山农牧区这三种社区形态的受众期望通过电视获得满足的主要需求是新闻和娱乐这两大类信息，而高原牧区的受众期望通过电视寻求满足的主要需求除了娱乐信息，还包括生活服务类信息，反而收看新闻类节目的比例远低于前三种社区形态，其重要程度也较低。再如农区和高原牧区的受众都非常关注天气预报，尤其是高原牧区，对于靠天吃饭的农牧民来讲，收看天气预报对他们而言是最实在和最重要的信息需求，但这一类信息对城镇居民而言影响不大，重要程度自然不够。各社区形态的民众不仅都会根据自身生存与发展实际选择适合自己的媒介内容，而且民族文化、生活习俗、语言差别等也会相应影响受众对内容的选择。藏族样点区主要分布在四种社区形态中的高原牧区，羌族样点区主要分布在半山农牧区和河谷农区，汉族主要分布在城镇与河谷农区。相应地，在媒介使用的图谱上，我们的确能发现不同民族文化背景的受众在媒介使用行为上所存在的选择差异。比如藏民族和羌民族能歌善舞的天性对民族音乐和歌舞有着强烈的爱好与兴趣，因此电视上的歌舞类节目被他们列为最主要的收视节目，重要程度高于城镇和河谷农区。此外，前期课题调研的汉藏羌民族地区，还有一部分藏族和羌族民众对目前国内大众传播的汉语化存在译码障碍或更偏向于本民族语言，他们的人口比例虽很小但在西部的分布很广，也会导致内容选择的差异。

表 5.10　四种社区形态电视内容选择比较

	序号	城镇	河谷农区	半山农牧区	高原牧区
内容选择排名	1	新闻时事类	新闻时事类	新闻时事类	电影、电视剧
	2	电影电视剧	电影电视剧	电影电视剧	音乐歌舞类
	3	综艺娱乐类	综艺娱乐类	音乐歌舞类	天气预报
	4	科普教育类	科普教育类	科普教育类	体育
	5	音乐歌舞类	音乐歌舞类	天气预报	科普教育类
	6	体育	天气预报	综艺娱乐类	综艺娱乐类

由此可见，不同类型的媒介形态具有各自不同的特性和优势，所提供的内容也存在差异；而且不同类型社区形态下的民众，因受教育水平、生活环境、生产方式、宗教文化等因素影响，对媒介内容的需求也存在着明显差异。这就要求我们一方面注重研究西部民族地区的受众差异性，特别是高原牧区民众；另一方面，需注重传媒的服务内容应与受众的需求期待相一致。

5.2.3.2　对现代传媒的信息传播功能认知不足的河谷农区

在我国西部广袤的国土上，河谷农区是重要的农业发展地理形态。在西部民族地区，随着交通现代化和信息现代化的展开，沿河发展的道路文明极大地推动了河谷农区的现代化。如今，河谷农区已成为山区最为发达、现代化程度最高的农区，随着公路网络、输电网络的铺展，河谷农区也享受了随之而来的传媒现代化福利。在西部民族地区的四种社区形态中，河谷农区的传媒普及和发展程度仅次于城镇地区。然而，在实际调查中我们发现，伴随着道路文明繁荣起来的河谷农区，对于现代传媒信息传播功能的认知还有待提高。

在对河谷农区纸质媒体接触情况的调查中，我们发现尽管河谷农区的传媒覆盖程度仅次于城镇地区，但在纸质媒体的接触率上明显低于城镇地区。在纸媒的接触频率上，河谷农区“频繁接触”的频率要远远小于城镇和高原牧区，这种对纸媒“偶尔接触”的冷淡态度值得传媒业思考。“尤其是对图书、杂志的‘频繁接触’的比例均为 0，‘从不接触’杂志的比例更是高于图书。在研究报告的因素分析中，经济收入、教育程度，甚至兴趣爱好都没有成为解释这一现象的最重要选项。但是，在有关评价纸媒使用功能的分析中，该形态社区被访者对纸媒的‘消遣娱乐’认同度则偏高，而对有关‘开阔眼界’‘帮助脱贫致富’‘提高文化水平’等传统意义上的积极功能的认同度则全部低于其他三种社区形态的受众认同度。这似乎向我们呈现了一个事实：在河谷农区社区形态中，培养受众对图书、杂志等纸媒的信息传播功能的认知，将是一项重要的文化建设任务。”①

5.2.3.3　农家书屋配置有待进一步提高

为深入贯彻落实中共中央、国务院《关于推进社会主义新农村建设的若干意见》和《关于进一步加强农村文化建设的意见》，切实解决广大农民群众“买书难、借书难、看书难”的问题，2007 年，新闻出版总署会同中央文明办、国家发改委、科技部、民政部、财政部、农业部、人口计生委联合发出了《关于印发〈农家书屋工程实施意见〉的通知》，开始在全国范围内实施“农家书屋”工程。其目的是想通过加大对新农村文化建设的投入，充分调动社会各方面力量，大力发展社会主义先进文化，保障农民群众最基本的文化权益，推动农村经济社会发展和社会主义和谐社会的建设。该项工程计划“十一五”期间在全国建立 20 万家农家书屋，到 2015 年基本覆盖全国的行政村。

“农家书屋”工程实施以来，在中央财政和各级政府的大力支持下，截至 2012 年，全国共建成达到统一规定标准的农家书屋 600449 家，投入资金 180 多亿元，共计配送图书 9.4 亿册、报刊 5.4 亿份、音像制品 1.2 亿张、影视放映设备和阅读设施 60 多万套，提前三年完成了“农家书屋村村有”的任务，标志着覆盖全国农村的新闻出版公共服务体系基本建成，丰富了农村的文化生活。与此同时，农家书屋工程建设还带动了社区书屋、职工书屋、农民工书屋、连队书屋的建设，基层书屋建设超过 9 万家，一定程度上缓解了基层群众“读书难、看报难”的问题，开创了农村文化建设的新局面。

前期调研中有一项涉及“纸媒来源渠道分布”的统计，数据结果见表 5.11 和图 5.15。在四种社区形态受众的纸媒接触渠道选项中，排名前两位的均为“自己购买”与“向亲戚、朋友、邻居借”这两项，“农家书屋”均排在第四位。除了城镇“农家书屋”的比例较低以外，在其他的三种社

① 李苓，陈昌文．现代传媒与中国西部民族——汉藏羌民族混居区传媒使用与影响的类型化研究［M］．北京：中华书局，2012：67.

区形态中，“农家书屋”都处于相对重要的位置。这说明国家和行业主管部门为解决农民“看书难、买书难”问题而设立农家书屋这样的公共服务平台是十分必要的，且发挥了一定的文化传播功能。

表 5.11　纸媒来源渠道分布情况（单位：%）

选项	城镇	河谷农区	半山农牧区	高原牧区
学校或单位的图书馆	34.0	28.0	41.5	（牧区无此选项）
农家书屋	9.7	24.0	27.7	25.4
居住地政府相关部门发放	7.8	15.2	14.9	33.8
自己购买	80.6	66.4	73.4	73.6
向亲戚、朋友、邻居借	51.5	44.8	43.6	53.5
党政机关	4.9	4.0	9.6	（牧区无此选项）
其他	4.9	6.4	1.1	23.9

注：限选三项，总比例大于 100%。

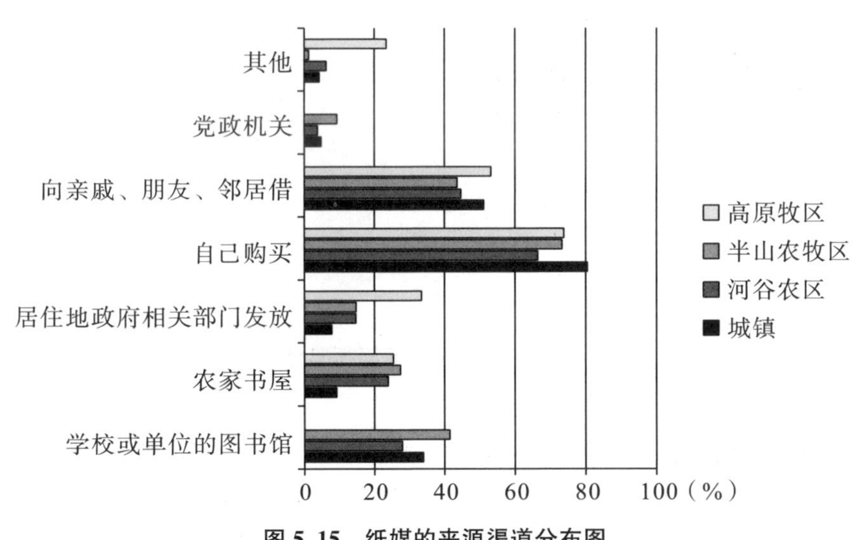

图 5.15　纸媒的来源渠道分布图

在前期调查的汉藏羌区域，不论是单一民族社区，还是多民族混居社区，根据深入访谈的资料，受众都认可农家书屋给他们带来了帮助。农家书屋是为满足农民文化需要，在行政村建立的、农民自己管理的、能提供农民实用的书报刊和音像电子产品阅读视听条件的公益性文化服务设施。

每一个农家书屋原则上可供借阅的实用图书不少于1000册，报刊不少于30种，电子音像制品不少于100种（张），具备条件的地区还可增加一定比例的网络图书、网络报纸、网络期刊等出版物。即使如此，这也只能在出版物规模数量上基本保证受众的多样性需求。

随后针对“制约西南汉藏羌区域农村受众使用纸媒的因素”的调查研究中（见图5.16），我们看到“文化低，看不懂”“没有时间”成为受众最主要的主观反映，这一情况与当前中国西部农村地区普遍文化水平较低，广大农民群众平时要花大量的时间在农作物的耕种上的事实是相呼应的；但与此同时，“没有兴趣”和“没有纸媒可以看”这两项影响汉藏羌农村地区受众选择与使用的因素所占比例相继排在第三、第四位，说明一些公共纸媒提供机构（如农村书屋和单位及学校的图书馆）忽视受众的实际阅读需求的情况还是存在的。

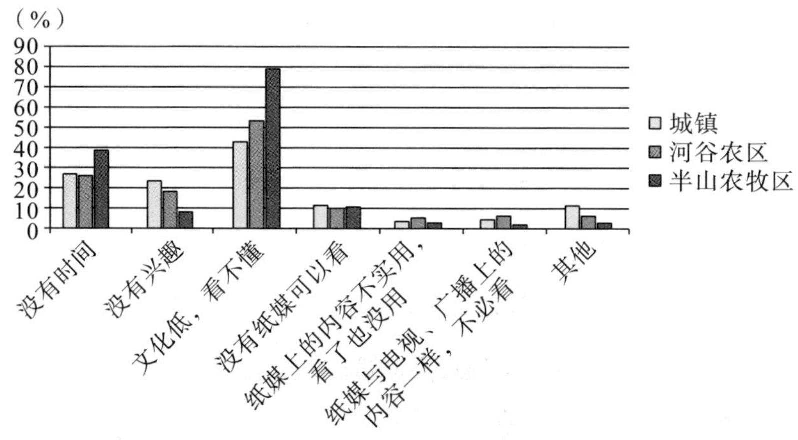

图5.16　不阅读纸媒原因类型分布图

根据课题负责人前期其他的相关研究成果还可进一步说明该问题：在西部农家书屋的设置中，图书品种和内容很大部分不适合当地受众生产或生活实际需求。调查中我们发现，松岗镇图书室的现存藏书关于农业生产技术的大约占1/5，其中绝大部分与当地的种植或养殖品种不相符合。当地主要种玉米、土豆，养猪和牛，而图书室藏书很多是关于淡水鱼、高粱、南方稻米等。为了进一步证明图书内容与图书使用的因果关系，我们精选出一批目前被出版者认为最适合农民阅读的图书提供给受访村民，要求他们翻看并就这些书的适用性发表看法时，结果大部分人表示，书中所介绍的绝大部分种植或养殖品种及其技术与当地实际情况不相符。而这一事实在其他地区也同样存在。在纸媒使用率的分析中，我们看到，该地区受众对报纸和杂志是有着较高需求度的，然而与此形成巨大反差的是，几乎所有样本点书屋的报刊配置远未达到国家的标准，且与受众需要的内容有着较大差异。例如，藏民较多的需要动物养殖类的书籍，而住在河谷、半山农牧区的羌族或是藏羌混居的民众需要较多的是农林、运输类的书籍。

以上所述的系列问题，归根结底还是在实际的社会生产方式下地区受众需求与农家书屋资源配置相矛盾或不一致的问题。因此，农家书屋作为党和政府针对农村文化建设的惠民工程，也是大众传媒基础设施建设的重要部分，出版物资源不仅要在数量规模上达到要求，而且在质量和满足当地民众生产生活方面要注重实际、配置得当。例如根据各民族的特点，对农家书屋各类纸媒的拥有比例应有所调整；针对“没有时间”“文化低，看不懂”等存在的制约因素，原有农业科技书籍应减少文字的数量，增加图片和图示等简单易懂、操作性强的内容，真正发挥农家书屋的价值。

5.2.3.4　手机等新媒体潜能未被开发

从计算机到互联网的革新，预示了现代化过程由工业时代向信息时代的转变。随着基于数字技术的因特网高速发展，以手机、平板电脑、互联网等为代表的新媒体引领着信息时代的发展潮流并使传媒力量渗透到了社会的各个方面，成为当今世界最重要的信息集散枢纽，在构建和谐社会的过程中也发挥着越来越重要的作用。调查中，我们了解到，四种社区形态的民众对新媒体的认知需求并无明显差异，“媒介即信息”的经验意识仿佛不需要传统的理论培养。在样本点之一的半山农牧区太平乡木耳村，我们见到了很高的手机普及率。而且近年来，随着互联网、手机、数字报、电子报、电子书、IPTV 等新媒体的推广，西部民族地区的民众正逐渐由被动接触变为主动使用新媒体，甚至开始通过手机或网络主动联系商贩，在价格方面也更有发言权和主导权，能在多个商贩之间进行对比选择。

虽说西部民族地区受众的新媒体认知能力和参与意识正在增强，但新媒体在该地区的建设和应用还处于初级阶段，即新媒体的基础设施建设情况、拥有情况、使用情况等仍存在诸多问题。根据中国互联网络信息中心（CNNIC）发布的第 35 次《中国互联网络发展状况统计报告》显示，截至 2014 年 12 月，我国网民总体规模达到 6.49 亿，互联网普及率为

47.9%，其中，手机网民规模达5.57亿，使用手机上网人群占比由2013年的81.0%提升至85.8%。尽管网民规模、互联网普及率不断提高，但拉动增长的主要动力还是来源于城市信息化建设的稳步推进。其中，农村网民占比27.5%，规模仅达1.78亿，虽较2013年年底增加了188万人，但与城镇网民2929万人的增长幅度相比，城乡互联网普及率的差异趋势仍在扩大，2014年城镇地区互联网普及率超过农村地区34个百分点。造成差距的原因，部分在于城镇化进程在一定程度上掩盖了农村互联网及推进工作的成果，主要是地区经济发展不平衡，妥善解决城乡数字鸿沟的方法仍然需要进一步探索创新。新媒体的发展不仅在我国城乡之间存在着巨大差距，在东中西部之间，尤其是中东部与西部偏远的农村及少数民族地区的“数字鸿沟”更加明显。这一点也正是水平模式所致力于解决的核心议题。

前期课题研究将新媒体作为一个重要、独特的观察视角，显示了2008年汶川地震前后的新媒体拥有与使用的各项“常态”“非常态”指标，让我们看到了不同社区形态在此方面的总体差异。如图5.17与图5.18所示，从大体上说，手机在四种社区形态样本点区域覆盖率无论在震前还是震后都大大高于电脑和MP3，已成为西南汉藏羌区域不可或缺的新媒介工具和对外联系的重要通信工具；电脑和MP3则在四种社区形态的普及率极低，特别是地震后某些地区拥有值几乎为零，而且城乡差距明显。

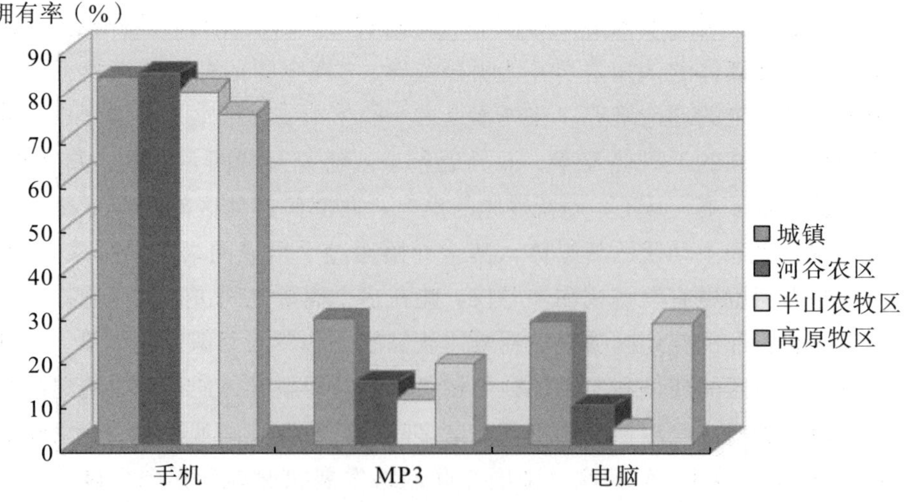

图5.17　地震前四种社区形态新媒体拥有情况

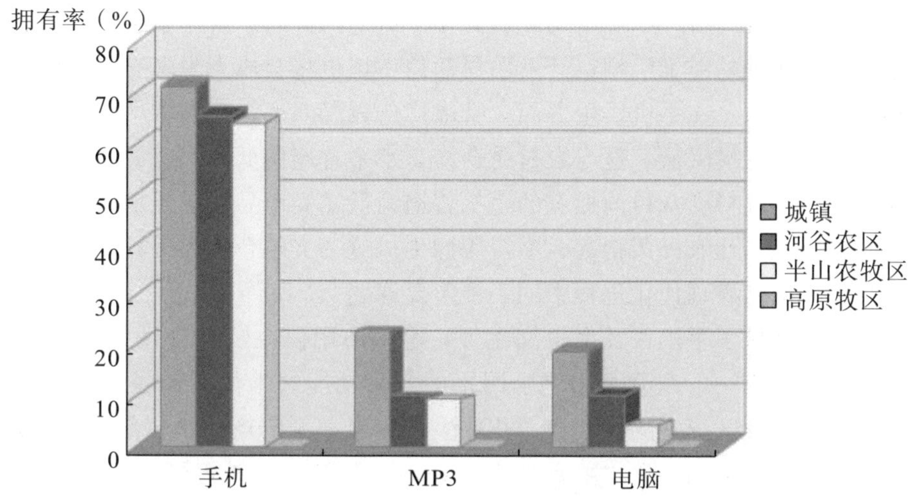

图 5.18　地震后四种社区形态新媒体拥有情况

手机因其快速便捷且成本越来越低，日渐成为西部农村地区受众信息沟通、加强联系必不可少的工具，值得我们单独分析（见图 5.19）。从城镇、河谷农区、半山农牧区这三种社区形态对手机的使用目的看，绝大部分（占 70%以上）受众只是将其当作简单的通信工具使用，而对于手机扩展功能（如手机上网、听歌、阅读、看新闻等）的使用尚处在初级阶段，手机上网只占 7%左右，比例不是很大。这在某种程度上应该被视为一种预示：在西南汉藏羌民族聚居区域，手机的扩展功能还有待进一步开发，仍有广阔的市场发展空间。

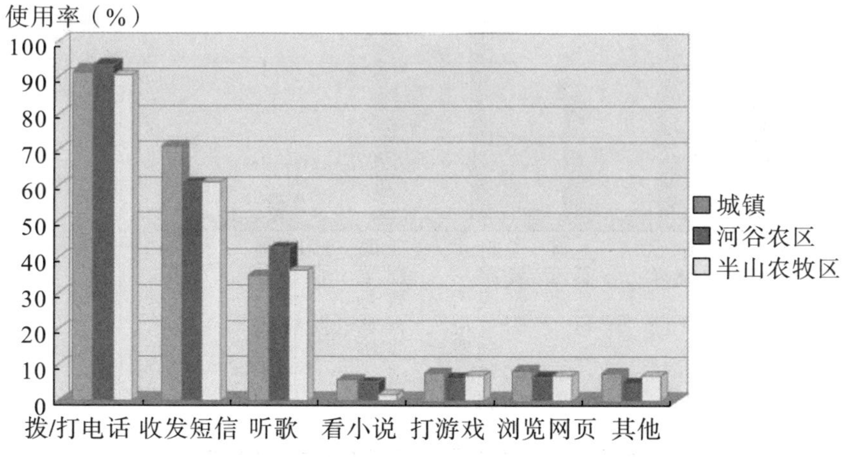

图 5.19　三种社区形态手机的使用目的

2009年后中国3G应用的发展，让手机上网进入了快速发展期，农村手机上网市场的前景广阔，开发农村通信市场也将会成为中国互联网快速增长的新动力。在手机娱乐方面，听歌比例较游戏高；上网看小说的比例较从农家书屋借阅低，这与农村受众知识水平普遍偏低有一定关系。课题组还发现，农村受众目前拥有的手机普遍为低端类产品，缺乏功能延伸的基础。因此，让农民买得起、懂得用像手机这一类的新传媒工具，将是西部民族地区传媒现代化进程中的一项重要课题。

新媒体除了手机普及率很高之外，电脑使用仅在较小部分受众之内，且使用目的单一，充分利用电脑网络的各种功能并未得到扩展。图5.20显示，三种社区形态的样本在“获取生产资料来源与产品销售渠道”“更快、更全面了解信息”“主要是为了好玩、打游戏、浏览网页、看电影”及“远程教育或获取学习资料”这四个选项上表现出目的的一致性，均排在使用网络目的的前四位。具体分析可见：在三种社区形态中，受众最为关注的还是关于生存与发展类的信息，对于农业生产信息的关注基本按自身发展需要选择，比较符合“使用与满足”理论的基本观点。在商务交易类(炒股、网上购物等)，城镇网民使用率远高于河谷农区和半山农牧区，城

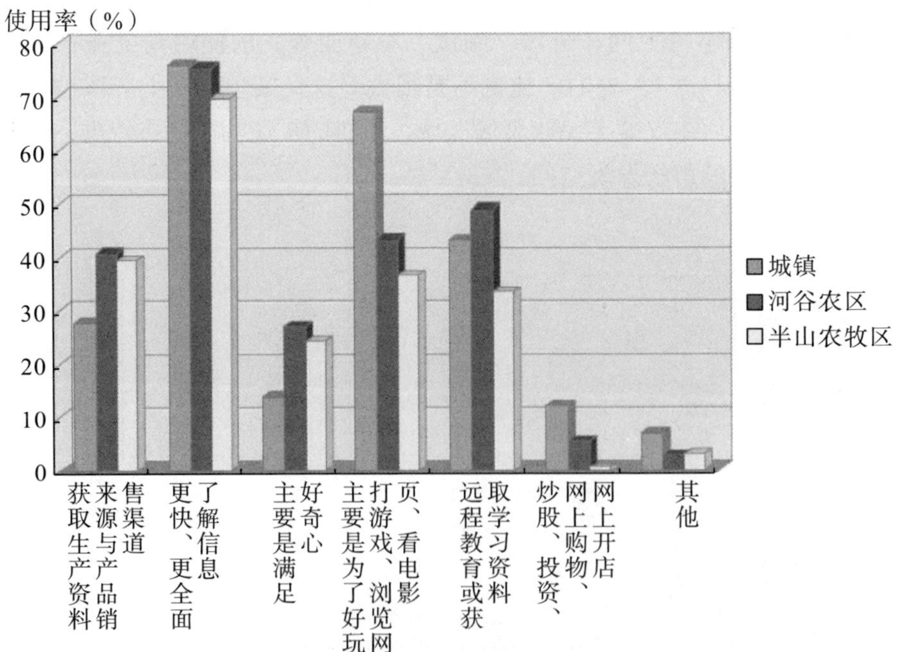

图5.20　三种社区形态样本上网主要目的

乡之间使用差距明显。对比CNNIC发布的《2009年中国农村互联网发展状况调查报告》，城镇网民因商务交易目的使用网络的比例为31.7%，农村为17.6%，此三种社区形态（城镇12.1%、河谷农区5.4%、半山农牧区0%）明显不及全国平均水平，处于落后阶段。娱乐类信息在三种社区形态样本的使用目的选项中都居高值，这说明经济条件的好坏并不是衡量受众对娱乐类信息需求强弱的唯一因素；远程教育与获取学习资料亦然，受众对于教育资源的关注，更多的还是出于自我发展的现实需求。

上述调研结果说明：在西部民族地区的不同社区形态下，因为越偏僻的地区，基础设施建设的难度越大，加之民众居住较为分散，新农村建设中的信息化工程很难深入，这就导致新媒体设备在此区域的拥有情况不容乐观；同时由于区域经济基础薄弱，民众受教育程度低，产生了四种社区形态受众对新媒介接受能力低的这一事实；电脑、智能手机等因需要一定技术操作水平也多限于年纪较轻的受众，他们的使用动机大多集中在“打游戏”上面，致使媒介工具的使用功能未能得到充分发挥。但不对称的媒介生态现实与该类地区民众使用电脑的动机本身却存在明显反差。在接触新媒体的过程中，民族地区的受众在使用动机与选项行为上，并未出现与现代化、信息化程度更高的大中型城市内受众选择有太大的差距。“更快、更全面了解信息”“主要是为了好玩、打游戏、浏览网页、看电影”“远程教育或获取资料”“获取生产资料与产品销售渠道信息”成为西部民族地区受众首要的使用动机。可见，信息需求的时代精神在该类地区已凸显，甚至由于西部艰难的环境因素制约而导致了对发展类信息更为迫切的需求，比如远程教育、生产信息等。在需求的满足和现状的限制的矛盾背景下，我们不可忽略新媒体建设的紧迫性和重要性，只有提高新媒体在西部民族地区的覆盖率，才能让该区域受众接受更多媒介信息，也有助于培养其媒介认知和媒介素养，最终能促进观念改变并提高该区域受众参与和运用新媒体的程度。

5.2.3.5 广告与媒介宣传

随着市场经济的日益完善，商品的极大丰富以及买方市场的形成，作为市场主体的企业为了扩大产品的销量，利用大众传媒对产品进行宣传，一方面引导消费者认识其商品并促使其产生消费行为，另一方面培养消费者的品牌意识并刺激其在购买行为上的提前更新换代。可以说，商品广告已经成为现代社会必不可少的组成部分。中国广告业日趋成熟，但对于西部民族地区的受众来说，广告在他们的日常生活中有何种影响，在多大程度上推动了当地经济的发展，这些都是我们所关注的问题。

在通过调查回答这些问题之前，我们假设在城镇、河谷农区、半山农牧区这三种社区形态当中，受众的物质生活水平和接触媒体的条件会成为影响样本评价广告效度的关键因素，而且三种社区形态的样本对广告的认同度会随着海拔的上升而呈现出下降的趋势，即消费行为对广告的依赖性可能呈下降趋势。然而，在实地考察中我们发现，在这三种社区形态中，有超过三成的被访者表示消费行为“基本上不受广告影响”，在城镇这一比例甚至达到了40.7%，远远超过河谷农区和半山农牧区。而在对广告影响的评价上，负面影响的评价明显高于正面评价。只有极少数的被访者表示“只有需要购买产品，就会首先选择广告上的”。总体来看，我们所调查民族地区的受众对媒体广告基本“不买账”，广告宣传引导消费行为的效能并不明显。

和最开始的假设相比，调查数据呈现的西部民族地区广告效能的结果显然有很大出入，这也显示出当受众在选择或购买哪些消费品时，广告对其购买行为的影响具有很大的复杂性。广告对于受众的影响，基于很多因素的制约，具体而言，在西部民族地区，交通的便利程度、公共基础设施的完善度、对生活质量的要求以及从自身需求出发等因素都会导致受众选择不同的商品，对于商品广告也会产生不同程度的依赖。但对于商品的“品牌”而言，经济条件的制约因素就明显加大了。在西部民族地区，因为经济水平的低下，民众的购买能力不强，受众的品牌意识自然相对较弱。对当地民众而言，在购买商品时并不会优先考虑品牌，而是更看重产品的性价比。这也体现出大众媒介在满足西部地区受众的商品信息需要时，并没有以他们的消费能力作为参考依据，在某种程度上，西部农村的受众是被排除在广告商目标受众范围之外的。这就产生了一种信息的错位，广告信息的供需不对称，这也加重了该地区受众对广告的逆反心理。

通过分析我们发现，广告在西部民族地区起到的效果相对复杂。一方面，西部民族地区经济欠发达，人民生活水平相对较低，而接受的却是和东部发达的现代化城市受众相同的广告信息，这些广告宣传的品牌商品远远超过了当地人民的消费能力；同时，由于西部民族地区不论是生活习惯还是民族风俗文化都与汉族相去甚远，而且地理位置的限制也影响了商品的消费，而主流媒体投放的恰好是以汉族文化为出发点的广告信息，倡导的是城市的高品质生活，与当地人民的生活缺乏契合点，相应地也就失去了正面强化的引导功能。另一方面，受众又期待一些生活必需品信息的投放，对于与日常生活息息相关的产品有着巨大的需求，然而心理期待与媒体广告信息之间有着巨大的差距。还有一些受众表示，广告离他们的生活太远，上面的产品看上去很好，但是他们却没有消费能力，因而在这种巨大的现实落差中产生心理上的不平衡。

在媒介宣传方面，我们看到传媒在促进西部民族地区经济发展上起到了一定的推动作用，大众传媒对当地民俗文化、生态风景的宣传带动了旅游业的发展，促进当地招商引资，传媒对当地经济发展的拉动作用也受到了政府的重视。但是，由于传媒设施的相对落后、地理位置的制约以及专业传媒人才的缺乏等限制性因素，当地政府利用传媒发展经济受到了很大的局限。另外，在信息需求供给上，西部民族地区的民众对于脱贫致富等方面的经济信息十分关注，但主流媒体所传播的经济信息却很少为他们“量体裁衣”，真正可用于指导受众经济发展的信息很少。事实上，当地受众十分期待传媒所宣扬的经济致富在他们身上实现，也迫切需要更多有针对性的致富途径和经济信息。对于当地媒体而言，在广告和经济信息的投放上，要针对西部民族地区的经济发展现实情况输入受众需要的经济信息，以最大限度地发挥传媒的经济拉动作用。

5.2.4　媒介环境中个体不能认同的要素

5.2.4.1　嘉绒藏区的宗教传统与现代传媒

相对于羌族聚居区域来讲，在我们所调查的藏传佛教覆盖区内，宗教对信众生活具有非常深刻的影响力。作为藏民族文化的核心，藏传佛教已完全融入藏区人民的日常生活行为中。随着社会的不断发展，科技的不断进步，信息传播方式的不断更新，现代传媒业已深入藏传佛教的传播过程中，使传统的藏传佛教传播方式发生了根本的变化，并在藏传佛教对社会产生强大影响力的过程中扮演着十分重要的角色。在《现代传媒与中国西部民族——汉藏羌民族混居区传媒使用与影响的类型化研究》一书的第四章，我们针对嘉绒藏区各样本点的历史背景作了介绍，对嘉绒藏区现有资料或研究成果做了梳理，对区域的“宗教世俗化”概念进行了剖析，对以下三个问题进行了实地调查和客观描述：现代传媒使得藏传佛教的传播方式发生了什么样的变化？这种改变对藏区社会产生了怎样的影响？藏传佛教是否需要现代传媒工具的介入？

首先，不可否认现代传媒对区域文化扩散的拉动作用。例如，城镇居民通过现代传媒工具接触到现代文化的条件和时间远远大于远离城镇的居民。以马尔康市为例，马尔康市是阿坝藏族羌族自治州的州府，是当地政治、经济、文化交流的中心。这里有县级广播电台、电视台、报社、杂志社和众多的文化公司。现代传媒的高度渗透和较强的媒体消费需求，使得该镇成为嘉绒藏区文化对外交流的重镇，以及州内人流、物流、货币流和文化流的枢纽，各类大小会议多，人员流动大，信息传播与扩散的速度很快，这使得马尔康镇的现代化程度远远高于其他县镇，民族混居的特征非常典型。相比之下，远离城镇的其他类型的社区民众所接触到的现代传媒相对少，尤其是高原牧区，闭塞的交通、有限的受教育条件、不断游牧的生活方式，致使这些区域的居民与现代文化和现代传媒有一种时间和空间上的隔阂。半山农牧区情况稍好，但一般只有单一民族存在，而单一民族文化常常属于民族融合相对较弱的地区。

其次，现代传媒工具对藏传佛教的传播具有推动作用。长久以来，藏传佛教都是通过印经、建寺、传统的口口相传以及密宗的心口相传的方式进行传承，千百年来一直保持着媒体介质的时间偏倚性。然而，现代传媒工具的介入使更多的寺庙开始意识到跨语言、跨文化发展的重要性。一些优秀的僧侣被送到国外学习；藏经室的修建更加靠近阅览室，书架上大多是激光照排版的精装本藏经；同时，在大众传媒和道路交通这两个最重要的现代化要素的拉动下，嘉绒藏区的寺庙开始成为旅游业的重要景点，许多游客以非信众的身份走进寺庙，了解和感受宗教文化，使圣俗边缘的多元魅力拉近了僧侣和民众的交流距离。总体而言，纸质媒体在藏传佛教的传教活动中依然是主导性媒体，有改变的是出版物逐渐从雕版印刷转变为电子印刷方式，很多寺庙的高僧大德开始习惯于将自己的佛法见解以及感悟写下来，以书本的形式用多种语言出版发行，或者开设宣传宗教文化的寺庙网站，使藏传佛教的传播进入一个全新的时代。

大众传媒工具在藏区快速普及已成事实，藏传佛教的传播方式也在发生改变，但我们想深入了解，这种改变是否每个僧人都可以接受？现代传媒的接触人群——神职人员及信众，是否会在接触传媒的态度上产生差异？我们确定了与现代传媒互动最活跃的寺庙和僧人群体，以及各行业的信众作为我们的研究对象。

我们通过对手机、网络和纸媒等媒体的问卷调查，了解到僧侣或信众对现代传媒工具的认知程度差异，以及他们在传媒使用中受影响的程度。

调查结果显示，现代传媒的进入并不是所有僧侣和信众都能接受，其传媒影响力在各群体间和个体方面也存在差异性，主要影响因素包括年龄、个人修行、受现代教育的程度。

1）僧侣群体的传媒认知差异

手机作为新媒体普及率最高，无论是与个人的世俗生活还是宗教生活都有着紧密关系，所以被作为首要调查对象。通过年龄分层，我们能清楚辨识到僧侣在使用现代传媒时的频率和态度上的差异性。结果发现，被访僧侣中几乎人手一部手机，而且每天使用手机的频率超过使用其他传媒工具，触达率很高（见表5.12）。他们使用手机的主要用途是与上师、家人以及信众打电话、发短信，大部分被访者认为手机的普及为自己带来了方便，缩短了时空距离。即使手机大多仅被当作通信工具使用，但也不代表所有僧侣对这一现代传媒工具都认同。

表5.12　被访僧侣是否使用手机及年龄分层（单位：人）

	年龄	是否使用手机		合计
		是	否	
被访僧侣年龄分组	25岁以下	3	0	3
	26～30岁	19	0	19
	31～40岁	45	1	46
	41～60岁	20	2	22
	60岁以上	7	3	10
合计		94	6	100

我们还发现，僧侣使用手机有两种截然不同的态度：持肯定开放态度的被访僧侣认为，时代不同了，使用现代传媒工具可以使藏传佛教的教义传播得更广、更快；通过传媒了解现代社会，对解放思想观念有帮助，可以促进僧侣与外部世界的交流，了解现代社会的发展状况，了解当代人的想法，不封闭自己，不远离社会；现代传媒工具的使用可以提高生活质量。而持矛盾和担忧态度的传统僧侣则认为，曾经的高僧大德在修行时期没有如今这些传播工具，同样可以将佛法弘扬出去，所以现在自己也不需要借助这些工具；接触这些东西带来更多的是对修行生活的打扰，比如在闭关时注意力不集中，眼前容易出现电视里的情节。

"藏传佛教的传播是否需要借助传媒的力量"和"僧侣是否应该接触现代传媒"这两个问题的入寺调查，使我们掌握了僧侣对现代传媒在宗教传播中所扮演角色的不同认识。调查结果显示，持赞同态度的比例占据多数，并且选择肯定态度的大部分是处于20～40岁之间的僧侣（见表5.13和表5.14）。他们大都认为，现代传媒对传播教义、传播善心是很有帮助的，并且有利于搞好团结；现代传媒工具带来了很多方便，他们可以通过传媒了解汉传佛教，可以交到很多朋友，了解外界信息。例如一些年轻僧侣明确表示，他们愿意接受新的东西和新的理念，因为社会在发展，科技在发展，与以前不同了，藏传佛教作为入世的宗教，应当利用传媒的力量，更广、更快地把佛法弘扬出去，让更多的人来了解佛法，了解藏区。可见，现代传媒对藏传佛教的影响力在青、中年僧侣中比较突出，认同度比较高。但也有一部分大年龄组的被测试僧侣表示传媒对自己的影响较小。他们认为，传统意义上，僧侣应当远离世俗，做好苦行的决心，不应受外界的影响；外来的交流工具固然可以带来方便，但是过多地接触也是不好的。①

表5.13 被访僧侣对于"藏传佛教的传播是否需要借助传媒的力量"的看法

（单位：人）

	年龄	藏传佛教的传播是否需要借助传媒的力量		合计
		是	否	
被访僧侣年龄分组	25岁以下	3	0	3
	26～30岁	18	1	19
	31～40岁	38	8	46
	41～60岁	17	5	22
	60岁以上	4	6	10
合计		80	20	100

① 李苓，陈昌文．现代传媒与中国西部民族——汉藏羌民族混居区传媒使用与影响的类型化研究［M］．北京：中华书局，2012：139－141.

表 5.14　被访僧侣对于"僧侣是否应该接触现代传媒"的看法（单位：人）

	年龄	出家人是否应该接触现代传媒		合计
		是	否	
被访僧侣年龄分组	25 岁以下	2	1	3
	26～30 岁	16	3	19
	31～40 岁	35	11	46
	41～60 岁	14	8	22
	60 岁以上	0	10	10
合计		67	33	100

受教育程度也是影响僧侣传媒认同的重要指标。表 5.15 显示，被调查的僧侣群体受教育程度多在小学教育水平，初中及以上文化水平的未达到总体比例的 30%（见图 5.21）。一般而言，高学历的僧侣赞同出家人接触现代传媒，也认可藏传佛教的传播需要借助现代传媒的力量有效扩散。他们认为，佛法本来就有"经变"的道理，以前传统的传教只有使用图片、佛像造型等方式来帮助人们理解教义，现代传媒可以通过照片、电视、电影、书本、网络等传播方式来展现佛法的精髓，他们希望藏传佛教的传播效应最大化的动机与现代传媒所追求的社会效益最大化是一致的。这一部分僧侣虽然数量不大，但接受寺庙改革的决心和促进藏传佛教的传播与现代传媒接轨的影响力却很大。比如，青海省的僧侣和尼姑自拍自演的《米拉日巴传奇》，就是用现代社会普遍使用的影视、影像等传媒手段来弘扬佛法教义。但是如表 5.15 所示，寺庙中的大多数僧侣仅有小学文化程度或属于准文盲，有的僧侣甚至不会讲汉语，特别是在纯牧区的寺庙，更没有人教会他们使用现代传媒工具的方法。此种状态中的僧人，往往不关心现代传媒对自己的修为和对藏传佛教传播乃至整个藏区现代化发展是否重要的问题。①

① 李苓，陈昌文．现代传媒与中国西部民族——汉藏羌民族混居区传媒使用与影响的类型化研究［M］．北京：中华书局，2012：143.

表 5.15　被访僧侣受教育程度（单位：人）

	年龄	受教育程度				合计
		小学	初中	高中或专科	本科或以上	
被访僧侣年龄分组	25 岁以下	3	0	0	0	3
	26～30 岁	13	4	0	2	19
	31～40 岁	35	8	3	0	46
	41～60 岁	12	6	1	3	22
	60 岁以上	10	0	0	0	10
合计		73	18	4	5	100

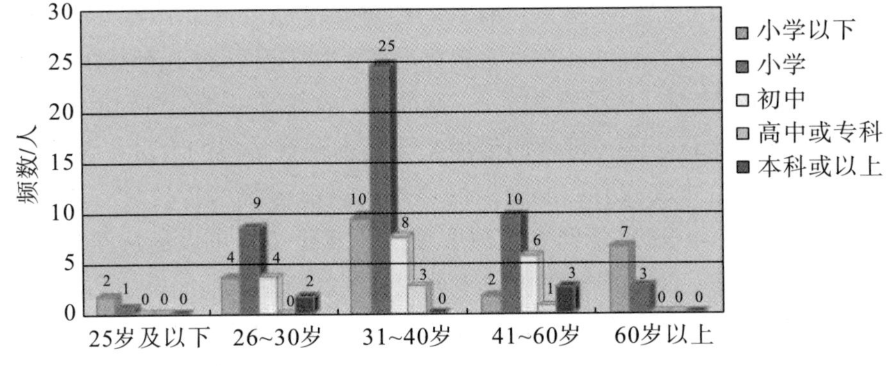

图 5.21　被访僧侣受教育程度柱状图

2）信众对现代传媒进入寺庙的看法

在嘉绒藏区，不仅是僧侣群体对现代传媒入寺的态度存在差异，在信众群体中同样存在一定程度上的认同差异。为了解信众对“寺庙内是否应该配备现代化传媒工具”的看法，课题组对以下八类人群进行了问卷调查：服务员、公司职员、教师、学生、农牧民、农民、牧民、商人。分析结果显示（见图 5.22），八种职业的被访者大多认为，出家人应该清修，做好自己的“念经本职工作”，不应该过多接触传媒，受到尘世影响。只有小部分信众赞同传媒的作用，表示可以接受。此种差异可能是受由来已久的宗教传统影响所致。

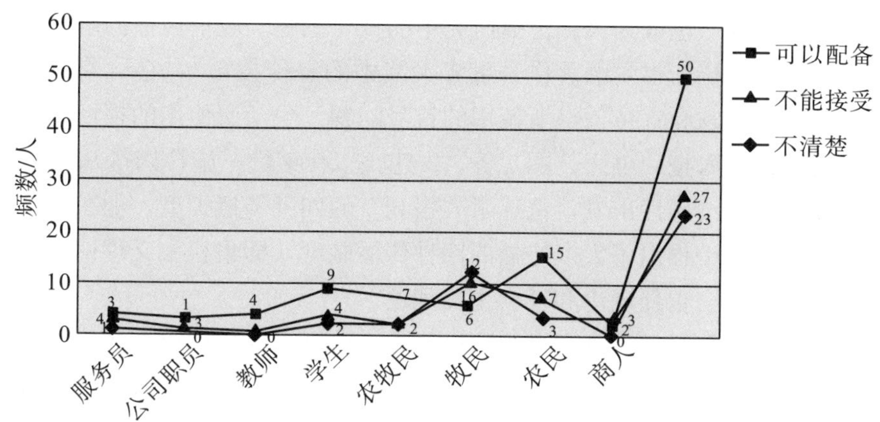

图 5.22　被访者对“寺庙内是否应该配备现代化传媒工具”的看法

虽然嘉绒藏区的僧侣和信众对现代传媒的接受、认知态度存在一定的矛盾或冲突，但从现代传媒正快速普及与使用的趋势来看，这种冲突强度并不是特别高或者一成不变的。国家经济政治管理制度和国家权威这两种力量的合力仍然在这一地区的个体、群体及社会的现代化发展大背景中占据优势。只要这种优势代表着先进生产力，遵循着对宗教信仰的尊重原则，充分践行着对民族文化多元生态的科学保护，更关键的是现代传媒能在其中既发挥“喉舌”的功能也能发挥“中立工具”的作用—— 媒介的公共服务性，那么，国家的西部大开发战略和现代传媒西进的计划就可稳步推进。为了保证这一目标的实现，本研究需要寻找并预设一个适合于西部民族地区的，可以通过信息的顺向强化获得传播效果最大化的传播模式。在这一模式中，我们要区分该类型区域受众已经满足的比较稳定的共同需求是什么？未满足的需求是什么？在未满足的信息需求中，哪些是可以通过社会条件的改善和传媒素养的培养而转化为新的需求指向呢？这是一项需持久努力的任务。

5.3　理论设想：水平模式的构建

5.3.1　政治传播视阈下政策导向与西部民族地区传媒发展

大众传媒从诞生之初就深刻地介入了政治生活和社会生活。传媒与政治二者的关系，也成为大众传播研究中的重要主题。政治传播的研究与应用可以追溯到拉斯韦尔的著作《世界大战中的宣传技巧》，它讨论了战时宣传的组织问题和宣传信息所使用的符号问题，包括所使用的报纸、宣传手册、书籍、海报、电影、图片等。20 世纪 50 年代，施拉姆等从媒介的社会属性和政治属性出发，论述了“报刊”的四种传播类型，他在《报刊的四种理论》中提出了大众传播的四种传播制度，即集权主义理论、自由主义理论、社会责任理论和社会主义理论。

我国政治传播的观念和理论研究是在 20 世纪 80 年代以来才逐步展开的，最初的“政治传播”往往被理解为政治宣传和思想政治教育。但随着改革开放和全球化进程的加深，政治传播的议题不断增多，且开辟出许多新的研究领域。大众传媒作为信息控制的中介环节，联动并促进了国家与公民的沟通和互动。一方面，党和政府采用信息透明、公开的方式，通过这一方式吸引更多公众参与，从而达到吸纳更多公众意见的效果；另一方面，大众传媒在国家管理层与社会成员之间、社会成员彼此之间不断进行有效的传播和沟通，以解决不断出现的社会问题和矛盾。

总的说来，无论是以政治为主体的传媒政治化，还是以传媒为主体的政治传媒化，都说明二者的关系是紧密相连的。首先，政治对传媒起着决定性的主导作用。大量的政治活动为传媒提供了丰富的信息内容，有了政治活动传媒才有报道的意义和价值，特定的政治制度决定了传媒的政治属性和政治取向，政治权力通过法律、行政等手段促进或限制传媒的发展。其次，传媒对政治具有能动作用，传媒担负着反映公众意见、愿望和要求的职责，其所具有的公众立场、舆论监督和相对于政治的独立性，使它不可能完全受政治的控制和摆布。

在中国西部民族地区，政治传播过程中政治决策层与大众传媒的互动无疑将更加深入与频繁。和中东部地区相比，中国西部地区经济、社会发展水平落后，复杂的地理环境、滞后的经济水平、多元的民族文化，让西部地区的媒介生态呈现出较为初级的发展状况。在对西部地区的现代化建设中，国家当前主要从政策倾斜、基础设施建设和传媒现代化等方面进行投入，而基于西部地区先天落后的地缘经济和复杂的地理文化的历史现实，西部地区的传媒现代化进程无疑将更多地依赖于党和政府的政策支撑和制度保障。

事实上，我们发现，在西部社会的现代化进程中，传媒的现代化对于西部社区居民认识世界、转变观念更具有优先性。西部地区政治传播中国家与公民的良性互动，将更加依赖于大众传媒的中介作用，政策的宣传、政府信息的公开化与受众的政治关注、民意表达、舆论监督，西部民族地区的政治民主化和公民一体化，需要传媒扮演愈加重要的中间角色。而一个严峻的社会现实是，在整个西部社会经济发展、社会发展较为滞后的大背景下，西部地区传媒发展依然远远落后于中东部地区，尤其是在西部民族地区，传媒的发展更加滞后和缓慢。西部地区大众传媒要扮演好信息决策层与公民的中介角色，需要在政策层面推动地区传媒产业的发展。

5.3.2　共性需求的满足：媒体的使用与满足

大众传媒通过信息的传播，呈现并解释了受众所接受的外部世界，以此影响受众的观念和行为，并进一步影响受众对现实环境的适应和改变。经过新中国成立七十年的现代化推动，西部民族地区接受了传媒现代化和交通现代化的洗礼，他们在接受现代化给当地民族区域带来的一系列翻天覆地的变化的同时，也对现代化利益产生新的诉求。因此，我们所要了解的一个事实是，在中国广袤的西部大地，国家的传媒现代化进程怎样改变并刺激了传统的民族社区对现代文明的需求，这种需求又将怎样反过来带动当地区域传媒的发展，这是我们积极探索并试图找寻答案的一个重要问题。

按照马斯洛的“需求层次理论”，需求是有机体与客观环境相互作用中因不平衡而造成的一种“欠缺的心理状态”，他认为人有五种需求层次，即生理需求、安全需求、社交需求、尊重需求和自我实现的需求。人的需求的满足，源于个人内部对于该需求的一种内驱力的刺激，这种内驱力不断驱使个体做出行动和反应，促使需求得到最终的满足。而在大众传媒的使用过程中，受众对于传媒的使用动机或需求，就是刺激受众获得传媒使用满足的内驱力。卡茨在《个人对大众传播的使用》中提出，大众传媒的效果与影响取决于受众的媒体接触动机以及这些接触是否满足了他们的需求，这就是“使用与满足理论”。通过分析受众对媒介的使用动机与获得满足来考察大众传媒对受众心理和行为上的效用，“使用与满足理论”关注受众的个体性因素对于大众传播的选择和影响。

我们需要关注的问题是，在西部民族地区，大众传媒在多大程度上满足了当地受众的使用动机和心理需求？还有哪些潜在的共需是未被满足或需要进一步深入推进的？这些长期恒定的共同需求如何在政府政策导向的传媒发展中得到满足？解决这些共需问题或许能够为西部民族地区传媒的发展和政治传播的深入提供有益的借鉴意义。

5.3.2.1　纸媒

中国西部民族地区受众在纸媒的接触频率上以“偶尔接触”为主，加之农村地区普遍文化水平低，缺乏足够的纸媒接触时间，总体而言，纸媒的接触频率不高；在接触渠道上，当地受众纸媒接触的渠道主要是通过自主购买和社区间的相互借阅，以及依靠为农牧民解决“看书难、买书难”的农家书屋，纸媒的接触渠道较窄，而且不稳定；在纸媒的使用目的和类型分布上，四种社区形态主要的使用动机是“了解信息，开阔眼界”和“提升文化水平，自我丰富”两项，而在纸媒类型的选择上，“文学艺术类”和“休闲娱乐类”是当地受众阅读的最主要类型，“计算机和外语类”“哲学类”及其他类型则较少受到受众的欢迎。

具体而言，针对四种社区纸媒接触途径和内容的实际情况，当地政府在制定和推进相关政策的过程中，需要注意针对受众的实际使用情况和共同需求，优化纸媒的接触途径，调整纸媒的具体内容。在接触途径上，一方面要保证现有社区公共图书机构（如农家书屋）每年供书的持续性、价值性，以及地方提供制度管理上的保障性；另一方面，当地政府可以通过组织多方筹集或募捐的方式为西部民族地区捐赠纸媒，特别要加大亟须纸媒的半山农牧区、河谷农区和高原牧区这三种社区形态的社区纸媒免费供应。关于纸媒内容，可以在社区内农家书屋的纸媒类型提供上偏向信息型和文化型，同时增加文学性和娱乐性纸媒的比重；考虑到计算机、外语、哲学等方面纸媒与当地社区的实际需要不相符，可以适当地减少这方面纸媒的供应。另外，为了适应西部农村地区文化水平较低的情况，应当更多采用图片丰富、表达简单易懂的纸媒。

5.3.2.2　电媒

在西部民族地区的四种社区形态中，电视已成为最主要的信息渠道，受众的电视拥有率和接触率都极高。而在具体的社区电视使用中，当地受众主要通过有线电视网和卫星电视接收器接收电视频道。在这两种信号接收渠道中，有线电视网收视稳定、信号较好，但接收的频道数少；卫星电视接收器接收的频道数多，但信号不稳定，图像效果差。除了电视信号接收渠道之外，在电视收看内容上，“新闻时事类”和“电影、电视剧”是当地社区受众最喜爱的电视节目类型。

为满足西部民族地区受众对地方新闻和电视节目的需求，加强对民族地区接收电视信号的管理，一方面，政府可在资金和技术可行的情况下把有线电视的光纤向半山农牧区和高原牧区推广；另一方面，通过技术创新将地方电视台的信号无线化，让当地社区使用卫星电视接收器的用户可以接收到相关节目。在内容满足上，地方的电视台可增加电影和电视剧的播放频率并保持及时更新。

除了对电视接收和内容的完善和改进，当地政府还可以在原有的农家书屋的配置上增添家庭影院，如电视、DVD、功放等设备，同时可添置农业科技推广、电视剧、电影等影碟的配置，扩展农家书屋的功能，让农家书屋成为当地社区的文化活动中心。

5.3.2.3　新媒体

在西部民族地区四种形态社区的新媒体使用方面，首先，电脑和互联网作为数字信息时代的重要代表，在西部民族地区的普及率极低，由于经济地理等诸多原因，许多当地居民无法连接网络，也较少使用电脑。而在上网的目的上，主要的使用动机是“获取生产资料来源与产品销售渠道”“更快、更全面了解信息”“主要是为了好玩、打游戏、浏览网页、看电影”和“远程教育或获取学习资料”。当地受众对网络的使用动机一方面反映了从生产生活出发对于农业信息的基本需求；另一方面也说明，经济因素并非影响受众追求娱乐类信息、远程教育与获取学习资料的唯一因素，更多的原因还在于当地受众对自我发展、自我提升的现实需求。

除了互联网之外，手机作为西部民族地区不可或缺的媒介工具和通信工具，其覆盖率已大大超过电脑以及通信座机。但是，由于西部诸多农村地区的手机普遍为低端类产品，加之当地用户的知识水平较低，因此在手机的使用上主要偏重手机的通信功能，对于手机的扩展功能（如手机上网、听音乐、看新闻等）较少触及。

作为西部民族地区重要的通信工具和媒介工具，当地政府应当重视手机的推广，保证信号畅通，同时可以充分利用手机这一渠道进行地方政策的宣传、科技工作推广等传播。在互联网方面，政府需要及时提供网络服务，推进互联网在农村地区的覆盖；同时，也可以考虑在社区农家书屋添置电脑并开通网络，进一步丰富农家书屋在社区中文化娱乐中心的角色。

5.3.3 正向效果的强化：传媒与西部社会的良性互动

从人类社会发展之初到现在，信息和广义的传媒是人类政治、经济、文化等一切社会活动不可或缺的生存内容和沟通渠道。一个不容置疑的事实是，在今天的社会活动中，信息与现代媒介早已深刻介入了政治、经济、文化等生活领域，在社会发展的现代化进程中，这种介入和交织在人类历史上更加频繁，也更加凸显其重要性。

5.3.3.1 传媒与公民一体化

传媒与政治关系密切，并随着现代社会的发展在国家政治生活中扮演着越来越重要的角色，这已经成为现代社会的共识。大众传媒在政治生活与社会生活中的一个重要作用，就是连接与沟通国家上层与公民，推动公民一体化效应。公民是政治生活的基本单位，社会的正义、合法和自由程度可以通过公民的政治意识得到充分体现。公民政治意识直接反映了政府是否为人民服务，而为人民服务的政府必须能够做到倾听民声，让公民参与政府决策。在这一过程中，国家决策层政务信息的公开、政策的宣传，以及公众的政治表达、舆论监督，都需要大众传媒在其中进行承接和中转。

在对西部民族地区传媒与当地社会的互动中，我们首先关注了传媒在政治生活中的表现情况。我们发现，被调查区域的四种社区居民普遍表现出较高的政治关注度，在所有类别的信息当中，新闻时事往往最受关注。然而，被访地区尽管普遍呈现出较高的政治关注度，但政治参与度却较低，主要表现在：在所有被访者中，仅有不到十分之一的人会选择向媒体或新闻记者反映问题；相较于大众媒体，当地居民更倾向于通过人际传播的方式，在人际交流中表达政治意见和诉求。

而在政府层面，调查地区当地政府主要通过电视、互联网等电子媒体公开政府信息、宣传政策以及处理突发事件。此外，传统纸媒也是当地民众了解相关政治信息的重要渠道；而随着手机的大量普及，政府在手机平台上发送公共信息等方法也开始使用。传媒在传递政治信息的社会作用方面，调查区域的民众普遍呈现出较为满意的态度。但在反映民生、揭露腐败和社会不正之风、提供就业信息等方面，公民的满意度并不理想。

作为党和人民政府的“喉舌”，西部民族地区媒体在政府信息透明化、政策宣传和处理突发事件等方面发挥了重要的作用，基本能满足民众对政治的关注度，但在媒体参与度方面，地方政府还需要主动完善当地的政治参与制度和途径。例如，逐渐完善和优化地方政府的门户网站中民众参与板块的建设，通过地方新闻让公民对政府提意见和建议，主动了解并反映民生焦点问题，并且进行跟进和解决。另外，当地媒体还需要加大民众自我权利保护意识的宣传和引导，提高当地居民的政治生活参与度。

此外，对于被访区域民众对媒体揭露当地贪污腐败和不正之风的低满意度问题，当地政府应在思想高度上提高认识，从民族团结与和谐社会建设的高度出发，意识到廉政工作和作风建设的重要性。

5.3.3.2　传媒与经济发展

在现代国家的建设和发展过程中，大众传媒与经济两者互动关系的重要性毋庸置疑。早在 20 世纪 70 年代，一批从政治经济学视角关注大众传播社会作用的学者就认识到大众传媒在“第三世界”国家现代化进程中的潜力。大众传媒不仅成为现代经济生活中的重要产业，而且还高度参与国家的各方面经济活动。大众传媒产业以其特有的功能和对信息的聚焦或扩散作用促进了经济的加速发展，不断推动经济的进步；反过来，经济的发展为传媒业奠定了物质基础，引发传媒产业自身的革新，实现跨越式发展。

西部地区的经济发展与腾飞，需要不断探索新的经济发展方式。事实上，西部地区经济大发展，需要持续推进经济发展方式的变革，而与此同时，经济发展观念的转变同样至关重要。经济政策的报道、经济信息的传递、供需信息的提供以及相关宣传工作的开展，都需要传媒对全党、全社会加快经济方式转变的思想共识的宣传动员和阐释解读。

由于被调查的西部民族地区基本上属于经济欠发达地区，当地传媒对于脱贫致富、物价水平、供需市场等信息比较重视，在当地民众对于传媒提供的经济信息的满意度方面，过半数的受众表示满意。然而，尽管当地媒体对经济信息的提供上得到了受众的认可，但当地农牧民通过手机、网络等媒体渠道进行生产销售、发展经济的意识依然有待提高。

在传媒带动当地旅游业发展方面，被访区域民众逐渐意识到通过传媒平台主动宣传推广当地生态美景与生态文化和通过招商引资发展旅游业和农牧业的重要性。而在这一转变过程中，当地媒体也在向外界宣传本地旅游资源、物产资源，提高本地知名度方面做出了重要贡献。

在广告的投放与接受度方面，四种社区形态受众由于经济水平的限制，购买能力较低，广告所产生的受众购买行为有待提高，部分受众表示“基本上不受广告影响”，且对广告影响的负面评价高于正面评价；对广告商品的选择主要从自身需求出发，看重产品的性价比和实用性，在日常生活用品等贴近生活实际的商品上受到广告的影响相对较多。

可以看到，在西部民族地区，传媒对于改变当地居民经济思想观念、向外界宣传推广本地优质旅游、物产资源等方面，确实起到了不可忽视的作用。当地经济的进一步发展，还需要政府加大推动传媒对当地经济的这些影响。具体来说，地方政府可引导媒体对社区内民众进行计算机和上网培训，积极引导当地民众通过网络渠道开拓市场，打开销路；继续加大传媒对西部民族地区旅游资源的宣传和开发，打开本地知名度，发展旅游经济；在广告投入方面，注重广告产品与当地民众日常生活的相关性，强调广告产品的实用性，确保广告效益。

5.3.3.3 传媒与科技普及

2015 年中国科协发布了第九次中国公民科学素质调查结果。调查结果显示，2015 年我国具备科学素质的公民比例达到了 6.20%，比 2010 年的 3.27%提高了近 90%，进一步缩小了与发达国家的差距。当前我国公民获取科技信息的主要渠道依然是电视，利用电视获取科技信息的公民比例为 93.4%。此外，互联网及移动互联网作为获取科技信息的重要渠道，已超过报纸成为仅次于电视的科技信息获取渠道（2015 年公民利用互联网及移动互联网获取科技信息比例达到 53.4%，而报纸为 38.5%）。

然而，在东、西部地区信息化程度差距巨大的现实情况下，西部民族地区的科技发展与普及情况并不乐观。尤其是在西部四种地理分层社区，半山、高半山以及牧区人口稀少、生态脆弱、自然地理环境险恶、灾害频繁，远离现代要素，新型传媒设施的建设成本很高，科技的普及和发展远落后于东部地区。而从长远来看，要从根本上改变西部民族地区科技落后的面貌，传媒的推动作用不可忽视。

目前，在四种社区形态中，科技致富信息是受众最迫切想要了解的。为满足当地居民对科学技术的需要，地方政府通过电视普及（相关农业频道）、政府宣传（政府特派的科技专员下乡政策）、农业科技书籍和网络为受众传播科技信息。而从受众的接受程度来看，尽管当地民众都认识到科学技术对农牧业发展的重要性，但在具体的接受上，还存在一些问题：一是科技信息的传播渠道过于狭窄，仅仅通过已有的传播渠道无法满足受众的需要；在当地科技信息的人际传播过程中，传播效能有待提高，对于政府下派的科技人员讲解或县乡所举办的培训班、讲座等现场渠道，许多民众表示“听不懂”“浪费时间”。

针对西部民族地区科技普及过程中的现状和问题，中央及地方各级电视台需要加大农业科技类节目的制作和推广工作；原有的农业科技书籍应减少文字的数量，增加图片、图示等简单易懂、操作性强的内容；科技人员下乡作为重要的科技信息传播手段，在工作方式上需要进行调整，例如可以通过科技人员的实地操作录制成影像资料，通过影像方式进行讲解示范，保证受众能更好地理解农牧业生产知识。

5.3.3.4　传媒与文化传承

传媒与文化存在着内在的必然联系与外部的复杂关系，它们是相互影响的共同体。文化作为人类所创造的各种物质财富和精神财富的总和，它在人类历史进程中一直处于一个不断向外传播与浸润的过程中。大众传媒的诞生，更是极大地推动了各民族文化的继承与发展，传播与融合。拉斯韦尔在其著作《传播的社会结构与功能》中论述了传播的三种社会功能：监视社会环境、协调社会关系，以及传承社会遗产，其中论及的传媒对于社会文化遗产的继承、教育功能，已成为现代社会的公论。

在中国广袤的西部大地，混居着众多拥有不同民族文化和风俗信仰的少数民族，我们在考察大众传媒与西部地区社会的互动时，不可避免地要关注传媒在该地区的民族文化传承方面扮演的角色。在调查中我们注意到，传媒对当地少数民族文化进行保护和传播主要通过电视、电影、舞台歌舞剧、图书出版等方面展开。当地政府和民间组织积极推动少数民族文化遗产保护项目，通过影像、文字等方式保存各民族的历史传统、风俗民情。

很显然，作为西部民族地区和谐社会构建和传统文化传承的重要工程，少数民族的文化传承仅仅依靠技术和影响力有限的地方传媒是远远不够的，这项浩大的民族文化传承工程需要上升到国家战略层面上考虑，需要加大国家级媒体、中央级媒体对少数民族文化的关注和宣传，并以此吸引更多民间力量的参与，调动理论建模国家和民间力量加入保护和传承民族文化的工作当中。

5.3.4 水平模式建构的基本思路

在国家层面，西部地区尤其是西部民族地区社会发展与现代化建设已经成为国家的重要发展战略。开发西部关系到中国现代化全局，但中国现代化的困难点也在西部地区。我们对西部民族地区传媒西进水平的审视揭示，国家层面尤其是国家政策导向方面对西部地区的关注，可以通过西部传媒发展及其对当地社会发展所做出的推动作用了解其所扮演的重要角色。

在我国西部民族地区，大众传媒作为党和国家的“喉舌”，为西部地区现代化建设做出了重要贡献。然而，我们的疑问是，面对西部地区尤其是历史现实背景复杂的西部民族地区，对于传媒这种“工具性”的认知是否需要做出某种程度上的修正？正如本书第 4 章的梯形差异模式中所强调的，对于地理、经济及文化存在明显差异的不同民族地区，其传媒实践是否应该从底层出发，从经验出发，从发展传播学所谓的参与视角出发，在因地制宜的基础上做出一些调整。换言之，在水平模式里，我们试图找到那些一致性的信息需求和媒介逻辑，并进一步地顺向强化这些一致性的需求。共同富裕是社会发展的根本诉求，在依据差异性需求满足梯形模式内部的发展传播之外，顺向强化的水平模式显然也是一种进一步提升西部民族地区整体媒介素养的重要途径。在对西部地区尤其是西部民族地区的历史发展的回顾和社会现实的梳理中我们发现，国家在处理西部地区的独特性（如民族因素、宗教因素等）时，在战略层面上主动进行扶持，推出一系列优惠政策，这些政策的制定和实施反映出国家对于西部民族地区发展的重视。这一原则已经在梯形模式中得到了非常普遍的体现。

在对西部民族地区媒介使用的前期调研中，我们发现了民族地区媒介使用过程中的一些共性需求，也在样本区域媒介接触和使用的特殊性辨识中发现了一些潜在需求。此外，我们对于西部民族地区传媒发展过程中个体不能认同的要素进行了深入剖析。在对样本区域受众媒介使用与反馈的调查中，这些显性共需、潜在需求和个体排异性反应成为我们考量西部民族地区大众传播效果的重要维度。

在对样本区域受众传媒使用的调查中，我们对于西部民族地区各类媒介接触与使用状况进行了梳理，在梳理过程中也发现了当地受众对于媒介（如电媒、纸媒、新媒体）使用的显性共意性需求，以及有待发掘的潜在需求。例如在对新媒体的使用上，各个地区都呈现出了极高的使用率。在对民族地区受众媒介使用与满足的调查中，主要的问题包含以下两方面：一方面，媒介使用显性共需在一定程度上没有得到满足。由于地理环境和社会经济发展水平的制约，大众传媒在西部民族地区的基础设施建设困难重重，与中东部地区相比，当地居民的媒介使用成本更大，媒介接触类型更窄，这也导致一些普遍的媒介使用共需得不到满足。本项研究认为，针对这一部分，政府和当地媒体应当积极采取措施强化已有的媒介使用需求满足。另一方面，对于受众潜在的有待发掘的共同需求，传媒给予的重视程度不够。我们在了解当地居民的媒介接触与使用时发现，对于与西部民族四类社区生产生活息息相关的一些媒介需求，现有的媒介设施和内容没有完全覆盖到。这也要求政府和传媒在制定相关的政策和推行具体的媒体方案时，应充分考虑满足当地受众的潜在需求，甚至不断培养受众的这种潜在需求，促进地方传媒产业的优化和发展。

总体而言，中国西部民族地区在一致性的传媒需求上大概可以分为以下三个类别：首先是新闻时事和政策类信息，民族地区的诸多发展有赖于相关的政策支持，因此人们对于相关信息的需求存在较高的渴望度。其次是娱乐信息，包括音乐、影视以及综艺等节目。许多民族地区的人们本就能歌善舞，这些音乐歌舞类节目往往十分契合他们的文化风俗和审美趣味。同时，随着新媒体的强势崛起，民族地区的人们也开始大量地运用新媒体来进行信息接收。而在这一点上，也就自然地导出了第三个一致性类别，即新媒体。传统媒体受制于地理、经济方面要素的影响，在抵达率、使用率上一直存在着较大的差异性。但新媒体，尤其是手机使用量的增加，大大地提高了民族地区人们的媒介素养。新媒体所具有的媒介融合的特性，以及新媒体在地理、经济上的较强克服性（主要是廉价智能手机的普及以及信号覆盖的增加），使得民族地区的新媒体使用成为一个重要的媒介景象。如图5.23所示，在智能手机的拥有率上看，城镇达到了96.2%，河谷农区、半山农牧区以及高原牧区分别达到了88.3%、77.2%和94.4%。

上述传媒现象的一致性需求揭示出，除了手机等新媒体因为具有强大的媒介融合能力及地理、经济克服性，因此导致人们在对其总体需求存在极高指标外，媒介信息及内空才是我们理解一致性水平模式的关键。也就是说，人们在使用媒介时，信息永远是人们关注的核心和终点。从这一角度出发，新闻时事、政治以及娱乐包括帮助人们脱贫致富的技术性信息永远是民族地区人们关注的重点。如果我们对这一信息追根溯源，其实这些媒介内容是早在编码处就已经决定好的。换言之，如果我们要用一个模式图来概括民族地区的一致性、水平性的传媒使用境况，那么大致的描述其实就是同一类信息在经过不同的媒介形式最终抵达不同的接收者。这里的媒介形式和接收者可以是千变万化的，但人们对某一类信息的接收却存在高度的一致。这就是我们水平模式所要解决并概括的核心议题。哪些信息是人们一致性需求的，它们又是如何传达到受众的？在这一模式中，我们相对地忽略掉媒介本身，而去关注内容，关注人们普遍需求的信息，和一致性、水平性的信息诉求。在媒介融合越来越深入的今天，在厘清了梯形差异模式的地理、经济、文化要素的相关制约之后，我们重新回到受众，关注受众的一致性需求，并在媒介素养的培养上顺向强化这些需求，以达到民族地区人们不断运用现代传媒丰富自我、提高自我，不断推动当地经济、文化持续发展的目的。为此，我们将水平模式的传媒景象概况为如图5.24所示的传播脉络。

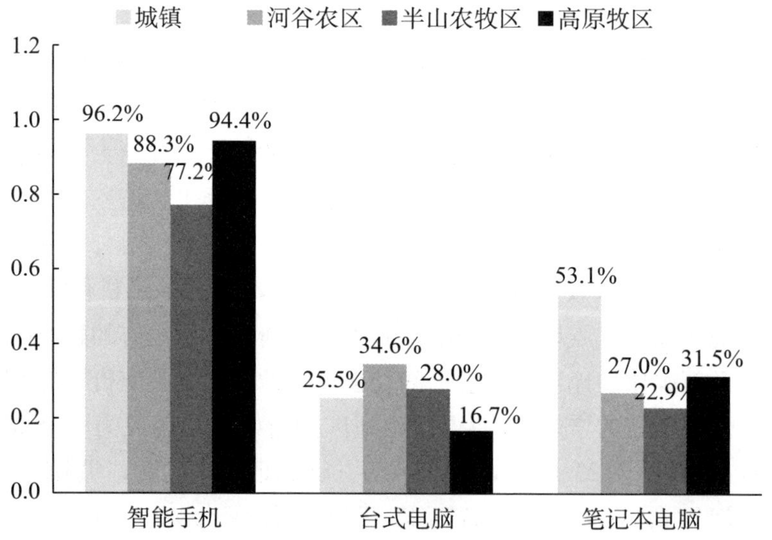

图 5.23　西部民族地区新媒体拥有情况

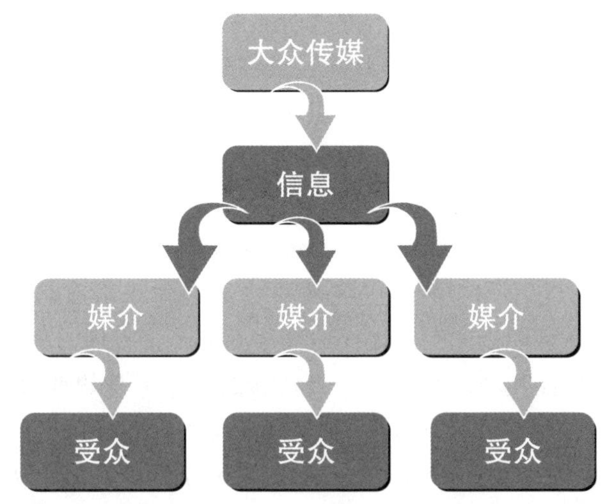

图 5.24　中国西部民族地区现代传媒起效类型 2：水平模式

综上所述，在西部民族地区传媒发展的水平模式中，我们承认政府作为主导性力量，通过政策制定和扶持推动当地传媒业的发展，尤其是在对地理、经济所构成的传媒阻碍的克服上，既有的传媒发展满足了西部民族地区受众与时俱进、不断增长的媒介需求。在这一个过程中，传媒接受来自国家的大力扶持，并积极服务于西部地区的社会发展和现代化建设，参与促进了西部民族地区的公民一体化，以及经济发展、科技普及和文化传承等。同时，在一致性的传媒实践中，政府和大众传媒也共同彰显了“走共同富裕道路”的国家意识，西部民族地区的人们在以此为基础上所形成的共识，通过与传媒的力量相结合，实现了公民一体化、传媒与经济发展、传媒与科技普及、传媒与文化传承之间良好的水平互动。在不同时间点、不同情境之中，面对同一刺激，民族地区的人们在一致性、持久性和稳定性的发展上获得了共同的进步，并为未来更加深入的传媒西进提供了可资参照的道路。

5.4　从社区形态到西部现代化：水平模式的再认知

自从 2000 年国家提出“西部大开发”战略至今已有近 20 年，在西部现代化及传媒西进的进程中，不同的民族地区之间的文化、经济甚至是宗教差异仍是首当其冲的中国式现代化叙事困境，如何才能保证在尊重各个民族特有的文化、习俗的前提下推进西部地区的现代化发展成为当代中国所面临的严峻问题。基于国家现代化发展和传媒西进双重历史使命下亟须完成的紧迫的学术任务，课题组在前期调研中着重调研了西部少数民族受众在不同时间点、不同情境中，同一行为人面对同一刺激的反应模式，发现该地区受众对新闻、娱乐等类信息或信源的高关注度呈现较高的一贯性并存在典型的共性需求。同时，在一致性的传媒实践中，本课题通过构建水平模式从国家与西部少数地区民众在“走共同富裕道路”的共识以及马斯洛的使用满足理论证实了现代传媒与西部经济发展、科技普及、文化传承等方面的良性互动，并提供了可资参照的未来传媒西进道路。但是，从 2008 年到 2018 年，中国的经济体量与经济实力进一步发展壮大。2008 年中国是世界第三大经济体，2018 年中国不仅早已是第二大经济体，而且是世界上两个 GDP 超过 10 万亿美元以上的国家之一，经济总量达到美国的 60％以上。随着中国经济发展持续强劲，西部民族地区 GDP、人均可支配收入等数据逐年提升，社会经济环境不断改善。那么，在现代化程度持续提高的背景下，西部民族地区现代传媒的水平模式是否能持续起效，国家与区域的发展共识是否具有正向效应，受众的共性需求是否发生变化，回答这些问题既是论证水平理论模式起效的需要，也是传媒西进道路信度的实践需求。因此，课题组从 2017 年进行了几乎涵盖西部少数民族地区的后期调研，历经近 2 年的田野观察和问卷调查，课题组调研发出的某些信号在全区仍具有普遍性的正向/反向效果。在不同的社区形态中，潜在的共性需求仍然存在，例如高原地区信息消费未被满足、河谷农区的信息需求不显著等。媒介的渠道布局和设施建设不均衡、媒介内容缺乏差异化是西部地区的普遍短板，地区先天落后的地缘经济和复杂的地理文化的历史现实，西部地区的传媒现代化进程仍将更多地依赖于党和政府的政策支撑和制度保障，社会发展与共同富裕在很长时间阶段内将是西部社会发展的根本诉求。由于不同的地理环境、人文历史差异，西部民族地区的现代化传媒远景不等同于中东部发达地区传媒模式的简单镜像，西部的传媒场域与现代传媒叙事具有典型的本土化特色，这进一步证实了以社区分层为观察基础的水平模式的理论价值，更为在政府和大众传媒在西部现代化进程中提供了理论参照。

5.4.1　国家与区域共识：使用目的趋同

从表 5.16 和图 5.25 中我们可以清晰地发现，四种社区形态中“了解信息，开阔眼界”“提升自身文化水平，自我丰富”两项所占比重明显地高于其他项。“帮助脱贫致富”“了解国家对农村的政策”呈现趋同，所占比重基本一致。通过四种社区形态中纸媒使用目的的趋同趋势可知，四种社区形态在纸媒使用目的或过程中均对脱贫致富和农村政策等信息有稳定持久的关注，这与西部民族地区的现实环境是十分一致的。需要注意的是，“帮助脱贫致富”“了解国家对农村的政策”两项所占比例偏低，通过课题组成员田野观察发现，受众使用媒介获取这项信息的比率较低的主要原因是，西部民族地区社会发展严重滞后，生产生活方式相对落后，大多数人仍以畜牧、农耕为生，再加之地域偏远资源贫乏，现代传媒仅仅把中东部地区的致富经验、脱贫举措等信息传递到西部地区是脱离具体的现实情境的，多数信息或信源并不能满足受众的需求。媒介内容的失焦现象降低受众对特定信息出现在媒介的期望值，但对特定信息的关注度并没有中断。在区域发展困境问题上，特别是西部民族地区，国家意识在提升区域经济发展能力、改善社会环境方面相较于单个地区发展意愿有巨大的优势，政策的倾斜或重大项目的确立往往会给这些地区带来巨大的发展机遇，在这种背景下，西部民族地区受众对脱贫致富以及相关政策资讯都有着很大敏感度。经济发展滞后、地理环境偏远等典型的西部民族地区的发展现实导致受众对“走向共同富裕”有着普遍性的共识，对相关信息也表现出一致性与趋同性的需求。

表5.16 纸媒使用目的分布表（单位:%）

	城镇	河谷农区	半山农牧区	高原牧区
消遣娱乐	38.1	45.5	38.1	24.1
了解信息，开阔眼界	69.2	35.6	44.1	37.0
帮助脱贫致富	11.6	8.7	15.7	11.1
了解国家对农村的政策	22.3	6.8	26.7	24.1
提升文化水平，自我丰富	60.4	31.5	43.2	44.4
促进与人交流，增加谈话内容	37.4	20.3	20.6	22.2
学习现代生活方式	34.4	16.0	20.6	13.0
帮助学习，提高学习成绩	42.8	15.8	21.3	20.4

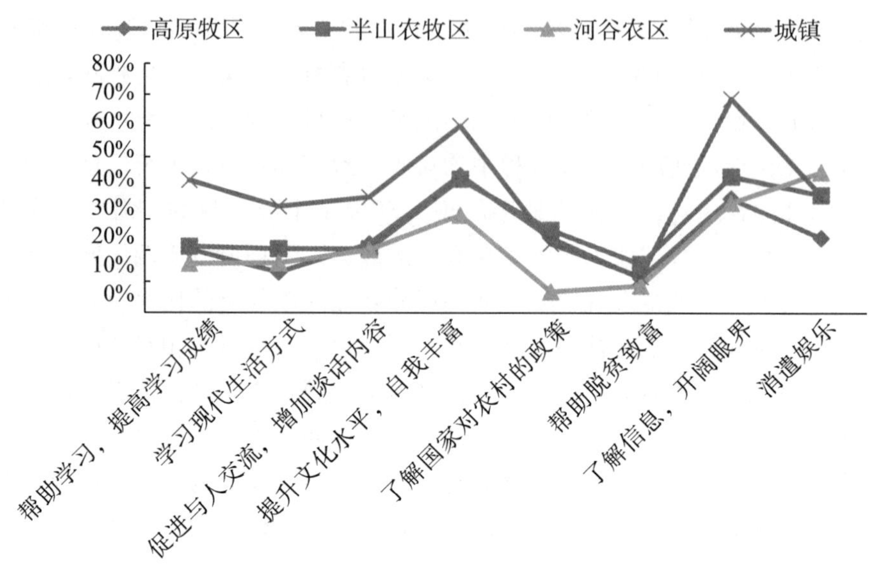

图 5.25　纸媒使用目的情况分布图

就四种社区形态对手机使用方式和目的来看，各社区样本在“拨/打电话”“收发短信”“听歌”“使用微信、QQ 与人聊天”这四个选项上表现出非常高的一致性，均排在手机使用目的前四位（见图 5.26）。“了解、收集以及发布信息”“看新闻”“学习”等项均处于较低水平，且表现出了四种社区形态均出低值的共性特征。整体上看，手机在西部民族地区只被当作简单通信工具，而其信息收集及发布、娱乐、购物等扩展功能基本处于未开发状态。就互联网上网目的来看，各社区形态样本在“获取生产资料来源与产品销售渠道”“更快、更全面了解信息”“主要是为了好玩、打游戏、浏览网页、看电影”及“交友聊天”这四个选项上表现出目的的一致性，均排在使用网络目的前四位（见图 5.27）。整体上仍处于初级阶段，上网目的主要与生产、娱乐两类信息相关，相对于互联网丰富多样的媒介功能而言，四种社区形态对电脑的使用明显地表现出了信息选择、媒介使用的单一性特征。总体而言，手机和互联网使用目的的两种一致性也侧面证实了西部社会发展滞后的现实，当然现代传媒的针对性信息输出的缺失、媒介设施分布不均等西部偏远地区的普遍性特征也是该地区媒介素养低的另一个主要原因。值得注意的是，通过前后两次调研，我们均发现西部民族地区受众在上网使用目的“更快、更全面了解信息”一项中均占有十分高的比例，从河谷农区、半山农牧区到高原牧区都呈现出显著的趋同，社会形态间虽有各种差异，但受众对传媒信息需求是高度一致的。

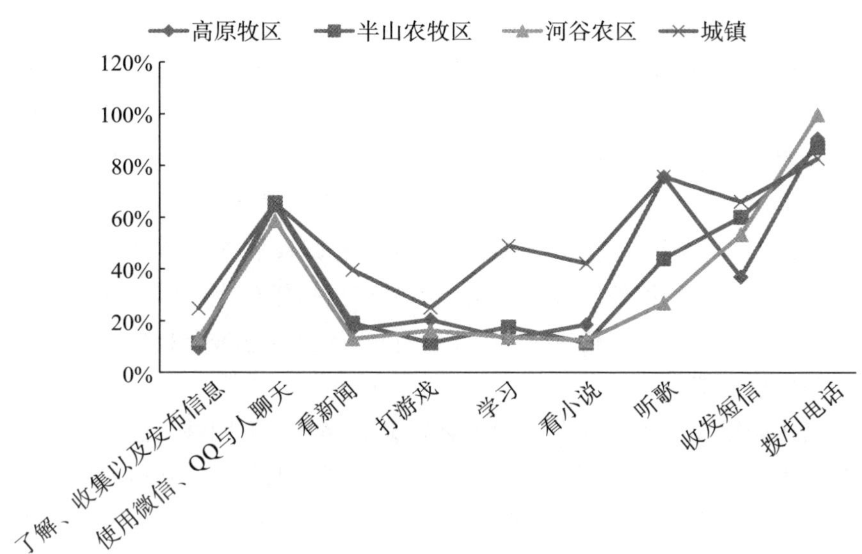

图 5.26　手机使用目的情况分布图

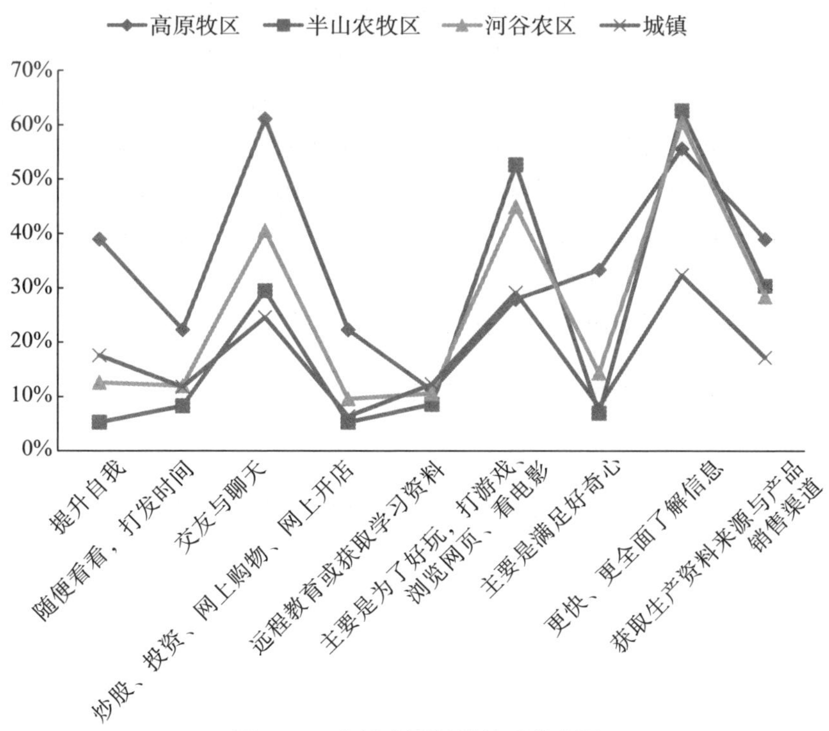

图 5.27　上网主要目的情况分布图

在城镇，我们惊喜地发现，以手机为代表的新媒体已逐渐替代传统媒体，手机功能正逐步被开发。例如在手机使用目的分布图中，城镇“看新闻”“了解、收集以及发布信息”两项远远高于其他社区，相比2008年城镇的数据也有显著的提升。这说明城镇使用电媒的行为正转变为使用新媒体，比如通过新媒体了解新闻与信息。新媒体正逐渐成为西部地区城镇居民了解信息、收集信息的一个重要途径。在第4章新旧手机使用目的分布的对比中，我们发现城镇在“看小说”“学习”“看新闻”“了解、收集以及发布信息”等项的比例远远高于2008年的调查数据。随着时间推移和社会发展，西部民族地区经济社会条件较好的城镇受众已经对新媒介的使用有更深入的认识，并逐渐学会了运用新媒体得到学习资料、新闻资讯以及相关信息的能力。

虽然城镇在对手机媒介认知上有较大的提升，但四种社区形态的手机以及新媒体的认知、使用素养相比中东部地区依旧是处在初级阶段，尤其是其他三种社区形态在近10年的时间维度中，新媒体素养几乎没有提升的迹象，信息接收、媒介运用较为单一，通过传媒西进带动西部现代化的进展并不顺利。虽然国家对西部民族地区的传统纸媒、电媒以及新媒体进行了持续支持和投入，且在基础设施、网络覆盖方面取得较大进展，智能手机基本实现了在西部民族地区的普及，但是受众新媒体素养在城乡之间、东中西之间差距仍然巨大。在经过大量田野观察后，我们认为现代传媒信息失焦现象是新媒体素养提升不显著的重要原因。西部地区由于偏远且独特的地理与文化障碍等因素影响，社会发展、经济发展仍是区域性的共识，而现代传媒并没有抓住该地区的特征与需求，并针对性地传播。因此我们在考量并制定西部现代化建设的新战略时，传媒现代化和经济发展、社会发展的平衡应当被充分重视。

5.4.2 使用满足共意：使用内容趋同

从表5.17、表5.18和图5.28可知，被四种社区形态样本点的受众列为主要使用内容前三位的是新闻、娱乐和歌舞等。我们发现，电视提供的新闻时事类节目内容是西部民族地区四种社区形态受众最普遍关注的信息。河谷农区、半山农牧区和高原地区这三种社区形态受众更是将该类信息排在第一关注的位置，城镇受众把该类信息排在第二位。通过调研，我们发现新闻时事与他们的生活是息息相关的。电视提供的新闻时事类节目是提供该地区社会经济发展信息的最权威、最重要的资讯平台，这些信息或政策都直接影响着当地老百姓的生活以及收入，基于家庭与个人利益，该地区受众自然而然地对这些信息有着非常大的关注度。因此我们推论，现代传媒机构关于新闻时事类节目的一贯性“议程设置”，可以对该类地区和谐社会建构发挥巨大的推动作用。

表 5.17　最常收看的电视节目内容情况（单位:%）

内容＼形态	城镇	河谷农区	半山农牧区	高原牧区
旅游类	9.8	4.3	10.8	5.6
动画类	5.9	3.6	18.4	7.4
电影、电视剧	29.9	44.8	66.7	66.7
广告	5.6	2.9	10.8	9.3
民俗风情类	26.7	45.7	31.3	13.0
天气预报	20.5	8.9	34.6	18.5
生态环境及保护	11.3	8.7	8.8	9.3
饮食、健康与卫生	14.9	24.2	13.2	11.1
体育	19.4	15.1	28.0	20.4
综艺娱乐类	47.9	41.0	53.0	29.6
音乐歌舞类	33.5	23.7	28.4	53.7
科普教育类	31.2	51.9	20.0	14.8
新闻时事类	47.6	75.0	70.1	68.5

表 5.18　四种社区形态电视内容选择比较

	序号	城镇	河谷农区	半山农牧区	高原牧区
内容选择排名	1	综艺娱乐类	新闻时事类	新闻时事类	新闻时事类
	2	新闻时事类	科普教育类	电影、电视剧	电影、电视剧
	3	音乐歌舞类	民俗风情类	综艺娱乐类	音乐歌舞类
	4	科普教育类	电影、电视剧	天气预报	综艺娱乐类
	5	电影、电视剧	综艺娱乐类	民俗风情类	体育
	6	民俗风情类	饮食健康类	音乐歌舞类	天气预报

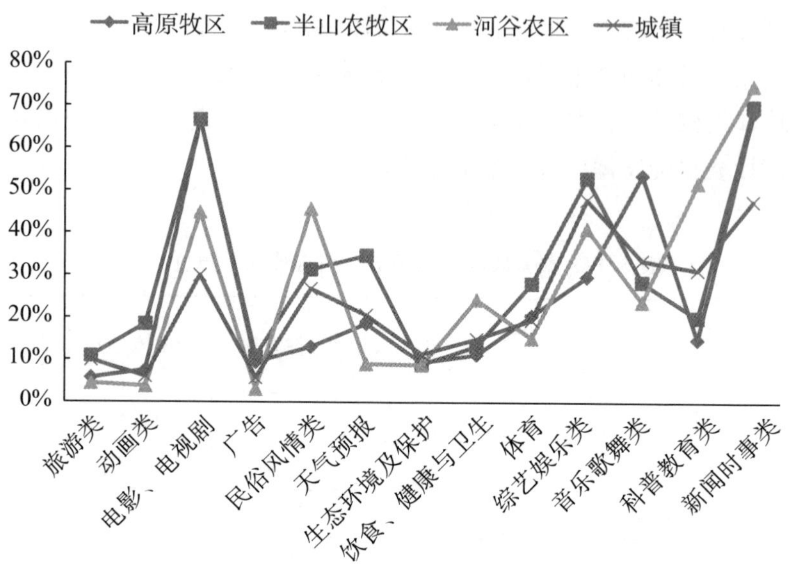

图 5.28　四种社区形态下电视节目选择情况

同时，娱乐、歌舞两类信息也是这四类社区受众共同关注的热点信息。在娱乐类信息方面，四种社区形态在“电影、电视剧”“综艺娱乐类”等项都有较高的占比。提供娱乐是大众传媒的一种基本功能，大众传播中的内容并不都是务实的，其中相当一部分是为了满足人们的精神生活的需求，如文学的、艺术的、消遣的内容等。在歌舞类信息方面，四种社区形态在“音乐歌舞类”“民俗风情类”等项占比较高。民俗歌舞以在西部民族地区受众的生活中有着举足轻重的作用，其已经融入他们生存发展的方方面面，是他们独特的精神追求，在价值认同方面更有着基本趋于一致的符号体系。

5.5　水平模式的价值评估与修正

传媒的普及与升级，在推进西部农村地区尤其是汉藏羌民族聚居区实现现代化的过程中所起作用，在促进受众思想观念改变上的作用，在提高四种社区形态下的受众媒介素养等方面的巨大作用，这些都是毋庸置疑的。但为充分地发挥这些作用，构建并实现传媒与多民族混居地区和谐社会的良性互动，就要求我们对于传媒的正向效果鼓励持续强化，如四种社区形态下民众的高政治关注度，发挥议程设置功能向受众传达国家政策；把握传媒对经济的拉动作用，对区域/民族文化的传承作用等。高原牧区与半山农牧区对传媒内容的差异化需求，农家书屋为满足关于实际生产和生活文化的借阅需求，充分开发手机在内的新媒体市场等这些潜在共性需求，是我们的相关政府部门和传媒机构应当去科学规划、合理培养的。新旧媒体更替，必然造成传统与现代的观念的对抗，如现代传媒在嘉绒藏区佛教传播方式中的矛盾不可消除，却可在努力避免或减弱需求冲突的情况下，最终寻找到群体聚居区内文化共存的最大融合度与确认度。

西部传播效果的参考模式——水平模式，是在公共生活领域为传媒素养的培养确定的一种政策性原则，是从民族地区、政府、国家等刚性的概念或组织结构上出发，依据政治、经济、地理等因素与传媒之间的复杂关系，以水平视向梳理已然的共性需求，辨识不兼容界域，以及在排异的边界寻找“共意”可能性的理论模式。这一模式所提供的西部传媒现实和关于多元社会语境中“共意性”的培养，我们将在第三种模式，即融合模式的建构中去讨论。

第6章　西部民族地区传媒使用的共意性需求：融合模式

共意性（consensus）关注不同人在面对相同刺激时，行为反应是否与被观察的人行为一样？即其他人对同一刺激物是否也做出与行为者相同的反应。如果每个人面对相似的情境都有相同的反应，我们说该行为表现出一致性。例如，本研究发现，西部民族地区的受众都有使用现代传媒的愿望和习惯，那么这一行为就是一致性高的共意性。当我们关注到中国西部民族地区传媒现实的这一一致性特征之后，一个更重要或者说让我们更感兴趣的问题出现了：不同民族共同认可的经验知识究竟是什么？有排异的边界吗？怎样才能在一种民族“共识”的语境中去实现中国社会的和谐发展？需要通过构建一种相适应的价值体系来培养和强化共意性并实现这一目标吗？

如果说梯形模式更偏向经济维度里的培养建构，而水平模式偏向政治维度里的传媒实践，那么融合模式则偏向于文化维度里的身份确认、文明演进以及媒介素养的培育。经济维度用它明显的指标概念和地理要素确认了从个体到社区具体的信息接收和媒介诉求。基于这种现实和愿望，扩散理论得到了极大的应用与发挥。而水平模式里的制度要素则通过普遍的媒介传达为统一而稳定的区域发展奠定了重要的基础。然而，在这两种重要的价值呈现里，个体在物质生活层面上的物资获取与保障这一物质生活得以顺序展开的制度规约却无法完全满足个体与区域的发展需求。以物质生活为例，马斯洛在《动机与人格》里提出了重要的五种需求层次，即个体依次表现为生理需要、对安全的需要、对归属和爱的需要、自尊的需要和自我实现的需要。[①] 如果说经济与政治满足的主要是个体基本的生理及安

---

① 马斯洛．动机与人格［M］．3版．许金声，译．北京：中国人民大学出版社，2013：19.

全需求，那么属于爱、自尊与自我实现的部分则应当被归入文化的范畴。同时，政治范畴内的宏大叙事也不可能真正切入具体、细微而独特的人文关怀之中。从刚性制度到柔性制度再到个体关怀，随着程度的不断加深、视野的不断扩大，那些真实而迫切的文化要素也就一一显现在了我们面前。

6.1　现代意义上的文化共同体

为了更好地对文化范畴内的培养模式进行研究，我们首先将对文化范畴进行细分。在传统的文化解释里，物质与精神成为公认的两大向度。如果我们不考虑对文化进行现实层面上的具体处理，那么这种经典的二分法显然难以挑剔。但是，如果在限定性的语境里进行问题研究，这种二分法便开始变得力有不逮。比如在融合模式里，人们的衣食住行等这些生活文化既可以说是物质范畴内的文化体现，也可以说是精神范畴内的审美建构、习俗养成以及价值选择。因此，在这种情况下，我们提出了一种新的文化分类法。它包括四个层面：个体精神、生活文化、社会文化和制度文化。事实上，这种四分法的原因与其目的具有高度的一致性。因为它们所要回应的问题向度十分复杂。正是基于复杂的问题向度，使得分类法得以成立，同时这种四分法的合理性与价值度也需要在问题解决中得以确立。接下来，我们将对这些复杂问题进行细化描述及研究。

首先，我们将由四个文化范畴及其对应的社会存在组成的模型以图 6.1的标示方式给出。在这个简洁的模型里，各个相关的文化要素之间的关系将得到直观的呈现。从概念到关系再到理论，这是该模型建立的基础。而该模型建立的目的则是更好地厘清大的文化概念内部的各要素在实际生活中所发挥的作用。同时，当我们在处理两种文化的融合时，如果不全面地观照文化内部的要素及其关系，而单纯将文化概念本身作为单位进行研究，那么冲突其实就早已包含在命题之中。有人将文化的冲突整合上升为文明的冲突，进而认为二者是不可调和的，如汤因比。也有人将文化的冲突消解为普遍的共识和人性的相通，进而认为二者并没有矛盾。事实上，两种见解都走向了各自的极端，并不真实。基于文化内部要素和关系的文化三分法模型将对这一问题给出新的答案。

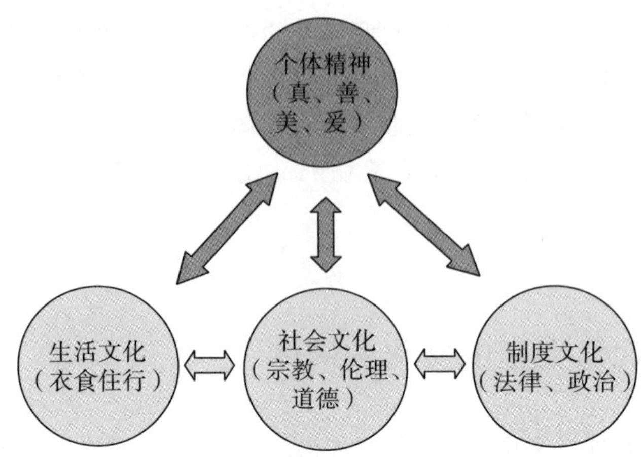

图 6.1　现代意义上的文化三分法模型

众所周知，无论建立任何模型都会被追问如下几个问题：模型的概念是什么？为何要如此界定概念？模型为何会选择这样的图示而不是其他？建立模型的目的是什么？为了确保模型的准确和完整，我们将依次回答这几个问题。

首先是模型的概念。如图 6.1 所示，这里有四个大的概念，而第一个大的概念里又包括许多小概念。这里值得一提的是，大概念的表述是完整的，而小概念的表述则仅选取了比较重要且具有代表性的要素。如果说从广义上来讲，文化包括人类后天所创造的一切物质及精神文明，那么我们大概可以将这种文化分成三个部分，即生活文化、社会文化和制度文化。其中，生活文化包含的要素最多。例如图示里所说的衣食住行，同时还包括科学和艺术等。这些文化大都源于个体的创造，是个体精神和智慧的直接反映。生活文化的特征有主体性和丰富性。它主要是人们在与自然相处的过程中所创造出来的文明。而在此基础之上的，由群体间交互发展起来的，可以说是人与人相处之后发展出来的文化则更多的属于社会文化和制度文化。如果说社会文化里的伦理、道德还具有某些圣人之言的特征，那么制度文化则是个体交往后形成的组织文化。况且，也有人说圣人之言也是来源于民间，来源于大众，只不过是圣人将这些民间智慧浓缩为更加精练而完整的处事原则和人生哲理。正是因为有了群体，有了组织，所以才有了社会文化和制度文化。因此，社会文化和制度文化天生便有着高度相关的紧密性。它们互相影响，甚至在某些时间“你中有我，我中有你”。例如西方的中世纪是教权压倒皇权的时代，而在启蒙运动之后，政教分离，皇权又压倒了教权。因此可以说，在中世纪宗教文化本身就是当时的制度文化。又比如在中国的帝制时代，儒家德治长期控制着社会，尤其是以宗法体系为主的民间，儒家文明更是深入人心，起到了很大程度上应该由制度文化起到的作用。正因为如此，现代社会学、政治学和法学领域里，往往将社会分为公域和私域两个部分。而在这种两分法里，生活文化和社会文化都属于私域，而制度文化则属于公域。用哈贝马斯的观点来说则是，前者属于生活世界，而后者属于系统世界。

在厘清了三大文化概念之后，则要关注个体精神这一维度。说它是一个维度是因为他与其他三大文化系统不同，这里的个体精神更多的是以精神、审美和普遍人性的方式存在。这里的精神当然会对三大文化系统有所影响，但这里的影响，尤其是从生活文化到制度文化过渡的阶段里会越来越弱。例如在人类历史发展了数千年之后，个体对制度文化的影响往往是通过社会文化这一系统进行制约并发挥作用。此外还有一点需要重点分析，即个体精神里的真善美爱与社会系统里的道德伦理范畴之间的区别问题。事实上，这里的个体精神里的真善美爱更倾向于一种原始人性和普遍人性。也即今天说的人类的共同价值、核心价值。厘清这一概念相对我们随后进行的文化融合分析意义重大。也就是说，个体精神的人性部分遵循着“人同此心，心同此理”的基本准则，而建立在这基本准则上的文明融合也就有了起码而坚实的起点。

问题二是为何要如此界定概念。模型建立至少要在两个方面具有意义：一是符合客观事实，即在经验层面上具有准确性；二是足以支撑理论演绎，对问题的研究有理论上的支撑作用，甚至是突破作用。在这个意义上说，一个中心三个系统的文化模型建构首先满足了文化范畴内的概念划分，这种划分基本做到了完整和清晰。此外，文化融合的最终指向必定是细化的概念交谈。而随着全球化的到来，文化互融已成为一个重要的世界趋势。对于中国这个多民族国家，民族之间、地区之间的文化交融也早已成为一个重要的现实。这时候，如何完成两种文化的良性互融显得尤其关键。由图6.1可以看出，制度文化与社会文化存在明晰的区别，而制度文化与生活文化之间的差异更大，这就为同一制度下的生活文化和社会文化共融提供了可能。而在个体精神这一方面，基于普遍人性的同理心，也不会对文化交融产生阻碍。总的来说，真正造成文化交融困境的，是那些无法将公域生活和私域生活分开的意识。这种意识未能意识到生活文化、社会文化与制度文化之间的区别，或者说高估了三者之间的影响力。在文化融合里，制度统一是基本前提，但难度更大的其实是有关生活文化和社会文化方面的互相尊重和文明自信。缺乏尊重和缺乏自信都会给文化融合带来灾难性的影响。

问题三，图 6.1 呈现为什么是三角形而不是正方形。如果是正方形，个体精神与三大系统处于四个顶点，并不能体现出四者的差异性。而事实上，个体精神和三大系统具有明显的概念差异。此外，从生活文化到社会文化再到制度文化体现出了一种递进式的关系（模型的立体问题），而如果放置于四个顶点，则无法将这一递进式关系呈现出来。还有一点是制度文化能不能直接影响生活文化。其实如果是放在古代社会中，因为政治学、法学等学科尚不成熟，人们的种种观念还不具备现代人的明晰感，因此三大文化系统其实是很难分割的，至少是互相影响巨大。但是，随着现代社会的到来，分工的细化、政治理念的进步等因素影响使得三大系统之间的边界线日益凸显，三大系统越来越独立，而且这种独立性的表征也会越来越明显。这时候，社会文化与制度文化因为同属于组织文化而具有相通性，而生活文化则更加独立，这就加强了生活文化与制度文化的界线，使得图 6.1 里的位置处理显得更加合理和准确。

问题四，建模的目的是什么。从方法上讲，建模能直观地呈现概念之间的关系，而从理论上讲，建模又能为更加抽象和深度的理论提供基础。在关于文化系统内部的共同体模型中，我们虽然只看到了单独的文化系统内部的要素关系，但它却为我们分析文化与文化的融合提供了线索。或者说，融合本身就已经包含在了文化系统的内部结构当中。当人们对结构的认知发生了改变之后，结构本身也将发生改变，又或者是二者互相影响。但是无论怎么说，结构和认知已经发生改变，因此文化的互融也将变得更加良性。因此，在此基础上的理论建模显然能将这些结构更加清晰地表达出来，以促使融合模式的成功实践。接下来，我们将基于这一理论建模的思想逻辑进行更加细化的融合讨论。

6.2 社会视野下的个体交往与模式建立

我们知道，传统的关于文化的物质——精神二分法是一种典型的哲学意义及其视角下的观照产物，它能清晰地揭示出个体精神与外在世界、概念符号与物质本身的区别；同时，它的逻辑与世界到底是观念先于实在，还是实在先于观念的问题上都存在着极为深刻的相通之处。但是，哲学问题以及哲学视野虽然在形而上学与逻辑辩证上能够给予我们认识事物乃至认识世界许许多多深刻的洞见，但在社会或是社会学的角度来看，真正为我们提供清晰判断的种种法则有时候并不来源于哲学式的元理论探究，至少，在变幻而复杂的社会，那些带有一劳永逸色彩的元理论论断并不完全适用。我们当然需要哲学式的思维方式，需要明晰是非以及在杂乱无章的复杂社会中发现规律和秩序的能力，只是比较起纯粹的哲学研究来说，我们需要找到一些更加具体的研究方法和理论判断。

应该说，关于文化的生活、社会以及制度三个层面上的划分已经在从哲学转向社会视野的道路上迈出了巨大的一步。但是，任何宏观的社会问题都离不开微观的个体。社会首先由人组成，而事实上，大多数的社会学研究出于实用主义层面上的理论诉求而将焦点落脚于宏观层面上的现象分析，而对社会异议的根源未给予深思熟虑的分析和仔细的研究。这并不是说宏观层面上的秩序建构并不紧要，恰恰相反，社会学分析区别于心理学分析最大的不同正是宏观与微观的视野交错，真正坚实有效的社会分析永远不应该离开从个体出发的人类交往模式的探讨与秩序分析。

正是基于人类交往法则与秩序建立这一社会学目标，我们有必要将文化的生活、社会与制度三分法具化为一种更加切实的有关社会学与传播学的理论模式。社会行为的基础是交往，而传播行为的基础是交流。因此，我们完全可以把社会交往行为中个体的对话、共同体的建构视为一种文化的融合。存在主义哲学坚信存在的本质即是差异，那么个体的差异性交往行为也就必然带来由个体精神到外在身份以及社会文化等方方面面的文化融合。而这也正是本项研究所建构的现代传媒融合模式的意义之所在。我们期望用一种交流、传播以及融合的视野来看待社会交往模式与秩序组织法则。

从文化三分法的模型建构图形中我们可以看到，每一个个体的社会存在都包含着四个部分。首先是个体精神，用哲学术语来说，即是主体性。其次是与个体相关的生活文化、社会文化与制度文化。这种主体性与相关性构成了一个人生活于现代社会所包括的全部要素。它们之间的关系，套用费希特的话来说则是“你是什么样的人，就选择了什么样的文化”以及“你受到什么样文化的影响，也就成为什么样的人”。二者相互影响，彼此塑造。因此，从主体性与相关性的文化分类出发，个体的社会交往便呈现出这样的景观来：每个人都携带着不同的文化属性（相关性）进行对话、交流、共处与融合。因此，为了更加直观地描述这种交往行为发生的实际状况，我们有必要对文化三分法的理论模型进行进一步的具化与改良。在经过反复思考以及各种试错之后，我们终于发现了一种极其简洁、直观而且有效的模型表述：OK 模式（见图 6.2）。

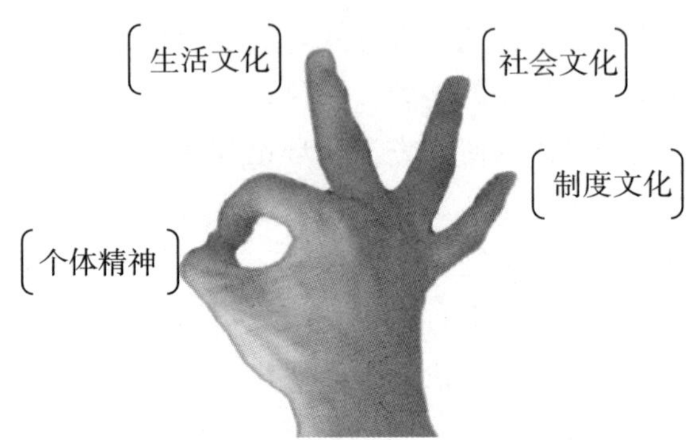

图 6.2　OK 模式里的单手示意图

从图 6.2 中可以看到，OK 模式的 O 代表的就是人际交往模式里的个体精神。而 K 则分别代表着与个体相关的生活文化、社会文化以及制度文化。可以说，个体间的任何一种社会交往都将涉及上图所描述的 OK 模式。为了更加细化地表达人际交往的发生原理，我们将对 OK 模式做出详细的阐释。

在文化三分法模型里，我们将个体精神解释为有关真善美爱的人性法则。而在社会文化里，我们则提到了道德、伦理与宗教。从广义上看来，二者似乎发生了很大程度上的重合。至少在善与爱这一维度里，道德、伦理与宗教同样将其视为核心价值之所在。但是，从哲学的角度上讲，真善美爱却又并不完全包含于道德、伦理与宗教范畴。比如，那些没有宗教信仰的人，他们或许有着同样朴素乃至坚韧的美德与情操。又比如，在不同社会里发展起来的不同的道德、伦理法则里生活的人，他们很大程度上却拥有着共通的正义、怜悯和良知。因此，个体精神必定会有一种超越地区道德、伦理以及不同宗教的共同的核心要素。这种要素，我们可以称之为普世价值，称之为“人同此心，心同此理”的普遍人性，也可以称之为人类交往法则里的核心前提以及最小公约数。正是有了这样的普世价值和普遍人性，才会有不同肤色、不同习俗、不同宗教、不同国家之间的人民和谐共处的可能。在全球化快速发展的今天，不同文化背景的人们之间的交往、相处与融合也变得越来越广泛而密切。为了使人们的交往更加和谐与充满尊重，寻找人与人之间最最根本的交往法则也就变得越来越迫切和重要。这也正是文化三分法以及OK模式被提出的最大目的。依照这样的模式，简单的人际交往即表现为个体精神（普世价值）的基本的重合。这种重合往往发生在生活在完全不同国家不同宗教背景的个体之间。如图6.3所示。

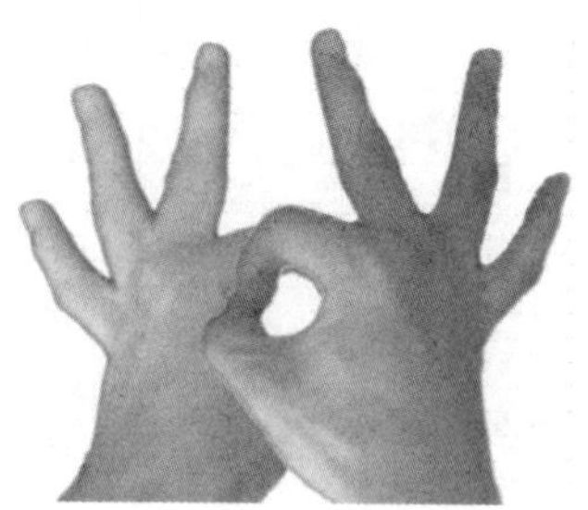

图6.3　OK模式的个体交往示意图

图中的两个手势之间，仅有O字是相重合的。而他们的生活习惯、宗教信仰以及所处的社会制度都是不相同的。这就好比一个土生土长的信仰佛教的中国人与土生土长信仰基督教的美国人之间的交往，他们愉悦相处的基本前提和保证恰恰就在于二者共通的个体精神，即人性的方方面面，如诚实、礼貌、善意甚至是更为私密化的爱情，都包含在他们重合的那部分个体精神之内。同时世界上任何两个人的相处，都会在O字形上取得某种程度上的契合。不同之处仅在于，这种O字形重合度是多少，以及K字形重合的可能有哪些种类。因此，从这一手势理论出发，根据不同的情况，即会有排列组合之后的各种可能。我们将这些所有可能以列表的方式给出，见表6.1。

表6.1　OK模式的举例列表

情形	手势	举例
生活文化相同，社会与制度文化有差异	中指重合，无名指、小指分离	一个在生活上几乎完全美国化的中国人与一个美国人的相处，二者可以皆无信仰，或有不同信仰

续表6.1

情形	手势	举例
社会文化相同，生活与制度文化有差异	无名指重合，中指、小指分离	一个信仰基督教的中国人与一个信仰基督教的美国人的相处，二者生活文化则迥异
制度文化相同，生活与社会文化有差异	小指重合，中指、无名指分离	一个信仰佛教热爱中国生活方式的中国人与一个信仰基督教热爱美国生活方式的中国人的相处
生活、社会文化相同，制度文化有差异	中指、无名指重合，小指分离	一个信仰佛教热爱中国生活方式的中国人与一个同样信仰佛教热爱中国生活方式的美国人的相处
生活、制度文化相同，社会文化有差异	中指、小指重合，无名指分离	一个信仰佛教的中国人与一个信仰基督教的中国人的相处
社会、制度文化相同，生活文化有差异	无名指、小指重合，中指分离	一个信仰佛教热爱中国生活方式的中国人与一个信仰佛教却热爱美国生活方式的中国人的相处
生活、社会、制度文化完全相同	中指、无名指、小指全部重合	两个有着共同生活爱好、共同宗教信仰的中国人的相处

从文化三分法以及OK模式的基础上进行人际交往分析的所有情况都已包含于上述图表。但是，仍有两点需要补充。第一，尽管文化三分法比物质——精神二分法更有助于我们考察人际交往的法则，然而文化毕竟是一个极其广泛而复杂的社会存在，当我们在区分人际交往中三种文化的契合时，采用了相对简单的重合与分离方式。毫无疑问，鉴于文化的广阔与复杂，人与人之间的交往事实上很难体现出绝对的分离或是重合，更多的情况应该是介于其中。例如随着全球化的发展，不同地区的生活文化也在发生融合与改变，绝大多数中国人几乎不可能在生活中依然穿着唐装，取而代之的则是各种世界品牌的运动服、休闲服和西装。放眼留学于中国的美国人，至少从穿着上你很难发现中国人与他们有什么巨大的区别。除了生活文化的融合与趋同，社会与制度文化同样如此。但是，这并不影响OK模式在解释人际交往情形上的形象原则及其高度简洁的概括性。因为重合与分离完全可以按比例进行划分，比如人际交往的两个人在生活文化上只要有51%是相同的，我们即可将其视为重合。除此之外，我们还可以通过重合的密切程度来进行不同文化相似性划分。例如若有10%的相似性，即有10%的重合度，以此类推。第二，人际交往的方式与法则除

了文化这一维度外，还有经济利益。事实上，人与人之间的矛盾很大程度上恰恰来源于利益而非文化。但在本章中，经济利益显然不在我们考察的范围之内。

简而言之，文化三分法与OK模式的建立的根本目的，一是形象直观地描述人际交往的真实内涵，二是更加有效地进行社会传播视野下秩序构建。在全球化不断发展的今天，在民族融合与发展的中国西南，在城市化进程的乡村与城市对话之中，传媒的力量变得越来越突出和重要。正是在这样的背景下，我们需要厘清社会运行、人际交往、文化融合、共同体建设等方面是如何发生的。而在这些复杂的社会行为里，首先应该理解的就是不同文化背景与属性的人们是如何展开交流的。只有理解了这些，融合传播学对于中国西部生活文化、社会文化都有着巨大差异的民族聚居区的社会稳定以及社会发展，才有可能发挥其独有的功效并产生有益而持久的影响。

6.3　文化共同体的确认及相关问题的解决

中国西部民族地区文化融合问题的产生主要是源于民族文化之间的差异以及制度文化与社会文化、生活文化之间的差异。就前者而言，民族文化所构成的文化共同体往往拥有地理意义上边界消泯性。也就是说，当我们在对一个文化共同体进行界定时，地理要素往往不是最重要的，重要的是文化要素。汤因比算是这一理论问题上的集大成者。他在《历史研究》里写道“能够予以认识的历史研究单位既不是一个民族国家，也不是（在大小规模上处于另一端点的）人类整体，而是我们称之为一个社会的人们的某个群体”①。尽管汤因比的历史研究所抓取的视野是历史上曾经出现过的重大文明类型，在这一意义上它无法直接等于我们所要研究的西部民族地区。其原因不在于范围的大小，而在于汤因比的文明类型着眼的是那些在政治上、军事上有着极大冲突的群体。在这里，我们用制度共同体来替代汤因比的这一文明归类。如此一来，西部民族地区的文化交融实际上是发生在一个大的制度共同体之下的。同样重要的是，汤因比的这种文明类型的划分在两个方面上对我们的理论研究提供了很大的支撑。一是以文

① 汤因比．历史研究［M］．郭小凌，王皖强，译．上海：上海世纪出版集团，2010：13.

化为要素进行共同体划分，二是他对文化共同体的划分实际上带来了一个多层面上的文化要素之间的关系问题。对于前者，它直接使我们基于西部民族地区而提出了不同民族间的文化融合理论。而对于后者，这个关系问题经过哈贝马斯的理论建构逐渐清晰为一个重要的文化交往法则。

针对西部民族地区的现实问题而言，各个民族毫无疑问共享着一个大的制度共同体。然而，在这一大的制度共同体下，各个民族因为历史、文化等要素上的不同又构成了另一个层面上的小的文化共同体。汤因比认为，文明与文明之间存在着冲突与矛盾，但事实上他所认为那些冲突与矛盾并不能单单以一个笼统的文化概念进行概括。因为他所谓的文明的冲突主要是制度上的冲突。显然，这一问题在西部民族地区里是不存在的。正如前文所述这里的各个民族属于同一个制度共同体。也就是说，从某种意义上讲，汤因比忽略了一个重要的问题，即制度共同体与小的文化共同体是有区别的。在这个问题上，哈贝马斯做出了重要的补充。他在《交往行为理论》一书里提出了两个著名的概念，即生活世界与系统世界。简言之，生活世界亦即人们的生活方式、伦理法则以及道德概念等，而系统世界则是指一些刚性的制度，如政治制度、法律制度等。区分两种世界对于现代社会的文化交往极其重要。因为它提供了在同一个系统世界（笔者将其指认为制度共同体）里进行多元的生活世界交往的理论体系。但是，这个理论体系如需进一步细化和规范则要求我们对两种世界进行深入研究和清晰界定。例如其中一个重要问题是，生活世界可以影响系统世界吗？它是如何影响的？因此，为了解决这一系列的问题，我们提出了前文所述的文化的四分法。与哈贝马斯的两种世界相对应，制度文化则属于系统世界，而个体精神与生活文化则属于生活世界。这三个概念与两种世界的对应相对简单，真正的难点在于社会文化。

个体精神自然是指极其个人化的价值选择、审美意识和情感要素等等；生活文化则指向衣食住行等这些个体与物理世界的关系；制度文化指向政治、法律等。而社会文化则是个体之间通过交往之后发展出来的一套伦理和道德体系。在这种四分法的基础上我们可以看出，社会文化是连接个体精神、生活文化与制度文化之间的桥梁及过渡区。因此，从这一理论体系出发，我们可以解释国家民族区域自治的政策来源。所谓民族区域自治，主要的包含范畴即是除开制度文化之外的个体精神、生活文化与社会文化。而我们的融合模式的提出也正是基于这样的现实基础。也就是说，在遵循同一个制度文化的前提下，西部民族地区应该进行各个文化共同体之间的平行融合。

此时，民族地区传媒素养的培育首先应该包括对上述四种文化的识别。当民族地区在接收现代化的传媒信息时，有效区分四种文化的差别、认识到四种文化的各自功能及意义将有助于这里的人们更好地融入现代文明，又保留一些适宜本地生活的文化要素。同时，当我们将各个民族分列为不同的小型文化共同体时，这些文化共同体之间的对话、互融也就成为文化融合模式里的重要组成部分。用哈贝马斯的理论来说，这些文化融合遵循着一种交往理性，并不断地在对话中建构起一种新的文化共同体。因此，在对传媒素养进行培育时，首先应该明确各个文化共同体里的人们对本民族的文化应该有种清晰的认识，同时又应该具备基本的包容心态。此外，我们是鉴于哈贝马斯的系统世界与生活世界之间欠缺一种有关联系的描述而提出了社会文化的概念。这一概念一方面可以是个体精神及生活文化对制度文化的影响，另一方面也可以是制度文化通过社会文化对个体精神与生活文化产生影响。这种双向的影响方式就使得我们需要注意到，除了各个文化共同体（民族）之间的文化融合，同时还有文化共同体内部的个体精神及生活文化与制度文化的融合。而这些种种融合都需要建立在成熟的媒介使用基础之上，只有当人们养成了理性的传媒素养，才可能成功实践文化融合下的多元繁荣。

6.4 多元文化发展的两条路径：保护与融合

文化融合，而非单方面的扩散或影响，就必然带来多元文化的发展。然而，多元文化的发展又自然会遭到来自政治（在西部民族地区里这一问题不存在），尤其是经济的影响。也就是众所周知的，经济发达的文化形态对经济欠发达文化的影响乃至压迫。尽管从理论上说，文化与经济属于人类社会发展的不同维度，二者虽然有着某种程度上的交集甚至重合的地方，但在更大程度上其实两者的关怀实在悬殊。从本质上来说，文化起源于个体的后天性创造，既包括物质文化的创造也包括精神文化的创造，而经济则是由个体间的交易产生的，同时强力附属于物质文明之上。如果我们说经济制度也是一种文化，那么这种文化也应该属于人类的精神文明中较为上层的部分。也就是说，当我们谈论在文化融合里经济对文化产生压迫的时候，我们谈论的实际上是精神文化里较为下层的个体精神及生活文化里的内容。一个地区的经济比另一个地区的经济发达，或者一个文化共同体的经济比另一个文化共同体发达，但这并不代表这个文化共同体里有关个体审美，有关人们的服饰、饮食、伦理和道德等就一定要强于另一个文化共同体。这本是一个并不难以理解的观念，但我们往往得见的却是一个共同体因为经济的发达同时也就推动了它有关文化的方方面面的发达，而且这种发达还对那些欠发达的共同体产生了严重甚至是摧毁性的影响。在人类历史的发展过程中，诸多的文明就是在这种所谓的“优胜劣汰”中被遗忘且终至消失的。

20 世纪的人类学本已开始关注这一话题，但遗憾的是人类学往往只是在实证层面上做了许多田野调查而已，这种对实然的关注显然不符合人文学科所应该持有的出于人文关怀和文明忧思之上的应然诉求。为了更好地解决这一问题，我们只要对其稍加分析即可得出一个并不深刻的道理：文明的融合与压迫从本质上起源于有关个体意识和大众传媒之间的所有传播行为。只要我们否定武力对文明的压迫，那自发的文明交融也就只可能发生在各种类型的传播行为之中。因此，弥补人类学视野下的文明融合理论的缺陷也就落到了传播学的肩上。

结合上述的经济意识对文化意识的压迫，传播学视野下的文化融合理论首先应该定位于个体传媒素养的培育。比如极其重要的就是明晰经济与文化之间的关系，而后树立起应有的文化自信。从应然意义上讲，融合理论的目的是建立起一种在同一个制度共同体下的文化多元形态。而它回应的，不仅是因为经济要素对文化要素造成压迫并最终导致文明消失的痛楚，而且还对另一种文化发展起到了补充作用，是与经济压迫截然相反的文化保护原则。

我们知道，欧洲批判学派的三大理论来源之一就是达尔文主义。罗杰斯在《传播学史》里认为，达尔文主义与马克思学说、弗洛伊德学说共同构成了传播学欧洲起源的三大基础。但达尔文主义与另外两种学说的不同之处就在于，它更多的是以一种反例的形式为传播学的批判学派提供了理论基础。不可否认，达尔文学说确实在启蒙理性之后的科学时代为生物进化提出了重要的理论知识，但这种科学的理论很快就被引入社会学乃至后来的其他人文学科之中。无论是“优胜劣汰”还是“物竞天择，适者生存”，确实都解释了纯粹客观维度下的生物进化史实，但这种客观的科学结论真的可以运用到人类社会中吗？如果人类社会也像生物界那样以丛林法则式的竞争方式进行发展，那么人之别于动物的怜悯、关怀何在？现实惨烈，放眼 20 世纪的人类灾难，已有众多学者指出达尔文主义对纳粹主义以及军国主义负有不可推卸的责任。其实，这里依然存在的是实然与应然的关系，自然界与人类社会的关系。回归到我们这里所谈论的文化共同体之间的对话，正是基于对达尔文式的“自然竞争”和丛林法则的反思，有人认为我们对文明不可持有完全放任的融合态度，因为这种自然的融合极可能被权力（无论是政治权力还是经济权力）所劫持。同时还有另一些人从文化宗教激进主义的角度出发，认为文化的自然融合实际仍然是对文化的一种破坏。比如人们普遍指出的，今天的许多少数民族的所谓民族文化其实是在受到汉族文化的影响下所演化成的一种混合文化。显然，这种混合文化已经不再是原汁原味的民族文化。人们认为这种破坏与文明的消逝并没有本质上的差别。因此，基于这种反达尔文式的人文关怀和文化宗教激进主义上的捍守，人们提出了保护模式。

问题与矛盾似乎在此显现。保护与融合，何去何从？从既有的理论梳理中可以看出，应该说无论是单纯的保护还是融合都难以使人达成共识。唯一可靠而合理的方法或许即是两条路径的双重实践。单一的保护难免使文化停于僵滞，而文化的生命在于变动和发展，从理论上来说，世界上不存在一种文明是亘古如斯的。如果是放任自然的融合，则不可避免地会发生一定程度上的经济等外在的强力因素对弱势地区的文化压迫。比如，由于现代化的突飞猛进，一些民族的、民俗的文化遭到严重威胁。放眼世界，人们在对经济的强烈追求之下，那些难以融入产业化生产的传统工艺则濒临消失的危险。因此，联合国教科文组织发布了《保护非物质文化遗产公约》，随着该项公约的颁布，许多地方的传统工艺、手艺以及传统节庆、风俗等被纳入了非物质文化保护名单，以此挽救许多濒临消逝的文明。

既然保护与融合的双重路径得到了论证，接下来则需要具体回答两条路径如何在互补中实现多元文化的共同发展。从逻辑上讲，其实两条路径有着巨大的同构性，亦即二者的理论起源都是对文化之外的权力因素的反抗。保护路径反抗的是由单向度的强势经济构成的现代文明对个性化的、多元化的传统文明的同化。而融合路径则反抗的是具有强势经济能力的文化共同体对弱势的文化共同体的压迫。共同体与共同体的对话，应该在文化的层面上取得平等的状态。此外，现代文明的典型特征除了经济上的单向度看齐外，还有信息社会导致的文明趋同现象。在大众传媒引导的现代社会，个体往往需要融入一体化的文化叙事中才容易找到安全感，否则便会被大众传媒所孤立。而这种现象在多民族的地区尤其严重。没有平等的融合，没有文明的自信，小众文化则极易为大众文化所同化、整合。在这一背景下，融合路径主要包含的应该是社会文化的那一部分，而保护路径则主要包括生活文化那一部分。社会文化的形成本来就是一个群体在日常交往中慢慢沉淀出来的一套行为规则，它的发展源于交往，而交往则是一种常见的融合。相比起来，生活文化则更具体一些，更稳固一些，因此也更容易受到保护。但是不管怎么说，两条路径的核心都可以归结为树立从个体到集体层面上的文化自信。

保护路径看似由外部主导，但实际上如果没有内部的自信与坚持，一方面文化本身难以受到重视，另一方面即便被保护了也可能在自我放弃之中大打折扣。同样的，融合路径也需要树立文化自信。没有自信，主体性愿望就丧失了，而主体性愿望一旦丧失，融合的二者之间的地位也就变得不平等，此时必定是一高一低，如此一来，即不存在融合而只会表现为同化。在信息时代，这样的自信如何树立，最有效的当然就是传媒以及传媒素养的培育。如果我们不将上述的有关融合与保护，有关四种文化之间的关系注入真实的传媒实践中去，那么所谓的融合与保护也就近乎空中楼阁。现代传媒里的信息一体化趋势几乎已经成为一个全球化的问题，国家在变小，地球村在成为现实，而属于传统文明之中的那些富有个性化的文化样本以及心态也就在日益繁华的工业城市中急速消失。而这种消失与遗憾在经济欠发达的西部民族地区中就更加严重。如何扼住这一令人心痛的趋势，是现代传媒应该思考的重要问题，同时也是前文所提到的融合与保护的应有使命。

6.5 城市与乡村，身份认同与心理谐适

正如本文一开始所叙述的，西部民族地区的传媒素养研究是基于国家现代化这一宏大现实背景的。而国家现代化的实际进程，尤其是放在发展中国家而言，则意味着一个广泛而普遍的现实：那就是城市化的发展。从传统的农业文明、游牧文明进入一种由工业革命所引导的现代文明，城市化进程可以说是一个最为核心而现实的概念。从表面上看，以马克思的经济学入手，城市化进程所突出的是其生产要素、生产方式与生产关系的改变，这些不以人的意志为转移的社会发展构成了现代文明进步的核心力

量。但是，正如我们已经提到的，现代化的历史叙事不仅仅停留在政治制度、经济模式和社会组织的进步之中，它同时也需要依靠个体的现代化意识觉醒。以上种种，被马克斯·韦伯归结为一个重要的理论概念，即城市社会学。“总体来看，韦伯想要证明的是，城市不仅作为多元要素之一参与建构了各个文明形态，甚至可以说，还为这些多元要素得以共同塑造现代世界提供了重要的物理空间。”① 也就是说，城市化进程是一个复杂的历史社会学现象，它不仅包括政治、经济、文化等要素，而且还关乎个体精神、身份和观念的转型。在这一问题上，著名社会学家费孝通在他的《乡土中国》里有着极其精到的概括。

传统的农业文明下的乡土社区，是一个典型的熟人社会。而现代的城市则是一个陌生人的社会。两者之间因为行为方式、生活方式以及交往方式的不同而发展出了不同的伦理体系和独特的文化心理。比如有关伦理方面的差异，熟人社会的伦理表现为一种信用、礼治和道德，而陌生社会则需要依靠法律与契约。正如费孝通所说的：“在一个熟悉的社会中，我们会得到从心所欲而不逾规矩的自由。这和法律所保障的自由不同。规矩不是法律，规矩是‘习’出来的礼俗……乡土社会的信用并不是对契约的重视，而是发生于对一种行为的规矩熟悉到不假思索时的可靠性。”② 又比如，传统的家族观念、血缘观念、人情亲疏也会在现代化的城市文明中遭遇挑战。因此，随着城市化进程的不断加快，由农业文明、乡土文明所塑造出来的人格特征、心理习惯和伦理法则也会在陌生而现代的城市社区中变得有些无所适从。

显然，城市文明与乡土文明在现代化的历史叙事中同样会表现出一系列的融合与改变。今天中国的现实更是鲜明的体现出了这一矛盾和羁绊。我们的乡土文明不再是纯粹的乡土文明，而我们的城市文明也因为城市化进程的稚嫩而表现出诸多的问题。这种城市与乡土的对话在中国西部民族地区尤其明显，而且复杂。因为它所牵涉的除了单纯由经济变化、地理空间和生活模式而引发的文明对话之外，还有宗教、心理和历史等原因参与其中，而且后者往往更加严峻。

个体是所有人文关怀的最终指向，也是一个社会发展的最终目标。放眼西部民族地区的现代化进程，包括城市、乡土文明冲突和现代传媒下的

① 闫克文．城市：现代性的途径之一［J］．读书，2014（6）：64－71.

② 费孝通．乡土中国生育制度［M］．北京：北京大学出版社，1998：10.

信息焦虑在内的多种要素共同构成了个体精神的时代迷失。这种个体精神的主要表征，首先就是身份认同。现代化下的城市进程，不仅表现为特质化的经济发展、组织化的模式更新，而且还有一个重要现象就是人口流动。农民工进城是我们这个时代的重要现实，而在西部民族地区，这一重要现实则显得更加突出。或许我们用农民工进城这一概念其实已经从本质上简化了城市化进程里的人口流动。事实上，不只是农民工，还有更多的社会角色在从农村涌向城市的过程中患上了异乡人的身份迷失病症。这些精神上的漂泊者，很难以具象的数据展现在我们面前，因为社会学里的客观研究完全无法深入一种更深的人文关怀。我们总是以赤裸裸的经济要素掩盖了太多精神层面上的潜在病痛。同时更为人所忧虑的，是这些精神层面、心理层面的身份迷失状况连那些身处此种痛楚的本人也常常难以准确自述。这时，客观的科学化的社会研究便显得尤其无力和单薄。当一个农村人在城市中难以取得经济上的依靠和文化上的皈依时，他是否还能重新回到乡土？又或者说，当他回到乡土之后，那些已经潜向内心的城市里的文化要素又是否能够使他在乡土中得到满足？如果这两个问题只要有一个被否定，那么个体身份与文化的认同则会被瞬间抽空。事实上，即便是一个农村人成功扎根于城市，我们的社会学考量往往也只是关注其经济层面的种种指标，真正的问题则是，这样的个体是否能在城市文明中彻底融入？1997年，由重庆电视台拍摄的电视连续剧《山城棒棒军》红遍大江南北，该剧抓住时代命脉，描述出了在城市化进程中体现出来的农村人的身份迷失。当年的这些“棒棒”尽管凭借辛勤劳动得以在城市中暂且流连，然而劳动性质以及他们始终难以为城市文化所接纳的双重要素最终迫使其回归乡土。十余年前的“棒棒”，在今天则演变为了一种又一种的时代劳工。他们的命运从本质上依然没有得到真正的改善。如果说当年的“棒棒”还因为年纪较大，所以从心理到价值观已然基本稳定，同时也因为传媒并不像今天这般发达，而使其最终能够成功返乡，那么今天的青年一代，其文化心理与价值趋向为城市文明与信息传媒所塑造，如果他们最终难在城市生活中扎稳脚跟而想回归乡土，则会遭受巨大的心理落差和身份焦虑。在城市与乡土之间，他们是一个想回回不了、想入又入不进去的群体。身份认同于他们而言，是一场艰难的旅程，更是一个迫切需要解决的现实问题。

现代传媒，从某种程度上加剧了这一身份迷失。同时，现代传媒也能通过强化个体的传媒素养而消弭这种身份迷失。对于前者而言，现代传媒连接起了乡土与城市之间的融合，它以信息覆盖的方式最大程度上消除了传统的地理与空间差距，并最终造成了个体的身份混乱。对于后者而言，则需要个体从复杂信息和多元价值中整理出一套适宜自己的观念法则、建构起一种特有的身份认同。这种身份认同，显然不再是传统的乡土与城市的二元对立。从本质上说，身份迷失的根本原因是个体的现实处境与他所接受的信息文化（以及因此发展出来的相关心理）之间存在差异。因此，解决这一问题的办法就是通过传媒素养的培养，使个体在面临这种差异时尽快地完成现实与信息之间的融合。也就是说，将大众传媒的信息与自身处境结合起来，构成一种即时而具体的稳定心理和身份认同。这种身份，已经很难用传统的乡土与城市进行概括，事实上它所建立起来的只是出于个体与他所处的环境之间的对话，信息是这种对话的手段，而非目的。人们在传媒素养的培养中完成的是对信息的祛魅，也是对信息的使用，而不是单纯的为信息所塑造、同化和影响。

言及对信息的祛魅，就不得不提大众传媒时代个体心理的谐适问题。所谓心理谐适，实际是指个体在信息接收过程中被信息所调动起来的欲望与自身能力之间的谐和程度。从传播学的角度来看，它也可以被描述成传媒的正负功能。“当传媒拉动的需求与受众实现这些需求的能力以及原有的现实需求（来自社会的、个人心理的）相吻合时，传媒普遍发挥着正功能，成为有效服务于个体和社会发展的积极因素；当被传媒拉动的需求超越了受众的现实需求（社会的和个人的发展目标），以及那些被传媒培养而滋生的超必需求在满足能力不足时，传媒就有可能产生负功能，导致受众的心理挫折感，致使其成为本土民族传统文化的迷失者和现代文明窗外的流浪者，从而诱发社会不稳定因素。”①因此，如果我们把个体心理的谐适当做传媒素养培育的既定目标，那么如何缩小信息欲望与能力之间的差距就成为素养培育的重要内容。而这种培育也就必然包括信息祛魅以及个体的自我认识。前者解决的信息端的影响，而后者明晰的是意志和能力的状况。双管齐下，是现代传媒影响下的个体达成心理谐适的重要方法。同时，这种培养模式并不仅仅适用于西部民族地区的素养培育，我们应当看到，在信息爆炸的时代个体的心理焦灼已是一个广泛而普遍的现象，如何有效地实施弥合心理落差的传媒素养培育成为现代传媒的重要课题。而上

① 李苓，陈昌文．现代传媒与中国西部民族——汉藏羌民族混居区传媒使用与影响的类型化研究［M］．北京：中华书局，2012：22.

述构建的梯形模式、水平模式以及下文将要建立的融合模式等，应该可以成为这一课题值得重视的理论基础。

6.6 基于发展传播学的范式：融合模式的构建

正如前文所提及的，关注中国西部民族地区媒介素养的培养问题的基本前提及其最终愿望应该都是一致的，那就是在发展传播学的视野下，如何完成传媒在西部地区的现代化发展过程中的有效实践。同时，这种实践的最终目的并不仅仅是单一的现代化命题，它还内在包括从国家到民族地区统一的和谐渴望与稳定诉求。如何处理好发展与稳定的关系，不仅是政策层面上的根本要求，也同时存在于发展传播学这一学术研究的重大使命之中。

而今学术界所公认的发展传播学的开端是美国著名社会学家勒纳于1958年出版的《传统社会的消失：中东的现代化》。在本书中，勒纳基于对中东现代化进程的关注与研究，指出大众传媒对落后国家及地区的发展至关重要。对于这一概念，最好理解的就是传媒对于落后地区医疗、教育以及经济创新和技术进步的影响。直到今天，学者们仍然普遍认为，至少是在经济维度上，传统社会的典型特征即为农牧生产，而现代社会的主要生产力则归功于工业、信息业以及服务业等。因此，传统的农业社会只有首先通过教育与传媒才能使当地的人民学习了解先进的技术与信息，进而实践其技术改革与经济发展。当然，勒纳在此书中并不仅仅停留于这一浅显的实践研究上，他认为大众传媒是“机动的知识倍增器”“它能够非常有效地传播现代特色类型的核心理念，尤其是促使人们具有想象不同生活方式的能力……‘大众传播的倍增特性，指的是它的信息能够在听众和观众中得到提升和共鸣’。具备这样的潜能是因为它本身就是一种能够将其他生活方式再现出来的机制。人们可以通过阅读、收听和收看的方式了解到在别的地方，同样的事情可以有不同的做法，所以共鸣传播的这种特征得以加强：‘媒体通过向人们展示崭新的、奇特的情景，让人们逐渐了解各种不同的观点，从而教会人们亲身参与，对不同的观念进行选择，而这正是生活在现代社会的人们所必须具备的一种交流能力’。”[①]后来勒纳将这种影响称为人们因此获得一种“神入或移情”的能力。显然，他所谓的这种移情能力正好对应着传统社会在现代化转型中非常关键的两种文化精神：一是人们欲望的唤起；二是移情能力引发的潜在的契约精神。对于前一种，正是由于人们对美好生活产生了热切的向往，人们才会发自内心地想要改变现实。当然，需要注意的是，欲望的唤起既有积极的一面，也可能导致人们内在的心理撕裂与失调。这种失调，正如前文所提及的人们对自我身份是否能产生谐适性的认可。也就是说，如果人们的欲望远远高于人们所能达到的能力或是外在环境所给予的机会，那么人们自然会因此产生内在深刻的矛盾与痛苦。勒纳将此概括为欲望与实际之间的获得比。而李苓教授则在《现代传媒与中国西部民族——汉藏羌民族混居区传媒使用与影响的类型化研究》中将其表述为传媒的正负功能。对于后一种，移情概念的提出使人们在传统的熟人社会里的人际交往观念发生巨大改变。因为“较高的移情能力是现代社会最主要的性格特征，其特点是工业化的、城市化的、知识性和参与性的思维模式。而传统社会是不主张参与的”[②]。契约精神作为现代社会的主要精神，其最大的源头之一即是商业。而移情心理很好地契合了商业交往里的人际法则。传统社会的人们因此不再只考虑一人一地的得失，而会加强自我作为社会人的身份认同。毫无疑问，这种契约精神与身份建立将从根本观念上促使传统社会的人们实践更快的经济发展。

然而，从 20 世纪 50 年代开始的发展传播学演变至今，却有着针对不同语境、不同背景以及不同对象的多样化的范式提出。这些范式以一种交替的、反复的以及彼此交融的方式呈现在发展传播学的学科历史当中。它们以不同的视野，从理论或实践的角度推动着发展传播学的日益壮大，尤其是随着全球化进程的深入以及媒介形态的不断更新，发展传播学的种种范式在遭到质疑时所给予的回应尤其令人注目。在对发展传播学的范式梳理中，与其说我们关注的是不同范式间的理念差异，不如说我们关注的是范式之所以变化、成型的原因。这是因为新范式的提出绝不是单纯地建立在以旧范式的得失基础上的，真正有价值的范式在于它能够回应于此时此

---

① 科林·斯巴克斯．全球化、社会发展与大众媒体［M］．刘舸，常怡如，译．北京：社会科学文献出版社，2009：26.

② 科林·斯巴克斯．全球化、社会发展与大众媒体［M］．刘舸，常怡如，译．北京：社会科学文献出版社，2009：25.

地的社会问题。对不同范式的批判与重建所最常犯的错误就是以刻舟求剑的眼光去审视既有范式的缺陷。而最终聪明的人们会发现，这些无意义的批判基本上可以等同于与树立逻辑稻草人相对应的树立背景稻草人式的自言自语。

关于范式一词，众所周知，其英语 paradigm 最初源于希腊语 paradeigma，意思是例子“example”，而这个词语早已被亚里士多德广泛运于他的《修辞学》当中。只不过亚里士多德用此语更偏向于“范例”(exemplar)，是指一种最好的、最具指导性的例子。[①] 今天学术界所常用的范式一词已有多种意义。但它被广泛运用，则要归功于托马斯·库恩。他在《科学革命的结构》一书里首次大量使用该词语，并将科学革命本身描绘为不同范式间的转换。在《科学革命的结构》一书中，范式一词的用法极多，据玛格丽特·玛斯特曼统计，其用法共有 21 种。[②] 关于这个问题，托马斯·库恩本人也坦诚他对于“范式”一词的使用范围过于宽泛。因此，库恩界定了“范式”的两种用法：综合的用法和局部的用法。局部的用法是指各种类型的“范例”；而综合的用法首先聚焦于“科学共同体”这一概念。[③]

库恩的“范式”学说建立之初即是针对科学领域，但而今这一概念早已被运用于人文社科领域，其用法之多、概念之模糊，几乎成为学术界的一大景观。因此，本书无意于针对“范式”概念进行界定，而是鉴于该概念的模糊性，对范式本身的研究便更应该深入事实和因果层面上去。为了尽可能地避免概念混淆带来的表达障碍，本书认为所谓社会科学中的范式，仅是一种为解决现实问题而建立在特定语境下的理论模型。如果从这一概念出发，那么我们再次回顾到发展传播学的范式变迁问题上来，或许很多困境就会迎刃而解。

目前来说，对于发展传播学的范式（理论模型）梳理，做得最为详尽的研究，恐非科林·斯巴克斯莫属。他在《全球化、社会发展与大众媒体》一书中，梳理了发展传播学的四种主要范式，即主导范式、参与范

① 托马斯·库恩．科学革命的结构［M］．4 版，金吾伦，胡新知，译．北京：北京大学出版社，2012：12.

② 托马斯·库恩．科学革命的结构［M］．4 版，金吾伦，胡新知，译．北京：北京大学出版社，2012：11.

③ 托马斯·库恩．科学革命的结构［M］．4 版，金吾伦，胡新知，译．北京：北京大学出版社，2012：17.

式、帝国主义范式以及全球化范式。尽管发展传播学范式众多，除了上述四大范式，还有各范式的变体。例如主导范式的延续性变体，参与范式的协商性变体、激进性变体等。但是，发展传播学作为一个相对独立的传播学方向，也有自己相对稳定也受到大多数学者认可的理论模式。这种模式应该说不仅可以调和以及包容不同意识形态理论家的见解，而且也能较好地概括不同发展传播范式的理论模式。

图 6.4 是改进后的发展传播模型。改进后与改进前的发展传播模型最主要的区别就在于虚线（反馈）部分的要素关联，即教育和媒体以及当地民众对于发展专家们的反馈。这一关联主要是受施拉姆的影响。从这里我们可以看出，所谓反馈模式，事实上和参与模式所要强调的当地民众的意见发生乃至传媒诉求已经有所接近。该图所显示的各个要素也基本与事实上的发展传播的社会关系相吻合。从范围上来讲，它甚至已经包括了全球化模式里涉及的各个要素。

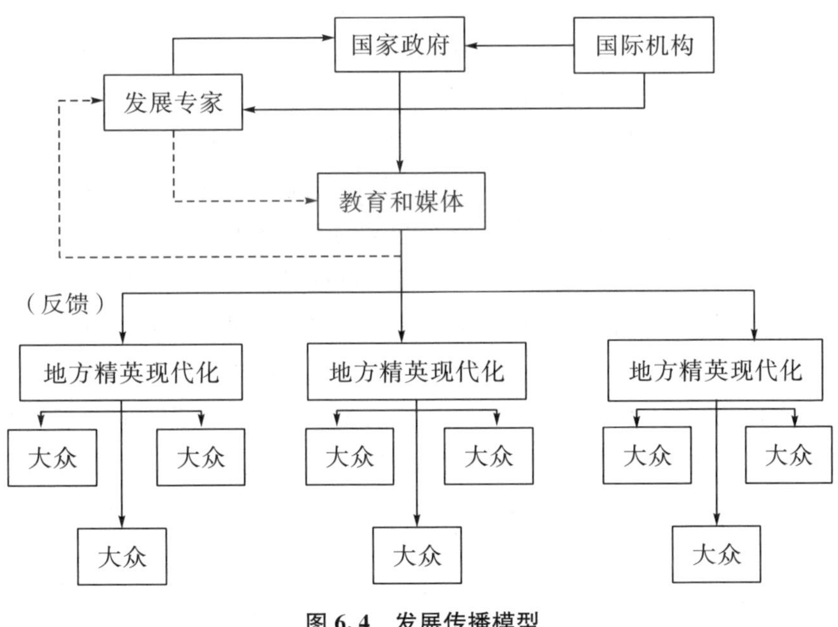

图 6.4 发展传播模型

图 6.4 中国际机构这一部分实际上对应的就是全球化发展传播的重要元素，而国家政府则是主导范式里的核心角色，在发展专家与教育和媒体之间，构建起的仍然是主导范式的理论表达。沿着大众传播的主要方向，此时的地方精英基本上可以等同于二级传播理论里的意见领袖，或是创新

与扩散理论里的“先行者”。而至于反馈部分，则为参与模式的提出优先埋下了伏笔。只不过，无论是哪一种范式，尽管它们一度在学术界或是社会实践中占据了很长一段历史，对社会的发展也起到了极大的作用，但是，正如前文所述，任何一种范式的有效性其实都是建立在非常具体甚至是独特的社会背景之下的。

例如，在发展传播学的历史中，首先占据人们眼球的是主导范式。而主导范式的理论来源，则是马克斯·韦伯的资本主义发展理论。“韦伯认为，资本主义的发展主要是由于它在意识形态领域战胜其他观念所获得的成功：‘资本主义精髓所面对的最大的敌人，就是被称之为传统主义的那种面对新事物时的处世态度和反应’。”① 因此，主导范式的基本原则就是以国家政府或是专家为首，通过大众传媒向落后地区的人们宣传那些好的、有助于经济发展的种种理念。主导范式的支持者认为，落后地区之所以落后，其原因就在于他们不知何为先进。因此，在对落后地区实施发展传播时，首要甚至全部值得考虑的，就是如何将国家政府与专家们的意见最大限度地传播给当地的民众。也就是说，在主导范式那里，落后地区的人们根本不懂得何为先进，因为他们无法在一无所知的情况下提出诉求。此时，唯一可行的办法便是灌输式或管控式地实践发展传播。例如著名的发展传播学的提出者勒纳认为，“只有每个人改变其中世界中的位置和在社会中的位置，改变自身形象，整个社会的变革才有可能发生。从这个角度而言，社会的变革要通过个人的变革才得以实现。”② 而在主导范式的理论上有着极大建树的施拉姆则说得更为彻底与详细。他的六点行为成为名噪一时的实践指南：大众媒体第一应当被用来“塑造一种国家情感”；第二，扮演国家计划的喉舌；第三，担负教育责任，教会人们“必要的技能”；第四，在扩展市场方面，也可以有积极的作用；第五，帮助民众适应计划成功后所带来的社会变化；第六，承担“教育民众具备主权意识，也就是每个公民都应当具备国家主权意识”③。

主导范式的这一看似理论基础雄厚的发展言说确实在很长一段时间里

---

① 科林·斯巴克斯．全球化、社会发展与大众媒体［M］．刘舸，常怡如，译．北京：社会科学文献出版社，2009：23.

② 科林·斯巴克斯．全球化、社会发展与大众媒体［M］．刘舸，常怡如，译．北京：社会科学文献出版社，2009：27.

③ 科林·斯巴克斯．全球化、社会发展与大众媒体［M］．刘舸，常怡如，译．北京：社会科学文献出版社，2009：28.

占据着重要地位。毕竟就像哲学家费希特所说的那样，所谓教育就是你以后就会知道这样做是对的事情。落后地区的人们或许现在并不知道某些观念的有效性，但迟早他们会知道。然而，主导范式在经历了 20 世纪 50～70 年代的辉煌之后，在 80 年代却遭到了广泛的质疑和挑战。首先被质疑的就是“来自外界的变革，强制大多数人接受，而这整个过程来势汹汹，并且被迅速推进，因此对社会秩序提出了很多尖锐的问题”[①]。不仅如此，其实就在勒纳本人的理论言说中，他也早就提出过“期望与实际获得之比”的棘手问题。也就是说，如果深刻而广泛的现代符号（那些文化的，尤其是物质的符号）影响了落后地区人民的视野，勾起了他们的欲望，但是他们的社会条件、经济实力以及自身能力却又并不能支持他们实践这些愿望时，社会的动荡也就慢慢开始酝酿起来了。除此之外，还有第三点，就是以国家政府、国际组织以及专家团队们为代表的传播者在对当地民众进行发展传播时并没有深刻地理解当地的社会结构以及文化风俗。此时，如果仍然实施单方面的理想化的传播策略，其结果势必会适得其反。

正是在这一理论争执的关口，参与范式应运而生。如果说主导范式几乎把传播的重心完全放在国家政府与专家团队之上，那么参与范式则把目光更多地投入当地的民众，也即发展传播学基本模式里的反馈关系所揭示出的传播样态。参与范式一方面建立在国家政府这些传者以了解民众真实需求为前提的传播基础上，另一方面则建立在民众自身通过媒介素养的加强而主动发起诉求的传播形式之上。在这一问题上，1973 年，时任世界银行主席的罗伯特·麦克纳马拉在内罗毕发表的一次演说，可以概括参与范式的核心意义。他指出，“以往的发展项目通常都是由少数人确定，然后不管广大民众是否同意、是否接受，都强加于他们。那么从现在开始，发展项目应该考虑‘接受者’的意愿和想法，他们的意望和想法将成为决定这些项目性质的重要因素（Ascroft，1995）。”[②]

应该说，参与范式的理论吸引力是不言自明的。无论是它在处理社会生活上的地区性问题上所体现出来的客观、朴实，还是它在政治层面上所体现出的民主精神，都将它置于发展传播理论里的显要位置。尤其是在

---

① 科林·斯巴克斯．全球化、社会发展与大众媒体［M］．刘舸，常怡如，译．北京：社会科学文献出版社，2009：33.

② 科林·斯巴克斯．全球化、社会发展与大众媒体［M］．刘舸，常怡如，译．北京：社会科学文献出版社，2009：61.

1987—1996年，最为常用的理论体系就是参与式的发展（Fair，Shah，1997）。[①] 然而，同主导范式一样，参与范式仍然没能取得长期屹立不倒的理论地位。首先，正如前文所述，表面上看，个体对自己所需要的信息或教育最有发言权。但事实上，因为个体根本没有相应的知识储备，所以他对那些他不了解的事物，从本质上讲，是缺乏诉求的。一个人必须首先了解一个事物，他才能渴望这个事物。而从另一个层面来讲，当地民众因为缺乏基本的信息了解，他们的目光也会因此缺乏前瞻性。如果以经济发展为例，落后地区的人民可能会注重那些能及时获得回报的经济投入，而缺乏长远的发展目光。这时，类似主导范式的专家意见或许更加有效。其次，从社会结构和文化观念上讲，本地民众因为长期受其环境影响，因此很难主动诉求于根本意义上的文化观念方面的变革。这时候，如果没有外界的、自上而下的、略带强制性的观念革新，那么所谓的参与范式实际上反而会成为地区发展的一大阻碍。除此之外，关于地区内部的权力竞争也会在参与范式中显现出来。源于长久的、近乎固化的社会结构和本土文化的影响，当参与范式骤然出现时，“要达到共识和共同的发展目标，无法简单让每个人各尽其言后取得一致意见，而是涉及非常尖锐的矛盾冲突[②]”（Arnst，1996）。

关于参与范式所受的质疑还有很多。总结起来，参与范式并没有它提出之初那么动人。真实的情况或许正如科林·斯巴克斯所说：“主导范式在理论上已然过时，但是却在实践层面仍然保持相当的影响力；而参与范式，在理论上是赢家，却在实践中没有获得实质上的支持。”[③]

在社会科学的维度里，一种理论的提出与实践并不容易像自然科学那样立即得以检验，也并不像人文学科那样，以一种近乎信仰式的价值坚持来影响社会。社会科学里的范式提出首先必须具备详细的现实基础，其次是它的实践效果需要长期观察。毫无疑问，关于发展传播学的理论范式同样遵循这一规律。因此，针对以主导范式为反思对象而衍生出来的参与范式、帝国主义范式以及全球化范式，如果说主导范式与参与范式的主要分

---

① 科林·斯巴克斯．全球化、社会发展与大众媒体［M］．刘舸，常怡如，译．北京：社会科学文献出版社，2009：64.

② 科林·斯巴克斯．全球化、社会发展与大众媒体［M］．刘舸，常怡如，译．北京：社会科学文献出版社，2009：72.

③ 科林·斯巴克斯．全球化、社会发展与大众媒体［M］．刘舸，常怡如，译．北京：社会科学文献出版社，2009：65.

歧在于强调传者与受众的主体性问题，那么帝国主义范式与全球化范式的理论诉求则主要体现在更为广阔的传播对象上。在主导范式和参与范式那里，传播对象可以是一个国家里的省市地区甚至细化到一个村庄和部落。而在帝国主义范式和全球化范式那里，传播对象基本上首先已被定位为一个国家。或者说，在帝国主义与全球化范式的视野对象上，即便存在地区性的传播实践，它也必须被纳入更为宏大的国家社会以及国际社会当中来看待。正如发展传播学的基本模式图所揭示的那样，国际组织将直接影响国家政府，将通过国家政府来影响地区性的发展传播。无论帝国主义范式还是全球化范式，其基本理念都着眼于国家内部的结构性问题，无论是经济的、社会的还是文化的。它们主要试图解决的是发达国家与发展中国家的宏观性的发展传播对话。而主导范式与参与范式则几乎不囿于宏观微观之分，它们永远致力于通过对主导性表达的界定来实践稳定、快速的社会发展。因此，在以中国西部民族地区为研究对象的地区性研究课题上，本书并不特别关注于帝国主义范式与全球化范式。

可以说，只要这个世界仍有贫富差距，那么发展传播学的效用就永远不会过时。倘若仔细分析20世纪50年代至今的各种发展传播范式，尤其是主导范式与参与范式，将不难发现，理论家们争论的问题总是应不应该主导，或是应不应该参与，又或是应当主导多少，应当参与多少，唯独缺乏一种细分视野，一种将传媒与教育本身划分为诸如政治、经济、文化等维度的视野。当人们在强调参与时，人们想要达到的实际上就是基于当地实际情况的文化、经济需求。而当人们反对参与时，或许又注意的是政治与社会层面的秩序问题。那么此时解决问题的办法其实很简单，那就是在政治维度里强调主导范式，而在经济与文化维度里强调参与范式。例如，关于西部民族地区的传媒使用状况的前期课题显示，在城镇、河谷农区、半山农牧区与高原牧区四种社区形态，人们根据自己所处的地理位置不同，生产资料的不同，所以对经济信息的需求也不同。此时，当地民众在经济维度里显然更需要以参与范式为基础的发展传播策略。又例如在新闻以及政策接收的传媒调查上发现，四种社区形态对新闻的诉求都呈现出高度的一致性。那么显然在政治维度上，则可以采取主导式的发展传播策略。同理可推，在文化上，鉴于地区风俗、宗教以及诸多生活文化的长期固化性，尤其是文化本身所具有的高度的独立性（相较于政治与经济）以及以文化为纽带所建立起来的牢固的秩序性等，则要求我们的发展传播应以参与融合为主要形式。这种多元的发展传播模式完全不同于传统的主导与参与的一元式的传播范式，它较好地摆脱了一元式范式在解释不同维度的发展传播所暴露出的矛盾性，我们因此将其称为融合模式。

融合模式或者说是融合范式以及融合传播，最主要的理论核心有两点：一是区别于传统的发展传播范式在传者中心论问题上的一元论探析；二是区别于发展传播学从本质上显露出的强经济化考量和共同体偏向。在第一个问题上，前文已有所分析，正如主导范式与参与范式的争论所凸显出的理论困境那样，大众传媒如果不能以更细化的多维视野去进行传播策略和传媒观念的制定与养成，那么大众传媒的实际效用就会大打折扣，甚至是适得其反。在这一点上，我们可以将融合模式视为继主导范式、参与范式之后全新的发展传播学范式。在第二点上，传统的发展传播学，因其理论诞生的背景——传统社会的消逝，中东的现代化——而使其从一开始就将发展的对象设定为广阔的国家或是大至一个洲的地理单位，如中东、非洲以及南美洲等，从而使其缺乏更加细致的以个体为单位的理论构想。看起来，发展传播学似乎更看重一个地区、一个国家整体的发展，该理论认为只要一个地区，诸如建起了工厂、修起了马路、兴办了教育以及越来越多的传媒形式进入人们的生活，那里的人们就会生活得更美好。这种将个体的幸福近乎完全等同于看得见的富裕和日益精致的物质享受的理念难道不显得有些过于粗鲁？举个例子，难道说那些从来没有看见过电灯，更无从奢谈电视、电话和小轿车的古代人就一定没有现代人过得幸福和快乐？似乎至少从感性上来看，大多数人也都不会赞同这样的观点。因此，举古人与现代人的幸福感为例，并不是要像梭罗住进瓦尔登湖那样，以此反对现代化的基本进程。当我们从一开始就激动地将大众传媒推动社会发展的命题纳入一种美好的、恢宏的愉悦畅想时，我们是否遗忘了发展的最终本质应当立足并服务于完完整整的个体。如果没有对个体，没有对人的真诚思考和全面关怀，那些所谓的宏大叙事是否还有意义？这就是融合模式，或者说在这里更为妥帖的表达应该是融合传播学所要致力于解决的问题。

在本章的前面部分已经提出，基于个体的社会运作首先应该从分析人开始。也正是在仔细考察了人与人之间的交往的几乎一切可能形式之后，在涉及那些关于心理、精神、欲望、信仰以及文化等要素的分析之后，文化三分法与 OK 模式才最终得以建立。而无论是文化三分法（事实上，它只是 OK 模式的基础理论）还是 OK 模式，它们的最终目的都在解释人与人之间交往的可能以及交往本身所包含的种种要素。从 OK 交往模式出发，我们将清晰地看到不同信仰、不同文化风俗甚至是不同道德体系的人们，是如何和睦共处的。而这种和睦共处，不仅仅是一个地区社会发展的基本前提，它也是个体美好生活的必然要求。没有稳定、谐和以及融洽的文化共同体交往，个体就很容易陷入漫无目的的孤独或是内心紧张的分裂。因此，所谓融合传播，就是要仔细倾听地区民众彼此之间的交往内容，并以个体为单位，建立起他们应有的文化自信。此时，个体与大众传媒的关系便不再是参与或是主导，而是他们最终能在大众传媒中找到一种关于主体性的文化表达。一个值得反复强调的事情就是：没有足够完善的基于个体自信自足的文化共同体建设，就不可能实现地区经济的稳定发展。

图6.5为融合传播的基本模型。融合传播学首先将地区发展以传统社会学常用的文化、政治与经济三分法分开。从范围上讲，政治是将经济与文化包含在内的。原因是政治和法律是以强制而广泛的形式出现在人们生活当中的。这里的广泛主要是指，以西部民族地区为例，发展传播的基本形式仍是较发达地区以及国家层面的经济、信息与教育向次发达的西部流动。而无论是西部、中部还是东部，它们都同属于中国这一国家概念之下。因此，仅从这一点上讲，政治维度覆盖地区性的经济与文化也是明显的。也就是说，在西南与中部或是东部之间，或许经济与文化上是有差异

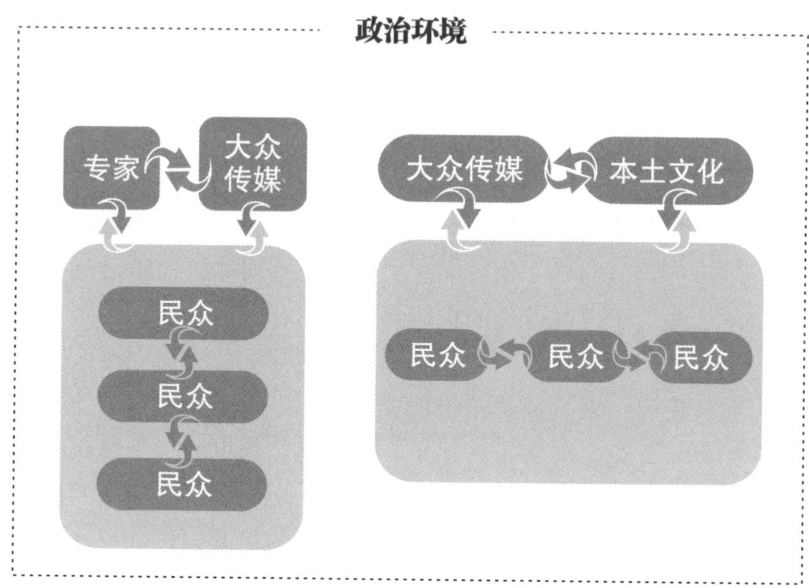

图6.5 融合传播模式

的，但它们却在政治上呈现出高度的一致性。用哈贝马斯的著名理论来讲，也即系统世界的统一、生活世界的独立。而所谓系统世界，指的就是那些关乎政治、法律等刚性制度的那一部分社会法则。所谓生活世界，是指地区性的或是个体性的风俗、文化乃至饮食、衣着等生活状态。

也正是因为这样，融合模式里的政治维度依然保持着发展传播学里主导范式的理论表达：无论是大众传媒还是专家团队，它们都同样遵循系统世界里的政治法则。主导范式在这一层面上的实际操作便是将基本的政策、国家新闻、法律制度等传播给地区民众。一如本书第 5 章所提出的水平模式，即是政治维度发展传播的清晰呈现。而在政治范围之内，则存在着经济与文化维度（范围）的类似参与范式的交流与融合。首先是经济维度，大众传媒与专家团队共同致力于地区经济发展，因此通过信息发布、技术普及等方式提高地区民众的致富能力。然而，事实上不同地区的生产要素、地理条件等都不相同，所以自然会出现地区民众对于经济知识的差异性需求。而这种差异性是绝非专家团队身居明亮舒适的办公室所能理解得到的。除非专家团队以田野调查的形式进行细致的地区考察，否则所谓专家的意见很可能只是一厢情愿的自以为是。但倘若没有专家团队的调查考证，那么责任就在落后地区民众自己身上了。他们必须充分认识到（事实上他们确实如此，在大多数情况下，他们对自身需求的理解都要强于专家）自身发展的局限与突破口。例如本课题的前期调研里所看到的，农民们通过对大众传媒的深入了解以及自身媒介素养的提升而学会了利用媒体刊发广告以增加当地果蔬的销量。这就是经济维度里民众与大众传媒的良性互动，以及民众主动参与的经济发展范式。大众传媒可以与专家互相影响，而专家与民众同样如此，民众与大众传媒亦同理可循，最终构建起了经济维度里的参与范式。

与经济维度相似的是文化维度。关于文化共同体的构建以及民众自身文化自信的加强之于地区发展的重要性前文已有充分论述。然而文化维度与经济维度又有两个差异点。首先是当我们把分析单位锁定在地区民众上时，在经济维度里，融合模式给出的是纵向的三个民众之间的传播关系。需要说明的是，无论是经济维度还是文化维度，这里的三个民众都只是一种简化式表达，可以理解为普通的人际传播。之所以要以纵向的传播模式呈现，主要考虑的是经济信息的传播常以创新的扩散方式进行。因此，罗杰斯的创新与扩散理论以及拉扎斯菲尔德的二级传播理论和本模式的传播样态便极为吻合。借鉴两位传播学家的理论，可以较好地解释诸如农业生产里的新工具、新材料等是如何传播到地区民众之间的。以创新扩散理论而言，当新的产品出现时，首先会有一些勇于尝试新事物的人去率先使用，进而他身边的人也会受其影响，并慢慢沿着二级以及多级传播的方式进行。毫无疑问，这一模式最主要的发生领域就在于经济维度。当然，这并不是说经济维度里不存在横向的交流式的融合式的传播，而是说纵向传播、扩散传播以及多级传播是经济维度里的主要模式。同样的，在文化维度里也是如此，文化维度里更多的情况是人与人之间的横向交流，是人们对于文化的共享式传播，尤其是在涉及地区文化时，生活在同一地区的人们在进行文化交流时，其模式更偏向于横向传播。但这也并不表示文化维度里不存在以意见领域为代表的扩散式、多级传播。如果要用一句话来总结二者的差异，那就是文化维度更强调分享，而经济维度更强调扩散。

除了分析单位的不同之外，还有一个文化维度与经济维度的差异，那就是文化维度里的参与范式更在于强调个体与个体之间的融合。这一点分歧，不仅源于经济与文化本质上的不同，也同样是因为我们对分析单位的侧重点并不相同。在文化维度里，大众媒介当然可以而且确实是在如此处理，那就是将所谓的“先进”文化传播给落后地区的人民。但有意思的是，我们常常在这里犯下概念性错误。即前一个“先进”修饰的是文化层面的事物，而后一个对应的落后则落脚于经济层面的物质表达。事实上，二者根本就不是一回事。也正因为如此，经济落后的地区才应该有勇气宣示自己文化上的“先进”。为了避免继续陷入概念性的模糊争论而忽略掉本质问题，同时也是为了更严谨地构建理论范式，本书所提出的融合模式里一律采用了本土文化来表达这一概念分析。大众传媒可以将非本土文化传播给地区民众，但地区民众也可以将本土文化传播给发达地区。同时值得特别注意的是，在本土文化这一概念上，也存在两种不同理论：一是大众传媒所理解的本土文化，另一个则是地区民众所理解的本土文化。这种差异之所以产生，当然是源于人们对于相同符号的不同理解，而意义世界的难以沟通性也正在于此，包括所谓语言之不可译同样在于此。严格地说，人们对于符号最准确的理解只能源于他们所参与创造的那一部分，未经参与的符号也就未能被理解。但这种差异性却并不见得完全是不利的。因为正是这种差异，这种大众传媒所认为的土本文化与地区民众所认为的本土文化之间的差异构成了符号与文化的缓冲地带，并以此支撑起意义的嬗变可能和文化创新的新生与成熟。在文化维度里的创新与交流中，最最要紧的就是融合叙事的缓慢性与个体化。任何激进的、宏大的意义革命最终都将带来巨大的灾难与深刻的苦痛。

综上所述，便是针对融合范式（融合传播学）的全面描述。简言之，在涉及大众传媒对于地区经济与政治的发展时，本模式更凸显其发展传播学的范式一面。而在涉及发展传播的文化维度，以及纯粹的广义的大众传媒时，本模式则更显示其融合传播学的一面。所谓范式化的融合传播，它将政治与经济、文化分开，在政治领域强调主导子范式，而在经济与文化上强调参与子范式，并最终形成一种全新的融合范式致力于发展传播学的研究与实践。而当融合以一种传播学的子理论——融合传播学出现时，它所致力于解决的问题则是包括落后地区、发展地区，以及全球化的文化交流在内的所有人与人之间的相处法则。这种法则的理论基础便是 OK 模式。因此，OK 模式与融合传播模式共同构建起了本书所提出的融合传播学的主体概念与意义框架。

6.7 微观考察：媒介素养、媒介教育与发展传播新范式

正如我们在本书第 3 章关于发展传播学视野下的媒介素养考察里已经提出的那样，对于发展传播学这一宏观性的整体性的理论而言，媒介素养不仅属于这一理论体系里的微观考察，更重要的还在于，它是任何发展传播学都必须解决的根本问题，如果不是全部，也至少是其中极其重要的根本要素之一。或许为了更加有助于明晰这一根本要素的重要性，我们不妨换言设问，如果没有媒介素养的提高，那么发展传播究竟还有没有真正实践的可能？因此，从这一角度出发，我们首先从微观层面来考察提高媒介素养的基本方法。

在传统的关于媒介素养提升的研究中，媒介教育是其中最重要的，甚至是独一无二的实践范式。回顾我国关于媒介素养的研究历史可以发现，学术界第一次将媒介素养概念引入并进行研究的是学者卜卫于 1997 年发表的论文《论媒介教育的意义、内容与方法》；同时学者黄旦与郭丽华在《媒介教育教什么？——20 世纪西方媒介素养理念的变迁》一文中也提出，媒介素养教育首先是由白列维斯（F. R. Leavis）和汤普生

(D. Thompson) 于1933年提出的[1]。由此我们可以看到，媒介教育事实上比媒介素养的概念更原始，或者至少可以说两个概念在一开始就是紧密结合在一起的。原因很简单，20世纪初，正是人类传播媒介变革剧烈的时期，其中最重要的就是大众报业的兴盛以及电影媒介初显力量，这使得人们的信息传播发生了巨大的变化。伴随着媒介变化而产生的是媒介内容的变化，以及媒介在社会权力结构、社会意义生成的相关机制上的转变。这些变化使得人们开始重视媒介本身以及媒介的全新内容。在最初的关于媒介的反思问题上，人们首先采用的是一种拒斥态度，即认为大众媒介的信息是对传统的精英信息传播的腐蚀。尤其是在学生群体中，由于缺乏对于媒介和大众信息的鉴别和批判，许多学者担心这些信息会毒害少年。因此，正是在这一背景下，媒介素养及媒介教育走入人们的视野，并成为一种“显学”。不仅如此，理论的不断发展带来的还有关于媒介素养教育的实践问题，以英国为代表的西方国家正是在关于媒介教育的理论研究进路上不断将媒介教育纳入从小学到中学再到大学的课程学习之中。尽管随着媒介技术的不断发展，人们对于大众传媒的拒斥在不断降低，但关于媒介背后代表的意义生产和权力关系等方面却依然是媒介素养教育的重要组成部分。今天西方的媒介教育主要着手的两个方面，除了技术上的普及外，最重要的就是关于媒介背后那些看不见的权力关系。也就是说，西方媒介教育不仅培养学生的应用能力，同时更注重于他们的批判能力。

然而，在中国的教育体系中，关于媒介素养的教育则基本处于缺失状态。尤其是在电子互联网时代，对于未成年的学生家长及教师而言，网络、手机及其相关媒介是一个异常敏感的话题。大量沉迷游戏与网络的案例使得家长与老师们从来都是小心翼翼，一方面既深知互联网及电子媒介的发展势不可挡，已经成为学生的重要学习手段；但另一方面却又担心学生沉迷于游戏或其他娱乐而耽误学习甚至因此误入歧途。在这种尴尬心理的影响下，关于媒介素养的教育自然难上加难。我们之所以要提到中国媒介素养的缺失，其根本原因在于从理论上讲，除了教育，我们很难再找到其他任何方法来对媒介素养进行一种更为直接的提升方式。这里之所以要运用“直接”一词，乃是正如本书在关于中国西部民族地区媒介素养的培养模式建构中已经展现的那样。虽然最为直接的媒介素养培养应是媒介教

① 黄旦，郭丽华．媒介教育教什么？——20世纪西方媒介素养理念的变迁［J］．现代传播，2008（3）：120－123.

育，但除此之外，关于媒介抵达率，媒介信息设置，传媒信息中关于传者与受者之间的互动，以及在政治、经济、文化的不同维度下实践发展传播的模式构建等问题上，都蕴含着非常重要的媒介素养的深层培养关怀。例如，如果没有一个成熟的媒介环境，没有一定程度上的媒介抵达率，那一切媒介教育其实都是空中楼阁。因此，在关于媒介素养的培养问题上，我们需要明确“直接”与“间接”的关系以及它们深层的概念和内涵。那么究竟什么才是这种“直接”和“间接”的内涵呢？关于间接的一部分，前文已经有所描述，那么关于“直接”的部分，答案似乎很简单，那就是教育。但事实真是如此吗？在这种“直接”与“间接”之间是否存在着清晰的区别？二者是否存在某种联系？这是我们需要关注的核心问题。

在对这种“直接”的媒介教育进行深入探究前，我们不妨首先回想一下，如果最为重要而根本的媒介教育应当被诸如西方国家那样纳入教育体系之中进行培养实践，那么当一个人离开学校彻底进入社会之后，他是否还需要媒介教育呢？如果需要，那究竟该如何展开呢？显然，如果“直接”的媒介教育被我们理解为学校教育（这是目前无论是理论还是实践上都正在实施的措施），那么当他们离开学校，是否也就意味着媒介教育的停止呢？如果从理论上讲，似乎确实如此，毕竟他们已不再接受教育（这里的教育是指有教者与习者参与的教育模式）。但从实际上来看，显然不是如此。因为他依然在不断地学习，不断地进步，不断地加强技术上以及理念上关于“媒介素养”的提升。因此，问题在这里便演变成了当一个人离开学校后，他究竟是如何完成这种“素养”提升的呢？一种极为普遍的看法是，他们通过“自学”习得。一个人在离开学校，或者不再接受关于媒介素养的教育之后，出于自我的需求以及不断与媒介接触后，他会自然而然地进入一种“自学”的状态。但是，这种“自学”又究竟是怎么展开的呢？对此，著名哲学家伽达默尔（Hans-Georg Gadamer）对其进行了深入的研究，并将其称之为“自我教育”（self education），而且他还进一步指出，所谓的教育其实就是自我教育（education is self education）[①]。

伽达默尔在《教育即自我教育》一文中详细阐释了他的教育理念。他认为真正的教育应该是自我教育，而且一个人也只有通过交流

① Gadamer H. Education is self-education [J]. Journal of Philosophy of Education, 2001, 35 (4): 529−538.

(conversation)，才可能完成学习。① 为此，他专门举了小孩学习语言的例子来说明这种“自我教育”。他认为小孩在最初学习语言的时候，并没有一个实实在在的老师来教他，而是小孩自己慢慢模仿以及不断试错才最终学会了语言。在这个学习过程中并没有教师这一角色，有的只是小孩与周边环境之间的交流。如果我们把伽达默尔的理论扩展到成人，似乎同样适用。因为一个人终其一生，他真正的学校教育时间并不算长，而当他离开学校进入社会以后，其实他所学的一切东西都可以算作是伽达默尔所说的“自我教育”。随后，伽达默尔还解释了这种学习的深层动机。仍然是以小孩为例，他认为，小孩在学习语言的过程中的根本目的并不是我们想象中的交流，而只是为了消除一种对于陌生环境的陌生感。也就是说，小孩学习语言只是想要融入成人的世界，只有当他学会了语言之后，他才不会对成人的“语言世界”感到陌生。进一步地，我们也可以认为无论是小孩还是成人，无论是学习语言还是学习其他知识，人的潜意识之一都包含着一种对于未知的、陌生的世界的消除欲。这种欲望即可以称之为“教育即自我教育”的根本动力之一。

因此，按照伽达默尔的这一说法，在关于媒介素养的教育方面事实上，也应该触及或者归属于一种“自我教育”的理念。尤其是对于那些不再有机会接受学校教育的成人而言，关于媒介素养的“自我教育”就变得尤为重要。然而，具体到实践层面可以发现，一个地区的媒介素养与其地方经济水平、地理位置高度相关。例如，中国西部地区的媒介素养远低于东部沿海地区，而农村地区则又要低于城镇。以本课题所研究的中国西部民族地区而言，其主要的研究对象即集中在乡村。源于经济等要素的制约，使得中国西部民族地区的媒介素养所涉及的教育、媒介抵达率、文化习惯、生产方式、经济手段等问题都对媒介素养的提升提出了诸多具体的难点。也正是因为这种复杂的局面，使得在相关领域从事研究的学者哪怕是出于相同的目的，却不能达成广泛的共识。例如关于发展传播学与乡村传播的理念辨析、路径探讨和实践设计等问题，都成为一个尚待解决的首要问题。为此，我们有必要首先就这一系列学术问题进行深入、细致的分析。

---

① Gadamer H. Education is self-education [J]. Journal of Philosophy of Education, 2001, 35 (4): 529-538.

6.7.1 发展传播学与乡村传播

在中国的发展传播学研究中，一个最为重要的领域就是对于乡村的关注。如何通过传媒来推动乡村的发展成为中国发展传播学的重要命题。同时，根据这一研究路径，也有学者提出了一个新的学术分支，即乡村传播学。学者谢咏才和李红艳认为，“乡村传播学可以既是发展传播学的一个分支，也是传播学与乡村社会学交叉的一个研究领域。”[①] 但随后，李红艳又认为两者之间有巨大差异。例如，发展传播学是西方中心主义的，而乡村传播学是“传播学理论和行动研究方式”[②]；同时，发展传播学试图实现乡村的现代化，而后者是“力图化解社会各阶层之间的传播鸿沟”[③]。显然，这里关于两种学术范式所产生分歧的原因，主要在于学者仍然将发展传播学看作是一种主导范式下的研究，而事实上，发展传播学发展至今早已包含了包括“参与范式”与“媒介素养”在内的各个研究视野。因此，从现在的发展传播学研究范式来看，它显然是可以将乡村传播学包含在内的。

真正困扰发展传播学研究的，并不是学科上的分歧，而是在确定了受众主体性之后，如何通过媒介素养的提升来实现真正的发展。传统的学术研究中，媒介素养与媒介教育始终是联系在一起的，但媒介素养的提升是否只能通过教育来实现呢？（这里指的传统的教育）比如，对那些已经离开学校的，尤其是那些乡村村民而言，在教育机会几近于无的情况下，他们又如何提高媒介素养呢？如果说媒介素养是实现发展传播学的“参与范式”从理论转向实践的核心所在，那么如何提高媒介素养则成为这一核心的核心。学者沙垚在《乡村文化传播》一文里认为，乡村文化传播目前所达成的共识之一就是研究“应具有人的主体性视角”[④]。可见，主体性已成为人们关注乡村问题的重要概念。但这种主体性的概念是否能转化为直接有助于媒介素养提升的具体方法呢？尤其是在教育缺失的情况下，素养提升是否能够得以实践呢？在这个问题上，著名哲学家伽达默尔的理论显

---

① 谢咏才，李红艳．中国乡村传播学［M］．北京：知识产权出版社，2005：34.

② 李红艳．乡村传播学概念解析：兼论乡村传播学与发展传播学之异同［M］．新闻界，2008（6）：42−44.

③ 李红艳．乡村传播学概念解析：兼论乡村传播学与发展传播学之异同［M］．新闻界，2008（6）：42−44.

④ 沙垚．乡村文化传播［J］．新闻与传播研究，2015（12）：101−108.

然有助于我们解决这一问题。他认为，教育不仅仅发生在教育者与受教育者之间，而是当教育者处于缺失状态时，个体仍然能够接受教育。因此，他将这一理论表述为，“教育即自我教育”①。正如前文所述，在儿童的早期语言学习时期，并没有真正的教师在场，但儿童仍然可以有效地进行语言学习。与之类似的还有很多情况，即人们的学习过程在很多情况下都没有确切的教者在场。用伽达默尔的话来说就是，“一个人只能通过交流来进行学习”②。显然，这里的交流与我们所说的传播有密切的联系。也就是说，在媒介素养的教育中，当教育者处于缺失时，按照伽达默尔的理论，一个人依然可以通过交流与传播来实现媒介素养的提升。只是，在具体的实践过程中，如何来实现这种自我教育则需要一方面参照伽达默尔的理论，另一方面结合现实的传播情境与技术条件。但无论如何，伽达默尔的自我教育理念都对我们的媒介素养研究提供了一个新的视野和可供发展的理论空间。

回到中国语境下的发展传播学与乡村传播之辩上来，学者李红艳认为，发展传播学具有“西方中心主义”和乡土社会现代化这两个层面上的问题。对于第一个问题，显然这是受到既有的“主导范式”下发展传播学研究的影响。正如我们回顾发展传播学的起源时可以看到的那样，发展传播学从一开始就有强烈的冷战色彩。这种色彩不可避免地将带有“西方中心主义”的倾向。同时，从“西方中心主义”过渡到“现代化”层面时，仍难以摆脱人们对其关于“现代化”的宗旨或“意识形态”层面上的质疑。这种质疑并非毫无理由，因为关于“现代化”的解释，显然并不能完全归依到经济维度之上。尤其是人们对于“人的现代化”之忧思以及对于国家文化、政治等方面现代化的探讨等，都无不揭示出“现代化”的丰厚内涵。从这个角度上讲，反思“现代化”本身当然是有必要的。但是，无论是从理论层面还是实践层面，反思的核心目的仍然在于指出反思之后的路径究竟在哪里，反思之后的“现代化”肯定不是将洗澡水与孩子一起倒掉，而是究清“现代化”应当包含哪些要素，以及是否存在矛盾要素中的调和可能。

因此，沿着这一路径我们可以发现，强调乡村传播视野下的人的主体

---

① Gadamer H. Education is self-education［J］. Journal of Philosophy of Education，2001，35（4）：529－538.

② Gadamer H. Education is self-education［J］. Journal of Philosophy of Education，2001，35（4）：529－538.

性表达当然存在着巨大的理论价值。但是，一方面，这种范式下的乡村传播真的就和“现代化”叙事格格不入吗？另一方面，这种理论价值基础之上的实践操作又当如何进行？首先，对于第一个问题，除了诸如学者李红艳与沙垚等之外，学者赵月枝也在长期关注中国的乡村发展问题。尤其是在全球化、现代化的大浪潮之下，中国的乡村发展与大众传媒之间存在着哪些问题与可能。赵月枝认为，我们常常只看到了经济发展所带来的光辉一面，却忽略了其有可能带来的深刻的社会问题。在这一点上，正如本书之前所提到的那样，城市与乡村将为个体的身份认同带来极大的挑战。尤其是那些从乡村到城市务工的青年群体，在他们身上聚集着极大的身份迷茫和价值焦虑。在这种情况下，表面上是经济发展不平衡带来的困境，但事实上却仍有诸多文化适应和自我认同等方面的疑问。在这种情况下，赵月枝教授认为，我们应当重新审视“发展”的内涵。换言之，即便是在将“现代化”叙事纳入一个单纯的并且看上去似乎是稳妥而无须质疑的经济维度时，我们仍然不可能真正地摆脱“现代化”对我们造成的根本困境。这种反“现代化”的叙事，似乎有种梭罗笔下“瓦尔登湖”的气质，是一种对于乡村重新寄于田园想象的全新期盼。但无论如何，当我们搁置这一路径是否可行，而回到理论的层面上来看，它显然是对“现代化”叙事的一个根本回应。

当然，如若要从上述回应的理论路径上开辟出一条实践进路，显然这或许不再像是一条纯粹的发展传播学道路，而更像是一场政治经济学或是日常哲学的价值呼吁。这种呼吁其实并不简单地着眼于地区经济与发展问题，而是在回应一个全球化时代的普遍现象。即地方化如何与全球化共处，地方化的明天又在何处。这种从全球化、政治经济学的视野入手的研究取向显然几乎彻底地颠覆了发展传播学的所有范式。这种颠覆从发展传播学的“西方中心主义”批判已然过渡到了“经济中心主义”批判。当然，由于本书的主旨所在，我们并不试图沿着这一理论路径去分析发展传播学的批判性和地方性议题。事实上，我们的核心始终聚焦在“经济”维度如何与“文化”维度融合互惠这一命题之上。同时不揣冒昧地说，这一路径要远远难于对“经济中心主义”的批判。批判“经济中心主义”的现实来源当然是由于城市经济对于乡村经济的引领式发展带来了乡村自主性的式微。而且，这种式微不仅体现在经济上，也体现在文化上，更体现在乡村青年的身份焦虑和身份认同上。例如，被称之为城乡接合部的青年群体，常常处于一种亚文化空间当中。在经典的文化研究范式下，这种亚文化展演事实上就是一种“仪式性抵抗”[①]。因此，为了缓解这种抵抗，我们应当考虑，乡村叙事下的经济发展究竟应该如何展开。

从理论上讲，这种展开通常有两种方式：一是自主性发展；二是对应性发展。但这两种方式又不能完全隔离开来。二者的区别仍然停留在多大程度上的乡村经济自由。采取自主性发展模式的观念在理论路径上依赖的仍然是经济自主带来文化自主的概念预设。而我们所试图运用的则是一种丹尼尔·贝尔意义上的文化发展。后者的实践操作将直接关系到乡村文化自信如何在发展传播学以及媒介素养教育的视野下展开。如果说自我教育将作为一种媒介素养教育的方式乃至重要方式，那么问题是这种方式应当如何实践呢？这些问题至关重要，在理论性描述中，我们也只能就一般意义上的情景进行推论。相应的，这一推论也会成为我们起效性推论的一部分。但在实地的访谈中，我们仍然搜集到了部分材料，或许可以为这一推论提供一些经验性的支撑。

6.7.2　媒介素养与自我教育

媒介教育作为一种提升媒介素养的手段，在媒介素养的研究中一直处于核心位置。正如本书在前文中所提到的那样，媒介素养一开始被提出，就是在媒介教育的框架下进行的。只是随着媒介本身的不断发展、技术的不断提高、媒介社会化程度的不断加深，使得媒介素养逐渐成为一种观察受众信息接收、传媒使用以及此处提及的发展传播学整体关怀下的概念指称，并进一步发展成为研究领域。但是一路走来，我们发现关于媒介素养在“媒介”范畴的讨论越来越多，而在“素养”层面，尤其是关于素养的教育层面，则相对而言讨论较少。这个问题与媒介素养作为一个传播学研究领域有着巨大的关系。也就是说，传播学视野下的媒介素养很难不受媒介研究的影响，而且似乎媒介研究才具有天然的合法性。什么意思？例如，如果传播学者开始研究如何通过教育来提高媒介素养，这会让人觉得有些“跨界”。甚至，做这样的研究会被人质疑，究竟是传播学研究还是教育学研究？传播学研究的是传播的规律、媒介的性质以及媒介与社会的关系。然而，人类的一切活动又都必须依靠信息传播来进行分工与合作，这难免会令人觉得传播研究有种“学术帝国主义”式的色彩。因此，尽管

---

① 斯图亚特·霍尔，托尼·杰斐逊．通过仪式抵抗：战后英国的青年亚文化［M］．孟登迎，胡疆锋，王蕙，译．北京：中国青年出版社，2015.

教育从本质上讲也是一种传播活动，而且是一种极其重要、广泛而悠久的传播活动。但传播学却不敢“越雷池半步”，以免被人诟病为“越俎代庖”。

同理可得的是，如果传播学不考虑媒介教育的问题，那么教育学显然也是同样的处境。如果一个教育研究者来研究媒介素养，难免会令同行觉得不太正统，甚至有可能遭遇合法化危机。因此，媒介教育倒成了一个无人认领的中间地带。如果说媒介素养与媒介教育在中国为何一直发展缓慢，原因或许有很多，但正如刚才所谈到无人认领的中间地带现象，确乎应是其中的重要原因之一。从学理上说，媒介教育作为横跨传播学与教育学的交叉领域，如若要得到发展，势必应当吸引两个学科内的优秀理论，而后再对其进行整合。遗憾的是，我们的媒介教育，连第一步，即关于媒介素养的经验性考察都少之又少，便遑论理论之结合与创新。在教育学里，有太多的理论可以为媒介素养提供资源，但不得不说，这些理论大多与学校教育有关。同时，学校教育也是整个教育学研究的核心地带。而作为本项以大范围年龄段人群为对象的研究，学校教育的理论或许并不是我们关注的重点。我们关注的是，除学校教育之外，在家庭教育与社会教育之间是否存在着媒介教育的可能。

通过理论回顾、梳理与实地调研，我们最终发现“自我教育”或许将成为本项研究的重点。在田野调查中，我们的调查对象大都是成年人甚至是中老年人，他们不再可能走入课堂进行系统的学习。但在媒介日益成为社会的重要构成之时他们的媒介素养应当得到提高。在这种背景下，自我教育的实践意义就在于，日常生活的社会交往中人们如何通过媒介以及对话来实现信息接收和媒介素养的提高。谈及自我教育，一般意义上的理解可能和传统的教育学研究有关，即关于学习者自我的能动性、好奇心、求知欲、自主性或是需求等方面的要素对于自我学习（教育）的动机性作用与功能。但事实上，无论是伽达默尔的理论描述，还是我们的田野经验，上述要素都不是唯一的自我教育的原因之所在。例如他提到的，儿童学习语言或许是为了摆脱一种陌生感而选择融入群体。这种模仿的原因是对熟悉的向往，而非一种功利性的求知行为。同时，在伽达默尔的自我教育中，教者与习者的界线模糊，便更为我们的日常生活学习提供了理论上的支撑。通过田野观察，我们大体上总结了三种形式上的自我教育，分别是主动询问、日常交流和自我摸索。

6.7.2.1　主动询问

所谓主动询问，在理论上又分成两种情况：一是有着原始的主动需求；二是在交流或新环境中发现新事物后产生的自主需求。例如，在西藏自治区阿里地区噶尔县昆莎乡噶尔新村的田野点进行调查时，我们经常会被一些牧民询问一些关于媒介方面的问题，尤其是与手机相关的一些问题。由于噶尔新村当地电力供应主要来源于水电，而在冬天河流结冰后，水电便无法维持牧区人民的生活。这时，一些发电机就会被大量运用，但始终不能满足全天候的用电需求。具有低耗电性的手机在噶尔新村是使用非常广泛的媒介。一些牧民因为关心畜牧方面的问题便会主动求助于媒介或他人。而另一种情况，当地牧民常常一起聊天，尤其是当放牧至一些手机信号比较好的地方，他们会停下来休息并进行交流。在这种交流过程中，如果他们发现了新的应用或信息，他们会向朋友讨教和询问，从而习得一些新的媒介内容。但无论是原始的主动需求还是经过交流或在新环境下发现新事物后被激发的需求，都是在一种主动询问之后实现自我教育的表现。这种自我教育需要比较强的好奇心、求知欲以及勇于尝试新事物的愿望。但事实上，有这种求知欲与好奇心的人毕竟是少数。因此，在大多数情况下，一种更加常见的模式则是日常交流。

6.7.2.2　日常交流

伽达默尔将自我教育的核心概括为交流（conversation），在他看来，交流必然会带来自我教育。在这里，伽达默尔想要强调的其实是教育的“非刻意性”。例如，我们日常理解的教育，尤其是学校教育，势必有教者对习者进行刻意的信息传递。但在交流中，谁都没有“好为人师”的预设，师者与习者往往互相交换，在某些信息上可能是A影响B，而在另一些情况下则可能是B影响A。事实上，这种信息交流以及自我教育的情况在日常生活中随处可见。例如，在四川农村地区，打麻将是村民们的一项重要日常活动。但事实上，通过我们的观察，很多村民打麻将并不是为了赢钱，而只是在娱乐的同时与其他人“摆门龙阵”。当然，在重庆、四川一带，“摆龙门阵”本身就是一项重要活动。但无论如何，人们通过“摆龙门阵”所达成的正是一种日常交流。在这种日常交流中，人们彼此分享信息，而后所获得的则是每个人的信息的提升，在伽达默尔意义上，这就是一种自我教育。它“悄无声息”地展开，以致一直以来都没有人将它定义为一种自我教育。仍然以我们在噶尔新村所观察到的现象为例。这里的牧民们经常聚在一起聊天，一些新的信息便慢慢地流传开来。比如一些手机应用，一部分牧民使用之后，它们很快就会在其他牧民之间传开。不仅如此，由于在牧民当中微信使用非常普遍，而很多牧民又不会打字，因此他们便使用语音进行沟通。同时，他们还建有很多微信群，关于手机互联网上的很多信息都是通过这些语音和微信群进行传播的。我们曾与一位从牧区来城里工作的保安聊天，发现他在闲暇时比较喜欢在手机上观看一些娱乐直播节目。当问到他从哪里获得这一消息时，他说是在微信群里看到的。在他们的微信群或是朋友交流中，并没有人刻意要把信息传递给某人。这里的刻意是指试图让信息接收者赞同或是接纳这一信息。当问到这位保安为何要将一些信息分享到群里时，他认为只是因为这个信息他觉得好玩。他知道这一信息会被别人看到，但他并没有特别的期望。但言者无意，听者有心。当群里的其他人看到这一信息时，他们很有可能会接纳它，而这种接纳在伽达默尔看来便是自我教育。也就是说，在日常交流中，个人将获得更多的主动性。随着这种主动性的展开，个体对新事物的接受也会变得越来越容易。进一步地，个体的媒介素养将得到提高。

6.7.2.3 自我摸索

在上述两种自我教育的情况下，无论是主动询问还是日常交流，都有其共同点，那就是人与人之间交流的必要性。也就是说，这两种自我教育方式都需要除了我自己之外的他者。但事实上，自我教育还有一种纯粹在自我内部展开的情况。这就是自我摸索。所谓自我摸索，是指摸索者自己按照事物自身内部的逻辑进行推演的一个过程。例如，在学校教育里，老师在教会学生一个公式、定理或法则后，学生会在课后自己做习题练习。那么在他做习题练习的过程中，他所实践的就是自我摸索。因为这时候不再有他者在场，学生在解题过程中纯粹是在按照习题内部的逻辑进行思维推演。这就是一种自我摸索下的自我教育。此外，如果针对某一实物，例如手机，我们经常会发现一些小孩子在没有大人教他的情况下就能很快学会玩手机。有时候甚至大人都觉得自愧不如。原因就在于这些事物内部都有自己的逻辑。小孩子只是在摸索中通过不断尝试和试错最终发现这一逻辑或法则，从而实现自我教育。在噶尔新村，这样的情况非常常见。例如，我们在前往牧区的路上看到很多牧民在信号较好的地方停留下来玩手机，一见到我们就会向我们询问一些手机的问题。这里的询问不是第一种主动询问的自我教育情景，而是他们在自我摸索失败之后需要我们给他们恢复一些设置。例如有一些牧民忘记密码了，还有一些牧民不知道按了什么键把手机的一些功能改变了却无法返回原始界面，因此向我们求助。通过这些现象，我们发现当地的牧民们有着很强的自我摸索精神。尤其是在诸如手机这样的电子媒介上，他们正是在不断摸索中学会了如何使用这些新媒体。从这一点上来讲，真正的好的媒介教育之一就在于如何将信息或是媒介本身纳入一种更加简洁或是简单的逻辑之中。在信息层面，它涉及的是编码的操作，而在媒介上，则体现在人机交互的设计上。这些看似与媒介教育并不怎么相关的内容，在自我摸索的分析视野下却变得日益清晰而重要。这就是自我教育对于媒介教育和媒介素养的意义之所在。自我教育为媒介教育提供了一个新的视野和图景。

6.8　融合模式的价值评估与修正

作为一个整体概念，融合模式包含了从文化三分法到 OK 模式，从经济向度到政治向度再到文化向度，从主导范式到参与范式的多要素、多维度的理论构成。融合模式致力于解决的，是从个体精神开始的全面的文化融合、经济发展以及政治一体化。因此，对于融合模式的评估也是多维度的。例如，前文所列举的共同体的建立、个体身份的谐适、多元文化的发展与融合，以及融合模式里强调的政治、经济与文化的整体融合。除此之外，还有最重要的一点，即西部民族地区的居民传媒素养的提高以及传媒西进的实践和西部的现代化发展等。这些要素是我们考察融合模式价值所必须予以重视的核心概念。详细来讲，即个体是否在大众传媒的影响下完成了个体精神的充分连接以及文化三分法下的多维度交往，民族地区的本土文化是否以自信为根本参与到了大众传媒中的宏观文化交流当中，个体的身份谐适是否能在城市与乡村中找到有益的心理自恰，以主导范式为基础的在经济向度上的发展传播是否能达成创新与扩散全面普及，以参与范式为基础的在文化向度上的本土与外界的交往是否能够完成真正意义上的整体融合，以及政治一体化是否为这些融合提供了良好的背景。

同样的，对于融合模式的修正依然集中在上述几个方面。例如，在以个体精神为中心的文化交往上，如果出现低价值的评估结果，那么修正的切入点也应该聚焦于个体精神的信息传播和理念倡导上。同时，不止于个体精神的修正，在涉及融合模式的方方面面，都应该把核心关注集中于融合模式的根本理念当中。这种根本理念就是如何通过个体精神的交往来达到文化自信的树立，以及如何调整经济向度里的主导范式和文化向度里的参与范式的实践策略。尤其是对于两种范式的融合，既不能武断地将经济向度完全纳入主导范式，将文化向度完全纳入参与范式，同时也不能含混不清地认为经济向度与文化向度根本不必区分主导与参与。这种在理念表达上无法清晰化的概念描述只有通过实践中的摸索才能最终确定良好、有效的策略。这也正是修正的意义所在。即在确定经济向度以主导范式为主、文化向度以参与范式为主的前提下，通过摸索与实践来找到最终关于两种范式的融合比例以及在何种情况下适用于主导范式，在何种情况下又适用于参与范式。这些都是价值评估与修正的核心要素和主要内容。

第 7 章　三种传播模式起效的趋势推论

7.1　梯形模式起效的趋势推论

在西部大开发的背景下，大众传媒西进是国家实现西部现代化的重要战略部署。中国西部民族地区在信息传播方面远落后于中东部绝大部分地区，这种信息传播不平衡现象严重制约了当地社会、经济、知识传播、媒介素养等各方面的发展。有效的信息传播可以对经济社会发展做出多方面的贡献，它可以促进知识传播和教育发展，开拓人们的视野，扩大当地居民与国家、社会对话的渠道，从而实现大众传媒的社会整合和聚集功能，加快社会变革。而如何消除信息传播的不平衡是国家在西部大开发过程中必须面临的艰巨挑战。

本书首先通过长时间的田野实践调查，立足于本土文化的空间定位并结合经典大众传播学理论，调查和研究了西部民族地区信息传播差异性现实，并且对调查数据和影响受众媒介使用众因素进行理论归因，构建了现代传媒使用与效果的梯形模式。梯形模式主要从两个方面来研究西部民族地区信息传播的差异化现实：①客观的地理和经济现实限制了受众接触媒介的能力；②生活方式、生产方式、文化和宗教几种因素影响着受众对媒介内容和形式的选择。首先，恶劣的自然环境和复杂的地形对道路、桥梁和大众传媒基础设施的建设和维护提出巨大的挑战，这也是西部民族地区交通不便和通信不畅的客观原因。而道路交通和传媒设施是信息传播的渠道，是进行传播实践的前提。西部地区地理和经济的客观现实因素是造成大众传播差异现实的最重要因素之一。其次，大众传媒向西部民族地区传递的是非差异化的信息，这些信息代表着中国中东部地区的生活方式、文化取向、价值观和道德观。而西部民族地区人们的生活生产与其他地区相比有天然的特异性，如高原牧区、半山农牧区、河谷农区和城镇四种社会组织形态，民族文化、宗教信仰、风俗习惯、法律伦理的多样是其他地区所不具备的。大众传媒在西部地区进行信息传播实践并没有观照地区文化环境现实，这导致受众对传播内容和形式的差异选择。课题组通过西部区域传媒个案研究，分析受众媒介使用差异，构建西部民族地区传媒实践的梯形模式，希望弥补过往大众传媒视野的缺失，促进西部地区信息传播，为国家实现西部现代化和传媒西进战略提供一个有依据的、科学的大众传媒思路。

针对西部民族地区传媒差异化现实，一方面，要调查、了解特定地区的传媒现实条件，研究分析差异化产生的原因，通过实证数据调研和理论归因构建适合当地现实环境的传播模式；另一方面，要发挥国家力量和个人能动性克服信息传播的自然环境障碍，传播适应当地文化环境的多样化内容。在传播实践中，我们可以按照“实践—调查—再实践”的行为模式，通过调查修正实践中不契合当地环境的传播行为，然后以曲折的联系实际的行为态度再实践。课题组通过调查发现了现在大众传媒行为的一些问题，构建了差异化的传媒使用梯形模式。国家和政府可以按照梯形模式从以下几个方面来提高西部民族地区的大众传媒效果。

首先，根据差异化现实，进一步加大对西部地区传媒基础设施的建设。西部地区地域广阔，经济相对落后，尽管国家政策、中央财政给予了西部广播电视等传媒业大力支持，“村村通工程”极大地解决了西部偏远地区各少数民族收听、收看广播电视难的问题。但是，我们必须清醒地认识到各个民族地区经济水平、文化程度差异以及民族文化多样性的问题。为此，各级政府在保证传媒基础设施建设的同时，一方面对培养好的地区进行多种媒介均衡建设，使受众接触使用媒介类型多元化，比如，在城镇、河谷地区进行新媒体的设施建设，缩短区域间的差距；另一方面，进一步加大对半山农牧区、高原牧区传媒业的投入，发挥现有优势媒介的基础性地位，逐步推进落后地区传媒事业的平衡发展。

其次，针对少数民族受众的传播内容和形式的多样化。我们在调查过程中发现，在四种社区形态样本点的农家书屋里，最多只能看见《四川日报》《阿坝日报》这种政治性较强的党报，缺乏对农村有用的农业科技方面的报纸。我们跟进调查发现，受众中33％的人希望看到这一类的报刊。西部民族地区的大众传媒应重视传播内容和形式的多样性，“在传播过程中，要以一种豁达开放的姿态和富有少数民族特点的方法应对；不仅传递中央以及兄弟省区的新闻信息，迅速反映和及时报道本地区社会生活的最新动态与信息，还针对各少数民族具体情况和受众需求，以多种方式提供针对性较强的实用信息。比如，开办更多的有关农牧业生产、文化教育、科技知识、卫生咨询等实用性较强的知识栏目，传播更多有关生产生活咨询、脱贫致富经验、医药卫生常识以及草原病虫害防治等方面的知识。同时，针对各民族的文化习俗，在新闻报道中尝试民族着装、民语主持、民汉主持人搭配，用两种语言主持播出；在歌舞节目中，多运用富有民族文化特色的文化艺术形式，如采用歌舞弹唱、诗歌散文、民族歌剧或戏剧、音乐舞蹈等；多用风情艺术片、风光片等方式来展示多民族地区多姿多彩的民族歌舞”①。

最后，国家政府根据差异化现实，加大对西部地区传媒基础设施的建设力度，以及针对少数民族受众进行内容和形式的差异化和多样化传播，这些西部地区传媒事业工作一方面使得大众传媒可以拥有畅通的渠道向受众进行信息传播，受众接触使用媒介的能力得到提升；另一方面使得受众能根据自身的需求选择偏好的信息内容和形式，多样化的具有民族特色的信息内容类型能增加受众对大众媒体的使用和认可程度，进而参与、促进西部现代传媒建设发展。任何传播实践行为模式需要根据传播现实情况的变化而调整，这种变化包括两个方面：一是传播模式在信息传播实践中新发现的问题或之前被忽视的问题；二是受众通过大众传媒培养出新的需求，如生活条件改善、教育普及、社会经济发展都可能导致受众需求增加。因此，我们在发展西部传媒事业的同时，需要定期地对受众媒介使用情况进行回访、调查。例如，选择地域样本点和进行抽样调查，调研受众媒介使用情况是否得到改善，各种媒体覆盖率是否有所提高，受众对信息内容类型和各种媒介的需求是否得到满足，受众对传媒的态度是怎样的（如信任度、参与度）等。定期进行受众媒介素养调查，可以及时修正和调整我们对西部地区的大众传媒实践行为，实现西部传媒现代化，推动当地社会经济发展需要我们踏实实践、反复调查论证。

西部传媒现代化建设任重道远，不仅需要国家、政府重视和发展西部地区传媒事业，还需要西部地区人们立足于自身的社会文化环境，积极参与到现代传媒交流中，充分表达他们的信息需求以及精神文化诉求。因

---

① 李苓，陈昌文．现代传媒与中国西部民族——汉藏羌民族混居区传媒使用与影响的类型化研究［M］．北京：中华书局，2012：225.

此，在我们进行信息传播时，要通过实地调查受众需求，研究受众媒介接受使用心理，积极与受众进行平等交流。现在西部地区传媒业的传播模式主要是传统自上而下的垂直模式，受众在信息传播过程中是被动的接受者，片面信息导致受众信息需求得不到满足，而自身文化受到外来价值观念的冲击。

在西部民族地区，由于市场观念和外来价值观的影响，社区多数的年轻人对传统的民族文化和生存价值逐渐产生了怀疑，对生活地区的身份认同和归属感逐渐消失了。现实情况表明，城镇多数的年轻人在家乡找不到进入现代社会的出路，他们或就近打工，以个体商贸和跨区流通工的身份穿梭在各大城市，或失业在家。在调查中还发现，高原牧区的少数民众为了追逐经济效益，扩大牧群，修筑牧道，深深破坏了牧区生态。过度放牧导致草原退化，这成为牧区可持续发展的重大隐忧。由于经济发展上的弱势，西部民族地区在民族文化上缺乏话语权，而传统自上而下的垂直传播模式以强硬的态度和蛮横的姿态无视具体社会环境文化和经济现实，传播外来的价值观。此举必然导致西部民族地区民众消费欲望的膨胀和对传统文化的质疑。着眼西部民族地区的可持续发展，要合理处理人与自然、人和传统的关系，找回身份认同和归属感，那么改变传统垂直的传播模式，鼓励适宜民族地区民众的多样化传播内容形式势在必行。

按照参与式发展传播学理论，传统自上而下的垂直传播模式应向平行的、自下而上的传播模式转移。横向传播模式采用参与和对话的形式，以问题提出的方式，刺激人们的自主性，提升其话语权。而要展开对话，民众的真正参与是先决条件。在交流中有两个前提很重要：一是要真实地表达思想；二是要积极地参与交流。公众只有在交流中学习，交流中觉悟，学会思考产生批判意识，才有望获得“解放”。在平行的对话式的传播中，参与式传播的目的是信息交换而不是劝服。通过对话，个体和个体、个体与群体、群体和群体之间产生信息交换和互动，使得人们因其自身相关利益，发挥自身潜力和能动性。参与式模式传播利用对话的形式赋予人们话语权和主动权，让所有的利益相关者在分析和解决问题的过程中发挥积极作用。在西部民族地区，参与式传播与对话互动能扭转人们在文化上的弱势地位，增强文化的自信力。通过传统文化与外来价值观念平等交流，人际沟通、分析自身社会现实的问题，西部民族地区的人们能拓宽视界，以批判的态度来接受外来的文化和价值取向，在社会发展的过程中起到积极的作用。在对待传统文化与外来文化上，兼容并处、立足传统，充分考虑社会文化现实和经济现实的态度才是参与式传播的目的所在。这种文化上的态度才是民族文化和传统生存价值延续的根本所在。

鼓励适宜民族地区民众的多样化层次化转播模式，就是要立足于调查数据，针对不同区域媒介使用的“拐点”和特异性现象，将西部民族地区传播内容和形式多元化、特色化，鼓励民间媒介的使用，媒介使用和传播内容以贴近民众的需要为宜。英国经济学家舒马赫在《小的是美好的》一书中，强调“适宜技术”的重要性，认为大规模的全国性传播行动应被放在一边，要更重视各种乡土媒介和小众传播工具，这样“小而专”的传播模式正是适应西部民族地区大众传播媒介发展现状的可借鉴模式。

现在西部地区自上而下的垂直传播模式在逻辑上并不是与自下而上的平行传播模式相矛盾，而是平行传播模式建立的基础。西部民族地区道路和大众传媒基础设施的建设是垂直和平行传播模式共享的信息渠道，随着西部地区经济社会发展，受众媒介素养提升，社交网络普及，西部地区传播模式将呈现出垂直加平行的融合传播生态，那时传媒现代化的战略目标已不远矣。但是，现在我们对西部传媒事业的建设发展，一方面要尊重和密切关注当地的文化、风俗、民族和宗教习惯等，对受众传播多样化信息时不能盲目炫耀性地宣传其他地区的生活风格、文化取向、价值和道德观念，要结合受众特殊的文化环境，培养西部地区人们的文化自信与正确的媒介使用观念；另一方面，进行多样化信息传播时需要依赖对受众媒介使用习惯和需求的调查研究，在传媒业滞后的西部地区通过大众传媒传播一些具有民族特色的信息内容，乡土媒介、民间媒介等小众传播工具的使用都有利于受众媒介素养的培养和文化自信的建立。

无论我们是根据差异化现实进行大众传媒基础设施、交通系统的建设，还是以西部地区多样的民族文化、宗教信仰和风俗习惯等背景下受众需求和受众文化自信培养为着眼点进行的差异化、多样化和民族特色化信息传播，这些传媒实践的最终目的是增强西部地区受众主动接触、运用媒介的意识，培养受众的媒介素养，帮助他们知识性地、批判性地理解大众传媒，理解他们生活中所使用的信息技术及其影响。首先，我们需要厘清的思维逻辑是，如果西部地区受众有能力接触使用各种大众传媒媒介以及可以接收到多样化的传播内容，那么他们一定知道如何去理解传媒技术与信息所代表的意义和影响吗，以及他们能合理地利用这些媒介和信息资源吗？答案是否定的，按照创新扩散理论，人理解创新事物一般需要知晓、劝服、决定、确定四个过程。我们不能奢望在传统生活生产方式和多样的民族文化环境中的受众马上就能合理地理解传媒信息，运用媒介工具改善自身经济条件。

因此，国家政府、大众传媒一方面要根据西部地理、经济和文化环境现实向受众提供更多媒介接触机会和多样的差异化的信息，满足受众生活、发展的信息需求，最需要关注的方面是要在大众传媒过程中注重受众媒介素养的培养，提升受众主动使用媒介的意识。从本课题前期的调查结果看，西部地区受众媒介素养现状存在两方面问题：第一，西部地区受众现代化观念有所提升，但传媒使用结构失衡。调查结果显示，当地受众对新闻内容的偏好与需求（新闻性节目占到了70%以上），充分说明了该地区受众现代化观念的提升。但同时我们也发现，把大众媒介当作消遣娱乐工具的受众还占有相当大的比重，媒介在促进人的观念现代化，推动社会发展方面的作用还没有完全发挥出来。此外，在媒介使用模式上，存在着一种畸形分布。电视是该地区受众信息获取的主要渠道，而报纸、杂志、图书、广播、网络等的接触率和使用状况都不乐观，尤其是电脑的拥有率和网络的普及率更是极低。第二，西部地区受众对媒介的利用率不高，参与感和主动使用媒介的意识不强。该地区受众虽然拥有了一定的获取信息的媒介，却不能甄别出信息的价值所在，对媒介资源的利用率不高。比如在对广告所传递出来的经济信息不能用理性的眼光看待。在对纸媒和电媒的评价中，出现了纸媒随着地理位置上升反而信任度下降（高原牧区除外），电媒随着地理位置上升反而信任度上升趋势。在一定程度上看出，该地区受众对媒体所存在的价值有着与城市受众不同的认知与评价。对各类媒介的信任度以及对媒体作用评价显示出的结果并不乐观，这预示出受众利用或参与媒体的能力也并不会高。不论是茂县利用传媒报道当地花椒生产销售，还是用旅游招商引资，抑或利用科技发展农业，都没体现出个体受众的主体性传媒使用行为。

虽然西部地区受众使用媒介的主动性普遍较弱，媒介资源利用率不高，媒介素养总体不高，但是在调查区域，广大的农村民众都对借助媒体宣传当地特色农产品、宣传旅游、宣传文化等给予了很高的认同。当地民众和官员都希望媒体能够宣传羌族、藏族文化，希望能在媒体上对当地的优势资源进行广而告之。目前，他们所遇到的最大难题是，关于如何使用媒体宣传和推动当地旅游产业发展，没有具体的措施和规划。我们可以发现西部地区部分受众有强烈地利用传媒推动当地经济社会发展的愿望，但是缺乏对媒介与信息理解，不知道如何使用媒介。因此，政府应在信息传递和节目制作方面，有意识、有选择地制作有利于该地区群众媒介素养提高的信息和报道，如通过制作科技光碟等方式向更广大受众推广农业科技知识。面对西部地区传媒现实，只有受众媒介素养提高了，他们差异化的信息需求才能得到真正的满足。该地区受众能正确理解媒介，合理对待媒介信息，西部地区的传媒现代化进程才能实现良性发展。受众媒介利用率和媒介使用的主动性的提升，他们才能有机会参与到以信息为基础的新经济当中，从而改善他们的生存发展条件和社会经济现实，以个体观念的现代化推进西部现代化社会经济发展。国家、政府还要经常通过实地调查、研究，了解受众对媒介的认知程度，包括受众对纸媒、电媒和新媒体的信任度，受众对媒介影响经济、社会交往、知识传播等的评价，受众对媒介的参与程度等。通过面对面的交流、互动了解受众对媒介认知程度，以科学调查的方式来指导大众传媒的传播实践和传播模式。只有这样，传媒与多民族混居地区和谐社会的构建才能实现良性互动。

7.2　水平模式起效的趋势推论

所谓水平模式，主要关注的对象是西部民族地区人们对于现代传媒的一致性需求。在这些一致性需求中，有一些是已经在统计调查中呈现出来的，另一些则在调查数据中并不明显，却通过我们的深度访谈及参与式观察得以显现。应用量化与质化相结合的材料采集方式，本研究在水平模式中归纳了西部民族地区人们既有的媒介素养；同时，根据这些既有的传媒模式，为了提高民族地区人们的媒介素养，并希冀于以发展传播学的视角推动国家传媒西进的发展，推动西部民族地区的经济、文化发展，我们提出了水平模式的直观模型。这一模型紧承梯形差异模式，试图处理的是差异模式之外的传媒实践。在差异模式中，我们考察的是经济、地理以及宗教文化要素对民族地区人们传媒需求的影响，也就是不同的生产生活方式、不同的经济发展方式以及不同的文化风俗如何影响人们的信息接收。在厘清这一差异之后，我们重点关注发展传播学框架下参与式传播所提供的研究视角，即如何理解这一差异，如何理解不同群体的不同需求，以实现有针对性的传播，制订有针对性的传播策略，并最终实现因地制宜的传媒西进和地区发展目的。

承此议题，那么在差异模式之外的水平模式应当如何处理呢？如果单纯以消泯差异的视角来看待西部民族地区的传媒实践，显然容易陷入主导范式甚至是一元论范式的窠臼之中。如何在保证差异的同时，又进一步地强化一致性需求，是一个关乎西部民族地区人们切身利益和长远发展的重要议题。既有的实证研究已经表明，在信息种类接收和媒介选择上，存在着非常复杂的传媒图景。这一事实要求我们必须细化地理解西部民族地区的传媒实践。在深入田野的基础上，真实地描述民族地区人民的不同处境和不同需求，是实现保存差异同时强化一致性的最好途径。

通过上述数据与逻辑推论，我们所总结的水平模式试图在传达出理论建构的同时又兼并实践操作的原则。从理论建构上讲，我们关注同一信息是如何通过不同的媒介，以不同的方式进行叙事，即多样的编码如何实现统一的解码。以新闻时事类节目为例，传统的电视、广播以及少量书籍承载着这种政治、社会公共议题及地区政策的传播功能，同时随着新媒体的不断发展，人们开始将媒介选择转移到手机、互联网等媒体上，但人们对新闻时事类节目的本质需求并没有改变。在高原牧区，传媒的社会交往模式也随着新媒体的到来而发生改变。这种改变是弱化的一致性需求的最好体现。调查数据显示，四种社区形态的人们对新媒体的社交功能都有着深入而广泛的使用。换言之，新媒体在社交需求上具有将人们弱化的一致性需求不断强化的功能，同时随着前者的不断发展，后者也在不断地提高。

由此不难理解，水平模式的逻辑是带领我们发现潜在的以及成熟的一致性需求。这些需求首先来源于我们的实地调查，但伴随着理论模型的构建，这些需求又进一步地为我们的水平实践带来了指导性的意义。回顾水平模式里的一致性内容，有三个方面值得我们一再重申，即西部民族地区人们在政治维度里对新闻时事信息，尤其是政策类信息的关注，在娱乐维度里对综艺、音乐、电影、电视等娱乐信息的需求，以及在媒介维度里对新媒体的高度接受。

根据后期数据的统计显示，以电视的内容选择为例，新闻时事类节目在河谷农区、半山农牧区和高原牧区都位于第一位，而在城镇则是综艺娱乐类节目位列第一，但新闻时事类节目紧随其后位列第二。同样的，电影、电视剧在半山农牧区和高原牧区也都高居第二，民俗风情类节目在河谷农区位列第三。在纸媒方面，情况仍然相似。综艺娱乐类节目在城镇排列第三，在河谷农区排名第一，半山农牧区排名第三。虽然这一数据低于电视媒介，但需要注意的是，娱乐信息在电视媒介里本来就占据重要的位置，相比起来在纸质媒介上，娱乐信息往往是占少量的，但却仍能排进前三的位置，由此可见，娱乐信息在西部民族地区有着极其广泛的受众。

在新媒体方面，首先，智能手机的拥有率在最低的半山农牧区也达到了77.2%，在最高的城镇达到了96.2%，在网络宽带上，4～10兆的网速能够基本满足人们的上网需求，而河谷农区有41%的用户达到这一速度，半山农牧区为52.8%，高原牧区达到33.3%。这些数据只是众多新媒体数据中比较有代表性的部分，其整体调查显示，西部民族地区的人们对新媒体的使用呈现出极大的兴趣，并对其有着广泛而深入的使用。这一行为的原因与诸多因素有关。例如，新媒体的媒介融合性质使得人们能将传统纸媒、广播电视等的需求都转移到新媒体之上。不同的使用者能在无所不有的网络中找到自己需要的内容。其次，随着智能手机的廉价化，人们越来越能借此进入新媒体的领域，并完成大多数新媒体功能的使用与实践。最后，新媒体尤其是智能手机，相比传统媒体能有更强的便捷性和移动性。以西藏阿里地区为例，在冬天许多地方用电困难的时候，手机的低耗电性成为人们日常交流和信息接收的主要媒介。此外，在西部民族地区的牧区，人们的迁移性很强，传统媒体很难实现便捷迁移。这时，智能手机再次成为人们的首选媒介。

由上述调研可以看出，强化西部民族地区一致性信息的接受，不仅需要从内容上入手，实现同一信息或同一类信息经由不同渠道抵达受众，同时也需要发现新媒体在民族地区人们日常生活中的强势崛起。这一事实要求，与新媒体相关的基础设施的建设也将成为水平模式的重点内容。只有当足够多的媒介得以抵达，才会有足够多的媒介使用，并进一步地提高人们的媒介素养。水平模式的起效推论的核心是关注西部民族地区人们媒介素养的提升，而更远的关怀是如何运用媒介推动自我的发展和地区的发展。政策影响对于西部民族地区人们的各项发展都至关重要，休闲、娱乐以及文化传承、创造、分享和传播是西部民族地区人们日常生活的重要组成，在新媒体时代，数字媒体承载的信息越来越多，其社会地区也越来越高。不仅是西部民族地区，在整个全球化范围内，关于新媒体的发展与使用都是今天传播学界所关注的核心议题。西部民族地区的人们身处现代化与全球化的双重叙事之中，处理西部民族地区一致性的媒介发展，离不开这两双重视野，与之相关，也再次凸显出新媒体置于民族地区人们发展的重要作用与地位。

当然，在涉及水平模式的起效推论时，还有一点值得特别关注。从统计数据中可以看到，除了上述三大类别的一致性需求外，还有几项仍然存在着高度的相似性。例如，在“帮助脱贫致富”这一类别的纸媒阅读目的上，四种社区形态体现出了极为相似的一致性需求，并且按照水平模式的模型逻辑，这一类别的信息属于非常典型的潜在一致性水平信息。尽管这一需求在总体上所占比例并不高，但潜在的一致性趋势却不容我们忽视。在推论水平模式的起效前景时，这一信息类型值得我们高度关注。究其原因，不仅仅是潜在的一致性信息容易受到忽视，更重要的是，我们应该发现这一一致性信息并不只是具有简单的一致性关系。实际上，它具有一致性与差异性双重身份。在我们进行媒介使用的归因时，这一类双重类型的媒介信息只有细化到具体的媒介内容时才能完成有效归因，并在媒介实践上最终推动西部民族地区的传媒发展。仍然以“帮助脱贫致富”为例，虽然它具有一致性的性质，但在具体的媒介内容上，不同地区的人们拥有不同的生活生产方式，因此，他们对于同样的脱贫致富却可能有着完全不同的信息需求。高原牧区的人们可能更关注牛羊的放牧方式，而河谷农区则致力于大棚蔬菜的种植。诸如此类，如若不细化到最为具体的实践地区，那么我们就很有可能推论出错误的归因，并进一步阻碍传媒西进的有效发展。

如果进一步思考这种信息归因的“双重身份”问题，它显然不仅仅关乎实践问题或者归因理论本身。放置于更大的学术框架内，其实这正是造成发展传播学近几十年来争论不休各种范式的重要原因，即受众真正想要的是什么，是否存在他们并不一定知道他们真正想要的，社会的变革如此之快，使得这种真正想要的东西，以及那些真正能够推动他们发展的东西更加模糊，它们究竟是什么，我们如何才能确定？对于这一系列话题，从某种意义上讲，确实是一个深刻的哲学问题。它甚至涉及了身份认同的问题，涉及了何谓发展，何谓先进，甚至是何谓幸福的问题。但是无论如何，我们总是试图对这一系列问题进行解决。本节所做的水平模式起效推论正是属于这一努力的一部分。我们设想，一致性的制度逻辑足以保障地区人们的稳定发展，早在传播学创始之初就由诸多学者提出的媒介的娱乐功能成为调节民族地区日常生活的重要组成，而在迅猛发展的数字时代，新媒体可以快速地把地区人们吸纳到一个更大的传媒世界之中。各种文化的融合，以及各种信息的交流，因地制宜与各取所需的媒介使用逻辑都在这一广泛的新媒体场域内展开。从这一角度来看，水平模式有其独特而重要的价值。

7.3　融合模式起效的趋势推论

融合模式关注的两个主要点在于以文化为向度的整体性的融合叙事，以及包括以个人为中心的融合范式在现实层面发生的基本样态和根本目的。在以个人为中心的文化融合的实践上，我们将文化的内涵细分为生活文化、社会文化和制度文化，并在此基础上提出了 OK 模式。而 OK 模式的作用，不仅在于它摆脱了文化叙事上的宏观倾向，进入了一种以个体为核心的微观性的文化交往理论，而且它还为文化融合这一整体关照提供了较为明晰的实践理论与操作依据。从 OK 模式出发，我们发现了文化融合的多种可能与可观前景。在现代传媒的西进过程中，真正困扰传媒功效以及地区经济、文化发展的核心往往就是观念意义上的文化融合。倘若缺乏这种基本的融合视野和文化实践，那它必将从各个方面阻碍西部地区尤其是少数民族聚居区的全面发展。发展传播学所面临的种种困境同样如此。从本书的融合模式当中我们可以看出，以 OK 模式为核心的个体交往恰恰构成了文化融合的基础。而文化融合又构成了发展传播的基础，并最终构成了中国传媒西进与西部地区稳步发展的基础。在这一完整的逻辑推论中，融合不仅是一个起点，也是一个终点。在不同经济水平、不同文化背景的发展框架下，融合成为发展的关键要素与核心概念。从社会层面上讲，它解决的是发展与和谐的关键性问题。

在微观性的文化融合之后，为了更加完整地对融合诉求进行理论化的叙事与研究，发展传播学为我们提供了主要的参考视野。然而，发展传播学自 20 世纪 50 年代发展至今，经历了主导范式、参与范式、帝国主义范式以及全球化范式的理论转变，却并没有提供出一个稳定的、有效的实践指南。人们在对理论的应用与研究中不断发现理论与现实的复杂关系，尤其是现实背景对理论范式的影响等。回顾历史可以发现，主导范式经历了数十年的发展与运用，却依然受到了文化批评者们的质疑与责难。而广受理论家与批判者们欢迎的参与范式则虽然在理论上看起来美丽动人，却又难以在现实层面上发挥直观的作用。其中最主要的原因在于，人们难以回避现代化进程中的文化问题。人们当然知道，文化融合问题是构成发展传播的核心困境，却始终无法对其进行有效的解决。站在和谐概念上的抽象叙事一直成为人们应对困境的主要手法，但抽象的理论如果无法落脚于实践，并且是细致的实践，那么我们永远只能停留在从抽象中来到抽象中去的遗憾处境当中。正是因为如此，本书所提出的从OK模式到融合模式的理论模型的主要目的即在于如何有效回应这一困境所构成的现实背景。

首先从OK模式开始。OK模式的提出背景与最终目的是一致的，都是旨在充实和细化和谐概念的抽象叙事。如果我们始终无法为和谐本身提出一些可供实践的传播范式，那么我们就永远无法摆脱抽象叙事的根本弱点，即概念的不可操作性。同时，徒有口号化的概念叙事有时候会适得其反，它既强化了人们对融合、和谐的热切希望，同时也可能强化人们的抵触心理。因此，OK模式首先以个体精神在真善美爱方面的普适心理为根本桥梁，连接起不同文化背景、不同宗教背景和不同生活背景的人们的交往期盼。这种根本性的精神连接是一切融合的核心。而且，正是从广泛的文化二分法中重新树立起以个体精神为中心的生活文化、社会文化和制度文化方面的三分法，才将文化交往从抽象层面转换为了更为有效的实践层面。例如前文所提到的，一个在生活上几乎完全美国化的中国人与一个美国人的相处，二者可以皆无信仰，或有不同信仰。又或是一个信仰基督教的中国人与一个信仰基督教的美国人的相处，二者生活文化则迥异。然而，无论如何，两者都在除了个体精神外仍有部分文化是相同的，这种相同的部分越多，二者的交往基础也就越雄厚。尤其是在本书所探讨的西部民族地区的传媒素养培养当中，属于社会文化里的政治要素因其具有广泛的同一性与普遍性，因此在个体的文化交往中，人们的文化融合也会拥有更加广泛的基础。

同时需要注意的是，即便个体精神是人们在进行文化交往中的核心要素。但是，这种核心的直观呈现是在理论叙述中被提出的，而在实践层面以及现实层面上，理论的叙述如果不经由传媒本身对个体进行信息强化和理念诉说，那么个体的交往就很难达到核心要素所能够并且是应该发挥的全部力量。简言之，如果我们的传媒无法使得传受双方在个体精神上拥有高度的认可和充分的信任，那么个体交往的紧密程度和文化纽带的有效形成都将大打折扣。因此，为了更好地实现融合模式下的文化交往，大众传媒首先应该将个体精神的核心共鸣清晰地传达给广泛的受众，并使他们相信，普适的核心要素不仅是一种重要的交往前提，而且也是人类本身存在的普遍精神。只有通过这样的传播、交流以及阐释，人们才可能走出文化融合的第一步，即从个体精神开始的多元文化的全面交流。

其次是基于发展传播学的文化融合范式的传媒实践。发展传播学既是文化融合的目的也是文化融合的基础。传统的发展传播因为缺乏比文化二分法更为细致的理论模型，因此使得无论是主导范式还是参与范式都在不同时代或地区受到了诸多的质疑。但如果我们将目光转移到以文化三分法为基本模式的交往实践中即会发现，所谓主导范式与参与范式的理论或实践困境主要在于它们无法在传媒引导发展的过程中以政治、经济以及文化为基本单位进行各有侧重以及更有针对性的信息传播。尤其是在传媒素养的培养上，在传统的传媒视野下，这是典型的参与型信息传播。但是如果我们不在理论上强调这种参与型传播的主要传播形态为大众传播与本土文化之间的复杂对话，而是单纯地将参与范式引入经济向度进行分析，那么这种参与范式便会毫无疑问地陷入一种在理论上看起来很有诱惑而在实践上却又非常尴尬的境地。正如以文化三分法为基础的 OK 模式所提出的那样，从个体精神开始的文化融合往往是人们交往的核心要素。也正是这种核心要素的存在，才支撑起了人们其他方面交往、传播、对话以及发展的各种可能。一言以蔽之，就是人们在发展传播中的角色定位应该首先聚焦于文化自信的树立。没有这样的基本的文化自信，不仅个体无法很好地接受大众传媒的各类信息，而且还可能从心理上产生相反的抵触情绪，并最终导致传媒西进与发展传播乃至西部现代化的整体失败。

从融合模式的图例中可以看出，融合模式虽然基于文化交往这一核心前提，但为了更加有效且更加完整地对发展传播以及传媒素养的培养理论的建构，我们将梯形模式的经济向度以及水平模式的政治向度一并纳入了融合模式当中。这样，便不仅使得理论的表述更加完整，而且也能从经济、政治和文化的分类中对主导范式和参与范式进行反思与矫正。政治一体化是融合叙事的综合背景，也是水平模式的重要核心。从刚性的国家政治到柔性的地区政策，政治化的分析单元其实是一个整体的发展框架。在这一框架下的经济层面，主要是以主导性范式为主，例如有助于地区经济发展的种种信息从大众传媒和专家传播给地区居民，常常以扩散与创新的模式最终对受众产生影响，并推动个体以及地区经济的发展。当然，传媒素养的内在意义本身也包括受众对传媒的使用能力，而地区居民通过大众传媒将自己的产品推向外地，这是传媒素养得以提高的具体表现，但并不属于参与模式的范畴。参与范式的核心意义在于地区居民通过向外的信息诉求改变传者的信息编码乃至议程设置，其目的仍然是更加稳固而有效地完成地区经济的发展和现代化进程。例如在文化向度上即是如此，地区居民文化自信的树立，不仅依靠由内向外的文化传播，更重要的是让大众传媒者们正视地区文化的主体性地位，并以此调整传播策略。这种交往式的、融合式的文化传播并非经济层面上的技术性实践，而是一种关乎理念或主体性地位的真正意义上的参与范式的表达。例如，地区居民在宗教、风俗、生活文化习惯等方面建立起的文化自信已经通过旅游业这一极其直观的方式向我们证明文化融合的重要性与必要性。也正是在这样的文化自信的基础上，宏观层面的传媒西进与西部现代化命题才能真正得到有效的贯彻和实践，和谐与发展的问题也才能得到有效的解决。

但是，从直观的现实层面上看，融合模式的起效考察却又是比较困难的。这不仅是因为文化本身具有高度的抽象性，而且融合模式的内涵也包括个体精神、文化交往、经济发展以及政治一体性等方面的要素。因此，融合模式的很多起效实际上是体现在经济发展以及政治一体性等方面上的。这就与前文所描述的梯形模式以及水平模式密切相关。甚至可以说，融合模式因其在个体精神上独有的根本性和社会视野下综合的概括性而使得它成为一种西部现代化的原始动力和期待目标。而无论是原始动力还是期望目标，它们都天然地烙印着抽象叙事的理论风格。因此，在关于实际效果的考察上，我们不能忽略文化融合对于西部现代化发展中的重要作用和理论意义。尤其是在梯形模式与水平模式的种种困境中，融合模式事实上为其带来了许多根本性的观念转变，而在模式的起效考察上，直观的效果往往与梯形模式或水平模式的相关性更加紧密。比如在梯形模式中涉及文化与宗教等要素的分析时，梯形模式的某些起效评估便与融合模式有着内在的重合。这种理论性与现实性上的独特分离虽然可能为我们的起效推论带来某些不便，但在厘清了融合模式的根本使命以及核心概念之后，我们知道理论的意义和现实的发展实际上总是存在着高度的统一和全面的契合。当然，如果我们将考察视野集中在诸如个体的身份认同，尤其是城市与乡村间的身份谐适等微观问题上，融合模式的起效推论依然是明晰而确切的。在整个国家的高速发展过程中，城市化进程将这一问题屡屡突出，因此，倘若融合模式得以充分实践，那么城市与乡村间的个体身份认同也将得到很好的关照。并最终获得从心理到文化上的有益谐适。无论如何，在个体精神与整体关照视野下的融合模式不仅为西部民族地区的社会发展提供了理论基础，而且也同时可以成为检验地区现代化发展中的重要指标。尤其是在其他模式出现困境时，融合模式的这种理论特性可能会为我们的研究和探索带来新的启发和帮助。从个体精神出发，通过经济、政治与文化的多重关注，立足于传媒西进和西部现代化的时代命题，并最终期待以个体幸福为基础与目标的地区现代化发展，这就是融合模式的核心意义和根本诉求。

参考文献

一、著作

[1] [美] 埃弗雷特·罗杰斯. 创新的扩散 [M]. 辛欣，译. 北京：中央编译出版社，2002.

[2] [美] 爱德华·霍尔. 超越文化 [M]. 何道宽，译. 北京：北京大学出版社，2010.

[3] [美] 彼得·贝格尔. 神圣的帷幕 [M]. 上海：上海人民出版社，1991.

[4] [法] 爱弥尔·涂尔干. 宗教生活的基本形式 [M]. 渠东，汲喆，译. 上海：上海人民出版社，2006.

[5] [英] 安·格雷. 文化研究：民族志方法与生活文化 [M]. 许梦云，译. 重庆：重庆大学出版社，2009.

[6] [英] 奥利弗·博伊德·巴雷特克，里斯·纽博尔德. 媒介研究的进路：经典文献读本 [M]. 汪凯，刘晓红，译. 北京：新华出版社，2004.

[7] 陈昌凤. 中国新闻传播史：传媒社会学的视角 [M]. 北京：清华大学出版社，2009.

[8] 陈昌文. 圣俗边缘——西部社会的环境、信仰和行为 [M]. 成都：四川人民出版社，2005.

[9] 陈崇山，孙五三. 媒介·人·现代化 [M]. 北京：中国社会科学出版社，1997.

[10] [美] 丹尼尔·贝尔. 资本主义文化矛盾 [M]. 严蓓雯，译. 南京：江苏人民出版社，2007.

[11] [英] 丹尼斯·麦奎尔. 麦奎尔大众传播理论 [M]. 崔保国，李琨，译. 北京：清华大学出版社，2010.

[12] 费孝通. 乡土中国　生育制度 [M]. 北京：北京大学出版

社，1998.

［13］郭建斌. 独乡电视：现代传媒与少数民族乡村日常生活［M］. 济南：山东人民出版社，2005.

［14］［德］哈贝马斯. 公共领域的结构转型［M］. 曹卫东，王晓珏，刘北城，等译. 上海：学林出版社，1999.

［15］［德］黑格尔. 历史哲学［M］. 王造时，译. 上海：上海书店出版社，2006. 3.

［16］蒋晓丽. 传媒宣导抚慰功能研究——兼论在西部地区的特殊作用［M］. 成都：四川大学出版社，2008.

［17］［美］柯克·约翰逊. 电视与乡村社会变迁：对印度两村庄的民族志调查［M］. 展明辉，张金玺，译. 北京：中国人民大学出版社，2005.

［18］［英］科林·斯巴克斯. 全球化、社会发展与大众媒体［M］. 刘舸，常怡如，译. 北京：社会科学文献出版社，2009.

［19］李红艳. 乡村传播学［M］. 北京：北京大学出版社，2010.

［20］李苓，陈昌文. 现代传媒与中国西部民族——汉藏羌民族混居区传媒使用与影响的类型化研究［M］. 北京：中华书局，2012.

［21］卢丁. 羌族历史文化研究［M］. 成都：四川人民出版社，2000.

［22］［德］马克斯·韦伯. 经济与社会［M］. 阎克文，译. 上海：上海人民出版社，2010.

［23］马戎. 西方民族社会学经典读本：种族与种族关系研究［M］. 北京：北京大学出版社，2010.

［24］［美］马斯洛. 动机与人格［M］. 许金声，译. 北京：中国人民大学出版社，2012.

［25］［加］马歇尔·麦克卢汉. 理解媒介：论人的延伸［M］. 何道宽，译. 北京：商务印书馆，2001.

［26］［英］诺曼·费尔克拉夫. 话语与社会变迁［M］. 殷晓蓉，译. 北京：华夏出版社，2003.

［27］欧阳宏生. 区域传播论：西部电视专题研究［M］. 成都：四川大学出版社，2003.

［28］［美］帕森斯. 社会行动的结构［M］. 张明德，夏遇南，彭刚，译. 南京：译林出版社，2008.

［29］綦常清，费雅君，高旗. 中国现代化下西部开发与国家安全［M］. 北京：时事出版社，2007.

[30] 邱沛篁. 西部大开发与西部报业经济发展研究 [M]. 成都：四川大学出版社，2003.

[31] 裘正义. 大众传播与中国乡村发展 [M]. 北京：群言出版社，1993.

[32] 沙莲香. 中国大百科全书·社会学 [M]. 北京：中国大百科全书出版社，1991.

[33] [美] 斯蒂文·小约翰. 传播理论 [M]. 陈德民，译. 北京：中国社会科学出版社，1999.

[34] 谭英. 中国乡村传播实证研究 [M]. 北京：社会科学文献出版社，2007.

[35] [英] 阿诺德·汤因比. 历史研究 [M]. 郭小凌，王皖强，杜庭广，等译. 上海：上海世纪出版集团，2010.

[36] [美] 梯利. 西方哲学史 [M]. 葛力，译. 北京：商务印书馆，1995.

[37] 王明珂. 羌在汉藏之间——一个华夏边缘的历史人类学研究 [M]. 台北：台湾联经出版事业股份有限公司，2003.

[38] 王怡红，胡翼青. 中国传播学 30 年 [M]. 北京：中国大百科全书出版社，2010.

[39] [美] 威尔伯·施拉姆，威廉·波特. 传播学概论 [M]. 陈亮，译. 北京：新华出版社，1984.

[40] [美] 韦尔伯·施拉姆. 大众传播媒介与社会发展 [M]. 金燕宁，译. 北京：华夏出版社，1990.

[41] [英] 舒马赫. 小的是美好的 [M]. 李华夏，译. 南京：译林出版社，2007.

[42] [美] 罗杰斯. 传播学史：一种传记式的方法 [M]. 殷晓蓉，译. 上海：上海译文出版社，2012.

[43] [德] 马克斯·韦伯. 新教伦理与资本主义精神 [M]. 阎克文，译. 上海：上海人民出版社，2010.

[44] 吴红雨. 解读电视受众：多元化需求与大众化电视 [M]. 杭州：浙江大学出版社，2009.

[45] 吴文虎. 传播学概论 [M]. 武汉：武汉大学出版社，2000.

[46] [美] 托马斯·库恩. 科学革命的结构 [M]. 金吾伦，胡新和，译. 北京：北京大学出版社，2012.

［47］［美］伊锡尔·德·索拉·普尔. 电话的社会影响［M］. 邓天颖，译. 北京：中国人民大学出版社，2008.

［48］殷陆君. 人的现代化［M］. 成都：四川人民出版社，1985.

［49］喻国明. 传媒影响力：传媒产业本质与竞争优势［M］. 广州：南方日报出版社，2003.

［50］袁方. 社会研究方法教程［M］. 北京：北京大学出版社，1997.

［51］张国良. 传播学原理［M］. 上海：复旦大学出版社，2000.

［52］张曦. 持颠扶危：羌族文化灾后重建省思［M］. 北京：中央民族大学出版社，2009.

［53］张宇丹. 传播与民族发展：云南少数民族地区信息传播与社会发展关系研究［M］. 北京：新华出版社，2000.

［54］张志安. 转型社会与中国传媒［M］. 北京：文汇出版社，2006.

［55］Harold A I. The Bias of Communication［M］. Toronto：University of Toronto Press，1951.

［56］Richard D. Brown. Knowlege is Power：The Diffusion of Information in Early America，1700—1865［M］. New York：Oxford University Press，1989.

［57］Pamela J. Shoemaker，Stephen D. Reese. Mediating the Message：Theories of Influence on Mass Media Content［M］. New York：Longman，1996.

［58］Shearon L，Melvin L. deFleur. Milestones in Mass Communication Research［M］. New York：Longman，1983.

［59］James W. Carey. Communication as Culture：Essays on Media and Society［M］. New York：Routledge，1992.

［60］Anders Hansen. Mass Communication Research Methods（4 volumes）［M］. London：Sage，2009.

二、期刊、论文

［1］柏景，陈珊，黄晓. 甘、青、川、滇藏区藏传佛教寺院分布及建筑群布局特征的变异与发展［J］. 建筑学报，2009（3）.

［2］陈冠桥，赵俊状. 现代佛教讲经说法需要常讲常新［J］. 中国宗教，2008（5）.

［3］方晓红，庄曦. 媒介对三农作用指标体系的研究路径及功能［J］.

南京师大学报（社会科学版），2007（2）.

［4］嘎·达哇才仁.藏区现代化过程中宗教世俗化的趋势［J］.中国藏学，2007（1）.

［5］高师宁.试论现代化与新兴宗教［J］.世界宗教研究，1999（4）.

［6］韩鸿.参与式传播：发展传播学的范式转换及其中国价值——一种基于媒介传播偏向的研究［J］.新闻与传播研究，2010（2）.

［7］韩鸿.发展传播学近三十余年的学术流变与理论转型［J］.国际新闻界，2014（7）.

［8］胡翼青，柴菊. 发展传播学批判：传播学本土化的再思考［J］.当代传播，2013（1）.

［9］贾霄锋，王希隆.明清时期土司制度与藏区少数民族的文化变迁——以嘉绒藏区文化变迁为例［J］.中国边疆史地研究，2007（6）.

［10］李春霞.彝民通过电视的仪式——对一个彝族村落“电视与生活”关系的民族志研究［J］.思想战线，2005（5）.

［11］李红艳.乡村传播学概念解析——兼论乡村传播学与发展传播学之异同［J］.新闻界，2008（6）.

［12］李利安.西部地区宗教的结构及发挥积极作用的领域［J］.中国宗教，2010（5）.

［13］李苓，李红涛.媒介素养：考察农民与媒体关系的一种视野［J］.新闻界，2005（3）.

［14］李苓，冯剑侠.中国西部农民阅读素养调查［J］.中国出版，2007（6）.

［15］李苓，谭小荷，董子铭.出版业的跨越式发展在农村——四川省阿坝藏族羌族自治州松岗镇农民图书使用现状调查［J］.中国出版，2008（4）.

［16］林晓华.媒介素养与少数民族发展［D］.成都：四川大学，2006.

［17］刘锐.2001—2010：中国发展传播学研究现状与前景［J］.国际新闻界，2011（6）.

［18］马文慧，罗世周.藏传佛教世俗化刍议［J］.青海社会科学，2003（2）.

［19］彭兰.社会化媒体时代的三种媒介素养及其关系［J］.上海师范大学学报（哲学社会科学版），2013（5）.

［20］彭云茜，唐堰琳，彭毅．浅谈康巴藏族与嘉绒藏族的区别——以云南迪庆州和四川阿坝州为例［J］．内江师范学院学报，2010（25）．

［21］切排，杨燕霞．浅谈现代化背景下的藏传佛教世俗化问题［J］．西藏民族学院学报（哲学社会科学版），2008（3）．

［22］沈桂萍．藏传佛教与社会主义社会相适应的历史考察［J］．中央社会主义学院学报，2008（6）．

［23］谭英，蒋建科．电子媒介传播农业政策类信息的效力研究［J］．中国农业大学学报（社会科学版），2005（4）．

［24］王积龙，蒋晓丽．环境新闻教育与西部和谐社会建构［J］．西南民族大学学报（人文社科版），2007（8）．

［25］闫克文．城市：现代性的途径之一［J］．读书，2014（6）．

［26］杨改学．远程教育·科技传播·西部开发［J］．电化教育研究，2001（8）．

［27］殷晓蓉．当代美国发展传播学的一些理论动向［J］．现代传播，1999（6）．

［28］周葆华，陆晔．从媒介使用到媒介参与：中国公众媒介素养的基本现状［J］．新闻大学，2008（4）．

［29］张雪梅．四川藏区藏传佛教现状调查［J］．西北民族研究，2006（4）．

［30］赵斌．英国的传媒与文化研究（上、下）［J］．现代传播，2001（5—6）．

［31］洲塔，齐德舜．藏传佛教世俗化研究中的几个理论问题探析［J］．甘肃社会科学，2007（5）．

［32］Foster S. Myth and reality［J］. Chinese American Forum-Volume XXIII，2008（4）．

三、网络文献与网站

［1］中华传媒网 http：//www. mediachina. net

［2］传播研究网 http：//www. mediaresearch. cn/

［3］新闻记者 http：//xwjz. eastday. com/

［4］新华传媒 http：//www. xinhuanet. com/newmedia/

［5］人民传媒 http：//media. people. com. cn/

［6］新闻战线 http：//www. snweb. com/gb/xw/xw. htm

［7］媒中媒 http：//www. softkoo. com/

[8] 慧聪网 http：//www. media. hc360. com/

[9] 中国人民大学新闻与社会发展研究中心 http：//research. ruc. edu. cn/xw/index. asp

[10] 南京大学网络传播研究中心 http：//www. cmcrc. com. cn/gb/index. htm

[11] 清华大学国际传播研究中心 http：//www. media. tsinghua. edu. cn/

[12] 媒体安都 http：//www. mediaundo. com/

[13] 传媒研究 http：//www. my9w. com/chuanmeiyanjiulianjie/

[14] 紫金网 http：//www. zijin. net/

[15] 传播学论坛 http：//ruanzixiao. myrice. com/

[16] 新传播资讯网 http：//www. woxie. com/

[17] 五洲传媒网 http：//www. cn5c. com/new/

[18] 中国新闻研究中心 http：//www. cddc. net/

[19] 国际中华传播学会（CCA） http：//better-communication. com/cca. html

[20] Association for Chinese Communication Studies （ACCS） http：//www. uni. edu/comstudy/ACCS/home. html

[21] 中华传播学会（CCS） http：//ccs. nccu. edu. tw/

[22] 中文传播资料库 http：//commdb. nccu. edu. tw/age/WebApp/

[23] 政大传播学院媒体素养研究室 http：//www. mediaed. nccu. edu. tw/

[24] 新闻学研究 http：//www. jour. nccu. edu. tw/Mcr/

[25] 文化研究学会 http：//csat. org. tw/

[26] 传播学生门阵 http：//twmedia. org/scstw/

[27] 香港传媒教育计划 http：//www. hkbu. edu. hk/～alicelee/media－education/

[28] 香港大学新闻及传媒研究中心 http：//jmsc. hku. hk/index. asp

[29] 藏传佛教圣地德格印经院 http：//cn. chinagate. cn/about china/2009－04/07/

[30]《求是》理论网 www. qstheory. cn

[31] 中国发展门户网 http：//www. chinagate. com. cn